LE ROMAN DE LÉONARD DE VINCI

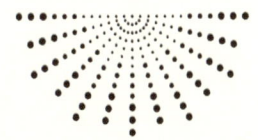

DIMITRI MEREJKOVSKI

Traduction par
JACQUES SORRÈZE

TABLE DES MATIÈRES

1. LA DIABLESSE BLANCHE	1
2. ECCE DEUS – ECCE HOMO	30
3. LES FRUITS EMPOISONNÉS	49
4. L'ALCHIMISTE	71
5. « QUE TA VOLONTÉ SOIT FAITE. »	82
6. LE JOURNAL DE GIOVANNI BELTRAFFIO	104
7. LE BÛCHER DES VANITÉS	123
8. LE SIÈCLE D'OR	141
9. LES JUMEAUX	175
10. LES CALMES ONDES	219
11. LES AILES SERONT	242
12. OU CÉSAR. — OU RIEN	260
13. LE FAUVE POURPRE	295
14. MONNA LISA DEL GIOCONDA	317
15. LA SAINTE INQUISITION	339
16. LÉONARD DE VINCI, MICHEL-ANGE ET RAPHAËL	348
17. LA MORT. — LE PRÉCURSEUR AILÉ	354

1
LA DIABLESSE BLANCHE

1494

« Dans la ville de Sienne on trouva la statue de Vénus, à la très grande joie des citoyens et on la plaça près de « Fonte Gaja » (la Source de Gaîté). Le peuple venait en foule admirer Vénus. Mais durant la guerre contre Florence, un des gouverneurs se leva à une séance du comice et dit : « Citoyens ! l'Église chrétienne défend le culte des idoles. Je suppose donc que notre armée essuie des défaites par la faute de la Vénus que nous avons érigée sur la place principale de la ville. Le courroux de Dieu est sur nous. Je vous conseille donc de briser l'idole et de l'enterrer en terre florentine, afin d'attirer sur nos ennemis la colère céleste. » Ainsi firent les citoyens de Sienne. »

— (*NOTES DU SCULPTEUR FLORENTIN* LORENZO GHIBERTI) XVE SIÈCLE.

I

Tout à côté de l'église Or San Michele, à Florence, se trouvaient les grands entrepôts de la corporation des teinturiers. Des annexes disgracieuses, en forme de garde-manger, soutenues par des solives grossières, se collaient aux maisons, touchaient presque à leurs toits de tuile, laissant à peine entrevoir une étroite languette de ciel. Même de jour, la rue paraissait sombre. À l'entrée des magasins, se balançaient, pendus sur des traverses, des échantillons d'étoffe de laine étrangère, teinte à Florence, en violet par le tournesol, en incarnat par la garance, en bleu foncé par la guède rendue corrosive par l'alun toscan. Le ruisseau qui coupait en deux la ruelle pavée de pierres plates, et recevait les liquides déversés par les cuves des teinturiers, prenait les coloris les plus divers, comme s'il charriait des gemmes. La porte principale de l'entrepôt portait les armes de la corporation : sur champ de gueules un aigle d'or sur un ballot de laine blanche.

Dans un des appentis servant de bureau, entouré de notes commerciales et de gros livres de comptes, se tenait le richissime marchand florentin, le *prieur* de la corporation, messer Cipriano Buonaccorsi.

C'était une froide journée de mars. Transi par l'humidité qui montait des caves, le vieillard grelottait sous sa vieille pelisse doublée d'écureuil, usée aux coudes. Une plume d'oie se dressait derrière son oreille, et de ses yeux myopes, qui voyaient tout cependant, il parcourait négligemment, semblait-il — en réalité très attentivement — les feuillets de parchemin d'un énorme livre portant à droite le mot *Doit* et à gauche le mot *Avoir*. Les inscriptions des marchandises étaient d'une écriture ferme et ronde, sans majuscules, ni points, ni virgules, avec des chiffres romains — les chiffres arabes étant considérés comme une innovation puérile, indigne des livres commerciaux. Sur la première page, en grandes lettres, se détachait la mention suivante :

« Au nom de N. S. Jésus-Christ et de la Très Sainte Vierge Marie, ce livre de comptes commence l'an quatorze cent quatre-vingt-quatorzième après la naissance du Christ. »

Ayant achevé la vérification des dernières inscriptions et corrigé une erreur dans la liste des marchandises reçues en dépôt, messer Cipriano, fatigué, se renversa sur le dossier de son siège, ferma les yeux et songea à la rédaction de la lettre qu'il devait expédier à son principal commis, au sujet de la foire des draps qui se tenait à ce moment à Montpellier, en France.

Quelqu'un entra. Le vieillard ouvrit les yeux et reconnut Grillo, le fermier qui lui louait les prés et les vignes dépendant de sa villa de San Gervasio, dans la vallée du Munione. Grillo saluait, tenant dans ses mains un panier plein d'œufs soigneusement enveloppés de paille. À sa ceinture pendaient, la tête en bas, deux jeunes coqs liés par les pattes.

— Ah ! Grillo ! murmura Buonaccorsi avec l'affabilité qui lui était coutumière, aussi bien vis-à-vis des riches que des humbles, comment te portes-tu ? Je crois le printemps bien favorable.

— Pour nous autres vieux, messer Cipriano, le printemps n'est plus une joie, car nos os geignent pis qu'en hiver et soupirent après la tombe… Voilà, ajouta-t-il après un silence. J'ai apporté à Votre Excellence deux jeunes coqs pour la fête pascale…

Grillo clignait malicieusement ses yeux verts cernés de fines rides.

Buonaccorsi remercia, puis interrogea le vieillard.

— Eh bien ! les ouvriers sont-ils prêts ? Aurons-nous le temps de terminer avant l'aube ?

Grillo soupira péniblement et resta songeur.

— Tout est prêt. Les ouvriers sont en nombre suffisant. Seulement, comme j'ai eu l'honneur de vous le dire, ne vaudrait-il pas mieux remettre, messer ?

— Tu disais toi-même, vieux, qu'il ne fallait pas attendre ; que quelqu'un pouvait avant nous exécuter notre projet.

— Certes, oui !... Mais j'ai peur tout de même. C'est un péché. Notre besogne sera plutôt impure et... nous sommes en semaine sainte...

— Je prends sur moi la responsabilité du péché. Ne crains rien. Je ne te trahirai pas. Une seule idée m'inquiète : trouverons-nous quelque chose ?

— Les indices sont sûrs. Mon père et mon grand-père connaissaient la colline de la Grotte-Humide. Des petits feux y courent la nuit de la Saint-Jean. Pour dire vrai, nous avons beaucoup de ces ordures-là dans le pays. Dernièrement, par exemple, quand on a creusé le puits dans le vignoble, près de la Mariniola, on a sorti de la glaise un diable entier.

— Que dis-tu ? Quelle sorte de diable ?

— En métal, avec des cornes. Des jambes velues de bouc armées de sabots. Et une drôle de gueule, comme s'il riait en dansant sur une jambe et en claquant des doigts. Il était devenu vert de vieillesse.

— Qu'en a-t-on fait ?

— Une cloche pour la nouvelle chapelle de Saint-Michel.

Messer Cipriano eut un geste de colère.

— Pourquoi ne me l'as-tu pas dit plus tôt, Grillo ?

— Vous étiez à Sienne pour affaires.

— Tu aurais dû m'écrire. J'aurais envoyé quelqu'un. Je serais venu moi-même, je n'aurais regretté aucune somme d'argent... Je leur aurais donné dix cloches, à ces imbéciles !... Une cloche ! Fondre pour une cloche un faune dansant... Peut-être une œuvre du maître grec Scopas !

— Ne vous fâchez pas si fort, messer Cipriano. Ces imbéciles sont déjà punis. Depuis deux ans que la cloche est pendue, les vers rongent les pommes et les cerises, et les récoltes d'olives sont médiocres. Et le son de la cloche est mauvais.

— Pourquoi ?

— Comment vous dire ? elle n'a pas un son pur ; elle ne réjouit pas les cœurs chrétiens ; elle bavarde sans suite. Comment voulez-vous qu'on puisse fondre une cloche d'un diable ! Sans vous fâcher, messer, le curé a peut-être raison : toutes ces saletés que l'on déterre ne nous apportent rien de bon. Il faut conduire l'affaire avec circonspection. Se préserver par la prière, car le diable est fort et malin ; il entre par une oreille et sort par l'autre. L'impur nous a assez tentés avec cette main de marbre que Zaccheo a découverte l'an dernier. Que de malheurs nous ont accablés ! Dieu puissant, je crains même d'y songer !

— Raconte-moi, Grillo, comment l'a-t-il trouvée ?

— C'était en automne, la veille de la Saint-Martin. Nous soupions. Et à peine la ménagère avait-elle posé le pain et la soupière sur la table, que Zaccheo, le neveu de mon parrain, arrive en courant. Je dois vous dire que ce jour-là je l'avais laissé dans le champ du Moulin, pour défoncer le terrain où je voulais planter du chanvre. « Patron ! eh ! patron ! me crie Zaccheo, pâle, tremblant, claquant des dents. — Seigneur ! Petit, qu'as-tu ? — Il y a quelque chose d'étrange dans le champ, qu'il me répond ; un cadavre sort de dessous terre. Si vous ne me croyez pas, allez voir vous-même. » Nous y allâmes avec des lanternes.

» Il faisait nuit. La lune s'était levée derrière la futaie, éclairant quelque chose de blanc dans la terre fraîchement retournée. Nous nous penchons ; je regarde : une main sort de terre, une main blanche avec de jolis doigts fins de patricienne. « Que le diable t'emporte ! Qu'est-ce que c'est que cette horreur-là ? » J'abaisse ma lanterne dans le trou pour mieux me rendre compte, et tout à coup, la main remue, les doigts m'attirent. Alors je n'ai pu m'en empêcher, j'ai crié, les jambes coupées net par la peur. Mais monna Bonda, ma grand-mère, qui est rebouteuse et sage-femme, très brave et forte pour son grand âge, nous dit : « Bêtes que vous êtes ! De quoi avez-vous peur ? Ne voyez-vous pas que cette main n'appartient ni à un vivant, ni à un mort, que c'est une main en pierre, tout simplement. » Et la saisissant, elle l'arracha comme une betterave. La main était brisée un peu au-dessus du poignet. « Grand-mère, m'écriai-je, n'y touchez pas. Laissez cela. Nous allons vite l'enfouir de nouveau pour éviter des malheurs. — Non, me répond-elle, il faut d'abord la porter au curé pour qu'il récite les prières d'exorcisme. » Mais la vieille m'a trompé. Elle n'a pas été voir le curé et a caché la main dans un coin de son alcôve où elle gardait ses baumes, ses herbes et ses amulettes. Je me fâchai ; j'exigeai qu'elle me la rendît ; la vieille s'entêta et à partir de ce moment fit des cures merveilleuses. Quelqu'un avait-il mal aux dents, elle appliquait la main de l'idole et l'enflure tombait. De même elle guérissait de la fièvre, des coliques et du haut mal. Pour les animaux également ; si une vache mettait bas difficilement, ma grand-mère appliquait la main de pierre sur le ventre, la vache mugissait et le veau, sans qu'on s'en fût aperçu, se roulait déjà sur la paille.

» On en jasa dans les villages environnants. La vieille gagna beaucoup d'argent. Moi je n'en tirais aucun profit. Le curé, le père Faustino, ne me laissait pas de répit ; à l'église, pendant le sermon, il m'accablait de reproches devant tout le monde, m'appelait fils damné, serviteur du diable ; me menaçait de se plaindre à l'évêque, de me priver de la Sainte Communion. Et les gamins couraient derrière moi dans les rues, en criant : « Voilà Grillo, Grillo le sorcier, le petit-fils de la sorcière ! Tous les deux ont vendu leur âme au diable ! » Le croiriez-vous ? la nuit même je n'étais pas tranquille : il me semblait voir continuellement cette main de marbre s'avancer vers moi ; je la sentais me prendre doucement par le cou comme pour me caresser de ses doigts longs et froids et, tout à coup, me saisir à la gorge pour m'étrangler. Je voulais crier et je ne le pouvais. Eh ! songeais-je, la plaisanterie a assez duré ! Un jour donc je me levai avant l'aube et pendant que ma grand-mère cueillait ses herbes, je brisai le cadenas de son alcôve, je pris la main et je vous l'apportai. L'antiquaire Lotto m'en offrait dix sous et je ne reçus que huit de vous ; mais pour Votre Excellence, nous ne regrettons rien. Que le Seigneur vous envoie tous les bonheurs, à vous, à monna Angelica, à vos enfants et à vos petits-enfants.

— Oui ! murmura messer Cipriano pensif. D'après ce que tu racontes, Grillo, nous trouverons quelque chose dans la colline du Moulin.

— Pour trouver, nous trouverons, continua le vieux en soupirant. Seulement... pourvu que le père Faustino n'en ait vent ! S'il apprend notre projet, il m'étrillera et vous gênera aussi en ameutant les habitants. Espérons en Dieu clément. Mais ne m'abandonnez pas mon bienfaiteur ; dites un mot en ma faveur au juge...

— Au sujet de la terre que te dispute le meunier ?

— C'est cela même. Le meunier est un malin qui sait trouver la queue du diable. J'avais fait cadeau d'une génisse au juge ; alors, il lui offrit une vache. Durant le procès la vache a vêlé un beau veau qui engagera le juge à donner raison au meunier. Défendez-moi, mon bienfaiteur. En somme, je ne m'occupe de la colline du Moulin que pour plaire à Votre Seigneurie. Pour personne d'autre je ne chargerais mon âme d'un tel péché !

— Sois tranquille, Grillo. Le juge est de mes amis, je l'intéresserai à toi. Et maintenant, va. On te donnera à manger et à boire à la cuisine. Cette nuit même nous partirons pour San Gervasio.

Le vieillard remercia et sortit en saluant profondément, cependant que messer Cipriano s'enfermait dans son cabinet de travail où personne hormis lui n'était jamais entré. Là, comme dans un musée, les murs étaient couverts de bronzes et de marbres ; des médailles anciennes s'encastraient dans des planches garnies de draps ; des fragments de statues emplissaient les tiroirs. Par ses nombreux agents d'Athènes, de Smyrne, de Chypre, de Rhodes, d'Halicarnasse, d'Asie Mineure et d'Égypte, messer Buonaccorsi se faisait expédier des antiquités de tous les pays du monde.

Ayant à loisir contemplé tous ses trésors, messer Cipriano s'adonna de nouveau à l'étude de l'importation sur la laine et toutes réflexions faites, écrivit la lettre qu'il destinait à son agent de Montpellier.

II

Durant ce temps, au fond de l'entrepôt où les ballots empilés jusqu'au plafond étaient éclairés nuit et jour par une lampe qui brûlait devant l'image de la Madone, trois jeunes gens causaient : Doffo, Antonio et Giovanni. Doffo, commis principal de messer Buonaccorsi, les cheveux roux, le nez très long, le visage naïvement gai, inscrivait dans un livre le métrage des draps. Antonio da Vinci, jeune homme à la figure usée et ridée, aux yeux vitreux inexpressifs, aux rares cheveux noirs hérissés en épis volontaires, mesurait rapidement les étoffes à l'aide de l'ancienne mesure florentine, la *canna*. Giovanni Beltraffio, élève peintre, qui venait d'arriver de Milan, adolescent de dix-neuf ans, timide et gauche, portant dans ses yeux gris une tristesse infinie et en toute sa personne une profonde indécision, était assis, les jambes croisées, sur un ballot et écoutait.

— Voilà à quoi nous en sommes arrivés, disait Antonio à voix basse et rageuse. On déterre les idoles.

— Drap d'Écosse, poilu, marron, trente-deux coudées, six pieds, huit pouces, ajouta-t-il en s'adressant à Doffo qui inscrivit sur le grand-livre.

Puis, repliant le morceau mesuré, Antonio le jeta, avec colère, mais si adroitement, qu'il tomba juste à la bonne place. Et levant l'index d'un air prophétique, imitant le frère Savonarole, il continua :

— *Gladius Dei super terram cito et velociter*. Saint-Jean à Pathmos eut une vision : un ange prit le diable, le serpent, et l'enchaîna pour mille ans, le précipita dans l'abîme et mis dessus un scel, afin qu'il ne puisse plus tenter le monde tant que ne se seraient pas écoulées les mille années. Aujourd'hui Satan s'évade de son cachot. Les mille ans sont révolus. Les faux dieux, précurseurs et serviteurs de l'Antechrist sortent de dessous terre, brisant le sceau de l'Ange pour tenter l'univers. Malheur aux hommes, sur la terre et sur la mer !

— Drap jaune de Brabant, uni, dix-sept coudées, quatre pieds, neuf pouces.

— Pensez-vous, Antonio, demanda Giovanni avec une curiosité craintive et avide, que toutes ces apparitions doivent prouver…

— Oui, oui. Veillez ! Les temps sont proches. Maintenant, on ne se contente plus de déterrer les anciens dieux, on en crée de nouveaux. Les peintres et les sculpteurs servent Moloch, c'est-à-dire le diable. Ils font, des églises du Seigneur, des temples de Satan. Sous les traits des saints martyrs, ils figurent les dieux impurs qu'ils adorent : au lieu de saint Jean, Bacchus ; à la place de la Sainte-Vierge, Vénus. On devrait brûler tous ces tableaux et en disperser la cendre au vent !

Une lueur sombre pétilla dans les yeux vitreux de l'employé. Giovanni, fronçant ses fins sourcils, se taisait, n'osant répliquer.

— Antonio, dit-il enfin, on m'a assuré que votre cousin, messer Leonardo da Vinci, prenait parfois des élèves. Je désire depuis longtemps…

— Si tu veux, interrompit Antonio boudeur, si tu veux, Giovanni, perdre le salut de ton âme…, va chez messer Leonardo.

— Comment ? Pourquoi ?

— Il est mon parent et plus âgé que moi de vingt ans, je lui dois le respect ; mais il est dit dans l'Écriture : « Détourne-toi de l'hérétique. » Messer Leonardo est un hérétique et un athée. Il croit, à l'aide des mathématiques et de la magie noire, pénétrer les mystères de la nature.

Et levant les yeux au ciel, Antonio répéta cette phrase du dernier sermon de Savonarole :

— La science de ce siècle est folie devant Dieu. Nous connaissons ces savants : tous s'en vont chez le diable (*tutti vanno alla casa del diavolo*).

— Et saviez-vous, continua Giovanni encore plus timidement, que messer Leonardo était en ce moment à Florence ?... Qu'il vient d'y arriver de Milan ?

— Pourquoi ?

— Le duc l'a chargé d'acheter quelques-uns des tableaux qui ont appartenu à feu Laurent le Magnifique.

— Qu'il soit ici ou n'y soit pas, cela m'est indifférent, interrompit Antonio en se détournant pour mesurer une coupe de drap vert.

Les cloches des églises sonnèrent l'angélus. Dolfo s'étira joyeusement et ferma le livre. Giovanni sortit dans la rue.

Les toits humides se découpaient sur le ciel gris teinté de rose. Il bruinait. Tout à coup, d'une croisée de la ruelle voisine, s'échappa une chanson :

> *O vaghe montanine e pastorelle...*
> *Ô montagnardes et pastourelles errantes...*

La voix était jeune et sonore. Au rythme régulier, Giovanni devina que la chanteuse filait. Il écouta, se souvint qu'on était au printemps et sentit son cœur s'emplir d'une tristesse irraisonnée.

— Nanna, Nanna ! Mais où es-tu donc, fille du diable ? Es-tu sourde ? Viens vite, le souper refroidit.

Les *zoccoli* (souliers de bois) claquèrent, précipités, sur le parquet de briques, et tout se tut.

Longtemps encore, Giovanni resta à contempler la fenêtre. Dans ses oreilles s'égrenait le chant printanier, pareil aux sons voilés d'une flûte lointaine :

> *O vaghe montanine e pastorelle...*

Puis, soupirant doucement, il pénétra dans la maison du prieur Buonaccorsi, monta un escalier raide, aux marches pourries, rongées par les vers, et frappa à la porte d'une grande chambre qui servait de bibliothèque. Là l'attendait, courbé au-dessus d'une table, Giorgio Merula, chroniqueur de la cour du duc de Milan.

III

Envoyé par Ludovic le More, Merula était venu à Florence acheter des manuscrits rares de la bibliothèque Laurent de Médicis, et, selon son habitude, s'était installé chez son ami messer Cipriano Buonaccorsi qui était, comme lui, amateur d'antiquités. Pendant un relais sur la route de Milan, Merula s'était lié avec Giovanni Beltraffio, avait admiré sa belle écriture et, sous prétexte qu'il lui fallait un bon scribe, il l'avait emmené avec lui dans la maison de Cipriano.

Lorsque Giovanni entra dans la pièce, Merula examinait attentivement un vieux livre, qui ressemblait à un missel. Il passait avec précaution une éponge humide sur le parchemin – un parchemin très fin fabriqué avec de la peau d'agneau irlandais mort-né –, effaçait certaines lignes à l'aide d'une pierre ponce, égalisait avec un lissoir, et ensuite examinait de nouveau en levant le livre vers la lumière.

— Mignonnes ! mignonnes ! murmurait-il, saisi d'émotion. Allons, sortez, mes pauvres ! Montrez-vous à la lumière de Dieu !... Et que vous êtes donc longues et jolies !

Il claqua des doigts et releva de dessus son travail sa tête chauve, son visage bouffi, sillonné de rides, tendres et mobiles, au centre duquel s'avançait un nez pourpre, entre deux yeux gris de plomb, pleins de vie et de joyeuse turbulence. À côté de lui, sur le rebord de la croisée, étaient posés une cruche de terre et un verre. Le savant se versa une rasade, vida le verre d'un trait, toussa et allait se remettre à son travail, lorsqu'il aperçut Giovanni.

— Bonjour, moinillon ! dit-il plaisamment. Je m'ennuyais après toi. Je me demandais où tu traînais ? Peut-être as-tu déjà découvert quelque belle fille... Les Florentines sont jolies, et s'enamourer n'est pas un péché. Et moi non plus je ne perds pas mon temps. Tu n'as peut-être jamais vu une chose aussi amusante que celle-ci. Veux-tu ? Je te la montrerai... Ou bien, non ! Tu bavarderais. J'ai acheté cela pour un sou chez un juif ; je l'ai trouvé parmi de vieux chiffons. Allons, tant pis, je te le montre tout de même et seulement à toi.

Il lui fit signe d'approcher.

— Ici, ici, plus près du jour.

Et il lui indiqua une page couverte de caractères serrés. C'étaient des prières, des psaumes, avec des notes énormes et informes. Reprenant le livre des mains de Giovanni, Merula l'ouvrit à une autre page, le plaça devant la lumière, et Giovanni vit que là où le savant avait gratté les lettres, d'autres apparaissaient, tout à fait dissemblables, à peine visibles, restes incolores de l'écriture antique. Ce n'étaient plus des lettres, mais des fantômes de lettres, très pâles et très effacées !

— Eh bien ! vois-tu ? répétait Merula, triomphant. Les voilà, les amours ! La farce est bonne, dis, moinillon ?

— Qu'est-ce ? demanda Giovanni.

— Je ne le sais encore moi-même. Il me semble, des fragments d'une antique anthologie. Peut-être des chefs-d'œuvre de la poésie hellénique, inconnus à l'univers. Et dire que, sans moi, ils n'auraient pas vu le jour ! Ils seraient restés, jusqu'à la fin des siècles, sous ces psaumes et ces antiennes !

Et Merula expliqua que les moines, désirant utiliser les précieux parchemins, grattaient les vers païens et les remplaçaient par des cantiques.

Le soleil, sans déchirer la nappe pluvieuse, mais la transperçant seulement, emplit la chambre de sa lueur rosée déclinante et, sur ce fond, les lettres antiques creusées dans le parchemin ressortaient plus visibles encore.

— Vois-tu, vois-tu, les morts sortent de leur tombe ! répétait Merula avec enthousiasme. Je crois que c'est un hymne aux dieux olympiens. Regarde, on peut lire les premières lignes.

Et il traduisit du grec :

> *Gloire à l'aimable, fastueusement couronné de pampres, Bacchus.*
> *Gloire à toi, Phébus vermeil, terrible,*
> *Dieu à la splendide chevelure, meurtrier des fils de Niobé.*

— Et voilà un hymne à Vénus, que tu crains tellement, moinillon. Seulement, il est presque indéchiffrable.

> *Gloire à toi, Aphrodite aux pieds d'or.*
> *Joie des dieux et des mortels...*

Le vers s'arrêtait, caché par l'écriture monacale.

Giovanni abaissa le livre, et les lettres pâlirent, les creux disparurent, noyés dans l'uniformité jaune du parchemin. Les ombres fuyaient. On ne voyait plus que les caractères gras et noirs du rituel et les énormes notes disgracieuses du psaume repentant :

Seigneur, entends ma prière, exauce-moi. Je stagne dans ma misère et me trouble : mon cœur frémit et je crains les tourments de la mort.

Le crépuscule rose s'éteignit, plongeant la chambre dans l'obscurité. Merula emplit son verre de vin, le vida d'un trait et l'offrit à son camarade.

— Allons, mon petit frère, à ma santé : *vinum super omnia bonum diligamus* !

Giovanni refusa.

— Comme il te plaira. Je boirai à ta place... Mais qu'as-tu aujourd'hui, moinillon... ? Tu es triste comme si on t'avait plongé dans l'eau. Ce bigot d'Antonio t'a encore effrayé par ses prophéties ? Crache dessus, Giovanni, crache dessus. Et qu'ont-ils à brailler ainsi ? Qu'ils en crèvent ! Avoue, tu as causé avec Antonio ?

— Oui...

— De quoi ?

— De l'Antéchrist : de messer Leonardo da Vinci.

— Eh bien, voilà ! Tu ne rêves que de Léonard. Il t'a donc envoûté ? Écoute, petit ; sors toute cette folie de ta tête. Reste plutôt mon secrétaire ; je t'apprendrai le latin, je ferai de toi un jurisconsulte, un orateur, un poète de cour : tu t'enrichiras, tu conquerras la gloire. Qu'est-ce que la peinture ? Le philosophe Sénèque disait déjà que c'était un métier indigne d'un homme libre. Regarde, tous les peintres sont des hommes ignorants et grossiers...

— J'ai entendu dire, répliqua Giovanni, que messer Leonardo était un grand savant.

— Un savant ? Allons donc ! Il ne sait même pas lire le latin. Il confond Cicéron et Quintilien, et ignore l'odeur du grec. Quel savant ! Cela ferait rire les poules, si elles t'entendaient.

— On dit, continuait Beltraffio, qu'il a inventé de merveilleuses machines et que ses observations sur la nature...

— Des machines, des observations ? Mon petit, avec cela on ne va pas loin. Dans mes *Beautés de la langue latine*, ELEGANTIÆ LINGUÆ LATINÆ, se trouvent réunies plus de deux mille nouvelles formes élégantes de discours. Peux-tu te rendre compte du travail qu'il m'a fallu ? Arranger d'ingénieux rouages à des machines, regarder voler les oiseaux et pousser les herbes... ce n'est pas de la science, c'est un amusement d'enfant !

Le vieillard se tut. Son visage devint sévère. Prenant son interlocuteur par la main, il lui dit avec une calme gravité :

— Écoute, Giovanni, et retiens bien ceci. Nos maîtres sont les Anciens Grecs et Romains. Ils ont fait tout ce que les hommes peuvent faire sur la terre. Nous n'avons qu'à les suivre et les imiter. Car il est dit : « L'élève ne peut être au-dessus du maître. »

Il but une gorgée de vin, plongea son regard joyeusement malin dans les yeux de Giovanni, et subitement ses rides se détendirent en un large sourire :

— Eh ! jeunesse, jeunesse ! Je te regarde, moinillon, et je t'envie. Un bourgeon printanier, voilà tout ce que tu es ! Tu ne bois pas de vin, tu fuis les femmes... Saint Tranquille ! Et à l'intérieur, c'est le démon. Tu es triste et tu me rends gai. Tu es, Giovanni, pareil à ce livre : dessus des psaumes repentants, et, dessous, l'hymne à Aphrodite !

— Il fait nuit, messer Giorgio. Peut-être serait-il temps d'éclairer ?

— Attends. J'aime à causer dans l'obscurité et me souvenir de ma jeunesse.

Sa langue s'empâtait, sa parole devenait difficile.

— Je devine, mon chéri, continuait-il, tu me regardes et tu penses : le vieux barbon est ivre et dit des bêtises. Et pourtant, moi aussi j'ai quelque chose là-dedans.

Avec suffisance, il désigna du doigt son front chauve.

— Je n'aime pas à me flatter, mais demande au premier professeur venu, il te dira si quelqu'un a surpassé Merula dans les élégances de la langue latine. Qui a découvert Martial ? continuait-il, s'animant de plus en plus. Qui a lu la célèbre inscription sur les ruines de la porte Tiburtienne ? Parfois, je grimpais si haut que la tête me tournait ; une pierre se détachait sous mes pieds, j'avais à peine le temps de m'agripper à un buisson pour ne pas la suivre. Des jours entiers en plein soleil, je déchiffrais et je transcrivais. De jolies paysannes passaient et riaient : « Regardez donc où s'est perchée la caille ; l'imbécile cherche un trésor ? » Je plaisantais avec elles et, de nouveau, je reprenais mon travail. Là, où les pierres s'étaient effritées sous le lierre et les ronces, seuls deux mots restaient : *Gloria Romanorum* !

Et comme s'il écoutait le son depuis longtemps éteint des grands mots, il répéta sourdement :

— *Gloria Romanorum* ! Gloire aux Romains ! Eh, se souvenir, n'est-ce pas revivre ? déclara-t-il.

Et avec un geste large levant son verre, d'une voix enrouée il entonna la chanson bachique des rhéteurs :

> *Je ne me tromperai pas à jeun*
> *D'un iota, d'un mot.*
> *Toute ma vie s'écoula au cabaret.*
> *Et je mourrai*
> *Derrière un tonneau.*
> *J'aime la chanson comme le vin*
> *Et les latines grâces.*
> *Si je bois, je chante aussi,*
> *Et bien mieux qu'Horace.*
> *Dans mon cœur bouillonne l'ivresse.*
> *Dum vinum potamus.*
> *Frères, chantons l'hymne à Bacchus.*
> *Te Deum laudamus...*

Une toux obstinée l'empêcha d'achever.

La chambre était maintenant plongée dans l'obscurité : Giovanni distinguait avec peine les traits du vieillard. La pluie devenait plus forte et l'on entendait les gouttes tomber dans le ruisseau.

— Voilà, moinillon !... murmurait Merula avec peine. Que te disais-je ? Ma femme est une beauté. Non, ce n'est pas ça. Attends. Oui, oui... Tu te souviens du vers :

Tu regere imperio populos, Romane, memento...

Écoute, c'étaient des hommes gigantesques ! Les maîtres du monde !
Sa voix trembla et Giovanni crut distinguer des larmes dans ses yeux.
— Oui, des hommes gigantesques ! Maintenant, c'est honteux à dire... Par exemple, ne fût-ce que notre duc de Milan, Ludovic le More. Certainement, je suis à ses gages, j'écris son histoire, à l'instar de Tite-Live, et je compare ce lièvre peureux à Pompée et à César. Mais, au fond de mon âme, Giovanni, au fond de mon âme...

Par habitude de vieux courtisan, il jeta un coup d'œil vers la porte et, s'approchant de son interlocuteur, lui glissa à l'oreille :

— Dans l'âme du vieux Merula ne s'est jamais éteint et ne s'éteindra jamais l'amour de la liberté. Seulement ne le dis à personne. Les temps sont mauvais. Il n'y en a jamais eu de pires. Et qu'est-ce que tous ces gens-là ?... ils vous donnent envie de vomir... Des pourritures ! Et cependant, ils n'ont pas honte et se croient les égaux des antiques !... Et de quoi se réjouissent-ils ? Tiens, un mien ami m'écrit de Grèce que, dernièrement, dans l'île de Chio, les lavandières du monastère, nettoyant le linge à l'aube, ont trouvé un véritable dieu ancien, un triton, avec une queue de poisson et des nageoires. Elles en eurent peur, les bêtes. Elles ont cru que c'était le diable et elles se sont sauvées. Puis, voyant qu'il était vieux, faible et malade probablement, puisqu'il restait étendu sur le sable, grelottant et chauffant son dos vert au soleil, les ignobles femmes prirent courage, l'entourèrent en récitant des prières, et se mirent, au nom de la Sainte Trinité, à le frapper de leurs battoirs. Elles l'ont mis à mort comme un chien, ce dieu antique, le dernier des dieux de l'Océan, peut-être bien le petit-fils de Neptune.

Le vieillard se tut, sa tête s'inclina, morne, sur sa poitrine, et deux larmes roulèrent de ses yeux, deux larmes de pitié pour l'antique phénomène marin tué par les lavandières chrétiennes.

Un valet, portant des lumières, entra dans la pièce et ferma les volets. Les visions païennes s'évanouirent. Merula, alourdi par le vin, ne put descendre souper avec son hôte ; il fallut le mettre au lit comme un enfant. Cette nuit-là, longtemps, Beltraffio écouta l'insouciant ronflement de messer Giorgio, et ne parvenant pas à s'endormir, il songea à ce qui était sa pensée obsédante – à Léonard de Vinci.

IV

Giovanni était venu de Milan à Florence, envoyé par son oncle Oswald Ingrim, le maître ès vitraux, pour acheter des couleurs spécialement vives et transparentes, telles qu'on ne pouvait en trouver nulle part ailleurs que dans cette ville.

Le maître ès vitraux – *magister a vitriacis* – natif de Grätz, élève du célèbre artiste de Strasbourg, Johann Kirchheim, Oswald Ingrim travaillait aux vitraux de la chapelle nord de la cathédrale de Milan. Giovanni, orphelin, fils naturel de son frère, le sculpteur Rheinhold Ingrim, avait reçu le nom de Beltraffio, de sa mère, originaire de la Lombardie, femme de mœurs légères au dire d'Oswald et qui avait été le mauvais génie de Rheinhold.

Giovanni, élevé dans la maison de son oncle, en enfant peureux et solitaire, avait l'âme assombrie par les interminables récits d'Oswald Ingrim au sujet des forces impures, telles que les démons, les sorcières et les ogres. Le gamin ressentait une terreur spéciale pour le démon féminin des légendes septentrionales – la Diablesse blanche.

Lorsque, tout enfant, il pleurait la nuit, l'oncle Ingrim le menaçait de la Diablesse blanche, et immédiatement Giovanni se taisait, enfouissait la tête sous les couvertures ; mais, à côté de la peur, naissait chez lui un ardent et curieux désir de voir une fois au moins celle qui lui causait tant d'effroi.

Dès que Beltraffio fut en âge d'apprendre un métier, Oswald le confia à un moine iconographe, fra Benedetto.

C'était un bon et simple vieillard. Il apprit à Giovanni, avant toute chose, au début d'un travail, à appeler la protection de Dieu puissant, de la Vierge Marie, défenderesse des pécheurs, de saint Luc, le premier iconographe chrétien, et de tous les saints du Paradis ; ensuite, à s'orner d'amour, de crainte, d'obéissance et de patience ; enfin, à maroufler des toiles avec un jaune d'œuf mêlé au suc lacté des jeunes branches de figuier, délayé dans du vin coupé d'eau ; à préparer, pour les tableaux, des planches en bois de figuier ou de hêtre, en les frottant avec de la poudre d'os calcinés et en employant à cet usage des os de poulet ou de chapon ou encore des côtes ou des épaules de mouton.

C'étaient des recommandations infinies. Giovanni savait à l'avance avec quel dédain fra Benedetto dresserait les sourcils quand quelqu'un lui parlerait de la couleur dénommée *sang de dragon*, sans manquer de répondre : « Laisse-la ; elle ne peut t'apporter aucun honneur. » Giovanni devinait que les mêmes paroles avaient dû être prononcées par le professeur de fra Benedetto et par le professeur du professeur de celui-ci.

Aussi invariable était le sourire fier de fra Benedetto lorsqu'il lui confiait les secrets du métier qui semblaient au moine le comble de l'art et de la ruse : tel, par exemple, le principe de prendre, pour les visages jeunes, des œufs de poule citadine, à cause du jaune plus clair, tandis que le jaune plus foncé des œufs de poule villageoise convenait mieux aux chairs vieillies.

En dépit de ces ruses, fra Benedetto restait un artiste naïf comme un enfant ; il se préparait à l'ouvrage par des jeûnes et des veilles et, avant de commencer, priait Dieu de lui donner la force et la raison. Chaque fois qu'il peignait le Christ crucifié, son visage s'inondait de pleurs.

Giovanni aimait son maître et l'avait longtemps considéré comme l'un des plus grands artistes. Mais dans les derniers temps, un trouble s'emparait de l'élève quand, expliquant son unique règle d'anatomie – la grandeur du corps de l'homme est de huit fois plus un tiers celle de son visage –, fra Benedetto ajoutait, avec le même mépris que pour le sang de dragon : « En ce qui concerne celui de la femme, laissons-le de côté, car il ne contient en soi aucune proportion. » Et il était aussi convaincu de cela que de cette autre tradition qui voulait que, chez les poissons et tous les animaux non pensants, le dos soit sombre et le ventre clair ; ou que l'homme ait une côte de moins, puisque Dieu avait enlevé une côte à Adam pour créer Ève.

Forcé de représenter les quatre éléments en allégorie, en personnifiant chaque élément par un animal, fra Benedetto choisit la taupe pour la terre, le poisson pour l'eau, la salamandre pour le feu et le caméléon pour l'air. Mais s'imaginant que le mot caméléon était un superlatif de *camello*, qui veut dire en italien « chameau », le moine, dans la simplicité de son cœur, avait représenté l'air sous l'aspect d'un chameau ouvrant la gueule pour mieux respirer. Et lorsque les jeunes artistes se moquèrent de lui en lui signalant son erreur, il supporta leurs plaisanteries avec une humilité chrétienne, tout en gardant sa conviction qu'il n'y avait pas de différence entre un chameau et un caméléon.

Toutes les autres connaissances du moine en histoire naturelle étaient au même niveau.

Depuis longtemps, des inquiétudes s'étaient glissées dans l'esprit de Giovanni : « Le démon de la science humaine », disait le moine. Mais quand, avant son départ pour Florence, l'élève de fra Benedetto eut l'occasion de voir des dessins de Léonard de Vinci, tous ces doutes envahirent son âme avec une telle force qu'il ne put y résister. Cette nuit-ci, couché auprès de messer Giorgio qui ronflait paisiblement, pour la millième fois Giovanni remuait ces pensées, mais plus il les approfondissait et plus il les embrouillait. Alors il résolut de recourir au pouvoir céleste et, fixant un regard plein d'espoir dans l'impénétrable obscurité, il pria :

— Seigneur, aide-moi et ne m'abandonne pas ! Si messer Leonardo est réellement un athée et que sa science contienne le péché et la tentation, fais en sorte que je ne songe plus à lui et que j'oublie ses dessins. Éloigne de moi les tentations, car je ne veux pas pécher. Mais si, sans te déplaire et glorifiant ton nom, il est possible d'apprendre, dans le noble art de la peinture, tout ce que fra Benedetto ignore et que je désire tant savoir : l'anatomie, la perspective, les merveilleuses lois des ombres et des lumières, alors, ô Seigneur, donne-moi la volonté inébranlable, éclaire mon âme afin que je ne doute plus ; fais en sorte que messer Leonardo me prenne pour élève et que fra Benedetto – si bon – me pardonne et comprenne que je ne suis pas fautif devant toi.

Sa prière achevée, Giovanni ressentit un soulagement et se calma. Ses pensées s'embrouillèrent : il se rappelait le bruit de la pointe émeri rougie à blanc, coupant le verre ; il voyait les bandes de plomb se découper en fins copeaux pour encadrer les vitraux. Une voix, ressemblant à celle de son oncle, disait : « Plus d'ébréchures, plus d'ébréchures sur les bords, le vitrail tiendra mieux », et tout disparut. Il se tourna sur le côté et s'endormit. Giovanni eut un songe qu'il se rappela souvent par la suite : il lui semblait qu'il était dans l'obscurité, au milieu d'une cathédrale, devant une grande fenêtre à verres multicolores. Le vitrail représentait la récolte de la vigne mystérieuse dont il est dit dans l'Évangile : « Je suis la vigne de la vérité et mon Père est mon vigneron. » Le corps du Crucifié reposait nu sous la meule et le sang coulait de ses plaies. Les papes, les cardinaux, les empereurs, le recueillaient et roulaient des fûts. Les apôtres apportaient des grappes que saint Pierre piétinait. Dans le fond, les prophètes et les patriarches binaient les ceps ou coupaient le raisin. Et, portant une cuve de vin, passa un chariot attelé d'animaux évangéliques : le lion, le taureau, l'aigle, que conduisait l'ange de saint Matthieu. Giovanni avait vu des vitraux avec de semblables allégories dans l'atelier de son oncle. Mais jamais il n'avait vu de telles couleurs – sombres et lumineuses comme des pierres précieuses. Celle qu'il admirait le plus était le sang vif du Sauveur. Du fond de la cathédrale parvenaient, éteints et doux, les sons de sa chanson favorite :

> O fior di castitate,
> Odorifero giglio,
> Con gran suavitate
> Sei di color vermiglio.
> *Ô fleur de pureté,*
> *Lis parfumé,*
> *Avec grande suavité*
> *Tu es de couleur vermeille.*

Mais la chanson cessa, le vitrail s'assombrit ; la voix d'Antonio da Vinci murmura à son oreille : « Fuis, Giovanni, fuis, *elle est ici !* » Il voulut demander *qui ?* mais comprit que la Diablesse blanche se tenait derrière lui. Un froid sépulcral souffla et, tout à coup, une main lourde, une main qui n'avait rien d'humain, le saisit à la gorge, cherchant à l'étrangler. Il lui sembla qu'il mourait. Il cria, s'éveilla et vit messer Giorgio qui se tenait devant son lit et rejetait les couvertures :

— Lève-toi, lève-toi, sans cela on ira sans nous.
— Où ? Qu'y a-t-il ?... demanda Giovanni encore endormi.
— As-tu oublié ? À San Gervasio, pour les fouilles.
— Je n'irai pas...
— Comment cela ? Crois-tu que je t'ai éveillé pour rien ? J'ai commandé exprès de seller la mule noire pour qu'il nous soit plus

commode d'y monter à deux. Mais lève-toi donc, je t'en prie, ne t'entête pas ! De quoi as-tu peur, moinillon ?

— Je n'ai pas peur, mais je n'ai pas envie...

— Écoute, Giovanni : il y aura là-bas ton grand maître Léonard de Vinci.

Giovanni sauta à bas de son lit et, ne répliquant plus, se vêtit hâtivement.

Ils sortirent dans la cour.

Tout était prêt pour le départ. Grillo donnait des conseils, courait, s'agitait. Quelques amis de messer Cipriano, entre autres Léonard de Vinci, devaient se rendre directement, par un autre chemin, à San Gervasio.

V

La pluie avait cessé. Le vent du nord chassait les nuages. Dans le ciel sans lune, les étoiles clignotaient comme de petites lampes soufflées par la brise.

Les torches résineuses fumaient et crépitaient, projetant des étincelles. Suivant la rue Ricasoli, devant San Marco, ils approchèrent de la tour dentelée qui défend la porte San Gallo. Les gardiens, endormis, discutèrent longtemps, jurant, ne comprenant pas de quoi il s'agissait, et grâce seulement à un généreux pourboire, consentirent à les laisser sortir de la ville.

La route, très étroite, suivait la vallée du Munione. Évitant plusieurs villages pauvres à ruelles serrées ainsi que celles de Florence, à maisons hautes comme des forteresses, bâties en pierres mal équarries, les voyageurs pénétrèrent dans le champ d'oliviers appartenant aux habitants de San Gervasio, descendirent de cheval au rond-point des deux routes et, à travers les vignes de messer Cipriano, atteignirent la colline du Moulin.

Des ouvriers armés de pelles et de pics les attendaient.

Derrière la colline, du côté des marais de la « Grotte Humide », se dessinaient vaguement dans l'obscurité les murs de la villa Buonaccorsi. En bas, sur le Munione, se dressait un moulin à eau. De fiers cyprès noircissaient le haut de la colline.

Grillo indiqua l'endroit où, d'après lui, on devait creuser. Merula désigna un autre emplacement, au pied de la colline, où l'on avait trouvé la main de marbre. Et le principal ouvrier, le jardinier Strocco, assurait qu'il fallait fouiller en bas, près de la Grotte Humide, « les impuretés ayant une préférence marquée pour les marais ».

Messer Cipriano ordonna de creuser là où conseillait Grillo.

Les pics résonnèrent. Cela sentit la terre fraîchement remuée. Une chauve-souris effleura le visage de Giovanni. Il frissonna.

— Ne crains rien, moinillon, ne crains rien ! dit pour l'encourager Merula en frappant amicalement sur son épaule. Nous ne trouverons aucun diable. Si encore cet âne de Grillo... Gloire à Dieu, nous avons assisté à d'autres fouilles ! Par exemple, à Rome, dans la quatre cent cinquantième olympiade – Merula employait toujours la chronologie antique – sous le pape Innocent VIII, sur la voie Appienne, près du tombeau de Cecilia Metella, dans un ancien sarcophage romain portant l'inscription : « Julie, fille de Claude », les terrassiers lombards ont trouvé le corps, couvert de cire, d'une jeune fille de quinze ans qui paraissait endormie. Le rose de la vie était encore sur ses joues. On aurait cru qu'elle respirait. Une foule incalculable entourait son cercueil. Des pays lointains, on venait la voir, tant Julie était belle ; si belle que si l'on n'avait décrit sa beauté, ceux qui ne l'ont pas vue n'y croirait guère. Le pape s'effraya en apprenant que le peuple adorait une païenne morte, et ordonna de l'enterrer une nuit, mystérieusement... Voilà, mon petit frère, quelles fouilles on fait parfois !

Merula regarda dédaigneusement la fosse qui s'agrandissait rapidement. Tout à coup, la pioche d'un ouvrier sonna. Tous se penchèrent.

— Des os ! dit le jardinier. Le cimetière s'étendait jadis jusqu'ici.

À San Gervasio, un chien hurla.

« On a profané une tombe, songea Giovanni. Mieux vaudrait fuir le péché... »

— Un squelette de cheval, annonça Strocco, ironique, en jetant hors de la fosse un crâne long à demi pourri.

— En effet, Grillo, je crois que tu t'es trompé, dit messer Cipriano. Si on essayait ailleurs ?

— Parbleu ! quelle idée d'écouter un imbécile ! déclara Merula.

Et, prenant deux ouvriers, il alla creuser en bas, au pied de la colline. Strocco emmena également plusieurs hommes pour tenter des fouilles près de la Grotte Humide. Au bout de quelque temps, messer Giorgio s'écria triomphant :

— Voilà, regardez ! Je savais bien où il fallait creuser !

Tout le monde se précipita vers lui. Mais la trouvaille n'était pas curieuse : l'éclat de marbre était une simple pierre. Cependant, personne ne retournait vers Grillo qui, se sentant déshonoré, au fond de son trou, éclairé par une lanterne, continuait son travail.

Le vent s'était calmé. L'air se réchauffait. Le brouillard se leva au-dessus de la Grotte Humide. L'atmosphère était imprégnée d'odeurs d'eau stagnante, de narcisses et de violettes. Le ciel devint plus transparent. Les coqs chantèrent pour la seconde fois. La nuit était sur son déclin.

Subitement, du fond du trou où se tenait Grillo, partit un appel désespéré :

— Oh ! oh ! tenez-moi, je tombe, je me tue !

Tout d'abord, on ne put rien distinguer dans l'obscurité, la lanterne de Grillo s'étant éteinte. On entendait seulement le malheureux se débattre, respirer péniblement et se plaindre. On apporta d'autres lanternes, et à leur lueur on aperçut la voûte de briques d'un souterrain, qui sous le poids de Grillo s'était effondrée.

Deux jeunes et forts gaillards descendirent dans la fosse.

— Où es-tu, Grillo ? Donne ta main. Es-tu vraiment blessé, malheureux ?

Grillo ne disait mot, et oubliant la douleur de son bras – il le croyait cassé, mais il n'était que démis – tâtait, rampait et remuait étrangement dans le souterrain. Enfin, il cria joyeusement :

— L'idole ! l'idole ! messer Cipriano, une splendide idole !

— Ne crie pas tant ! mâchonna Strocco, incrédule ; encore quelque crâne de mulet.

— Non, non. Mais il manque une main... les pieds, le corps, la poitrine sont intacts, murmurait Grillo, essoufflé de bonheur.

S'attachant des cordes sous les bras afin de ne pas descendre sur la voûte friable, les ouvriers glissèrent dans le trou et avec précaution commencèrent à tirer les briques couvertes de moisissure.

Giovanni, à moitié étendu par terre, regardait, entre les dos courbés des hommes, dans le souterrain d'où soufflait un air renfermé et un froid sépulcral.

Lorsque la voûte fut démontée, messer Cipriano dit :

— Écartez-vous. Laissez voir.

Et Giovanni vit au fond du trou, entre les murs de brique, un corps blanc et nu, couché comme dans une tombe, paraissant rose, vivant et chaud sous le reflet vacillant des torches.

— Vénus ! murmura messer Giorgio dévotieusement. Vénus de Praxitèle ! Je vous félicite, messer Cipriano. Vous ne pourriez vous estimer plus heureux, même si l'on vous donnait le duché de Milan et de Gênes par-dessus le marché.

Grillo sortit avec peine ; bien que sur son visage sali de terre coulât un filet de sang provenant d'une blessure au front, et qu'il ne pût remuer son bras démis, dans les yeux du vieillard brillait la fierté du vainqueur.

Merula courut à lui.

— Grillo, mon ami, mon bienfaiteur ! Moi qui te traitais d'imbécile !... toi, le plus intelligent d'entre les hommes !

Et il l'embrassa avec tendresse.

— L'architecte florentin Filippo Brunelleschi, continua Merula, a également découvert sous sa maison, dans un caveau identique, une statue de marbre du dieu Mercure : probablement à cette époque, lorsque les chrétiens triomphaient des païens et détruisaient les idoles, les derniers adorateurs des dieux, chérissant la perfection des statues antiques et désirant les sauver, les cachaient dans ces sortes de tombeaux.

Grillo écoutait, souriait béatement et ne s'apercevait pas que la flûte du pâtre fêtait le réveil des champs, que les moutons bêlaient, que le ciel pâlissait de plus en plus, et qu'au loin, au-dessus de Florence, les voix tendres des cloches échangeaient leur salut matinal.

— Doucement, doucement ! Plus à droite, plus loin du mur, commandait Cipriano aux ouvriers. Chacun de vous recevra cinq *grossi* argent, si vous me la tirez de là intacte.

La déesse montait lentement. Avec le même sourire que jadis à sa naissance de l'onde, elle sortait des ténèbres de la terre où elle gisait depuis mille ans.

> *Gloire à toi, Aphrodite aux pieds d'or.*
> *Joie des dieux et des mortels !...*

Ainsi l'accueillit Merula.

Toutes les étoiles s'étaient éteintes, sauf celle de Vénus, jouant, tel un diamant, dans l'aube. À sa rencontre, la tête de la déesse se montra au bord de sa tombe.

Giovanni regarda son visage et murmura, pâle d'effroi :

— La Diablesse blanche !

Il se leva, voulut fuir. Mais la curiosité vainquit la peur. Et lui aurait-on dit qu'il commettait un péché mortel pour lequel il serait puni des flammes éternelles, il n'aurait pu détacher ses regards de ce corps pudiquement nu, de ce visage superbe. Aux temps où Aphrodite dominait le monde, personne ne l'avait jamais contemplée avec un amour plus dévot.

VI

La cloche de la petite église de San Gervasio retentit. Tout le monde se retourna et se tut. Ce son, dans le calme matinal, ressemblait à un cri de colère. Par instants, la voix aiguë, chevrotante, s'apaisait, comme brisée, mais aussitôt reprenait son appel désespéré.

— Jésus, aie pitié de nous ! s'écria Grillo s'arrachant les cheveux, c'est notre curé, le père Faustino ! Regardez... la foule sur la route... on crie... on nous a vus, on agite les bras. On court ici. Je suis perdu !

De nouveaux personnages arrivèrent près de la colline. C'était le reste des invités aux fouilles arrivés en retard. Ils s'étaient égarés et ne pouvaient retrouver leur route.

Beltraffio leur jeta un coup d'œil, et tout absorbé qu'il fût par la contemplation de la statue, le visage de l'un d'eux le frappa. L'expression de calme attention et de curiosité aiguë avec laquelle l'inconnu se prit à examiner la déesse exhumée, et qui était en si complète opposition avec l'émoi de Giovanni, surprit ce dernier.

Sans lever les yeux fixés sur la statue, il sentait derrière lui l'homme au visage étrange.

— La villa est à deux pas, dit messer Cipriano après un instant de réflexion. Les grilles sont solides et peuvent soutenir tous les assauts...

— C'est vrai ! s'écria Grillo ravi. Allons, mes amis ! Vivement, enlevons !

Il s'occupait de la conservation de l'idole avec une tendresse paternelle. On transporta la statue sans accident : mais à peine avait-on franchi la porte de la villa qu'apparut la silhouette menaçante du père Faustino, les bras levés au ciel.

Le rez-de-chaussée de la villa était inhabité. L'énorme salle, aux murs blanchis à la chaux, servait de dépôt aux instruments aratoires et aux grands vases de grès contenant l'huile d'olive. Tout un côté était occupé par un tas de paille montant jusqu'au plafond en une masse dorée.

On étendit la statue sur cette paille, humble lit campagnard.

Des cris, des jurons, des coups furieux dans la grille, retentirent.

— Ouvrez ! ouvrez ! criait le père Faustino. Au nom du Dieu vivant, je vous en conjure, ouvrez !

Messer Cipriano, gravissant l'escalier intérieur, monta jusqu'à une lucarne que protégeaient des barres de fer, contempla les assaillants, se convainquit de leur faible nombre et, avec le sourire qui lui était habituel, plein de rusée politesse, commença les pourparlers.

Le prêtre ne se calmait pas et exigeait la remise de l'idole, qu'il prétendait avoir été déterrée dans le cimetière.

Messer Cipriano se décida à avoir recours à une ruse de guerre, et prononça fermement, avec autorité :

— Prenez garde ! j'ai envoyé un courrier à Florence, auprès du chef de la milice : dans une heure il y aura ici un détachement de cavalerie. De force, personne n'entrera impunément dans ma maison.

— Brisez les portes ! hurla le prêtre. Ne craignez rien ! Dieu est avec nous.

Et arrachant la hache des mains d'un vieillard, il frappa de toutes ses forces.

La foule ne suivit pas son élan.

— Dom Faustino ! Eh ! dom Faustino ! murmurait un paysan en touchant le coude du curé. Nous sommes de pauvres gens... Nous ne remuons pas l'or à la pelle... On nous accusera... On nous ruinera...

Bien des fidèles, entendant parler de la milice, que l'on craignait plus que le diable, ne songeaient qu'à s'éclipser inaperçus.

— Il serait dans son droit si on avait fouillé la terre de l'Église, mais ce n'est pas le cas ! disaient les uns.

— Le sillon passe là ; ils sont dans leur droit...

— Le droit ? La loi ? Cela a été écrit pour les puissants, répliquaient d'autres.

— C'est vrai ! Mais chacun est maître sur ses terres.

Giovanni contemplait toujours la Vénus.

Un rayon de soleil matinal s'était glissé par une lucarne. Le corps de marbre, encore taché de terre, scintillait comme s'il se réchauffait après un long séjour dans le froid et les ténèbres. Les tiges fines de la paille s'allumaient, entourant la déesse d'une auréole dorée.

Et de nouveau Giovanni regarda l'inconnu.

Agenouillé auprès de la statue, il avait retiré de ses poches un goniomètre, un compas, et avec une expression de curiosité tenace, calme et obstinée dans ses yeux bleus froids et fins, ainsi que sur ses lèvres serrées, il commença de mesurer les diverses parties de ce corps superbe, en inclinant la tête de si près, que sa longue barbe blonde caressait le marbre.

« Que fait-il ? Qui est-ce ? » songeait Giovanni suivant, avec une surprise effarée, ces doigts alertes et imprudents qui touchaient le corps de la déesse, glissaient le long des membres, pénétrant tous les mystères de la beauté, tâtant, examinant les moindres sinuosités, invisibles à l'œil.

Près de la porte de la villa, le nombre des paysans diminuait à chaque instant.

— Fainéants ! Vendeurs du Christ ! Restez ! Vous craignez la milice et vous n'avez pas peur de la puissance de l'Antéchrist ! pleurait le curé en tendant les bras. « *Ipse vero Antichristus opes malorum effodiet et exponet.* » Ainsi parle le grand maître Anselme de Canterbury. « *Effodiet* », entendez-vous ? « L'Antéchrist déterrera les Anciens dieux et de nouveau les mettra au jour... »

Mais personne ne l'écoutait.

— Quel terrible père Faustino nous avons ! disait en branlant la tête le sage meunier. Son âme ne tient qu'à un fil dans son corps et voyez pourtant comme il se démène ! Si on avait encore trouvé un trésor...

— On dit que l'idole est en argent.

— En argent ! Je l'ai vue de près : du marbre ; et elle est toute nue, l'impudique...

— Le Seigneur me pardonne ! Cela ne vaut pas la peine de se salir les mains avec une telle ordure.

— Où vas-tu, Zaccheo ?

— Aux champs.

— Bon travail ! Moi je vais à mes vignes.

Toute la rage du curé se tourna contre ses paroissiens :

— Ah ! c'est ainsi, chiens infidèles, race de Cham ! Vous abandonnez votre pasteur ! Mais savez-vous seulement, maudite engeance satanique, que si je ne priais pour vous jour et nuit, si je ne me frappais la poitrine, si je ne sanglotais, si je ne jeûnais, votre maudit village serait exterminé par la colère de Dieu ! Oui, je vous quitterai, je secouerai de mes sandales votre ignoble terre. Qu'elle soit maudite ! Maudit le pain, maudit le vin, maudits les troupeaux et vos enfants et vos petits-enfants ! Je ne suis plus votre père, je ne suis plus votre pasteur ! Je vous renie ! Anathème !

VII

Dans la salle de la villa où reposait la statue, Giorgio Merula s'approcha de l'inconnu étrange.

— Vous cherchez la proportion divine ? demanda Merula avec un sourire protecteur. Vous voulez ramener la beauté à une formule mathématique ?

L'inconnu leva la tête et, comme s'il n'avait pas entendu la question, se replongea dans son travail.

Les branches du compas s'ouvraient et se refermaient, décrivant de régulières figures géométriques. Avec un geste calme, l'inconnu appliqua le goniomètre aux lèvres exquises d'Aphrodite – ces lèvres dont le sourire emplissait d'effroi le cœur de Giovanni –, compta les divisions et les inscrivit dans un livre.

— Permettez-moi d'être indiscret, insistait Merula, combien de divisions ?

— Cet appareil n'est pas exact, répondit l'inconnu à contre-cœur. Ordinairement, pour calculer les proportions, je divise la figure humaine en degrés, parties, secondes et points. Chaque division représente le douzième de la précédente.

— Vraiment ! dit Merula. Il me semble que la dernière division est plus petite que l'épaisseur d'un cheveu. Cinq fois la douzième partie !

— Le point tierce, expliqua l'inconnu avec ennui, est la quarante-huit mille huit cent vingt-troisième partie de la figure.

Merula leva les sourcils, et souriant, incrédule :

— On vivrait un siècle, on apprendrait pendant un siècle. Jamais je n'aurais songé qu'on puisse atteindre à une pareille exactitude.

— Plus on est exact, mieux cela vaut ! repartit son interlocuteur.

— Oh ! certainement ! répliqua Merula, bien que, savez-vous, en art, en beauté, tous ces calculs mathématiques... Je dois avouer que je ne puis croire qu'un artiste en plein enthousiasme, dominé par l'inspiration, pour ainsi dire sous l'influence directe de Dieu...

— Oui, oui, vous avez raison, acquiesça l'inconnu, mais il est tout de même curieux de sentir...

Et s'agenouillant, il calcula au goniomètre le nombre de divisions entre la naissance des cheveux et le menton.

« Sentir ! songea Giovanni. Est-ce qu'on peut sentir et mesurer. Quelle folie ! Ou bien il ne sent et ne comprend rien ?... »

Merula, désirant évidemment toucher au vif son interlocuteur et faire naître une discussion, commença à louer la perfection des Anciens : combien il serait profitable de les imiter. Mais l'inconnu se taisait, et lorsque Merula se tut, il dit avec un sourire moqueur qui se perdit dans sa longue barbe :

— Qui peut boire à la source ne boira pas dans la coupe.

— Permettez ! se récria l'érudit, permettez ! Ou bien alors si vous considérez les Anciens comme la coupe, où est la source ?

— La nature ! murmura l'inconnu.

Et quand Merula reprit nerveusement la conversation, il ne discuta plus, approuva avec condescendance. Seul, son regard devenait de plus en plus impénétrable et indifférent.

Enfin Giorgio se tut, à bout d'arguments. Alors l'inconnu désigna certains renforcements dans le marbre, renforcements que l'on ne pouvait voir, qu'il fallait découvrir à l'aide du toucher pour constater la délicatesse du travail : *moltissiræ dolcezze* suivant l'expression de l'inconnu. Et d'un seul regard il enveloppa tout le corps de la déesse.

« Et moi qui croyais qu'il ne sentait pas ! s'étonna Giovanni. Mais s'il est accessible à une sensation, comment peut-il mesurer et diviser par chiffres ? Qui est-ce ?

— Messer, murmura Giovanni à l'oreille de Merula, écoutez, messer Giorgio. Comment se nomme cet homme ?

— Ah ! tu es là, moinillon ! dit Merula en se retournant. Je t'avais oublié. Mais c'est ton idole. Comment ne l'as-tu pas reconnu ? C'est messer Leonardo da Vinci.

Et Merula présenta Giovanni à l'artiste.

VIII

Ils rentraient à Florence.

Léonard, à cheval, allait au pas. Beltraffio marchait à côté de lui. Ils étaient seuls.

Entre les racines noires et tortueuses des oliviers se détachait l'herbe verte, semée d'iris bleus immobiles sur leurs tiges.

Le silence était profond comme il ne l'est qu'au début du printemps.

« Vraiment, est-ce lui ? » pensait Giovanni, observant et trouvant intéressant le moindre détail dans son compagnon.

Il avait sûrement quarante ans sonnés. Lorsqu'il se taisait et pensait, les yeux, petits, aigus, bleu pâle sous des sourcils roux, paraissaient froids et perçants. Mais dans la conversation ils prenaient une expression d'infinie bonté.

La barbe blonde et longue, les cheveux blonds également, épais et bouclés, lui donnaient un air majestueux.

Le visage avait une finesse presque féminine, et la voix, en dépit de la stature et de la corpulence, était étrangement haute, très agréable, mais ne semblant pas appartenir à un homme. La main très belle – à la façon dont il conduisait son cheval, Giovanni y devinait une grande force – était délicate, les doigts fins et longs comme ceux d'une femme.

Ils approchaient des murs de la ville. À travers la brume matinale, on apercevait la coupole de la cathédrale et le Palazzo Vecchio.

« Maintenant ou jamais ! songeait Beltraffio. Il faut se décider et lui dire que je veux devenir son élève. »

À ce moment, Léonard, arrêtant son cheval, observait le vol d'un jeune gerfaut qui, guettant une proie, – canard ou héron dans le cours caillouteux du Munione –, tournait dans les airs lentement, également. Puis il tomba rapidement comme une pierre, en poussant un cri, et disparut derrière les cimes des arbres. Léonard le suivit des yeux, sans laisser échapper un mouvement des ailes, ouvrit le livre attaché à sa ceinture et y inscrivit – probablement – ses observations.

Beltraffio remarqua qu'il tenait son crayon non dans la main droite, mais dans la gauche. Il pensa : « gaucher » et se souvint des récits que l'on colportait sur Léonard, insinuant qu'il écrivait ses livres à l'aide d'une écriture retournée que l'on ne pouvait lire que dans un miroir, non de gauche à droite comme tout le monde, mais de droite à gauche comme les Orientaux. On disait qu'il le faisait afin de cacher ses pensées coupables et hérétiques sur Dieu et la nature.

« Maintenant ou jamais ! » se répéta Giovanni.

Et tout à coup, il se rappela les paroles d'Antonio da Vinci : « Va chez lui si tu veux perdre ton âme : c'est un hérétique et un athée. »

Léonard, avec un sourire, lui indiquait un amandier, qui, petit, faible, solitaire, poussait sur le sommet de la colline, et encore presque nu et frileux, s'était, de confiance, vêtu de son habit de fête blanc rosé, et scintillait, traversé par les rayons du soleil sur le fond bleu du ciel.

Mais Beltraffio ne pouvait admirer. Son cœur se débattait sous une étreinte lourde et vague.

Alors Léonard, comme s'il avait deviné sa peine, glissa vers lui un regard plein de bonté et murmura ces paroles que Giovanni souvent se rappela :

— Si tu veux être un artiste, repousse tout souci et toute peine étrangers à ton art. Que ton âme soit semblable au miroir qui reflète tous les objets, tous les mouvements, toutes les couleurs, en restant toujours, elle, immobile, rayonnante et pure.

Ils franchirent les portes de Florence.

IX

Beltraffio se rendit à la cathédrale, où ce matin même devait prêcher le frère Savonarole.

Les derniers sons de l'orgue se mouraient sous les voûtes sonores de Santa Maria del Fiore. La foule emplissait l'église. Des enfants, des femmes, des hommes étaient séparés par des tentures. Sous les arcades ogivales, l'obscurité et le mystère régnaient comme dans un bois. Et, en bas, quelques rayons de soleil s'égrenant dans les sombres vitraux, tombaient en une nappe multicolore sur les flots mouvants de la foule, sur la pierre grise des piliers. Au-dessus de l'autel rougissaient les feux des trépieds.

La messe était dite. La foule attendait le prédicateur. Tous les regards étaient fixés sur la chaire en bois sculpté, érigée au centre même de l'édifice, appuyée contre une colonne. Giovanni, au milieu de la foule, écoutait les propos tenus à voix basse par ses voisins :

— Sera-ce bientôt ? demandait un petit homme écrasé par la foule, le visage pâle, tout en sueur, les cheveux collés au front et retenus par une mince lanière, menuisier de son état.

— Dieu seul le sait, répondit un chaudronnier, géant à larges épaules et à visage apoplectique. Il y a, à San Marco, un moinillon nommé Maruffi, une espèce de fanatique bègue : quand Maruffi lui dit qu'il est temps, il vient. Dernièrement, nous avons attendu quatre heures, nous croyions que le sermon n'aurait pas lieu et tout à coup…

— Ah ! Seigneur, Seigneur ! soupira le menuisier. J'attends depuis minuit. Je suis à jeun, la tête me tourne. Je n'ai même pas mâché une racine de pavot. Si je pouvais, au moins, m'accroupir sur les talons !…

— Je te disais, Damiano, qu'il fallait venir à l'avance. Maintenant nous sommes trop loin de la chaire, nous n'entendrons rien.

— Ah ! que si ! Quand il se mettra à crier, à tonner, non seulement les sourds, mais encore les morts l'entendront !

— Il prophétisera aujourd'hui ?

— Non, tant qu'il n'aura pas construit l'arche de Noé…

— Mais tout est terminé et il a donné l'explication du mystère : la longueur de l'arche, c'est la foi ; la largeur, l'amour ; la hauteur, l'espoir. « Hâtez-vous, disait-il, hâtez-vous de joindre l'Arche de Salut, tant que les portes en sont ouvertes. Les temps sont proches où elles se fermeront, et combien pleureront ceux qui ne se sont pas repentis ! »

— Aujourd'hui, il parlera du Déluge : le dix-septième verset du sixième chapitre du Livre de la Genèse.

— Il a eu une nouvelle vision concernant la famine, la mer et la guerre.

— Le vétérinaire de Vallombrosa a dit que, la nuit, au-dessus du village, des troupes infinies combattaient dans le ciel et qu'on entendait le bruit des glaives et des cuirasses…

— Est-il vrai que sur le visage de la Vierge de Nunciata dei Servi on ait remarqué des gouttes de sang ?

— Certes ! Et la Madonna du pont Rubicon pleure chaque nuit de vraies larmes. Ma tante Lucia l'a vu elle-même…

— Ah ! tout cela présage des malheurs ! Seigneur, aie pitié de nous…

Du côté des femmes se produisit une panique : une petite vieille, trop serrée par ses voisines, venait de s'évanouir. On essayait de la relever, de lui faire reprendre les sens.

— Quand donc ? Je n'en puis plus ! pleurait presque le chétif menuisier en épongeant son front.

Et toute la foule se consumait en l'interminable attente. Subitement les voix bruirent, grandirent, emplissant la cathédrale.

— Le voilà ! le voilà ! – Non, c'est fra Domenico da Peschia. – Oui, c'est lui ! – Le voilà !

Giovanni vit gravir lentement l'escalier de la chaire un homme vêtu de l'habit noir et blanc des Dominicains, le visage maigre et jaune comme de la cire, les lèvres épaisses, le nez crochu, le front bas.

Il rejeta son capuchon, s'appuya d'un geste exténué de la main gauche sur la balustrade et tendit la droite crispée sur le crucifix. Puis, silencieux, il promena un regard de feu sur la foule. Un tel silence régna, que chacun put entendre les battements de son propre cœur.

Les yeux du moine s'allumaient comme de la braise. Il se taisait et l'attente devenait insupportable. Il semblait qu'une minute de plus suffirait pour faire pousser au public un cri d'horreur. Le calme devenait effrayant. Et alors, dans ce silence sépulcral, retentit l'assourdissant et inhumain cri de Savonarole :

— *Ecce ego adduco aquas super terram* ! Voici que j'amène les eaux sur la terre !

Un souffle de terreur passa sur la foule. Giovanni pâlit : il crut que la terre remuait, que les voûtes de la cathédrale s'écroulaient et allaient l'ensevelir. À côté de lui, le gros chaudronnier trembla comme une feuille ; ses dents claquaient. Le menuisier se rétrécit, enfonça la tête dans les épaules, assommé, rida son visage et ferma les yeux.

Ce n'était plus un sermon, mais une hallucination qui s'emparait de ces milliers de gens et les entraînait, comme l'ouragan emporte les feuilles mortes.

Giovanni écoutait, comprenant à peine. Des bribes de phrases parvenaient jusqu'à lui :

« Regardez, regardez, le ciel s'assombrit déjà. Le soleil est pourpre comme du sang séché. Fuyez ! car voici la pluie de feu et de lave, et la grêle de pierres rougies à blanc ! *Fuge, o Sion, quæ habitas apud filiam Babylonis* !

« Ô Italie, les tourments suivront les tourments ! Le tourment de la guerre après la famine ; la peste après la guerre. Des tourments en tout et partout !

« Vous n'aurez pas assez de vivants pour enterrer les morts. Il y en aura tant dans vos maisons, que les fossoyeurs parcourront les rues en criant : "Qui a des morts ?" et les empilant dans les charrettes, les amassant en tas, les brûleront. Et de nouveau ils iront, criant : "Qui a des morts ?" Et vous irez à leur rencontre en disant : "Voici mon fils, voici mon frère, voici mon mari." Et ils iront plus loin, toujours criant : "Qui a des morts ?"

« Ô Florence ! ô Rome ! ô Italie ! Le temps des chansons et des fêtes n'est plus. Vous êtes malades à mort. Seigneur, tu es témoin que j'ai voulu soutenir ces ruines par ma parole. Les forces me manquent ! Je ne peux plus, je ne veux plus, je ne sais plus que dire. Je ne puis que pleurer, mourir de mes larmes. Miséricorde, miséricorde, Seigneur ! Ô mon pauvre peuple ! ô Florence ! »

Il étendit les bras et murmura les derniers mots en un souffle. Et appuyant ses lèvres blêmes sur le crucifix, exténué, il glissa à genoux et sanglota.

Le sermon était terminé. Les sons de l'orgue grondèrent, lents et lourds, pesants et larges et toujours plus triomphants et terribles, imitant la rumeur nocturne de l'Océan.

Quelqu'un cria du côté des femmes ; une voix flûtée, désespérée :

— *Misericordia* !

Et des milliers de voix répondirent. Ainsi que des épis sous le vent, vague par vague, rangée par rangée, se serrant l'un contre l'autre comme des brebis effarées, ils tombaient à genoux ; et, s'unissant au rugissement de l'orgue, secouant les piliers et les voûtes de la cathédrale, monta la lamentation de tout un peuple vers Dieu :

— *Misericordia ! misericordia* !

Giovanni, secoué de sanglots, était tombé. Il sentait sur son dos le poids du gros chaudronnier écroulé sur lui, lui soufflant dans le cou et pleurant. À côté, le frêle menuisier hoquetait comme un enfant et poussait de stridents :

— Miséricorde ! miséricorde !

Beltraffio se souvint de son orgueil, de son amour de la science, de son désir de quitter fra Benedetto et de s'adonner à la dangereuse et peut-être impie science de Léonard. Il se souvint de la dernière nuit sur la colline du Moulin, la Vénus ressuscitée, son enthousiasme coupable devant la beauté de la Diablesse blanche, et, tendant les bras vers le ciel, il gémit :

— Pardonne-moi, Seigneur ! Je t'ai offensé. Pardonne et aie pitié de moi !

Et, au même instant, relevant son visage inondé de pleurs, il aperçut, toute proche, la silhouette majestueuse de Léonard de Vinci. L'artiste, debout, appuyé contre une colonne, tenait dans sa main droite son livre inséparable ; de la gauche, il dessinait, jetant de temps à autre un regard vers la chaire, espérant probablement revoir une fois encore la tête du prédicateur.

Étranger à tout et à tous, seul, dans cette foule matée par la terreur, Léonard avait conservé son sang-froid. Dans ses yeux bleu pâle, sur ses lèvres minces, serrées fermement comme chez les gens habitués à l'attention et à la précision, se lisait, non pas la moquerie, mais la même expression de curiosité avec laquelle il mesurait mathématiquement le corps d'Aphrodite.

Les larmes séchèrent dans les yeux de Giovanni, la prière expira sur ses lèvres.

Sortant de l'église, il s'approcha de Léonard et le pria de lui montrer son dessin. L'artiste tout d'abord ne consentit pas, mais Giovanni le suppliait si humblement qu'enfin Léonard l'emmena à l'écart et lui tendit son livre.

Giovanni vit une affreuse caricature.

C'était, non pas le visage de Savonarole, mais celui d'un vieux diable en habit de moine ressemblant à Savonarole, épuisé par des tortures volontaires, sans avoir vaincu son orgueil et sa lubricité. La mâchoire inférieure s'avançait proéminente, des rides sillonnaient les joues et le cou noir comme celui d'un cadavre desséché ; les sourcils arqués se hérissaient, et le regard in-humain, plein de supplication têtue, presque méchante, était fixé vers le ciel. Tout le côté sombre, terrible et dément, qui asservissait le frère Savonarole à la puissance du fanatique Maruffi, était mis à nu dans ce dessin, sans colère, sans pitié, avec une imperturbable clarté d'observation.

Et Giovanni se souvint des paroles de Léonard de Vinci : « *L'ingegno del pittore vuol essere a similitudine del specchio...* » L'âme de l'artiste doit être semblable au miroir qui reflète tous les objets, tous les mouvements, toutes les couleurs, en restant, elle, immobile, rayonnante et pure.

L'élève de fra Benedetto leva les yeux sur Léonard et il sentit que, même s'il était voué à la perdition éternelle, même s'il avait la certitude que Léonard était le serviteur de l'Antéchrist, il pouvait quitter celui-ci, mais une force surnaturelle le ramènerait à cet homme – auquel il devait être attaché jusqu'à sa fin.

X

Deux jours plus tard, dans la maison de messer Cipriano Buonaccorsi, occupé en ce moment par d'importantes affaires et qui n'avait pu, pour cette cause, rapporter la statue de Vénus dans la ville, Grillo accourut porteur de nouvelles alarmantes. Le curé Faustino, après avoir quitté San Gervasio, s'était rendu dans un village voisin, à San Mauricio ; là il avait terrifié les habitants en les menaçant des foudres célestes, avait réuni les hommes de la commune, forcé les portes de la villa Buonaccorsi, battu le jardinier Strocco, ligoté les hommes préposés à la garde de Vénus. Puis il avait lu au-dessus de l'idole la vieille prière d'exorcisme : *Oratio super effigies vasaque in loco antiquo reperta*. Dans cette prière prononcée sur les statues et les objets découverts dans les antiques tombeaux, le prêtre priait Dieu d'épurer de l'impureté païenne les objets trouvés sous la terre et de les transformer pour l'utilité du culte chrétien – au nom du Père, du Fils et du Saint-Esprit – *ut omni immunditia depulsa, sint fidelibus tuis utenda, per Christum Dominum nostrum* !

On avait ensuite brisé la statue, jeté les débris dans un four, et en ayant préparé une chaux vive on en avait enduit les murs du cimetière.

En entendant ce récit de Grillo qui pleurait l'idole, Giovanni se sentit décidé. Le même jour il se rendit chez Léonard et le pria de l'admettre au nombre de ses élèves.

Léonard l'accepta.

Peu de temps après, la nouvelle parvint à Florence que Charles VIII, roi très chrétien de France, à la tête d'une formidable armée, s'avançait à la conquête de Naples, de la Sicile, peut-être même de Rome et de Florence.

La terreur s'empara des citoyens, car ils voyaient en cette venue la réalisation des prophéties de Savonarole : les tourments se déchaînaient, le glaive de Dieu s'abattait sur l'Italie !

2
ECCE DEUS – ECCE HOMO

1494

« *Voici l'homme !* »

— JEAN, XIX, 5

I

La chose qui frappe l'air a une force égale à l'air qui frappe la chose. – *Tanta forza si fa colla cosa incontro all'aria, quanto l'aria alla cosa.* – Tu vois que le battement des ailes contre l'air fait soutenir l'aigle pesant dans l'air le plus haut et le plus raréfié. Inversement, tu vois l'air qui se meut sur la mer, emplir les voiles gonflées et faire courir le navire lourdement chargé. Par ces preuves tu peux comprendre que l'homme avec les grandes ailes, appuyant avec force contre l'air résistant, victorieux pourra le soumettre et s'élever au-dessus de lui.

Léonard lut ces mots pleins d'espoir, écrits cinq ans auparavant dans un de ses vieux cahiers. À côté, il avait dessiné l'appareil : un timon auquel, à l'aide de tiges de fer, étaient assujetties des ailes, mises en mouvement par des cordes.

Cette machine maintenant lui paraissait difforme et disgracieuse.

Le nouvel appareil rappelait la chauve-souris. La carcasse de l'aile était formée de cinq doigts comme la main d'un squelette ; un procédé ingénieux fléchissait les phalanges. Des tendons de cuir tanné et des lacets de soie brute simulaient les muscles et, adaptés à un levier, réunissaient les doigts. L'aile se relevait au moyen d'une bielle. Le taffetas amidonné interceptait l'air, ainsi qu'une palme de patte d'oie s'étendait et se refermait. Quatre ailes, nouées en croix, imitaient l'allure du cheval. Leur longueur était de quarante brasses, leur montée de huit. Se rejetant en arrière elles donnaient la marche en avant ; s'abaissant, elles élevaient la machine. L'homme debout passait ses pieds dans les étriers qui faisaient mouvoir les ailes en agissant sur les leviers. Sa tête dirigeait un grand gouvernail garni de plumes, qui jouait le rôle de la queue d'un oiseau.

« L'oiseau privé de pattes ne peut s'envoler faute d'élan. Vois le martinet : s'il est posé à terre il ne peut s'élever parce qu'il a les jambes courtes. Voilà pourquoi deux échelles, pour remplacer les pattes. »

Léonard savait par expérience que la perfection d'une machine exigeait l'élégance et les justes proportions observées dans toutes les parties : l'aspect bête des échelles froissait l'inventeur.

Il se plongea dans des déductions mathématiques, chercha l'erreur et ne put la trouver. Et tout à coup il raya d'un trait la page pleine de chiffres minuscules, dans la marge inscrivit : « *Non è vero* – Pas exact », et ajouta en biais, d'une grosse écriture énervée, son juron favori : « *Satanasso* ! – Au diable ! »

Les calculs devenaient de plus en plus embrouillés. L'imperceptible erreur prenait des proportions inquiétantes.

La flamme de la bougie sautillait irrégulièrement, agaçant les yeux. Le chat, ayant achevé son somme, sauta sur la table de travail, s'étira, fit le gros dos et commença de jouer avec un oiseau empaillé rongé par les mites et qui servait à l'étude de la pesanteur du vol. Léonard poussa avec humeur le chat qui faillit tomber et miaula plaintivement.

— Allons, c'est bien ! Couche-toi où tu veux. Mais ne me gêne pas.

Il caressa tendrement le poil noir de son favori. Des étincelles crépitèrent dans la fourrure. Le chat replia ses pattes de velours, s'étala majestueusement, ronronna et fixa sur son maître ses prunelles vertes pleines de morbidesse et de mystère.

De nouveau s'accumulèrent les chiffres, les ratures, les divisions, les racines cubiques et carrées.

La seconde nuit d'insomnie s'achevait inaperçue.

Revenu de Florence à Milan, Léonard depuis un mois n'était même pas sorti, occupé de sa machine volante.

Des branches d'acacia blanc se faufilaient par la croisée ouverte, égrenant par instants sur la table leurs fleurs délicates et odorantes. Le clair de lune, adouci par des brouillards roux à reflets de nacre, tombait dans la chambre, se mêlant à la lumière rouge de la chandelle.

La pièce était encombrée de machines, d'appareils d'astronomie, de physique, de chimie, d'anatomie. Des roues, des leviers, des ressorts, des hélices, des timons, des pistons et autres accessoires mécaniques – en cuivre, en acier, en verre –, pareils à des membres de monstres ou d'insectes géants, saillaient de l'ombre, s'enchevêtrant. Ici, une cloche de plongeur, le cristal irisé d'un appareil d'optique représentant un œil d'immense dimension, le squelette d'un cheval, un crocodile empaillé. Là, dans un bocal plein d'alcool, un fœtus grimaçant, pareil à une grosse larve, des patins en forme de barque pour marcher sur l'eau, et à côté, transfuge de l'atelier de peinture, une charmante tête en terre grise, tête de jeune vierge ou d'ange au sourire malicieux et triste.

Au fond, dans la gueule béante du four en fonte, des charbons rougissaient encore sous les cendres.

Et au-dessus de tout cela, du parquet jusqu'au plafond, s'étendaient les ailes de la machine, l'une encore nue, l'autre recouverte de la membrane. Entre les ailes, par terre, étendu tout de son long, la tête renversée, était couché un homme surpris par le sommeil durant son travail. Dans la main droite, il tenait encore une écope de fer d'où s'échappait l'étain. Une des ailes appuyait l'extrémité de sa carcasse sur la poitrine du dormeur dont la respiration la faisait se mouvoir et bruire, comme si elle était vivante. Dans la lumière incertaine de la lune et de la chandelle, la machine, avec cet homme affalé entre ses ailes, semblait une gigantesque chauve-souris prête à s'envoler.

II

La lune pâlit. Des potagers qui entouraient la maison de Léonard, aux environs de Milan, entre la forteresse et le couvent de Santa Maria delle Grazie, monta le parfum des légumes et des herbes, telles que la mélisse, la menthe, le fenouil. Au-dessus de la croisée, les hirondelles jacassaient avant de s'envoler. Dans le vivier voisin, les canards barbotaient et criaient joyeusement.

La flamme de la chandelle s'éteignit. À côté, dans l'atelier, s'entendaient les voix des élèves. Ils étaient deux : Giovanni Beltraffio et Andrea Salaino. Giovanni copiait une figure anatomique. Salaino enduisait d'albâtre une planche de tilleul. C'était un joli adolescent, aux yeux naïfs, aux cheveux bouclés – le favori du maître, auquel il servait de modèle pour les anges.

— Croyez-vous, Andrea, demanda Beltraffio, que messer Leonardo aura bientôt terminé sa machine ?

— Dieu sait ! répondit Salaino en sifflant un air de chansonnette, et retroussant les revers de satin brodés d'argent de ses nouveaux souliers. L'année dernière il a passé deux mois dessus, et il n'en est rien advenu que des rires. Cet ours bancal de Zoroastro avait voulu voler à toute force. Plus le maître l'en dissuadait, plus il s'entêtait. Et, imagine-toi, voilà mon âne qui grimpe sur le toit, qui s'enveloppe de vessies de porc pour ne pas se tuer en tombant ; il lève les ailes, s'envole ; le vent, d'abord, l'emporte, et tout à coup Zoroastro culbute les jambes en l'air et tombe dans un tas de fumier. Le lit était doux, il ne s'est point fait de mal, mais toutes les vessies ont éclaté ensemble, produisant un bruit semblable à une salve d'artillerie, effrayant les corneilles des clochers voisins, pendant que notre nouvel Icare se débattait dans son fumier, sans en pouvoir sortir !

À ce moment dans l'atelier entra le troisième élève, Cesare da Sesto, un homme qui n'était plus jeune, au visage bilieux, au regard intelligent et méchant. Dans une main il tenait un morceau de pain et une tranche de jambon, dans l'autre un verre de vin.

— Pfou ! quelle piquette ! cracha-t-il en grimaçant. Et le jambon n'est qu'une semelle. N'est-ce pas extraordinaire de toucher deux mille ducats d'appointements par an et de nourrir les gens avec de pareilles ordures !

— Vous auriez dû tirer à l'autre tonneau, celui qui est sous l'escalier, dans le réduit, murmura Salaino.

— J'y ai goûté. Il est pis. Mais, tu as encore une nouveauté ? s'étonna Cesare en regardant l'élégant béret de Salaino, en velours pourpre rehaussé d'une plume. Ah ! la maison est bien tenue, il n'y a pas à dire. Quelle vie de chien ! À la cuisine depuis un mois on ne peut acheter un nouveau jambon. Marco jure que le maître n'a pas un centime, que tout passe à ces damnées ailes qui nous tiennent tous à jeun : et voilà à quoi sert l'argent ! On comble de cadeaux les petits favoris ! Comment n'as-tu pas honte, Andrea, d'accepter des cadeaux des étrangers, car messer Leonardo n'est ni ton père ni ton frère, et tu n'es plus un enfant...

— Cesare, dit Giovanni pour détourner la conversation, vous m'avez promis de m'expliquer une loi de perspective. Attendre le maître est inutile ; il est trop occupé par sa machine...

— Oui, mes enfants, bientôt nous nous envolerons tous sur cette machine, que le diable emporte ! Du reste, si ce n'est une chose, ce sera une autre. Je me souviens, au moment où nous travaillions à la *Sainte Cène*, le maître subitement s'enthousiasma pour une nouvelle machine à préparer la mortadelle. Et la tête de l'apôtre Jacques le Majeur resta inachevée, attendant le perfectionnement du hachis. Une de ses meilleures madones est restée abandonnée dans un coin de l'atelier, pendant qu'il inventait un tournebroche automatique pour cuire d'une façon impeccable les chapons et les cochons de lait... Et cette merveilleuse découverte de la lessive à la fiente de poule ! Croyez-moi, il n'existe pas de sottise à laquelle messer Leonardo ne s'adonne avec enthousiasme, ne fût-ce que pour se débarrasser de la peinture.

Le visage de Cesare grimaça, ses lèvres minces se crispèrent en un mauvais sourire :

— Pourquoi Dieu donne-t-il le talent à des gens semblables ? murmura-t-il.

III

Cependant Léonard était toujours courbé au-dessus de sa table de travail.

Une hirondelle entra par la croisée ouverte, tourbillonna dans la chambre, se heurta au plafond et aux murs, et enfin se prit dans l'aile de la machine comme dans un filet, se débattit sans pouvoir en sortir.

Léonard s'approcha, désemprisonna l'oiselet avec précaution, le prit dans sa main, embrassa sa petite tête noire et lui donna la volée.

L'hirondelle prit son élan et disparut avec un cri heureux.

« Comme c'est facile, comme c'est simple ! », pensa Léonard en la suivant d'un regard envieux. Puis il contempla sa machine avec dépit et dégoût.

L'homme qui dormait s'éveilla.

C'était l'aide de Léonard, un habile mécanicien fondeur florentin, nommé Zoroastro ou plutôt Astro da Peretola. Il sauta et se frotta son œil unique, l'autre ayant été brûlé par une étincelle. Ce difforme géant, au visage enfantin toujours couvert de suie, ressemblait à un cyclope.

— J'ai dormi ! s'écria le fondeur désespéré en secouant sa tête chevelue. Que le diable m'emporte ! Ah ! maître, pourquoi ne m'avez-vous pas éveillé ? Je me hâtais, espérant avoir terminé ce soir, pour voler demain matin...

— Tu as bien fait de dormir, murmura Léonard. Ces ailes ne valent rien.

— Comment ? Encore ! À votre idée, messer ; moi, je ne retoucherai rien à cette machine. Que d'argent, que de peines ! Et de nouveau tout s'en va en fumée ! Que faut-il encore ? Mais ces ailes enlèveraient un homme, même un éléphant ! Vous verrez, maître. Permettez-moi de les essayer une fois... Au-dessus de l'eau... Si je tombe, j'en serai quitte pour un plongeon... je ne me noierai pas...

Il croisa ses mains, suppliant.

Léonard secoua négativement la tête.

— Attends, mon ami. Tout viendra à point. Plus tard.

— Plus tard ! gémit le fondeur. Pourquoi pas maintenant ? Vraiment, messer, aussi vrai qu'il y a un Dieu au ciel, je volerai.

— Non, Astro, tu ne voleras pas. La mathématique...

— J'en étais sûr ! À tous les diables votre mathématique ! Elle ne sert qu'à vous troubler. Que d'années nous nous surmenons ! L'âme en est malade. Chaque stupide moustique, mite, mouche, mouche à fumier – Dieu me pardonne ! – ignoble et sale peut voler, et les hommes rampent comme des vers ? N'est-ce pas un affront ? Et attendre quoi ? Les voilà, les ailes ! Tout est prêt, il me semble. Avec une bonne bénédiction, je prendrais mon élan et je m'envolerais !

Tout à coup, il se souvint de quelque chose et son visage rayonna.

— Maître ? que je te dise. Quel rêve superbe j'ai eu aujourd'hui !

— Tu volais encore ?

— Oui, et de quelle manière ! Écoute seulement. Je me tenais au milieu de la foule dans un lieu inconnu. Tout le monde me regarde, me montre du doigt, rit. « Ah ! me dis-je, si je ne vole pas !... » Je saute, j'agite mes bras tant que je peux et je commence à monter. Au début je peinais comme si j'avais une montagne sur les épaules. Puis, peu à peu, je me sentis plus léger. Je me suis élancé, je faillis m'assommer contre le plafond. Et tout le monde de crier : « Regardez, il vole ! » Comme un oiseau je passe la croisée et je monte toujours plus haut et plus haut vers le ciel. Le vent siffle à mes oreilles et je suis gai et je ris. « Pourquoi ne savais-je pas voler avant ? me dis-je. En avais-je perdu l'habitude ? C'est si facile ! Et il ne faut pour cela aucune machine ! »

IV

Des plaintes, des jurons retentirent, scandés par un galop rapide dans l'escalier. La porte s'ouvrit toute grande, livrant passage à un homme, la tignasse rousse, hirsute, le visage rouge également, couvert de taches de rousseur : un élève de Léonard, Marco d'Oggione. Il grondait, battait et tirait par l'oreille un gamin malingre d'une dizaine d'années.

— Que le Seigneur t'envoie une méchante Pâque, vaurien ! Je te ferai passer les talons par ton gueuloir, chenapan !

— Que veut dire cela, Marco ? demanda Léonard.

— Songez donc, messer ! Il a dérobé deux boucles en argent de dix florins chacune, au moins. Il a pu en engager déjà une et il a perdu l'argent aux osselets : l'autre, il l'a cousue dans la doublure de son vêtement où je l'ai découverte. J'ai voulu lui administrer une véritable correction, telle qu'il la méritait, et le démon m'a mordu la main au sang !

Et avec plus d'ardeur encore, il saisit le gamin par les cheveux. Léonard intervint, lui arracha l'enfant des mains.

Alors Marco sortit de sa poche un trousseau de clés – il avait chez Léonard l'emploi de caissier – les jeta sur la table en criant :

— Voilà vos clés, messer ! J'en ai assez ! Je ne vis pas sous le même toit que les vauriens et les voleurs. Ou lui, ou moi !

— Allons, calme-toi, Marco... Je le punirai ! tâchait de concilier le maître.

Par la porte de l'atelier regardaient les élèves et une grosse femme, la cuisinière Mathurine. Elle revenait du marché et tenait encore à la main son panier plein d'ail, de poisson, de gras cormorans et de filandreuses *fenocci*. Apercevant le petit coupable, la cuisinière agita les bras et se mit à jaser si vite et sans arrêt, qu'on aurait cru une chute de pois secs tombant d'un sac percé.

Cesare aussi se mêla à ce caquetage, exprimant son étonnement que Léonard tolérât dans sa maison ce « païen » de Jacopo, capable des plus cruelles polissonneries. N'avait-il pas dernièrement, avec une pierre, blessé à la jambe le vieil infirme Fagiano, le chien de la maison ? détruit les nids d'hirondelles dans l'écurie ? et son plaisir favori n'était-il pas d'arracher les ailes aux papillons pour savourer leurs souffrances ?

Jacopo restait près du maître, lançant à ses ennemis des regards sournois, ainsi qu'un louveteau cerné. Son visage pâle et joli était impassible. Il ne pleurait pas. Mais rencontrant le regard de Léonard, ses yeux méchants exprimaient une timide prière.

Mathurine glapissait, exigeant une magistrale correction pour ce démon qui rendait à tout le monde la vie insupportable.

— Doucement ! doucement ! Taisez-vous, au nom de Dieu ! suppliait Léonard, avec une étrange lâcheté, une faiblesse impuissante devant cette révolte familiale.

Cesare riait et murmurait, malveillant :

— Cela vous fait mal au cœur à regarder !... Il ne sait même pas avoir raison d'un gamin !...

Lorsque enfin tous eurent assez crié et se furent dispersés un à un, Léonard appela Beltraffio et lui dit affablement :

— Giovanni, tu n'as pas encore vu la *Sainte Cène*. J'y vais. Veux-tu m'accompagner ?

L'élève rougit de plaisir.

V

Ils sortirent dans une petite cour. Un puits se dressait au centre. Léonard se débarbouilla. En dépit de ses deux nuits d'insomnie, il se sentait frais, gai et dispos.

Le jour était brumeux, sans vent, avec une clarté pâle, presque sous-marine. Léonard aimait ce genre d'éclairage pour travailler. Tandis qu'ils se trouvaient près du puits, Jacopo s'approcha d'eux. Dans ses mains il tenait une petite boîte en écorce de chêne.

— Messer Leonardo, dit le gamin craintivement, voici pour vous...

Il souleva légèrement le couvercle. Au fond de la boîte dormait une gigantesque araignée.

— J'ai eu bien de la peine à m'en emparer. Elle s'était cachée dans une fente de roche. Trois jours je l'ai guettée. Elle est venimeuse.

La figure de l'enfant s'anima soudain.

— Et si vous la voyiez manger des mouches... ça fait peur !

Il attrapa une mouche et la jeta dans la boîte. L'araignée se précipita sur sa proie, la saisit dans ses pattes velues, et la victime se débattit, bourdonna.

— Regardez, elle mange, elle mange ! murmurait le gamin, frissonnant de plaisir.

Dans ses yeux brûlait une flamme de curiosité cruelle et sur ses lèvres tremblait un sourire incertain.

Léonard aussi se pencha, regarda l'insecte monstrueux. Et tout à coup il sembla à Giovanni qu'ils avaient tous deux la même expression, comme si, malgré l'abîme qui séparait l'enfant de l'artiste, ils s'unissaient dans une égale curiosité de l'horrible.

Lorsque la mouche fut mangée, Jacopo referma la boîte et dit :

— Je la mettrai sur votre table, messer Leonardo, peut-être voudrez-vous encore la regarder. Elle se bat drôlement avec les autres araignées.

Le gamin voulait s'en aller, mais il s'arrêta et leva des yeux suppliants. Les coins de ses lèvres s'abaissèrent, frémirent.

— Messer, dit-il très bas et gravement, vous n'êtes pas fâché contre moi ? Sinon, je m'en irai, il y a longtemps que je pense que je dois le faire. Ce n'est pas à cause d'eux, car cela m'est indifférent ce qu'ils peuvent dire, mais c'est à cause de vous. Je sais bien que je vous ennuie. Vous seul êtes bon ; eux sont méchants autant que moi, mais ils dissimulent et moi je ne sais pas. Je m'en irai, je resterai seul. Ce sera mieux ainsi. Seulement, pardonnez-moi...

Des larmes brillèrent entre les longs cils du gamin, qui répéta plus bas encore :

— Pardonnez-moi, messer Leonardo !... Je vous laisserai ma petite boîte en souvenir. L'araignée vivra longtemps. Je prierai Astro de la nourrir...

Léonard posa sa main sur la tête de l'enfant.

— Où irais-tu, petit ? Reste. Marco te pardonnera et moi je ne suis pas fâché. Va, et à l'avenir ne fais de mal à personne.

Jacopo fixa sur lui des yeux perplexes, dans lesquels luisait non la reconnaissance, mais l'étonnement, presque de la peur.

Léonard lui répondit par un calme sourire et caressa ses cheveux, comme s'il devinait l'éternel mystère de ce cœur créé par la nature pour le mal et inconscient de sa malfaisance.

— Il est temps, dit le maître. Allons, Giovanni.

Ils sortirent dans la rue déserte bordée de jardins, de potagers et de vignes, et se dirigèrent vers le monastère de Santa Maria delle Grazie.

VI

Les derniers temps, Beltraffio avait été en proie à une grande tristesse, car il n'avait pu payer au maître la pension convenue de six florins par mois. Son oncle, brouillé avec lui, ne lui donnait pas un centime. Giovanni, pendant deux mois, avait emprunté l'argent à fra Benedetto. Le moine ne pouvait lui donner davantage. Giovanni avait hâte de s'excuser.

— Messer, commença-t-il timide et rougissant, nous sommes aujourd'hui le quatorze et je paie le dix, d'après nos conventions. Je suis très confus... mais je n'ai que trois florins. Peut-être voudrez-vous bien attendre... J'aurai de l'argent bientôt... Merula m'a promis des copies...

Léonard le regarda étonné :

— Qu'as-tu, Giovanni ? Que le Seigneur t'assiste ! Comment n'as-tu pas honte de parler de choses pareilles ?

D'après l'air confus de son élève, les inhabiles reprises de ses vieux souliers, l'usure de ses vêtements, il avait compris que Giovanni était misérable.

Léonard fronça les sourcils et parla d'autre chose. Mais peu après, avec une feinte indifférence, il fouilla dans sa poche, en retira une pièce d'or et dit :

— Giovanni, je te prie, va m'acheter du papier à dessin, une vingtaine de feuilles, un paquet de craie rouge et des pinceaux en putois. Tiens, prends.

— Un ducat. Il n'y aura guère plus de dix sous d'achats. Je vous rapporterai la monnaie...

— Tu ne me rapporteras rien du tout. Ne dis pas de sottises. Tu rendras quand tu voudras. Et à partir de maintenant, je te défends de penser à ces questions d'argent et de m'en parler. Comprends-tu ?

Il se détourna et ajouta en désignant les silhouettes embrumées des mélèzes qui encadraient les berges de Naviglio Grande, le canal droit comme une flèche :

— As-tu observé, Giovanni, comme les arbres prennent dans un léger brouillard une teinte bleutée, et dans un brouillard dense combien ils deviennent d'un gris tendre ?

Il fit encore quelques observations sur la différence des ombres projetées par les nuages sur les montagnes nues en hiver et couvertes de végétation en été.

Puis, se tournant vers son élève :

— Et je sais pourquoi tu t'es imaginé que j'étais avare... Je suis prêt à tenir le pari que j'ai deviné juste. Quand nous avons parlé, toi et moi, du paiement mensuel que tu devais me faire, tu as dû remarquer que je t'ai interrogé et qu'ensuite j'ai inscrit dans mon livre tout ce dont nous étions convenus. Seulement, vois-tu ? il faut que tu saches que c'est une habitude héréditaire que je tiens probablement de mon père, le notaire Piero da Vinci, le plus fin et le plus raisonnable des hommes. Moi, cela ne m'a pas servi. Parfois je ris tout seul en relisant les bêtises que j'ai inscrites ! Je peux dire exactement combien m'a coûté le nouveau béret d'Andrea Salaino ; mais où passent des milliers de ducats, je l'ignore. À l'avenir, Giovanni, ne prête pas attention à ma stupide habitude. Si tu as besoin d'argent, prends, et crois que je te le donne comme un père à son fils.

Léonard le regarda avec un tel sourire que, tout de suite, Giovanni sentit son cœur allégé et joyeux.

En montrant l'étrange forme d'un mûrier nain, le maître expliqua que non seulement chaque arbre, mais encore chaque feuille avait sa forme particulière, unique, comme chaque individu avait son visage.

Giovanni pensa qu'il parlait des arbres avec la même bonté qu'il avait mise à parler de sa misère, comme si le maître avait pour tout ce qui vivait la perspicacité d'un voyant.

Dans la plaine basse, de derrière le bouquet sombre de mûriers émergea l'église du monastère dominicain, Santa Maria delle Grazie, bâtie en briques, rose, gaie, sur le fond blanc des nuages, avec une large coupole lombarde pareille à une tente, décorée d'ornements en terre cuite – œuvre du jeune Bramante. Ils pénétrèrent dans le réfectoire du couvent.

VII

C'était une grande salle longue, très simple, aux murs blanchis à la chaux, au plafond à poutrelles en chêne sombre. L'atmosphère était saturée de chaude humidité, d'encens et du fumet rance des plats maigres. Près de la cloison la plus proche de l'entrée se trouvait la table du Père supérieur, flanquée de chaque côté par les longues et étroites tables des moines.

Il y régnait un tel silence qu'on entendait le bourdonnement d'une mouche sur les vitres jaunes de poussière. De la cuisine s'échappait un bruit de voix, de poêles et de casseroles. Dans le fond du réfectoire, en face de la table du prieur, s'élevait un échafaudage recouvert de toile grise. Giovanni devina que cette toile cachait la *Sainte Cène* à laquelle le maître travaillait depuis plus de douze ans.

Léonard monta à l'échafaudage, ouvrit le coffre en bois dans lequel il enfermait ses dessins, ses pinceaux et ses couleurs, en retira un petit livre latin, criblé de notes dans les marges, le tendit à son élève en disant :

— Lis le treizième chapitre de Jean.

Puis il souleva le drap.

Quand Giovanni leva les yeux, tout d'abord il eut la sensation que ce n'était pas une peinture qu'il voyait sur le mur, mais la continuation du réfectoire. Il lui semblait qu'une autre chambre s'était ouverte devant lui et que la lumière du jour s'était fondue avec le calme crépuscule du soir, qui planait au-dessus des cimes bleues de Sion que l'on entrevoyait à travers les trois fenêtres de cette nouvelle salle qui, aussi simple que celle du monastère, mais couverte de tapis, paraissait plus intime et plus mystérieuse.

La longue table représentée sur le tableau était pareille à celle des moines ; une nappe identique nouée aux quatre coins la recouvrait et gardait encore la trace des plis fraîchement défaits.

Et Giovanni lut dans l'Évangile :

« Avant la fête de Pâques, Jésus, sachant que l'heure était venue pour lui de quitter ce monde pour joindre son Père, voulut jusqu'à la fin rester avec ceux qu'il avait aimés en ce monde.

« Et durant la Cène, lorsque le diable eut suggéré à Judas Iscariote de le trahir, son âme s'indigna et il dit : "Amen, amen, je vous le dis en vérité, 'l'un de vous me trahira'."

« Alors, les disciples se regardèrent, ne sachant pas de qui Il parlait.

« Un des disciples, que Jésus aimait, reposait sur son épaule. Simon-Pierre lui fit signe de demander de qui il parlait. Et il demanda : "Seigneur, qui est-ce ?"

« Jésus répondit : "Celui à qui je tendrai le pain après l'avoir trempé." Et trempant le pain il le tendit à Judas Simon Iscariote.

« Et dès que Judas l'eut mangé, Satan entra en lui. »

Giovanni contempla le tableau.

Les visages des apôtres étaient empreints d'une vie si intense qu'il lui semblait entendre leurs voix, voir le fond de leurs âmes troublées par la chose la plus horrible et incompréhensible qui fût : la conception du mal par lequel le Dieu devait mourir. Giovanni fut particulièrement frappé par les attitudes de Judas, de Jean et de Pierre. La tête de Judas n'était pas encore peinte ; on ne voyait que le corps rejeté en arrière, serrant dans ses doigts convulsés la bourse où était l'argent ; d'un geste involontaire il avait renversé la salière, et le sel s'était répandu.

Pierre, en un accès de colère, s'était levé vivement : il tenait un couteau dans sa main droite, la gauche posée sur l'épaule de Jean, et demandait au disciple préféré de Jésus : « Qui est le traître ? » Et sa vieille tête argentée, éblouissante de fureur, rayonnait de cette jalousie passionnée qui le faisait s'écrier jadis, en devinant les souffrances inévitables et la mort du Maître : « Seigneur, pourquoi ne puis-je te suivre ? Je donnerais mon âme pour toi. » Plus près du Christ se tenait Jean ; ses cheveux bouclés, fins comme de la soie, ses mains humblement croisées, son visage ovale, tout respirait en lui la pureté et la tranquillité célestes. Seul parmi les disciples, il ne souffrait plus, ne s'effrayait plus, ne se fâchait plus. En lui s'était incarnée la parole du Maître : « Que tout soit un, comme toi, Père, en moi, et moi en toi. »

Giovanni regardait et songeait :

« Ainsi, voilà ce qu'est Léonard ! Et je doutais, j'ai presque cru la calomnie ! L'homme qui a créé cela serait un athée ? Mais qui donc serait plus rapproché du Christ, que lui ! »

Ayant achevé le visage de Jean par quelques légères touches de pinceau, le maître prit un morceau de fusain pour essayer l'esquisse de la tête de Jésus. Mais l'esquisse venait mal. Après avoir songé pendant dix ans à cette tête, il se sentait incapable d'en fixer les contours. Et maintenant, comme toujours, devant la place blanche du tableau où devait mais ne pouvait surgir la tête du Christ, l'artiste sentait son impuissance et son irrésolution.

Jetant le fusain, il effaça les traits avec une éponge humide et se plongea dans une de ces méditations qui duraient parfois des heures entières.

Giovanni monta sur l'échafaudage, s'approcha de Léonard et vit que son visage sombre, morne, presque vieilli, exprimait une obstinée concentration de pensée proche du désespoir. Mais celui-ci, en rencontrant le regard de son élève, lui demanda :

— Qu'en dis-tu, mon ami ?

— Maître, que puis-je dire ? C'est merveilleux, plus beau que tout ce qui existe en ce monde. Et personne n'a compris cela, hors vous. Mais je n'arrive pas à exprimer...

Des larmes tremblèrent dans sa voix. Et il ajouta plus bas, craintivement :

— Ce que je ne puis me figurer, c'est le visage de Judas au milieu de tous ceux-ci ?

Le maître fouilla dans la caisse, en sortit un dessin et le lui tendit.

C'était une figure terrible, mais non pas repoussante, l'expression n'en était même pas méchante – pleine seulement d'infinie tristesse et d'amertume.

Giovanni compara le dessin avec celui de la tête de Jean.

— Oui, murmura-t-il, c'est lui ! Celui duquel il est dit : « Satan entra en lui. » Il était peut-être plus savant que les autres ; mais il n'a pas pratiqué le précepte : « Que tous soient égaux. » Il voulait être seul...

Cesare da Sesto, accompagné d'un homme portant la livrée des chauffeurs de la cour, entra en ce moment dans le réfectoire.

— Enfin, nous vous trouvons ! s'écria Cesare. Nous vous avons cherché partout... De la part de la duchesse, maître, pour affaire urgente.

— S'il plaît à Votre Excellence de me suivre au palais, ajouta respectueusement le chauffeur.

— Qu'est-il arrivé ?

— Un malheur, messer Leonardo ! Les tuyaux ne fonctionnent pas dans la salle de bains, et ce matin, comme un fait exprès, à peine la duchesse se fut-elle plongée dans la baignoire pendant une absence de sa servante, que le robinet d'eau chaude s'est brisé. Heureusement, la duchesse a pu sortir à temps... Messer Ambrosio da Ferrari est fort mécontent et se plaint, assurant qu'il avait plus d'une fois averti Votre Excellence de leur mauvais fonctionnement.

— Des bêtises ! dit Léonard. Je suis occupé. Va trouver Zoroastro, il arrangera tout cela en une demi-heure.

— J'ai ordre de ne pas revenir sans vous, messer...

Indifférent, Léonard voulut se remettre au travail, mais ayant jeté un regard sur la place blanche de la tête de Jésus, il grimaça, ennuyé, fit de la main un geste dépité, comme s'il avait compris que cette fois encore il n'aboutirait à rien, ferma sa caisse à couleurs et descendit de l'échafaudage.

— Allons, tant pis ! Viens me chercher dans la grande cour du palais, Giovanni. Cesare te conduira. Je vous attendrai près du Colosse.

Ce Colosse était le mausolée du défunt duc Francesco Sforza.

Et, au grand ébahissement de Giovanni, sans seulement se retourner vers son œuvre, comme s'il eût été heureux du prétexte pour abandonner son travail, le maître suivit le chauffeur pour réparer les tuyaux de la salle de bains ducale.

— Hein ! tu ne peux t'en arracher ? dit Cesare à Beltraffio. C'est possible que cela soit surprenant, tant qu'on n'a pas compris...

— Que veux-tu dire ?

— Non, rien... Je ne veux pas te désabuser. Tu trouveras toi-même. En attendant, pâme-toi...

— Je te prie, Cesare, dis-moi tout ce que tu penses.

— Fort bien ; à la condition que tu ne te fâcheras pas et que tu ne maudiras pas la vérité. Pourtant, je sais à l'avance tout ce que tu diras – je ne discuterai pas. Certes – c'est une grande œuvre. Aucun maître n'a possédé ainsi la science anatomique, les lois de la perspective, de la lumière et des ombres. Parbleu ! tout est copié d'après nature ; la moindre ride sur les visages, le plus petit pli de la nappe. Mais la vie manque. Dieu est absent et le sera toujours. Tout est mort, à l'intérieur – l'âme n'y existe pas ! Regarde seulement, Giovanni, quelle régularité mathématique, quel triangle parfait : deux contemplatifs, deux actifs et le Christ pour point central. Vois à droite, le contemplatif de parfaite bonté, Jean ; le mal parfait – Judas ; leur différence, la justice – Pierre. Et à côté le triangle actif – André, Jacques le Mineur, Barthélemy. – À gauche du centre, de nouveau des contemplatifs – l'amour, Philippe ; la foi, Jacques le Majeur ; la raison, Thomas. Et encore le triangle actif ! La géométrie en guise d'inspiration, la mathématique remplaçant la beauté ! Tout est réfléchi, calculé, mâché par le raisonnement, examiné jusqu'au dégoût, pesé sur des balances, mesuré au compas. La raillerie sous les choses saintes !

— Oh ! Cesare ! reprocha Giovanni. Combien tu connais peu le maître ! Et pourquoi le détestes-tu ainsi ?

— Toi, tu le connais et tu l'aimes ? dit Cesare en se retournant, un sourire sarcastique sur les lèvres.

Dans son regard brilla une haine si inattendue que Giovanni involontairement baissa les yeux.

— Tu es injuste, Cesare, dit-il enfin. Le tableau n'est pas achevé : le Christ manque.

— Tu te figures que le Christ y sera ? Tu en es certain ? Nous verrons ! Mais souviens-toi de mes paroles : Messer Leonardo n'achèvera jamais la *Sainte Cène*, il ne peindra jamais ni le Christ ni Judas, parce que, vois-tu, mon ami, on peut atteindre à beaucoup de choses à l'aide de la mathématique, de la science et de l'expérience, mais non pas à tout. Ici il faut autre chose. Ici se trouve une limite qu'il ne pourra jamais franchir, malgré toute sa science !

Ils sortirent du monastère et se dirigèrent vers le palais Castello di Porta Giovia.

— En tout cas, tu as tort pour une chose, Cesare, dit Beltraffio. Judas existera... il existe...

— Allons donc ? Où ?

— Je l'ai vu moi-même.

— Quand ?

— À l'instant. Le maître m'a montré le dessin...

— À toi ?... Ah !

Cesare regarda son compagnon et lentement, comme en un effort :

— Et... c'est bien ? dit-il.

Giovanni inclina approbativement la tête. Cesare ne répliqua rien, et durant tout le chemin il ne parla plus, plongé en une profonde méditation.

VIII

Ils arrivèrent aux portes du palais et traversant le Battifronte (le pont-levis) entrèrent dans la tourelle du sud, Torre di Filarete, entourée de tous côtés par les fossés pleins d'eau. Il y faisait sombre, étouffant ; cela sentait la caserne, le pain, le fumier et la soupe d'avoine. L'écho sous les hautes voûtes répétait un langage cosmopolite, les rires et les jurons des mercenaires. Cesare avait le mot de passe. Mais Giovanni, inconnu, fut sérieusement examiné et dut inscrire son nom sur le livre du corps de garde.

Après un second pont, où on les examina à nouveau, ils atteignirent la place intérieure du palais, déserte, la Piazza d'Arme.

Devant eux se dressait la noire silhouette de la tour crénelée dite de Bona de Savoie, bâtie au-dessus du Fossato Morto. À droite se trouvait l'entrée de la cour d'honneur, Corte Ducale ; à gauche l'imprenable citadelle de la Rocchetta, véritable nid d'aigle. Au milieu de la cour s'élevait un échafaudage de bois, entouré de petits appentis et d'auvents cloués à la hâte, mais déjà assombris par le temps et de place en place couverts de lichen jaune. Au-dessus se dressait une statue équestre, le Colosse, haut de douze coudées, œuvre de Léonard de Vinci.

Le coursier gigantesque en argile vert foncé se détachait sur le ciel. Cabré, il foulait un guerrier sous ses sabots.

Le vainqueur étendait le sceptre ducal. C'était le grand condottiere Francesco Sforza, l'aventurier qui vendait son sang pour de l'argent, moitié soldat, moitié brigand. Fils d'un pauvre paysan de la Romagne, il était issu du peuple, fort comme un lion, rusé comme un renard, et grâce à ses crimes, à ses exploits, à sa sagesse, il était mort sur le trône des ducs de Milan.

Un pâle rayon de soleil tomba sur le Colosse.

Giovanni lut dans les doubles plis du menton, dans les yeux terribles, pleins de voracité vigilante, le calme indifférent du fauve repu. Au pied du mausolée il vit, gravées de la main même de Léonard, ces deux strophes :

> Expectant animi molemque futuram
> Suscipiunt; fluat aes; vox erit: Ecce deus !

Les deux derniers mots le frappèrent : *Ecce deus* ! Voici le dieu !

— Le dieu, répéta Giovanni en regardant successivement et le Colosse, et la victime transpercée par la lance du triomphateur, de Sforza l'oppresseur.

Et il se souvint du silencieux réfectoire de Santa Maria delle Grazie, des cimes bleutées de Sion, du charme céleste de Jean et du calme de la dernière soirée de l'autre Dieu duquel il est dit : *Ecce homo* ! Voici l'homme !

Léonard s'approcha de lui.

— J'ai terminé mon travail. Allons. Sans cela on m'appellerait encore au palais ; les tuyaux des cuisines sont abîmés et fument. Il faut partir inaperçus.

Giovanni, les yeux baissés, se taisait. Son visage était pâle.

— Pardonnez-moi, maître ! Je songe et ne comprends pas comment vous avez pu créer ce Colosse et la *Sainte Cène* en même temps ?

Léonard le regarda avec une indulgente surprise.

— Qu'est-ce que tu ne comprends pas ?

— Ô messer Leonardo, ne le voyez-vous pas vous-même ? Ce n'est pas possible… ensemble…

— Au contraire, Giovanni. Je crois que l'un m'aide à exécuter l'autre. Mes meilleures idées pour la *Sainte Cène* me viennent précisément au moment où je travaille à ce Colosse, et quand je suis au monastère, j'aime rêver à ce mausolée. Ce sont deux jumeaux. Je les ai commencés ensemble. Je les terminerai de même.

— Ensemble ! Cet homme et le Christ ! Non, maître, c'est impossible ! s'écria Beltraffio, ne sachant comment exprimer sa pensée, et sentant son cœur s'indigner de cette insupportable contradiction : c'est impossible !… impossible !

— Pourquoi ? demanda le maître en souriant.

Giovanni voulut dire quelque chose, mais rencontrant le regard calme et étonné de Léonard, il songea qu'il était inutile d'achever sa pensée parce que le maître ne comprendrait pas.

« Quand je regardais la *Sainte Cène*, pensait Beltraffio, il me semblait que je l'avais deviné. Et voilà que de nouveau je l'ignore. Qui est-il ? Auquel des deux a-t-il dit dans le fond de son cœur : "Voici le dieu !" Cesare a peut-être raison et il n'y a pas de Dieu dans le cœur de Léonard ?

IX

La nuit, tandis que tout le monde dormait, Giovanni, en proie à l'insomnie, sortit dans la cour et s'assit sur un banc, sous l'auvent couvert de vigne.

La cour était quadrangulaire avec un puits au centre. Derrière Giovanni s'élevait le mur de la maison ; en face, les écuries ; à gauche, une grille donnant sur la grande route qui conduisait à Porta Vercellina ; à droite, la clôture toujours fermée à clef d'un petit jardin dans le fond duquel s'érigeait un pavillon solitaire où personne n'entrait, sauf Astro, et où le maître travaillait souvent.

La nuit était calme, chaude et humide. La lune éclairait vaguement l'épais brouillard.

Quelqu'un frappa à la grille qui s'ouvrait sur la route. Le volet d'une des fenêtres basses s'ouvrit, un homme se pencha et demanda :

— Monna Cassandra ?

— C'est moi. Ouvre.

Astro sortit de la maison et ouvrit.

Une femme vêtue d'une robe blanche qui prenait, sous les rayons de la lune, la teinte verdâtre du brouillard, pénétra dans la cour.

Tout d'abord, ils causèrent près de la grille. Puis ils passèrent devant Giovanni, caché par l'ombre de la vigne, sans le remarquer.

La jeune fille s'assit sur le rebord du puits.

Son visage était étrange, indifférent, impassible comme celui des statues antiques : un front bas, des sourcils droits ; un tout petit menton et des yeux jaunes, transparents comme l'ambre. Mais ce qui frappa le plus Giovanni, ce furent ses cheveux ; duveteux, légers, ils ressemblaient aux serpents de Méduse, entourant la tête d'une auréole noire qui faisait paraître le teint plus pâle, les lèvres plus rouges, les yeux jaunes plus transparents.

— Alors, Astro, tu as aussi entendu parler du frère Angelo ? demanda la jeune fille.

— Oui, monna Cassandra. On dit qu'il est envoyé par le pape pour déraciner les hérésies et les magies noires... Quand on entend ce que disent les Pères inquisiteurs, on en ressent la chair de poule. Que Dieu nous épargne de tomber entre leurs pattes ! Soyez prudente. Prévenez votre tante...

— Mais elle n'est pas ma tante !

— N'importe ! Cette monna Sidonia chez laquelle vous vivez.

— Et tu crois, forgeron, que nous sommes des sorcières ?

— Je n'ai pas d'opinion ! Messer Leonardo m'a clairement prouvé qu'il n'existait pas de sorcellerie et qu'elle ne pouvait pas exister, d'après les lois de la nature. Messer Leonardo sait tout et ne croit à rien.

— À rien ? répéta monna Cassandra. Ni au diable ni à Dieu ?

— Ne riez pas ! C'est un homme juste.

— Je ne ris pas... Et votre machine à voler ? Sera-t-elle bientôt prête ?

Le forgeron agita les bras.

— Si elle est prête ? Ah ! oui ! tout est à recommencer.

— Ah ! Astro, Astro ! Pourquoi crois-tu à ces folies ! Ne comprends-tu pas que toutes ces machines ne sont créées que pour détourner l'attention ? Messer Leonardo, je suppose, vole depuis longtemps...

— Comment ?

— Mais... comme moi.

Il la regarda songeur.

— Vous rêvez peut-être, monna Cassandra ?

— Et comment les autres me voient-ils alors ? Ne te l'a-t-on pas dit ?

Le forgeron, perplexe, se gratta la nuque.

— J'oubliais, reprit-elle ironique, vous êtes ici des savants qui ne croyez pas aux miracles, mais à la mécanique !

Astro, joignant les mains, suppliant, s'écria :

— Monna Cassandra ! Je suis un homme tout dévoué. Le frère Angelo pourrait se mêler de nos affaires. Expliquez-moi, je vous en prie, dites-moi tout exactement...

— Quoi ?

— Ce que vous faites pour voler ?

— Ah ! mais !... non, je ne te le dirai pas. À savoir trop de choses, on vieillit vite.

Elle se tut. Puis, plongeant son regard dans celui d'Astro, elle ajouta :

— T'expliquer ne suffirait pas. Il faut encore agir.

— Que faut-il faire ? demanda Astro, pâlissant.

— Il faut connaître les mots et posséder l'herbe pour s'oindre le corps.

— Vous l'avez ?

— Oui.

— Et vous savez le mot ?

La jeune fille acquiesça de la tête.

— Et vous me le direz ?

— Essaie. Tu verras, c'est plus sûr que ta mécanique !

L'unique œil du forgeron brilla d'un désir fou.

— Monna Cassandra, donnez-moi l'herbe !

Elle eut un rire étrange.

— Quel drôle d'homme tu es, Astro ! Tout à l'heure tu disais que la magie n'existait pas et maintenant tu y crois.

Astro se renfrogna.

— Je veux essayer. Cela m'est égal, que ce soit par la magie ou par la mécanique. Je veux voler ! Je ne puis attendre plus longtemps...

La jeune fille posa sa main sur l'épaule d'Astro.

— J'ai pitié de toi. En effet, tu deviendrais fou si tu n'arrivais pas à voler. Allons, je te donnerai l'herbe et te dirai le mot. Seulement, toi aussi, tu feras ce que je te demanderai.

— Tout ce que vous voudrez, monna Cassandra. Parlez !

La jeune fille désigna le pavillon solitaire :
— Laisse-moi entrer là-dedans.
Astro secoua sa tête chevelue.
— Non, non... Tout ce que vous voudrez, mais pas cela !
— Pourquoi ?
— J'ai juré au maître de ne laisser pénétrer personne.
— Et tu y vas ?
— Moi, oui.
— Qu'y a-t-il là-bas ?
— Mais aucun mystère. Vraiment, monna Cassandra, rien de curieux. Des machines, des appareils, des livres, des manuscrits, des fleurs et des animaux rares, des insectes que lui apportent des explorateurs. Et un arbre... empoisonné.
— Comment, empoisonné ?
— Oui ; pour des expériences. Il l'a empoisonné pour connaître l'effet du poison sur les plantes.
— Je t'en supplie, Astro, raconte-moi tout ce que tu sais sur cet arbre.
— Il n'y a rien à raconter. Au début du printemps, au moment de la sève, il l'a vrillé jusqu'au cœur et avec une longue aiguille il y a injecté un liquide.
— Drôles d'expériences ! Qu'est-ce que cet arbre ?
— Un pêcher.
— Et alors ? Les fruits sont empoisonnés ?
— Ils le seront quand ils seront mûrs.
— Et l'on s'aperçoit qu'ils sont vénéneux ?
— Non. Voilà pourquoi il ne laisse entrer personne là-bas. On peut être tenté par la beauté des fruits, en manger et mourir.
— Tu as la clef ?
— Oui.
— Donne-la-moi, Astro !
— Monna Cassandra ! Y pensez-vous ! J'ai juré...
— Donne la clef ! répéta Cassandra. Je te ferai voler cette nuit même. Voilà l'herbe.
Elle lui tendit une petite fiole pleine d'un liquide sombre et, approchant son visage de celui d'Astro, elle murmura :
— Que crains-tu, bête ? Ne dis-tu pas toi-même qu'il n'y a là aucun mystère. Nous ne ferons qu'entrer et sortir... Allons, donne la clef !
— Non, dit-il, je ne vous laisserai pas entrer. Je ne veux pas de votre herbe. Partez !
— Poltron ! dit la jeune fille méprisante. Tu pourrais tout savoir et tu n'oses pas. Je vois bien maintenant que ton maître est un sorcier et qu'il te berne comme un enfant.
Astro se taisait.
La jeune fille s'approcha de nouveau de lui :

— Astro, je ne te demande rien... Je n'entrerai pas... Ouvre seulement la porte afin que je jette un coup d'œil...

— Vous n'entrerez pas ?

— Non ; ouvre et montre.

Giovanni se soulevant vit, dans le fond du petit jardin, un pêcher ordinaire. Mais dans le brouillard, sous la lumière trouble de la lune, il lui sembla sinistre et fabuleux.

Arrêtée sur le seuil du jardin, la jeune fille regardait avec des yeux curieux, puis fit un pas pour entrer. Le forgeron la retint. Elle se débattait, glissait entre ses mains comme un serpent. Il la repoussa rudement, faillit la faire tomber, mais immédiatement elle se redressa et fixa un perçant regard sur le forgeron. Son visage pâle, lugubre, était mauvais et terrifiant. En cet instant, elle ressemblait réellement à une sorcière.

Le forgeron ferma la porte du jardin et, sans prendre congé de monna Cassandra, rentra dans la maison.

Elle le suivit des yeux. Puis, vivement, glissa devant Giovanni et sortit par la grille sur la route de Porta Vercellina.

Un grand silence régna. Le brouillard s'épaissit.

Giovanni ferma les yeux. Devant lui se dressait comme une vision l'arbre maléfique et il se souvint des paroles de la Bible :

« Dieu dit à l'homme : "Goûte à tous les arbres du jardin, mais ne touche pas à l'arbre de la Science du Bien et du Mal, car le jour où tu y auras goûté, tu seras mortel". »

3

LES FRUITS EMPOISONNÉS

1495

« *Et le serpent dit à la femme : "Non, vous ne mourrez pas ; mais Dieu sait que du jour où vous aurez goûté aux fruits, vos yeux se dessilleront et vous serez vous-mêmes dieux, connaissant le Bien et le Mal."* »

— GENÈSE, III, 4-5

« Faciendo un bucho con un succhiello dentro un albusciello, a chacciandovi arsenicho e risalghallo e sollimato stemperati con acqua arzente, a forza di fare e sua frutti velenosi. »
« *Après avoir atteint le cœur d'un jeune arbre avec une vrille, injecte dedans de l'arsenic, un réactif et du sublimé corrosif, délayés dans de l'alcool, afin d'empoisonner les fruits.* »

— LÉONARD DE VINCI

I

La duchesse Béatrice avait coutume, chaque vendredi, de se laver et de dorer ses cheveux, puis de les sécher au soleil, sur la terrasse entourée d'une balustrade qui surmontait le palais. La duchesse était ainsi assise sur la terrasse de la villa Sforzecci, située hors la ville, sur la rive droite du Ticcino, près de la forteresse Vigevano, au milieu des prairies toujours vertes de la province de Lomellina.

Et tandis que les bouviers fuyaient avec leurs bêtes la chaleur torride du soleil, la duchesse endurait patiemment son ardeur.

Une ample tunique de soie blanche, sans manches, le *sciavonetto*, la recouvrait. Elle avait sur sa tête un chapeau de paille dont les larges bords préservaient son visage du hâle et dont le fond découpé laissait échapper les cheveux qu'une esclave circassienne, à teint olivâtre, humectait à l'aide d'une éponge piquée au bout d'un fuseau, et démêlait avec un peigne en ivoire.

Le liquide préparé pour la dorure des cheveux se composait de jus de maïs, de racine de noyer, de safran, de bile de bœuf, de fiente d'hirondelles, d'ambre gris, de griffes d'ours brûlées et d'huile de tortue.

À côté, sous la surveillance directe de la duchesse, sur un trépied dont le soleil pâlissait la flamme, de l'eau rose de muscade, mélangée à la précieuse viverre, à la gomme d'adragante et à la livèche, bouillait dans une cornue.

Les deux servantes ruisselaient de sueur. La chienne favorite de la duchesse ne savait où se mettre pour éviter les rayons brûlants du soleil ; elle respirait difficilement, la langue pendante, et ne grognait même pas en réponse aux agaceries de la guenon, aussi heureuse de la chaleur que le négrillon qui tenait le miroir à monture de nacre et rehaussé de perles fines.

En dépit du grand désir qu'avait Béatrice de donner à son visage un air sévère, à ses mouvements l'autorité qui convenait à son rang, il était difficile de croire qu'elle avait dix-neuf ans, deux enfants et qu'elle était mariée depuis trois ans.

Dans l'enfantine bouffissure de ses joues, dans le pli du cou, sous le menton trop rond, dans ses lèvres fortes, presque toujours pincées capricieusement, ses épaules étroites, sa poitrine plate, dans ses gestes brusques, impétueux, gamins, on voyait plutôt l'écolière, gâtée, fantasque, égoïste, folâtre et sans frein.

Et cependant, dans le regard de ses yeux bruns, ferme et pur comme la glace, luisait un esprit prudent.

Le plus perspicace homme d'État de ce temps, l'ambassadeur de Venise, Marino Sanuto, dans ses lettres secrètes, assurait à son seigneur que cette fillette, en politique, était un véritable silex et beaucoup plus arrêtée dans ses décisions que Ludovic, son époux, qui, fort raisonnablement, obéissait en toute chose à sa femme.

La petite chienne aboya méchamment.

Dans l'escalier tournant qui réunissait la terrasse aux salles de toilette, parut, geignant et soupirant, une vieille femme en habits de veuve. D'une main elle égrenait un chapelet, de l'autre elle s'appuyait sur une béquille. Les rides de son visage auraient pu sembler respectables sans le sourire mielleux et les yeux mobiles comme ceux d'une souris.

— Oh ! oh ! oh ! la vieillesse n'est pas un bonheur ! Que de peine j'ai eue pour monter !... Que le Seigneur donne la santé à Votre Seigneurie ! dit la vieille, en baisant servilement le bas du sciavonetto.

— Ah ! monna Sidonia ! Eh bien !... Est-ce prêt ?

La vieille retira de sa poche un flacon soigneusement enveloppé et cacheté, contenant un liquide trouble fait de lait d'ânesse et de chèvre rousse, dans lequel infusaient de la badiane sauvage, des griffes d'asperge et des oignons de lys blanc.

— Il aurait fallu le garder encore deux jours dans du fumier chaud. Mais je crois tout de même que la liqueur est à point. Seulement, avant de vous en servir, ordonnez qu'on le passe dans un filtre en feutre. Trempez un morceau de mie de pain et frottez votre figure, le temps de réciter trois fois le Symbole de la Foi. Au bout de cinq semaines, vous n'aurez plus le teint basané, plus le moindre bouton.

— Écoute, vieille, dit Béatrice, s'il y a encore dans cette mixture une de ces saletés qu'emploient les sorcières dans la magie noire, soit de la graisse de serpent, soit du sang de huppe ou de la poudre de grenouilles séchées dans une poêle, comme dans la pommade que tu m'as donnée contre les verrues, dis-le-moi de suite.

— Non, non, Votre Seigneurie ! Ne croyez pas ce que vous racontent les méchantes gens. Parfois on ne peut éviter certaines saletés : tenez, par exemple, la très respectable madonna Angelica, tout l'été dernier, s'est lavé la tête avec de l'urine de porc pour arrêter la calvitie, et elle a encore remercié Dieu du bienfait de ce traitement.

Puis, se penchant à l'oreille de la duchesse, elle commença à lui narrer la dernière nouvelle de la ville, comme quoi la jeune femme du principal consul de la gabelle, la ravissante madonna Filiberta, trompait son mari et s'amusait avec un chevalier espagnol de passage.

— Ah ! vieille entremetteuse ! dit en riant Béatrice, visiblement intéressée par le récit. C'est toi qui as enjôlé la malheureuse...

— Permettez, Votre Seigneurie, elle n'est pas malheureuse ! Elle chante comme un oiselet, se réjouit et me remercie chaque jour. En vérité, me dit-elle, ce n'est que maintenant que j'ai constaté la différence qu'il y a entre les baisers d'un mari et ceux d'un amant.

— Et le péché ? Sa conscience ne la tourmente pas ?

— Sa conscience ? Voyez-vous, Votre Seigneurie, bien que les moines et les prêtres affirment le contraire, je pense que le péché d'amour est le plus naturel des péchés. Quelques gouttes d'eau bénite suffisent pour vous en laver. De plus, en trompant son mari elle lui rend en gâteau ce qu'il lui donne en pain, et de la sorte, si elle n'efface pas complètement, du moins elle atténue son péché devant Dieu.

— Le mari la trompe donc aussi ?

— Je ne puis l'affirmer. Mais ils sont tous semblables, car je suppose qu'il n'y a pas au monde un mari qui n'aimerait n'avoir qu'un bras, plutôt qu'une seule femme.

La duchesse se prit à rire.

— Ah ! monna Sidonia, je ne puis me fâcher contre toi. Où prends-tu tout cela ?

— Croyez la vieillesse ; tout ce que j'avance n'est que la vérité. Je sais aussi dans les affaires de conscience distinguer la paille de la poutre. Chaque légume croît en son temps.

— Tu raisonnes comme un docteur en théologie !

— Je suis une femme ignorante. Mais je parle avec mon cœur. La jeunesse en fleur ne se donne qu'une fois, car à quoi sommes-nous utiles, pauvres femmes, quand nous sommes vieilles ? Tout juste bonnes à surveiller la cendre des cheminées. Et on nous envoie à la cuisine ronronner avec les chats, compter les pots et les lèchefrites. Tel est le dicton : « Que les jeunesses se régalent et que les vieilles s'étranglent. » La beauté sans amour est une messe sans *Pater*, et les caresses du mari sont tristes comme jeux de nonnes.

La duchesse rit de nouveau.

— Comment ?... comment ?... Répète.

La vieille la regarda attentivement, et ayant probablement calculé qu'elle l'avait assez divertie par ses sottises, s'inclina vers la duchesse et lui murmura quelques mots à l'oreille.

Béatrice cessa de rire, une ombre s'étendit sur ses traits. Elle fit un signe. Les esclaves s'éloignèrent. Seul, le petit nègre resta : il ne comprenait pas l'italien. Le ciel, très pâle, semblait mort de chaleur.

— Ce ne peut être qu'une absurdité, dit enfin la duchesse. On raconte tant de choses...

— Non, signora. J'ai vu et entendu moi-même. D'autres aussi peuvent l'attester.

— Il y avait beaucoup de monde ?

— Dix mille personnes ; toute la place devant le palais de Pavie était noire de monde, grouillante...

— Qu'as-tu entendu ?

— Lorsque madonna Isabella est sortie sur le balcon en tenant le petit Francesco, tout le monde a agité les bras et les chaperons, beaucoup pleuraient. On criait : « Vive Isabella d'Aragon ! Vive Jean Galéas, roi légitime de Milan, héritier de Francesco ! Mort aux usurpateurs du trône ! »

Le front de Béatrice se rembrunit.

— Tu as entendu ces mots ?

— Et encore d'autres, pires...

— Lesquels ? Dis, ne crains rien.

— On criait... ma langue se refuse à articuler, signora... On criait... : « Mort aux voleurs ! »

Béatrice frissonna, mais se dominant aussitôt, elle dit doucement :

— Qu'as-tu entendu encore ?

— Je ne sais vraiment comment le redire...

— Allons, vite ! Je veux tout savoir.

— Croiriez-vous, signora, que dans la foule on disait que le sérénissime duc Ludovic le More, le tuteur, le bienfaiteur de Jean Galéas, avait enfermé son neveu dans le fort de Pavie sous la garde d'espions et… de meurtriers. Puis ils se sont mis à crier, demandant que le duc sortît, mais madonna Isabella a répondu qu'il était souffrant, couché…

Monna Sidonia, de nouveau, se mit à chuchoter à l'oreille de la duchesse. Tout d'abord, Béatrice écouta attentivement, puis se retournant en colère elle cria :

— Tu es folle, vieille sorcière ! Comment oses-tu ! Je vais donner tout de suite l'ordre de te précipiter du haut de cette terrasse, de façon que les corbeaux ne puissent même ramasser tes os !

La menace n'effraya pas monna Sidonia. Béatrice se calma vite.

— Du reste, murmura-t-elle en jetant un regard fuyant à la vieille, du reste, je ne crois pas à cela.

L'autre haussa les épaules :

— À votre guise !… mais ne pas croire est impossible. Voici comment cela se pratique, continua-t-elle insinuante : on pétrit une statuette en cire, on met à droite le cœur d'une hirondelle, à gauche, le foie ; on traverse les deux organes avec une longue épingle en prononçant les paroles d'exorcisme, et celui que représente la statuette meurt de mort lente. Aucun savant docteur ne peut remédier à cela.

— Tais-toi ! interrompit la duchesse. Ne me parle jamais de cela !…

La vieille baisa le bas de la robe.

— Ma merveille ! Mon soleil ! Je vous aime trop. Voilà mon péché ! Je prie pour vous en pleurant, chaque fois que l'on chante le *Magnificat* aux vêpres de saint Francisque. Les gens disent que je suis une sorcière, mais si je vendais mon âme au diable, Dieu est témoin que ce ne serait que pour plaire à Votre Seigneurie !

Et elle ajouta pensive :

— C'est possible aussi… sans magie…

La duchesse l'interrogea du regard.

— En venant ici, je traversais le jardin ducal, continua monna Sidonia indifférente. Le jardinier cueillait de superbes pêches mûres, probablement un cadeau pour messer Jean Galéas…

Elle se tut une seconde et ajouta :

— Il paraît que dans le jardin du maître florentin Léonard de Vinci, il y a aussi des pêches merveilleuses ; seulement elles sont empoisonnées…

— Comment, empoisonnées ?

— Oui, oui. Monna Cassandra, ma nièce, les a vues…

La duchesse ne répondit pas. Son regard resta impénétrable. Ses cheveux étant secs, elle se leva, rejeta son sciavonetto et descendit dans ses salles d'atours. Dans la première, pareille à une superbe sacristie, étaient pendus quatre-vingt-quatre costumes. Les uns, par suite de la profusion d'or et de pierreries, étaient tellement raides qu'ils pouvaient, sans soutien, se tenir debout. D'autres étaient transparents et légers comme des toiles d'araignée. La seconde salle contenait les habits de chasse et les harnais. La troisième, consacrée aux parfums, aux lotions, aux onguents, aux poudres dentifrices à base de corail blanc et de poudre de perles, contenait une incalculable collection de flacons, de boîtes, de masques, tout un laboratoire d'alchimie féminine. De grands coffres peints ou damasquinés ornaient cette pièce. Quand la servante ouvrit l'un d'eux pour en sortir une chemise fine, il s'en épandit une odeur délicate de toile, imprégnée de la senteur des bouquets de lavande et des sachets d'iris d'Orient et de roses de Damas, séchés à l'ombre.

Tout en s'habillant, Béatrice discutait avec sa couturière la forme d'une nouvelle robe dont le patron venait de lui être expédié par exprès par sa sœur, la marquise de Mantoue, Isabelle d'Este, coquette par excellence. Les deux sœurs se faisaient concurrence dans leurs toilettes. Béatrice enviait le goût délicat d'Isabelle et l'imitait. Un des ambassadeurs de la cour de Milan la renseignait discrètement sur toutes les nouveautés de la garde-robe de Mantoue.

Béatrice revêtit un costume à broderies qu'elle affectionnait parce qu'il dissimulait sa petite taille : l'étoffe en était de bandes de velours vert alternées avec des bandes de brocart. Les manches, serrées par des rubans de soie grise, étaient collantes avec des crevés à la française, à travers lesquels se voyait la blancheur éblouissante de la chemise. Ses cheveux furent emprisonnés dans une résille d'or, légère comme une fumée, et tressés en natte ; une ferronnière ornée d'un scorpion en rubis barrait son front.

II

Elle avait pris l'habitude de s'habiller si lentement que, selon l'expression du duc, on pouvait, pendant ce temps, effectuer tout le chargement d'un navire marchand à destination des Indes.

Enfin, entendant dans le lointain le son du cor et les aboiements des chiens, elle se souvint d'avoir commandé une chasse et se hâta. Puis, lorsqu'elle fut prête, elle entra dans les logements des nains, surnommés par dérision *le logis des géants* et installés à l'instar des chambres en miniature du palais d'Isabelle d'Este.

Les chaises, les lits, les escaliers à larges marches, une chapelle même, avec un autel microscopique – où la messe était dite par le savant nain Janakki, vêtu d'habits archiépiscopaux exécutés exprès pour lui, et coiffé de la mitre : tout était calculé pour la taille de ces pygmées.

Dans ce *logis des géants* régnaient toujours le bruit, les rires, les pleurs, des cris divers proférés par des voix terribles, telles qu'on en entend dans une ménagerie ou une maison d'aliénés. Car ici grouillaient, naissaient, vivaient et mouraient, dans une étouffante promiscuité, des singes, des perroquets, des bossus, des négrillons, des idiots, des bouffons et autres êtres de divertissement, parmi lesquels la duchesse passait souvent des journées entières, s'amusant comme une enfant.

Mais cette fois, pressée, elle n'entra qu'une minute prendre des nouvelles du petit négrillon Nannino, nouvellement expédié de Venise. Le teint de Nannino était si noir que, selon l'expression de son premier propriétaire, « on ne pouvait désirer mieux ». La duchesse jouait avec lui comme avec une poupée vivante. Le négrillon tomba malade et l'on s'aperçut que sa noirceur tant vantée était due surtout à une sorte de laque qui, peu à peu, commença à peler, au grand désespoir de Béatrice.

La nuit précédente, Nannino s'était senti très mal, on craignait qu'il ne mourût, et, à cette nouvelle, la duchesse en fut toute marrie, vu qu'elle l'aimait, même blanc, en souvenir de sa belle couleur noire. Elle ordonna de baptiser au plus vite le pseudo-négrillon, afin qu'au moins il rendît l'âme en état de grâce.

En descendant l'escalier, elle rencontra sa folle favorite, Morgantina, encore jeune, jolie et si amusante, au dire de Béatrice, qu'elle eût fait rire un mort.

Morgantina aimait à voler. Son larcin commis, elle cachait l'objet sous une feuille détachée du parquet et se promenait radieuse. Et lorsqu'on lui demandait aimablement : « Sois gentille, dis où tu l'as caché ? » elle prenait les gens par la main et les conduisait à sa cachette. Et si l'on criait : « Passez la rivière au gué ! » vite, sans aucune honte, elle levait sa jupe jusque sous ses bras.

Elle avait des périodes de spleen. Alors, des jours entiers elle pleurait un enfant imaginaire et ennuyait à tel point tout le monde qu'on l'enfermait dans le grenier. Et maintenant, blottie dans un coin de l'escalier, les genoux emprisonnés dans ses bras, se balançant en mesure, Morgantina pleurait et sanglotait.

Béatrice s'approcha d'elle et caressa sa tête.

— Tais-toi, sois sage...

La folle, levant sur elle ses yeux bleus, hurla :

— Ho ! ho ! ho ! on m'a enlevé mon trésor ! Et pourquoi, Seigneur ? Il ne faisait de mal à personne. Il me consolait...

La duchesse sortit dans la cour où l'attendaient les chasseurs.

III

Entourée de piqueurs, de fauconniers, de veneurs, de palefreniers, de dames de cour et de pages, elle se tenait droite et fière sur son étalon bai, non pas comme une femme, mais comme un écuyer émérite. « La reine des amazones ! » songea orgueilleusement le duc Ludovic le More, sorti sur le perron pour admirer le départ de sa femme.

Un fauconnier en livrée brodée d'or et d'armoiries suivait à cheval la duchesse. Un faucon blanc de Chypre, constellé d'émeraudes, coiffé d'un bonnet d'or, se dressait sur sa main gauche. Des grelots disparates sonnaient aux pattes de l'oiseau, et permettaient de le retrouver s'il se perdait dans les brouillards ou dans les herbes marécageuses.

La duchesse était gaie. Elle avait envie de folâtrer, de rire et de galoper. Ayant adressé un sourire à son mari, qui n'eut que le temps de lui crier : « Prends garde, le cheval est vif ! » elle fit signe à ses compagnons et lança sa bête au galop, d'abord sur la route, puis dans les prés, sautant les fossés, les buttes, les haies. Béatrice allait toujours de l'avant, avec son énorme dogue favori, et à ses côtés, sur une noire jument d'Espagne, la plus gaie, la moins peureuse de ses demoiselles d'honneur, Lucrezia Crivelli.

Le duc, en secret, n'était pas indifférent pour cette Lucrezia. Maintenant, l'admirant ainsi que Béatrice, il ne pouvait décider laquelle des deux lui plaisait davantage. Pourtant ses craintes étaient pour sa femme. Quand les chevaux sautaient les fossés, il fermait les yeux pour ne pas voir et s'arrêtait de respirer.

Le More grondait sa femme pour ses extravagances, mais ne pouvait se fâcher. Il manquait d'audace, aussi était-il fier de la bravoure de Béatrice.

Les chasseurs disparurent derrière le rideau de roseaux qui bordait le Ticcino où gîtaient les canards sauvages, les bécasses et les hérons.

Le duc revint dans sa petite salle de travail (*studiolo*). Là l'attendait son premier secrétaire, directeur des ambassades étrangères, messer Bartolomeo Calco.

IV

Assis dans son haut fauteuil, Ludovic le More caressait doucement de sa main blanche et soignée ses joues et son menton soigneusement rasés.

Son beau visage avait ce cachet particulier de sincérité que possèdent seuls les plus astucieux politiques. Son grand nez aquilin, ses lèvres fines et tortueuses rappelaient son père, le grand condottiere Francesco Sforza. Mais si Francesco, selon l'expression des poètes, était en même temps lion et renard, son fils n'avait hérité de lui que la ruse du renard sans la vaillance du lion.

Le More portait un habit très simple en soie bleu pâle avec ramages ton sur ton ; la coiffure à la mode *pazzera* couvrait ses oreilles et son front presque jusqu'aux sourcils, semblable à une épaisse perruque. Une chaîne d'or pendait sur sa poitrine. Dans ses manières, vis-à-vis de tous, perçait une politesse raffinée.

— Avez-vous quelques renseignements exacts, messer Bartolomeo, sur le passage des troupes françaises à Lyon ?

— Aucun, Votre Seigneurie. Chaque jour on dit : « Ce sera demain » ; et chaque jour on remet le départ. Le roi est préoccupé par des divertissements moins que guerriers.

— Comment se nomme la favorite ?

— Il en a beaucoup. Les goûts de Sa Majesté sont changeants et fantasques.

— Écrivez au comte Belgiojoso, dit le duc, que j'envoie trente… non, c'est peu… quarante… cinquante mille ducats pour de nouveaux présents. Qu'il n'épargne rien. Nous sortirons le roi de Lyon avec des chaînes d'or. Et sais-tu, Bartolomeo – ceci, tout à fait entre nous – il ne serait pas mauvais d'envoyer à Sa Majesté les portraits de quelques-unes de nos beautés. À propos, la lettre est-elle prête ?

— Oui, Seigneur.

— Montre.

Le More frottait avec satisfaction ses mains blanches. Chaque fois qu'il considérait l'énorme toile d'araignée de sa politique, il éprouvait une douce émotion à ce jeu dangereux et compliqué. Dans sa conscience, il ne s'estimait pas coupable d'appeler des étrangers les barbares du Nord, en Italie, puisqu'il y était contraint par ses ennemis, parmi lesquels le plus farouche était Isabelle d'Aragon, l'épouse de Jean Galéas, qui accusait universellement Ludovic le More d'avoir volé le trône à son neveu. Ce ne fut que sur la menace du père d'Isabelle, Alphonso, roi de Naples, qui voulait venger sa fille et son gendre en déclarant la guerre au More, que celui-ci, abandonné de tous, sollicita l'aide du roi français Charles VIII.

« Impénétrables sont tes projets, Seigneur ! songeait le duc, pendant que son secrétaire cherchait, dans une liasse de papiers, le brouillon de la lettre. Le salut de mon royaume, de l'Italie, de toute l'Europe, peut-être, est entre les mains de ce piteux et luxurieux enfant, faible d'esprit, que l'on nomme le roi très chrétien de France ; devant lequel, nous, les héritiers des grands Sforza, devons nous incliner, ramper presque ! Mais ainsi le veut la politique : il faut hurler avec les loups ! »

Il lut la lettre. Elle lui parut éloquente surtout avec l'appoint, d'une part, des cinquante mille ducats que le comte Belgiojoso verserait dans la poche de Sa Majesté et, d'autre part, avec l'appoint des portraits des beautés italiennes. « Que le Seigneur bénisse ton armée, Roi Très Chrétien – disait le message. Les portes sont ouvertes devant toi. Ne tarde pas, et entre en triomphateur, tel un nouvel Annibal ! Les peuples d'Italie aspirent à ton joug, élu de Dieu, et t'attendent comme jadis les Patriarches espéraient la Résurrection. Avec l'aide de Dieu et celle de ton artillerie renommée, tu conquerras non seulement Naples et la Sicile, mais encore la terre du Grand Turc ; tu convertiras les musulmans au christianisme, tu atteindras la Terre sainte, tu délivreras Jérusalem et le tombeau du Seigneur, en emplissant le monde de ton nom glorieux. »

Un vieillard bossu et chauve entrebâilla la porte du *studiolo*. Le duc lui sourit affablement, lui faisant signe d'attendre. La porte se referma sans bruit et la tête disparut.

Le secrétaire commença un autre rapport sur les affaires d'État, mais le

More l'écoutait distraitement. Messer Bartolomeo, comprenant que le duc était occupé d'idées étrangères à leur entretien, termina son rapport et sortit.

Après avoir jeté un regard investigateur, le duc, sur la pointe des pieds, s'approcha de la porte.

— Bernardo ? Est-ce toi ?
— Oui, Votre Seigneurie.

Et le poète de la cour, Bernardo Bellincioni, mystérieux et servile, après s'être glissé vivement, voulut s'agenouiller et baiser la main du maître – mais ce dernier le retint.

— Eh bien ?
— Tout s'est passé heureusement.
— Quand ?
— Cette nuit.
— Elle se porte bien ? Ne vaut-il pas mieux envoyer le docteur ?
— Il ne serait d'aucune utilité. La santé est excellente.
— Dieu soit loué !

Le duc se signa.

— Tu as vu l'enfant ?
— Comment donc ! Il est superbe...
— Garçon ou fille ?

— Un garçon, bruyant, braillard ! Les cheveux clairs de la mère, les yeux étincelants, noirs et profonds comme ceux de Votre Altesse. On reconnaît tout de suite le sang royal !... Un petit Hercule au berceau. Madonna Cecilia ne cesse de l'admirer. Elle m'a chargé de vous demander quel nom vous désirez lui donner...

— J'y ai déjà songé, dit le duc. Bernardo, si nous le nommions César ! Qu'en penses-tu ?...

— César ? En effet, le nom est joli et sonne bien. Oui, oui, César Sforza est un nom de héros !

— Et le mari comment est-il ?
— Le comte Bergamini est bon et aimable comme toujours.
— Quel excellent homme ! fit le duc avec conviction.
— Excellentissime ! approuva Bellincioni. J'ose dire un homme de rares qualités ! Il est difficile maintenant de trouver des gens de cette sorte. Si la goutte ne l'en empêche pas, le comte viendra au moment de souper présenter ses hommages à Votre Seigneurie.

La comtesse Cecilia Bergamini, dont il était question, avait été l'ancienne maîtresse de Ludovic le More. Béatrice, à peine mariée, ayant appris cette liaison du duc, s'était prise de jalousie et avait menacé celui-ci de retourner chez son père, le duc de Ferrare, Hercule d'Este, et le More fut forcé de jurer solennellement en présence des ambassadeurs qu'il n'attenterait point à la fidélité conjugale, en foi de quoi il avait marié Cecilia au vieux comte Bergamini, homme ruiné, servile, prêt à toutes les besognes.

Bellincioni, tirant de sa poche un papier, le tendit au duc. C'était un sonnet en l'honneur du nouveau-né ; un petit dialogue dans lequel le poète demandait au dieu Soleil pourquoi il se cachait. Et le Soleil répondait avec une amabilité courtisanesque qu'il se cachait de honte et d'envie devant le nouveau soleil, le fils de Cecilia et du More.

Le duc prit le sonnet qu'il paya d'un ducat.

— À propos, Bernardo, tu n'as pas oublié, j'espère, que c'est samedi l'anniversaire de la naissance de la duchesse ?

Bellincioni fouilla précipitamment les poches de son habit de cour misérable, en retira un paquet de paperasses sales, et parmi les pompeuses odes sur la mort du faucon de madame Angelica, ou la maladie de la jument pommelée du signor Pallavicini, trouva les vers demandés.

— Trois sonnets au choix, Votre Seigneurie. Par Pégase, vous serez content !

En ces temps, les seigneurs usaient de leurs poètes comme d'instruments de musique, pour chanter des sérénades non seulement à leurs amoureuses, mais aussi à leurs femmes ; et la mode exigeait d'exprimer, entre les époux, l'amour immatériel de Laure et de Pétrarque.

Le More curieusement lut les vers : il se considérait comme un fin connaisseur, « poète dans l'âme » bien qu'il n'eût jamais pu rimer. Dans le premier sonnet, trois strophes lui plurent. Le mari disait à la femme :

> Sputando in terra quivi nascon fiori,
> Comme di primavera le viole...
> *Là où tu craches sur la terre*
> *Naissent des fleurs, comme au printemps*
> *Les violettes...*

Dans le second, le poète, comparant Béatrice à la déesse Diane, affirmait que les sangliers et les daims éprouvaient une jouissance à mourir de la main d'une aussi belle chasseresse. Mais le troisième l'emporta sur les précédents. Dante priait Dieu de lui accorder un séjour sur la terre puisque Béatrice y était revenue sous les traits de la duchesse de Milan. « O Giove ! Jupiter, s'écriait Alighieri, puisque tu l'as de nouveau donnée au monde, permets-moi de l'y joindre afin de voir celui à qui Béatrice donne la félicité, le duc Ludovic. »

Le More frappa amicalement sur l'épaule du poète et lui promit du drap pourpre florentin à dix sous la coudée pour l'hiver, mais Bernardo sut en plus obtenir de la fourrure de renard pour le col, assurant avec force grimaces et geignements que sa vieille pelisse était devenue transparente et effilochée « comme du vermicelle séché au soleil ».

— L'hiver dernier, continuait-il à se plaindre, à défaut de bois, j'étais prêt à brûler, non seulement l'escalier, mais encore les souliers de bois de saint François, *i zoccoli arderei di san Francesco !*

Le duc rit et promit du bois.

Alors, dans un élan de reconnaissance, le poète instantanément composa et récita un quatrain élogieux :

> *Quand à tes esclaves tu promets du pain*
> *Céleste, ainsi que Dieu, tu leur donnes la manne,*
> *Aussi les neuf Muses et Phœbus le dieu païen,*
> *Ô très noble More, te chantent hosanna !*

— Tu es en verve aujourd'hui, Bernardo ? Écoute, il me faut encore une poésie...
— D'amour ?
— Oui. Et passionnée...
— Pour la duchesse ?
— Non. Mais prends garde, ne trahis pas !
— Oh ! seigneur, vous m'offensez. Est-ce que jamais...
— Bien, bien.
— Je suis muet, muet comme un poisson !
Bernardo cligna mystérieusement des yeux.
— Passionnée ? Suppliante ou reconnaissante ?
— Suppliante.
Le poète fronça les sourcils d'un air important.
— Mariée ?
— Non.
— Ah !... Il faudrait le nom...
— Pourquoi faire ?
— Pour une supplique, le nom est nécessaire.
— Madonna Lucrezia. Tu n'as rien de prêt ?
— Si, mais vaut mieux quelque chose de neuf. Permettez-moi de passer un instant dans la pièce voisine. Je sens l'inspiration ; les rimes assiègent mon cerveau !

Un page entra et annonça :
— Messer Leonardo da Vinci.

S'emparant d'une plume et de papier, Bellincioni se glissa par une porte, tandis que Léonard entrait par l'autre.

V

Les premiers compliments échangés, le duc s'entretint avec l'artiste du grand canal Navilio Sforzesco, qui devait réunir la rivière Sesia au Ticcino, s'étendre comme un filet en nombreux petits canaux, arroser les prés, les champs et les pâturages de la Lomellina.

Léonard dirigeait les travaux de construction du Navilio bien qu'il n'eût pas le titre de constructeur ducal, ni même celui de peintre de la cour. Il conservait simplement le titre de musicien, reçu jadis pour la lyre de son invention. *Sonatore di lira*, ce qui était un titre plus élevé que celui de poète de la cour, qu'avait Bellincioni.

Ayant expliqué les plans et les comptes, l'artiste demanda une avance d'argent pour la continuation des travaux.

— Combien ? dit le duc.

— Pour chaque mille, cinq cent soixante-six ducats ; au total, quinze mille cent quatre-vingt-sept ducats, répondit Léonard.

Ludovic grimaça en songeant aux cinquante mille ducats fixés ce même jour pour les cadeaux destinés aux seigneurs français.

— C'est cher, messer Leonardo ! Vraiment tu me ruines. Tu veux toujours l'impossible et l'extraordinaire. Quels projets colossaux tu as ! Bramante, qui est également un constructeur expérimenté, ne m'a jamais demandé pareille somme.

Léonard haussa les épaules.

— Comme il plaira à Votre Seigneurie ! Confiez la direction à Bramante.

— Allons, ne te fâche pas. Tu sais que je ne tolérerais pas qu'on te fasse de la peine.

Ils commencèrent à discuter.

— C'est bien ! Nous déciderons cela demain, conclut le duc, cherchant selon son habitude à traîner l'affaire en longueur, tout en feuilletant les cahiers de Léonard, examinant les croquis, les dessins d'architecture et les projets divers.

L'artiste, que cet examen énervait, fut forcé de donner des explications. L'un des dessins représentait un gigantesque tombeau, une véritable montagne couronnée par un temple à multiples colonnes, avec une coupole à jour pareille à celle du Panthéon de Rome pour éclairer l'intérieur de ce sanctuaire, qui dépassait les splendeurs des Pyramides d'Égypte. Dans la marge étaient marqués des chiffres, la disposition des escaliers, des entrées, des salles combinées pour recevoir cinq cents urnes mortuaires.

— Qu'est-ce ? demanda le duc. Quand et pour qui as-tu composé cela ?

— Pour personne... Ce sont des rêves...

Le More le regarda surpris et secoua la tête.

— Drôles de rêves !... Un mausolée pour des dieux olympiens ou des Titans. Un conte de fées, parole !...

— Ceci, qu'est-ce ? continua le duc, en désignant un autre croquis.

Léonard dut encore expliquer que c'était le projet d'une maison de tolérance. Les chambres étaient séparées ; les portes, les couloirs disposés de façon à assurer aux visiteurs le plus complet secret, sans craintes de rencontres.

— À la bonne heure ! dit le duc. Tu ne peux te figurer combien je suis ennuyé des continuelles plaintes de vol et de meurtre dans ces repaires. Avec ton projet, nous aurons de l'ordre et de la sûreté. Il faut absolument que je fasse construire une maison semblable. Je vois, ajouta-t-il souriant, que tu es maître en toutes choses, tu ne dédaignes rien ; dans ton esprit le mausolée pour les dieux côtoie la maison de tolérance ! À propos, continua-t-il, j'ai lu ces jours-ci, dans le livre d'un auteur ancien, qu'on employait jadis un tuyau acoustique, nommé « oreille du tyran Denys », caché dans l'épaisseur des murs et combiné de telle façon que l'on pouvait entendre tout ce qui se disait d'une pièce dans une autre. Crois-tu que l'on puisse installer cet appareil dans mon palais ?

Tout d'abord le duc se sentit embarrassé pour formuler cette demande. Mais il reconquit vite sa désinvolture, se disant que la honte n'était pas de mise devant un artiste. De fait, nullement décontenancé ni préoccupé de savoir si « l'oreille de Denys », était chose bonne ou blâmable, Léonard discutait la question comme s'il s'agissait d'un nouvel appareil, enchanté de l'idée pour expérimenter pendant cette installation les lois de transmission des ondes sonores.

Bellincioni passa la tête dans l'entrebâillement de la porte.

Léonard prit congé. Le More l'invita au souper.

Dès que l'artiste fut sorti, le duc appela le poète et lui ordonna de lire ses vers.

La Salamandre, disait le sonnet, vit dans le feu, mais n'est-ce pas plus extraordinaire que dans mon cœur.

> *Une madone glaciale habite,*
> *Et que cette glace virginale*
> *Ne fonde pas au feu de mon amour ?*

Les quatre derniers vers plurent au duc :

> *Je chante comme le cygne, je chante et je meurs,*
> *En priant l'Amour d'éteindre ma passion,*
> *Mais le dieu malin souffle sur mon cœur*
> *Et dit en riant : Avec des larmes, éteins donc ce tison.*

VI

En attendant son épouse qui ne devait pas tarder à revenir de la chasse, le duc fit la promenade du maître. Après avoir visité les écuries, pareilles à un temple grec, avec ses colonnades et ses portiques ; la nouvelle fromagerie où il goûta des *joncades* ; devant les innombrables greniers et les caves, il se rendit à la métairie. Là, chaque détail le ravissait : le bruit du lait tombant dans le seau, sa belle vache favorite languedocienne, les grognements maternels d'une énorme truie venant de mettre bas, la crème jaune des barattes et le parfum de miel des ruches bourdonnantes.

Le More eut un sourire heureux : en vérité, sa maison était une coupe pleine. Il revint au palais et s'assit dans la galerie pour se reposer. Le crépuscule tombait. Des bords du Ticcino parvenait une odeur d'herbes humides. Le duc embrassa d'un lent coup d'œil ses domaines : les pâturages, les champs arrosés par un réseau de canaux, entourés de fossés, bordés régulièrement par des pommiers, des poiriers, des mûriers, réunis par des guirlandes de vigne vierge. De Mortara à Abbiategrasso et même plus loin, jusqu'aux confins du ciel où scintillait la cime neigeuse du mont Rose, l'énorme plaine de la Lombardie prospérait comme le paradis de Dieu.

— Seigneur ! soupira humblement le duc en levant les yeux vers le ciel, je te remercie !… Que faut-il encore ? Jadis un désert inculte s'étendait ici. Moi et Léonard nous avons creusé ces canaux, amendé toute cette terre, et maintenant chaque épi, chaque brin d'herbe me remercie, comme je te remercie, Seigneur !

Dans le calme du soir, les aboiements des chiens, les cris des chasseurs retentirent, et de derrière les buissons émergea le leurre rouge flanqué d'ailes de perdrix – appât des faucons.

Le maître, accompagné du principal officier de bouche, fit le tour de la table, en examina l'ordonnance. La duchesse entra dans la salle, suivie de ses invités, au nombre desquels Léonard, resté à la villa.

On récita la prière et tout le monde s'assit.

Le menu se composait d'artichauts frais expédiés par exprès de Gênes, de carpes et d'anguilles pêchées dans les viviers de Mantoue, cadeau d'Isabelle d'Este, et de poitrines de chapons en gelée.

On mangeait en se servant de trois doigts et d'un couteau, sans fourchettes, considérées comme un luxe superflu. On n'en servait qu'aux dames pour les fruits et les confitures, et elles étaient en or avec le manche en cristal de roche.

Le seigneur soignait ses hôtes. On mangea et on but beaucoup, presque à satiété, et les plus belles dames n'eurent point honte de leur appétit.

Béatrice était assise auprès de Lucrezia. Le duc de nouveau les admira toutes deux : il lui était particulièrement agréable de les voir ensemble et sa femme s'occuper de sa bien-aimée, lui donnant les meilleurs morceaux, lui chuchotant à l'oreille, lui serrant la main en un élan de gamine tendresse, presque amoureuse, comme cela arrive souvent entre jeunes femmes. On parla de la chasse. Béatrice raconta comment un cerf avait failli la renverser lorsque, sortant du bois, il avait attaqué son cheval. On rit du bouffon Diodio, vantard agressif qui venait de tuer en guise de sanglier un cochon domestique emmené exprès par les chasseurs dans le bois et lâché dans les jambes du fou. Diodio racontait sa valeureuse action et en était fier comme s'il avait exterminé le sanglier d'Érymanthe. On le taquinait, et pour lui prouver son mensonge, on lui apporta le groin. Il feignit d'être furieux. De fait c'était un rusé fripon, jouant le rôle avantageux de l'imbécile. Avec ses yeux de souris, il savait non seulement distinguer un cochon d'un sanglier, mais une mauvaise plaisanterie d'une bonne.

Les rires montaient toujours. Les visages s'animaient, rougissaient par suite de copieuses libations. Après le quatrième plat, les dames, en cachette, délacèrent leurs robes, sous la table. Les échansons versaient du vin blanc léger, et un autre de Chypre rouge et épais chauffé et préparé avec des pistaches, de la cannelle et de la girofle.

Quand le duc demandait à boire, les échansons échangeaient des appels comme s'ils officiaient, prenaient la coupe, et le grand sénéchal, par trois fois, y plongeait un talisman, une licorne pendue à une chaîne d'or : si le vin était empoisonné, le talisman devait noircir et s'inonder de sang. De semblables talismans – pierre de bufonite et langue de serpent – étaient fichés dans la salière.

Le comte Bergamini, le mari de Cecilia, assis à la place d'honneur par ordre du maître, et qui, en dépit de la goutte et de la vieillesse, se montrait particulièrement gai et fringant ce soir-là, murmura en désignant la licorne :

— Je suppose, Altesse, que le roi de France lui-même ne possède pas une corne semblable, d'aussi étonnante grandeur.

Ki-hi-hi ! Ki-hi-ha ! cria, imitant le coq, le bossu Janikki, le bouffon favori du duc, en secouant sa crécelle et agitant les grelots de son bonnet.

— Ki-hi-hi ! Ki-hi-ha ! petit père ! dit-il au More et en désignant le comte Bergamini. Crois-le ! Il s'y connaît en cornes, non seulement celles des bêtes, mais aussi celles des gens. Celui qui chèvre a, cornes a !

Le duc menaça le bouffon du doigt.

Sur la galerie supérieure les trompes d'argent sonnèrent, annonçant le rôti, une énorme hure de sanglier farcie de châtaignes, puis un paon qui, à l'aide d'un mécanisme caché, déployait la queue et battait des ailes, et enfin une énorme tourte en forme de forteresse, d'où s'échappèrent d'abord les sons du cor guerrier, puis, quand on l'eut fendue, on vit un nain couvert de plumes de perroquet. Celui-ci se mit à courir sur la table, on le saisit et on l'enferma dans une cage d'or, où, imitant le célèbre perroquet du cardinal Ascanio Sforza, il cria de comique façon le *Pater Noster*.

— Messer, demanda la duchesse à son mari, à quel heureux événement devons-nous ce festin aussi inattendu que superbe ?

Le More ne répondit pas et furtivement échangea un regard avec le comte Bergamini ; l'heureux mari de Cecilia comprit que le festin se donnait en l'honneur du nouveau-né César.

La hure de sanglier absorba une bonne heure ; on ne regrettait pas le temps, se souvenant du proverbe : « À table, on ne vieillit pas. »

À la fin du souper, le gros moine Talpone (le Rat) excita la joie de tous les convives.

À force de ruses et de subterfuges, le duc de Milan était parvenu à attirer d'Urbino ce goinfre renommé que se disputaient les rois, et qui une fois, à Rome, à la très grande joie de Sa Sainteté, avait avalé le tiers d'une soutane d'évêque, coupée en menus morceaux imprégnés de sauce.

Sur un signe du duc, on plaça devant le moine un énorme plat de *buzzecca*, tripes farcies de marmelade de coings. Le moine, après s'être dévotement signé, retroussa ses manches et se prit à manger avec une prodigieuse rapidité.

— Si un pareil gaillard avait assisté à la multiplication des pains, il ne serait pas resté de quoi nourrir deux chiens ! s'écria Bellincioni.

Les invités s'esclaffèrent. Tous ces gens étaient dotés d'un rire sain et grossier, qui à chaque plaisanterie était prêt à se déchaîner en une explosion assourdissante. Seul, Léonard gardait sur son visage une expression d'ennui ; du reste, il était depuis longtemps habitué aux amusements de ses protecteurs et rien ne l'étonnait plus.

Lorsqu'on servit sur des plats d'argent des oranges dorées, bourrées de mauve odorante, le poète Antonio Camelli da Pistoïa, le rival de Bellincioni, lut une ode dans laquelle les Arts et les Sciences disaient au duc : « Nous étions des esclaves, tu es venu et tu nous as délivrés. Gloire au More ! » Les Quatre Éléments chantaient aussi : « Vive celui qui, le premier après Dieu, dirige le gouvernail du monde et la roue de la Fortune ! » Il y était également rendu hommage aux vertus familiales et à l'entente parfaite qui existait entre l'oncle et le neveu Jean Galéas, ce qui permit au poète de comparer le généreux tuteur au pélican, nourrissant ses enfants avec sa chair et avec son sang.

VII

Après le souper, tout le monde sortit dans le jardin appelé le « Paradis », régulier comme un dessin géométrique avec ses allées taillées de buis, de lauriers et de myrtes, ses tonnelles, ses *loggie* et ses bosquets de lierre. Sur la pelouse, rafraîchie par la pluie continue d'une fontaine, on apporta des tapis et des coussins de soie. Les dames et les cavaliers se disposèrent selon leur gré, devant un petit théâtre. On joua un acte du *Miles gloriosus* de Plaute. Les vers latins ennuyaient, bien que les auditeurs, par respect pour l'Antiquité, feignissent de s'y intéresser.

La représentation terminée, les jeunes gens se mirent à jouer à la balle, à la paume, à la « mouche aveugle », *mosca cieca*, c'est-à-dire à colin-maillard, courant et s'attrapant l'un l'autre, riant comme des enfants, se faufilant entre les buissons de roses et d'orangers. Les hommes mûrs jouaient aux osselets, aux échecs, au trictrac. Les demoiselles et les dames qui ne prenaient part à aucun de ces jeux, réunies en cercle serré, sur les marches de marbre de la fontaine, racontaient à tour de rôle des « nouvelles » comme dans le *Décaméron* de Boccace.

Dans la prairie voisine, on avait organisé un branle accompagné par la chanson du jeune Lorenzo Médicis, mort tout jeune :

> Quant'è bella giovanezza !
> Ma si fugge tuttavia;
> Chi vuol esser lieto sia :
> Di doman non c'è certezza.
> *Oh ! que la jeunesse est belle*
> *Et éphémère ! Chante et ris*
> *Et sois heureux si tu le veux,*
> *Et ne compte pas sur demain.*

Après la danse, une des demoiselles, au son de la viole, chanta une complainte sur le chagrin d'aimer sans être aimé. Les jeux et les rires cessèrent. Tout le monde écoutait. Et quand elle eut fini, pendant longtemps personne ne voulut rompre le silence. Seule la fontaine murmurait. Les derniers rayons du soleil inondèrent d'un reflet rose les noires et plates cimes des pins et le jet éclaboussé en mille gouttelettes de la fontaine. Puis, de nouveau les conversations, les rires et la musique reprirent, et jusqu'au moment où les lucioles eurent allumé leur fanal dans les lauriers sombres et que, dans le ciel noir, la lune eut montré son lumineux croissant, au-dessus du bienheureux Paradis, la chanson de Lorenzo plana dans l'atmosphère toute empreinte de senteurs d'orangers :

> *Sois heureux, si tu le veux,*
> *Et ne compte pas sur demain.*

VIII

À l'une des quatre tours du palais, le More vit briller une lumière : le premier astronome du duc de Milan, le sénateur et membre du conseil secret, messer Ambrosio da Rosate venait d'allumer la lanterne au-dessus de ses appareils astronomiques. Il observait la prochaine union de Mars, Jupiter et Saturne dans le signe du Verseau, événement qui devait avoir une grande importance pour la maison Sforza.

Le duc se souvint subitement de quelque chose, quitta monna Lucrezia avec laquelle il devisait tendrement sous une tonnelle, revint au palais, consulta sa montre, attendit la minute et la seconde indiquées par l'astrologue pour avaler les pilules de rhubarbe, regarda son calendrier de poche dans lequel il lut la remarque suivante :

« 5 août, 10 heures 8 minutes du soir. Prière fervente à genoux, les mains croisées et les yeux levés au ciel. »

Le duc se rendit rapidement à la chapelle pour ne point manquer le moment indiqué, dans la crainte que, par suite, sa prière ne fut pas exaucée.

Dans la chapelle à demi obscure, une lampe brûlait devant une image.

Le duc aimait cette peinture de Léonard de Vinci, représentant Cecilia Bergamini sous les traits de la Vierge bénissant une rose à cent feuilles.

Il compta huit minutes sur la minuscule pendule de sable, s'agenouilla, croisa les mains et récita le *Confiteor*.

Il pria longtemps, dévotement et béatement.

« Ô Mère de Dieu, murmurait-il, les yeux levés humblement, défends-moi, sauve-moi et pardonne-moi ; bénis mon fils Maximilien et le nouveau-né César, ma femme Béatrice et madame Cecilia, et aussi mon neveu messer Jean Galéas, car – tu vois mon cœur, très pure Vierge – je ne veux point de mal à mon neveu, je prie pour lui, bien que sa mort dût épargner à mon royaume et à l'Italie entière de terribles et irrémédiables malheurs. »

Ici, le More se souvint des preuves de son droit au trône de Milan, preuves inventées par les jurisconsultes : son frère aîné, père de Jean Galéas, était le fils, non du duc, mais du chef d'armée Francesco Sforza, puisqu'il était né avant l'avènement au trône, tandis que lui Ludovic était né après et se trouvait par conséquent le seul héritier de plein droit.

Mais maintenant, devant la Madone, cet argument lui parut subtil et il termina sa prière :

« Si j'ai commis un péché ou viens à le commettre, tu sais, Reine des cieux, que je ne le fais que dans l'intérêt de mon peuple et de l'Italie. Intercède donc pour moi auprès de Dieu, et je glorifierai ton nom par la construction splendide de la cathédrale de Milan, celle de la basilique de Pavie et autres nombreuses donations. »

Ayant terminé sa prière, il prit un cierge et se dirigea vers sa chambre à travers les couloirs sombres du palais endormi. Dans l'un d'eux, il rencontra Lucrezia.

— Le dieu d'amour me protège ! songea le duc.

— Seigneur ! murmura la jeune fille en s'approchant de lui.

Sa voix tremblait. Elle voulut s'agenouiller devant lui. Il la retint.

— Seigneur, pitié !

Lucrezia lui confia que son frère, Matteo Crivelli, principal camérier de la Cour des Monnaies, homme dissipé, mais qui l'aimait tendrement, avait perdu au jeu l'argent du fisc.

— Tranquillisez-vous, madonna ! Je délivrerai votre frère.

Puis, après un instant de silence, il ajouta :

— Ne consentirez-vous pas aussi à n'être pas cruelle ?

Elle le regarda avec des yeux timides et naïfs.

— Je ne comprends pas, seigneur ?...

Cette attitude, cette réponse, la rendirent encore plus ravissante.

— Cela veut dire, ma belle, balbutia-t-il avec passion en l'enlaçant presque brutalement, cela veut dire... Mais ne vois-tu donc pas, Lucrezia, que je t'adore ?

— Laissez-moi, laissez-moi ! Ô seigneur, que faites-vous ? Madonna Béatrice...

— Ne crains rien... elle ne saura pas... je sais garder un secret.

— Non, non, Seigneur, elle est si bonne pour moi... Au nom de Dieu ! ... laissez-moi...

— Je sauverai ton frère, je serai ton esclave... mais aie pitié de moi !

Sa voix trembla, il récita les vers de Bellincioni :
Je chante comme le cygne, je chante et je meurs...

— Laissez-moi, laissez-moi ! répétait la jeune fille effarée.

Il se pencha vers elle, sentit son haleine fraîche, son parfum aux violettes musquées – et avidement la baisa sur les lèvres.

Lucrezia s'abandonna à son étreinte. Puis elle poussa un cri, s'arracha de ses bras et s'enfuit.

IX

En entrant dans sa chambre, le More vit que Béatrice avait déjà soufflé la lumière et s'était mise au lit ; c'était une énorme couche, semblable à un mausolée, placée sur des marches au milieu de la pièce, surmontée d'un baldaquin de soie bleue et cachée par des courtines en drap d'argent.

Il se déshabilla, souleva le coin de la couverture brodée d'or et de perles fines, ainsi qu'une chasuble, et se coucha près de sa femme.

— Bice ? murmura-t-il tendrement. Bice, tu dors ?

Il voulut l'enlacer, mais elle le repoussa.

— Pourquoi ?

— Laissez-moi !... Je veux dormir...

— Pourquoi, dis-moi seulement pourquoi ? Bice, ma chérie, si tu savais combien je t'aime !...

— Oui, je sais que vous nous aimez toutes ensemble, et moi et Cecilia, et même peut-être bien cette esclave de Moscovie, cette grande bête rousse que vous embrassiez ces jours-ci dans un coin de ma garde-robe...

— Pure plaisanterie...

— Merci pour ces plaisanteries !

— Vraiment, Bice, ces derniers temps tu es si froide avec moi, si sévère ! ... Je suis fautif, certes ; mais c'était une fantaisie de si peu d'importance...

— Vous avez beaucoup de fantaisies, messer !

Elle se tourna vers lui, colère :

— Comment n'as-tu pas honte ! Pourquoi mens-tu ? Est-ce que je ne te connais pas à fond ? Ne crois pas que je sois jalouse. Mais je ne veux pas, tu entends ? je ne veux pas être une de tes maîtresses !

— Ce n'est pas vrai, Bice ; je le jure sur le salut de mon âme, jamais sur terre je n'ai aimé personne comme toi !

Elle se tut, écoutant avec surprise, non les paroles, mais le son de la voix.

En effet, il ne mentait pas, ou, plutôt, il ne mentait pas tout à fait, car plus il la trompait et plus il l'aimait. Sa tendresse s'enflammait sous l'afflux de honte, de peur, de pitié et de remords.

— Pardonne-moi, Bice, ne fût-ce que parce que je t'aime tant !

Et ils se réconcilièrent.

La possédant et ne la voyant pas dans l'obscurité, il créa dans sa pensée des yeux timides et naïfs, une odeur de violette musquée ; il s'imaginait tenir dans ses bras une autre et trouvait une exquise volupté dans ce sacrilège d'amour.

— Vraiment, aujourd'hui, tu es comme un amoureux, murmura Béatrice, non sans une certaine fierté.

— Oui, je suis amoureux de toi comme aux premiers jours !

— Quelle sottise ! dit-elle en souriant. Comment n'as-tu pas honte ? Il vaudrait mieux songer aux choses sérieuses. Sais-tu qu'il est en voie de guérison...

— Luigi Marliani m'a affirmé qu'il n'en avait plus pour longtemps, dit le duc : ce mieux ne durera pas, il mourra sûrement.

— Qui sait ? répliqua Béatrice. On le soigne si bien. Écoute, je m'étonne de ton insouciance. Tu supportes les offenses comme un mouton. Tu dis : « Le pouvoir est en nos mains », mais ne vaut-il pas mieux renoncer au pouvoir que de trembler à cause de lui, jour et nuit, comme un voleur, que de s'abaisser devant cet hybride Charles VIII, de dépendre de la magnanimité de l'insolent Alphonse, de chercher des compromissions avec cette méchante sorcière d'Aragon ! On dit qu'elle est de nouveau enceinte, un nouveau serpenteau dans le nid maudit. Et il en sera ainsi toute la vie, Ludovic ; songe un peu, toute la vie ! Et tu appelles cela « le pouvoir en nos mains » !

— Mais les médecins sont d'accord pour déclarer la maladie incurable. Tôt ou tard...

Ils se turent.

Soudain elle l'enserra dans ses bras, se frôla à lui de tout son corps et lui murmura quelques mots à l'oreille. Il frissonna.

— Bice !... Que le Christ et la Sainte-Vierge te protègent ! Jamais, entends-tu ? jamais ne me parle de cela...

— Si tu as peur, veux-tu que je le fasse moi-même ?

Il ne répondit pas, puis au bout d'un instant demanda :

— À quoi penses-tu ?

— Aux pêches.

— Oui. J'ai donné ordre au jardinier de *lui* porter en cadeau les plus mûres...

— Non, ce n'est pas à celles-là, mais à celles de messer Leonardo da Vinci. Tu ne sais donc pas ?

— Quoi ?

— Elles sont empoisonnées.

— Comment cela ?

— Il les empoisonne pour je ne sais quels essais. Peut-être quelque sorcellerie. C'est monna Sidonia qui me l'a conté. Quoique empoisonnées, ces pêches sont merveilleusement belles...

Et de nouveau régna le silence. Et longtemps ils restèrent ainsi enlacés dans l'obscurité, pensant tous deux à la même chose, chacun écoutant le cœur de l'autre battre précipitamment. Enfin le More embrassa paternellement le front de Béatrice et la bénit :

— Dors, chérie, dors !

Cette nuit-là, la duchesse rêva de splendides pêches sur un plat d'or. Elle se laissait tenter par leur beauté, mordait dans un fruit succulent et parfumé. Et subitement une voix lui soufflait : *Poison ! poison ! poison !*...

Elle s'effraya, mais ne pouvait s'arrêter et continuait à manger les pêches, l'une après l'autre ; il lui semblait qu'elle mourait, mais son cœur s'allégeait et se réjouissait de plus en plus.

Le duc eut aussi un rêve étrange : il se promenait sur la pelouse du Paradis, près de la fontaine, et il voyait dans le lointain trois femmes assises, pareillement vêtues de blanc et toutes trois enlacées comme des sœurs tendres. En s'approchant, il reconnut Béatrice, Lucrezia et Cecilia. Et avec un profond apaisement il songeait : « Dieu soit béni ! enfin ! elles se sont réconciliées. Elles auraient dû le faire depuis longtemps. »

X

L'horloge de la tour sonna minuit. Tout dormait. Seule, sur la terrasse au-dessus des toits, la petite naine Morgantina, sauvée du grenier où on l'avait enfermée, pleurait son enfant imaginaire.

— On me l'a enlevé, on me l'a tué ! Et pourquoi, Seigneur ? Il ne faisait de mal à personne. Il était ma seule consolation...

La nuit était claire ; l'atmosphère, si transparente que l'on pouvait distinguer, pareilles à d'éternels cristaux, les cimes glacées du mont Rose.

Et, longtemps, la ville endormie répercuta la plainte douloureuse et aiguë de la naine demi-folle, dominant les cris des oiseaux nocturnes.

Puis elle soupira, leva la tête, regarda le ciel, et subitement se tut.

Un long silence plana.

La naine souriait et les étoiles bleutées clignotaient, aussi incompréhensibles et naïves que ses yeux.

4
L'ALCHIMISTE

1494

I

Dans la banlieue déserte de Milan, près de la Porta Vercellina, non loin des écluses et de la douane sur le canal de Cantarana, s'élevait une chétive maison avec une grande cheminée tordue d'où, jour et nuit, s'échappait de la fumée. Cette maison appartenait à la sage-femme monna Sidonia, qui louait les étages supérieurs à l'alchimiste messer Galeotto Sacrobosco. Monna Sidonia se réservait le rez-de-chaussée qu'elle habitait avec Cassandra, la nièce de Galeotto, fille du célèbre voyageur Luigi Sacrobosco, qui toujours infatigable avait parcouru la Grèce, les îles de l'Archipel, la Syrie, l'Asie mineure et l'Égypte, à l'affût des antiquités.

Il collectionnait tout ce qu'il trouvait. Les uns le considéraient comme un fou ; les autres comme un vantard fourbe ; d'autres enfin comme un grand homme. Son esprit était tellement imprégné de souvenirs païens que Luigi, bon catholique jusqu'à la fin de ses jours, priait sincèrement « le très saint génie Mercure » et gardait la conviction intime que le mercredi, jour consacré au messager ailé des dieux, était spécialement favorable aux opérations commerciales. Rien ne l'arrêtait dans ses recherches. Lorsqu'on lui demandait pourquoi il se ruinait, pourquoi toute sa vie il supportait de pareils travaux et risquait tant de dangers, Luigi répondait invariablement :

— Je veux ressusciter les morts !

Près des ruines désertes de Lacédémone, dans le Péloponnèse, aux environs de la petite ville de Mistra, il rencontra une jeune et pauvre fille d'une extraordinaire beauté. Il l'épousa, et l'emmena en Italie, avec une nouvelle copie de l'Iliade, des fragments de statues et d'amphores. Il donna à sa fille le nom de Cassandra, en l'honneur de la grande héroïne d'Eschyle, la prisonnière d'Agamemnon, dont il était épris à cette époque.

Peu après sa femme mourut. Luigi résolut d'entreprendre une lointaine exploration, et laissa sa fille à la garde d'un vieil ami, un Grec de Constantinople, convié à la cour de Sforza, le philosophe Demetrius Chalcondylas. Ce vieillard septuagénaire, faux, rusé et dissimulé, qui feignait un zèle ardent pour le christianisme, était de fait, ainsi que nombre de savants grecs réfugiés en Italie qui avaient à leur tête le cardinal Bessarion, un partisan du dernier maître de la sagesse antique, le néo-platonicien Pleuton, mort une quarantaine d'années auparavant, dans cette même petite ville de Mistra, près des ruines de Lacédémone, où était née la mère de Cassandra. Ses disciples croyaient que l'âme du grand Platon, pour prêcher la sagesse, était revenue de l'Olympe et s'était incarnée en Pleuton. Les maîtres chrétiens assuraient que ce philosophe voulait renouveler l'hérésie de l'Antéchrist pratiquée par l'empereur Julien l'Apostat, l'adoration des dieux olympiens, et que, pour lutter contre lui, il ne fallait ni les savantes déductions ni les controverses, mais les armes de la très sainte Inquisition et le feu du bûcher. Et l'on citait les paroles de Pleuton, disant à ses disciples : « Peu d'années après ma mort, au-dessus de toutes les nations et de toutes les tribus, resplendira une religion unique et tous les hommes s'uniront en une même foi (*unam eamdemque religionem universum orbem esse suscepturam*) ». Quand on lui demandait : « Laquelle – celle du Christ ou de Mahomet ? » il répondait : « Ni l'une ni l'autre, mais une autre ; la foi de l'antique paganisme (*neutram, inquit, sed a gentilitate non differentem*). »

Demetrius élevait la jeune Cassandra dans une sévère piété chrétienne. Mais en écoutant les conversations, l'enfant, qui ne comprenait pas les finesses de la philosophie platonicienne, se forgeait une fable merveilleuse de la résurrection des dieux olympiens.

La petite fille portait à son cou un fétiche donné par son père, un camée représentant le dieu Dionysos. Parfois, lorsqu'elle était seule, Cassandra retirait l'antique pierre de dessous ses vêtements et la levait vers le soleil, et dans l'améthyste foncée ressortait, comme une vision, Bacchus jeune et nu, tenant un thyrse dans une main et une grappe de raisin dans l'autre ; une panthère sautait à ses côtés, cherchant à lécher la grappe. Et le cœur de l'enfant était plein d'amour pour ce dieu.

Messer Luigi, ruiné par sa manie, mourut misérablement dans la masure d'un berger, à la suite d'une fièvre putride, au moment où il venait de découvrir les ruines d'un temple phénicien. Par bonheur, cette mort coïncida avec le retour de Galeotto Sacrobosco à Milan. Il prit sa nièce avec lui et s'installa dans la maison solitaire près de la Porta Vercellina.

Giovanni Beltraffio se souvenait toujours des paroles échangées entre monna Cassandra et le mécanicien Zoroastro au sujet de l'arbre empoisonné. Il rencontra la jeune fille chez Demetrius, auquel Merula l'avait recommandé pour des copies, et, bien que nombre de personnes affirmassent que Cassandra était une sorcière, Giovanni se sentait attiré par la beauté étrangement énigmatique de la jeune fille. Presque chaque soir, son travail terminé dans l'atelier de Léonard, Giovanni se dirigeait vers la maison solitaire. Cassandra l'attendait ; ils s'asseyaient sur la colline qui dominait le canal, près des ruines du couvent de Sainte-Radegonde, et causaient longuement. Un sentier presque invisible, envahi par la bardane, le sureau et les orties, conduisait à la colline. Personne ne s'y aventurait.

II

La soirée était étouffante. De temps à autre le vent soufflait, soulevant la poussière blanche de la route, secouant les feuilles, puis s'apaisait. Rien ne troublait le calme, sinon les coups de tonnerre dans le lointain qui roulaient sourdement, comme venant de dessous terre. Et, sur cette faible basse, se détachaient criards les sons d'un luth chevrotant, les chansons des douaniers ivres. C'était un dimanche.

Par moments, à la lueur des éclairs de chaleur qui sillonnaient le ciel, on apercevait pendant un instant : la vieille maison avec sa grande cheminée de brique, qui crachait la fumée par flocons ; un vieux sonneur, droit comme un I, assis sur un tertre, une ligne à la main ; le long canal bordé de mélèzes et de saules ; les barques plates, traînées par des haridelles, qui transportaient le marbre blanc pour la basilique, et le gros câble qui battait l'eau. Puis, de nouveau, tout se noyait dans l'obscurité ; des écluses montait une odeur d'eau chaude, de fougères fanées, de goudron et de bois pourri.

Giovanni et Cassandra étaient assis à leur place habituelle.

— Quel ennui ! dit la jeune fille en s'étirant et faisant craquer ses doigts blancs au-dessus de sa tête. Chaque jour est pareil. Aujourd'hui comme hier, demain comme aujourd'hui. Toujours cet imbécile de sonneur qui s'obstine à pêcher sans rien prendre ; toujours cette fumée du laboratoire de messer Galeotto qui cherche l'or et ne peut le trouver ; toujours ces barques et ces haridelles, toujours ces chants au cabaret. Oh ! quelque chose de nouveau ! Que les Français viennent au moins détruire Milan, que le sonneur prenne un poisson ou que mon oncle trouve l'or... Mon Dieu ! quel ennui !

— Je connais cela, répondit Giovanni. Parfois je suis si triste que j'aimerais à mourir. Mais fra Benedetto m'a appris une belle prière pour éloigner le démon de l'ennui. Voulez-vous que je vous la dise ?

La jeune fille secoua la tête :

— Non, Giovanni, il y a longtemps déjà que j'ai désappris à prier votre Dieu.

— « Notre » ? Mais y a-t-il un autre Dieu en dehors du nôtre, de l'unique ? demanda Giovanni.

Une flamme illumina le visage de Cassandra. Jamais encore elle n'avait paru à Giovanni aussi énigmatique, aussi triste et superbe.

Elle se tut un instant, passa la main dans ses cheveux noirs.

— Écoute, mon ami. Ceci se passait il y a très longtemps dans mon pays natal. J'étais enfant. Une fois mon père m'emmena avec lui pour un voyage. Nous visitâmes les ruines d'un vieux temple. Elles s'élevaient sur un promontoire. La mer les environnait. Les mouettes gémissaient. Les vagues se brisaient avec fracas contre les noires roches rongées par l'eau salée et effilées comme des aiguilles. L'écume s'enlevait et retombait sur ces pointes. Mon père lisait sur un éclat de marbre une inscription à demi effacée. Je restais longtemps assise sur les marches du temple, écoutant la mer, respirant sa fraîcheur et les senteurs âcres de l'absinthe. Puis, j'entrai dans le temple. Les colonnes de marbre jauni n'avaient presque pas été atteintes par le temps et au-dessus d'elles le ciel bleu paraissait sombre ; en haut, dans les fissures, poussaient des pavots. Tout était calme. Seul, l'écho du brisant emplissait le sanctuaire comme un chant religieux. Je l'écoutais et – subitement – mon cœur frémit. Je tombai à genoux et me mis à prier le dieu adoré de jadis, maintenant inconnu et offensé par les gens. J'embrassais les dalles de marbre, je pleurais et je l'aimais parce que personne sur la terre ne l'aimait plus, ne le priait plus – parce qu'il était mort. Depuis, je n'ai jamais prié ainsi. C'était le temple de Dionysos.

— Que dites-vous, Cassandra ! balbutia Giovanni. C'est un péché et un sacrilège ! Il n'y a pas de dieu Dionysos et il n'a jamais existé !

— Il n'a jamais existé ? répéta la jeune fille avec un sourire méprisant ; alors pourquoi les saints Pères, auxquels tu crois, apprennent-ils que les dieux de ce temps, vaincus par le Christ, ont été transformés en puissants démons ? Pourquoi le livre du célèbre astrologue Giorgio da Novara contient-il la prophétie fondée sur les exactes observations des planètes et dit-il que : la conjonction de Jupiter avec Saturne a donné naissance à l'enseignement de Moïse ; celle avec Mars, à la religion chaldéenne ; avec le Soleil, au culte égyptien ; avec Vénus, au mahométisme ; enfin celle avec Mercure, au christianisme ; et la prochaine conjonction avec la Lune devra enfanter la religion de l'Antéchrist – et alors les dieux morts ressusciteront !

Le roulement de tonnerre se rapprocha. Les éclairs plus vifs illuminaient un énorme nuage qui rampait lentement. Les sons obsédants du luth vibraient toujours dans l'atmosphère étouffante.

— Ô madonna ! s'écria Beltraffio, les mains jointes. Comment ne le voyez-vous pas ? C'est le diable qui vous tente pour vous entraîner à votre perte ! Qu'il soit maudit, le damné !

La jeune fille se retourna vivement, posa ses mains sur les épaules de Giovanni et murmura :

— Ne te tente-t-il jamais, toi ? Si tu es pur, Giovanni, pourquoi as-tu quitté ton maître fra Benedetto ? Pourquoi es-tu devenu, l'élève de l'impie Léonard de Vinci ? Pourquoi viens-tu chez moi ? Ne sais-tu pas que je suis une sorcière et que les sorcières sont méchantes, plus méchantes même que Satan ? Comment ne crains-tu pas de perdre ton âme ?

— Que la force de Dieu soit avec moi ! balbutia-t-il, frissonnant.

Silencieuse, elle se rapprocha de lui, et fixa sur lui ses yeux jaunes et transparents comme l'ambre. Un éclair violent illumina son visage pâle, comme celui de la statue que Giovanni, à la colline du Moulin, avait vue surgir de son tombeau séculaire.

— Elle ! songea-t-il avec effroi. Encore elle, la Diablesse blanche !

Un coup de tonnerre, très proche, ébranla le ciel et la terre, et crépita en roulements pleins de menaçante joie, pareils au rire de géants souterrains.

Pas une feuille ne bougeait sur les arbres. Le luth ne vibrait plus. Et au même instant la cloche triste du couvent sonna l'angélus.

Giovanni se signa. La jeune fille se levant dit :

— Il se fait tard. Il faut rentrer. Tu vois les torches ? C'est Ludovic le More qui vient de chez messer Galeotto. J'ai oublié que c'est aujourd'hui qu'il doit faire l'expérience de la transmutation du plomb en or.

Les pas des chevaux résonnaient. Les cavaliers qui longeaient le canal se dirigeaient vers la maison de l'alchimiste qui, dans l'attente du duc, terminait les derniers préparatifs.

III

Messer Galeotto avait consacré toute son existence à la recherche de la pierre philosophale.

Après avoir achevé ses études à la faculté de médecine de Bologne, il s'était fait admettre comme élève chez le célèbre adepte des sciences occultes, le comte Bernardo Trevisano. Puis il chercha pendant quinze ans les transformations du mercure dans toutes les substances, le sel de cuisine et le sel ammoniaque, dans différents métaux, dans le bismuth vierge et l'arsenic, le sang humain, la bile et les cheveux, les animaux et les plantes. Un héritage de six mille ducats s'était évaporé dans la fumée. Sa fortune dépensée, il s'attaqua à celle d'autrui. Ses créanciers le firent mettre en prison. Il s'échappa, et durant huit ans il fit des expériences sur les œufs, dont il détruisit plus de vingt mille. Ensuite il travailla avec le protonotaire du pape, maître Enrico, à la fabrication de vitriols, resta malade pendant quatorze mois des suites d'un empoisonnement causé par des émanations, fut abandonné de tous et faillit mourir.

Supportant la misère, les humiliations, les persécutions, il visita, manipulateur errant, l'Espagne, la France, l'Autriche, la Hollande, l'Afrique septentrionale, la Grèce, la Palestine et la Perse. En Hongrie, sur l'ordre du roi, on le soumit à la torture, dans l'espérance qu'il révélerait son secret.

Enfin, vieux, fatigué, mais non encore désillusionné, il revint en Italie, sur l'invitation de Ludovic le More, et reçut le titre d'alchimiste de la cour.

Le centre du laboratoire était occupé par un four biscornu, en terre réfractaire, avec de nombreux compartiments, des portes, des creusets et des soufflets. Dans un coin traînaient, sous un amas de poussière, des scories, des mâchefers, semblables à de la lave refroidie.

La table de travail était encombrée d'appareils compliqués : des alambics, des masques, des récipients divers, des cornues, des entonnoirs, des mortiers, des cucurbites, des tubes serpentiformes, d'énormes bouteilles et de minuscules flacons. Une odeur violente se dégageait des sels vénéneux, des alcalis et des acides. Tout un monde mystérieux était enfermé dans les métaux – les sept dieux de l'Olympe, les sept planètes : dans l'or, le Soleil ; dans l'argent, la Lune ; dans le cuivre, Vénus ; dans le fer, Mars ; dans le plomb, Saturne ; dans l'étain, Jupiter ; dans le vif-argent, Mercure. Il y avait aussi des substances à noms barbares, qui effaraient les profanes, tels le cinabre lunaire, le lait de loup, l'airain d'Achille, l'astérie, l'androdame, l'anagallis, le rhaponticum, l'aristoloche, obtenues au prix de mille peines. Une précieuse goutte de sang de lion, qui guérit de tous les maux et donne l'éternelle jeunesse, brillait comme un rubis.

L'alchimiste était assis à sa table. Maigre, petit, ridé ainsi qu'un vieux champignon, mais toujours vif, alerte, messer Galeotto, la tête appuyée dans ses mains, observait avec attention une cornue qui doucement vibrait sur la flamme bleue de l'alcool. C'était de l'huile de Vénus, *Oleum Veneris*, d'un vert transparent comme la smaragdite. La bougie qui brûlait à côté projetait un reflet émeraude sur le parchemin d'un manuscrit ouvert sur la table, une étude de l'alchimiste arabe Djabira Abdallah.

Entendant des pas dans l'escalier, Galeotto se leva, enveloppa d'un coup d'œil son laboratoire, fit un signe au domestique muet pour lui ordonner d'ajouter du charbon dans le four et alla au-devant de ses invités.

IV

Les invités étaient gais, ils sortaient d'un souper arrosé de malvoisie.

Parmi eux se trouvaient comme égarés le principal médecin de la cour, Marliani, homme expert en alchimie, et Léonard de Vinci.

Les dames entrèrent, et la cellule calme du savant s'emplit de parfums, de bruissements soyeux, de léger bavardage féminin, de rires pareils à des cris d'oiseaux. L'une d'elles accrocha avec sa manche le col d'une cornue qui tomba et se brisa.

— Ne vous inquiétez pas, signora, dit galamment Galeotto, je vais ramasser les débris de peur que votre joli pied ne se blesse.

Une autre, en voulant prendre dans ses mains un morceau de scorie, salit son gant clair parfumé à la violette, et un adroit cavalier, tout en serrant doucement les doigts abandonnés, essaya longuement, avec son mouchoir, d'enlever la tache.

La blonde Diana, palpitant d'une peur joyeuse, secoua la tasse pleine de mercure, quelques gouttes se renversèrent sur la table, et lorsqu'elles roulèrent, brillantes, elle se prit à crier, ravie :

— Regardez, un miracle, l'argent liquide court sans qu'on puisse l'arrêter !

Et la blonde Diana frappa dans ses mains.

— Verrons-nous vraiment le diable sortir du feu, lorsque le plomb se transmutera en or ? demanda au chevalier espagnol Maradès, son amant, la jolie friponne Filiberta, femme du vieux consul. Ne croyez-vous pas, messer, que ce soit un péché d'assister à ces expériences ?

Filiberta était très dévote. On colportait qu'elle permettait tout à son amant, sauf le baiser sur les lèvres ; car elle supposait que la chasteté n'était pas compromise, tant que la bouche qui avait juré devant l'autel la fidélité conjugale restait pure.

L'alchimiste s'approcha de Léonard et murmura à son oreille :

— Messer, croyez que je sais apprécier la visite d'un homme tel que vous...

Il lui serra la main. Léonard voulut répliquer, mais l'autre ne lui en laissa pas le temps :

— Oh ! je comprends ! C'est un secret pour la foule ! mais pour nous autres...

Puis avec un sourire aimable il s'adressa aux invités :

— Avec l'autorisation de mon bienfaiteur, le sérénissime duc, ainsi qu'avec celle de ces nobles dames, mes ravissantes souveraines, je commence l'expérience de la divine métamorphose. Attention !

Afin qu'il ne pût surgir aucun doute sur l'authenticité de l'essai, il montra le creuset en terre réfractaire, priant chacun des assistants de le bien regarder, de le faire sonner, et en un mot de se convaincre qu'il n'existait aucune fraude, aucun subterfuge, aucun double fond comme chez la plupart des alchimistes. Les morceaux d'étain, les charbons, le soufflet, les baguettes servant à remuer le métal en fusion, tout fut examiné. Puis, on coupa l'étain par petits carrés, on le jeta dans le creuset que l'on plaça à l'entrée du four sur des charbons ardents. L'aide muet et borgne, au visage si livide qu'une des dames avait failli tomber en syncope en l'apercevant dans l'ombre et le prenant pour un démon, mit en action un gigantesque soufflet. Les charbons flambaient sous le bruyant courant d'air.

Galeotto distrayait ses invités par sa conversation. Il les égaya en appelant l'alchimie « chaste débauchée », *casta meretrix*, car elle a un nombre incalculable d'adorateurs, qui trompe tout le monde, semble accessible à tous, mais jusqu'à présent n'a été possédée par personne – *in nullos unquam pervenit amplexus*. Le médecin Marliani se frottait le front, grimaçait coléreusement en écoutant ce bavardage ; enfin, il ne se contint plus et dit :

— Messer, n'est-il pas temps de commencer l'expérience ? L'étain bout.

Galeotto prit un petit paquet bleu, le défit avec précaution : il contenait une poudre jaune très claire, grasse et brillante comme du verre en poudre et sentant le sel brûlé. C'était la dissolution sacrée, le trésor inestimable des alchimistes, la miraculeuse pierre philosophale, *lapis philosophorum*. Avec la pointe d'un couteau, il en détacha une parcelle, l'enferma dans une boule de cire vierge et la jeta dans l'étain en ébullition.

— Quelle force supposez-vous à votre dissolution ? demanda Marliani.

— Une partie pour deux mille cent vingt-huit parties de métal, répondit Galeotto. Certes, la dissolution n'est pas encore parfaite, mais je pense bientôt atteindre une unité pour un million. Il suffira de prendre la grosseur d'un grain de millet de cette poudre, de la dissoudre dans un tonneau d'eau, de puiser avec l'écorce de noyer sauvage, d'en arroser une vigne, pour avoir dès le mois de mai des raisins mûrs ! *Mare tingerem, si mercurius esset* ! J'aurais transformé la mer en or, s'il y avait assez de mercure !

Marliani haussa les épaules et se détourna. La vantardise de messer Galeotto le faisait enrager. Il commença à démontrer l'impossibilité des transmutations en citant à l'appui les arguments scolastiques et les syllogismes d'Aristote.

L'alchimiste sourit.

— Attendez, *domine magister*, dit-il doucement. Tout à l'heure je vous présenterai un syllogisme qu'il ne vous sera guère facile de réfuter.

Il jeta sur les charbons une pincée de poudre blanche. Des nuages de fumée emplirent le laboratoire. Crépitante, la flamme s'éleva multicolore, bleue, verte, rouge. Les invités se troublèrent et madonna Filiberta assura que dans la flamme pourpre elle avait vu la gueule du diable. L'alchimiste, à l'aide d'un long crochet de fer, souleva le couvercle du creuset rouge à blanc. L'étain s'agitait, écumait, clapotait. On recouvrit à nouveau le creuset. Le soufflet siffla ; dix minutes après, lorsqu'on plongea dans l'étain une fine lame de fer, tout le monde vit trembler au bout une goutte jaune.

— C'est fini ! dit l'alchimiste.

On sortit le creuset du four, on le laissa refroidir, on le brisa, et sonnant et brillant, devant les invités stupéfaits, un lingot d'or roula.

L'alchimiste le désigna et, s'adressant à Marliani, dit triomphalement :

— *Solve mihi hunc syllogismum* ! Résous-moi ce syllogisme !

— C'est incroyable !... contre toutes les lois de la logique et de la nature ! balbutia Marliani consterné.

Le visage de Galeotto était pâle, ses yeux brillaient inspirés. Il les leva au ciel et s'écria :

— *Laudetur Deus in æternum qui partem suæ infinitæ potentiæ nobis, suis abjectissimis creaturis communicavit. Amen.* Gloire à Dieu qui nous donne à nous, ses indignes créatures, une part de sa toute-puissance. Amen.

À l'épreuve, sur la pierre imprégnée d'acide nitrique le lingot marqua une raie jaune d'un or plus pur que l'or de Hongrie ou d'Arabie.

Tout le monde entoura le vieillard, le félicitant, lui serrant les mains.

Ludovic le More le prit à part :

— Me serviras-tu en toute foi et vérité ?

— Je voudrais avoir plusieurs existences pour les consacrer toutes au service de Votre Seigneurie, répondit l'alchimiste.

— Prends donc garde, Galeotto, qu'aucun de mes rivaux...

— Si l'un d'eux flaire seulement mon secret. Votre Seigneurie pourra me pendre comme un chien !

Après un instant de silence, avec un servile salut, il ajouta :

— Je vous prierais seulement...

— Comment ? Encore ?

— Oh ! pour la dernière fois, Dieu m'est témoin.

— Combien ?

— Cinq mille ducats.

Le duc réfléchit, rabattit d'un millier de ducats et accorda la somme. Il se faisait tard. Le More craignait que Béatrice ne s'inquiétât.

Tous s'apprêtèrent à partir. L'alchimiste, en souvenir, offrit à chaque invité un morceau du nouvel or. Léonard seul resta.

V

Lorsqu'ils ne furent qu'eux deux, Galeotto s'approcha de lui :

— Maître, comment vous a plu l'essai ?

— L'or était dans les baguettes, répondit tranquillement Léonard.

— Dans quelles baguettes ? Que voulez-vous dire, messer ?

— Dans les baguettes qui ont servi à remuer l'étain. J'ai tout vu.

— Vous les avez examinées vous-même.

— C'en étaient d'autres.

— Comment ? Permettez !

— Je vous dis que j'ai tout vu, répéta Léonard souriant. N'essayez pas de nier, Galeotto. L'or caché à l'intérieur de ces baguettes évidées, quand les extrémités en furent brûlées, est tombé dans le creuset.

Le vieillard sentit ses jambes fléchir. Son visage avait l'expression piteuse d'un voleur pris sur le fait.

Léonard lui mit la main sur l'épaule.

— Ne craignez rien. Je ne le dirai à personne.

Galeotto saisit sa main et, avec effort :

— C'est vrai ? Vous ne le direz pas ?...

— Non. Je ne vous veux pas de mal. Seulement, pourquoi avez-vous fait cela ?

— Oh ! messer Leonardo ! s'écria Galeotto ; et subitement, après une infinie détresse, un infini espoir brilla dans ses yeux. Je vous jure devant Dieu que si j'ai eu l'air de tromper, ce n'est que momentanément et pour le bien du duc, pour le triomphe de la science – parce que je l'ai véritablement trouvée, la pierre philosophale ! Pour l'instant je ne l'ai pas, mais je puis presque dire que je l'ai ou à peu de chose près, vu que j'ai trouvé la voie à suivre – et là est l'important. Encore trois ou quatre essais et ce sera chose faite ! Comment fallait-il agir, maître ? La découverte de la plus haute vérité ne peut-elle pas souffrir un petit mensonge ?

— Nous avons l'air de jouer à colin-maillard, messer Galeotto, dit Léonard, haussant les épaules. Vous savez aussi bien que moi que la transmutation des métaux est un mythe, que la pierre philosophale n'existe pas et ne peut exister. L'alchimie, la nécromancie, la magie noire, comme toutes les sciences qui ne sont pas fondées sur la preuve exacte et mathématique, sont des mensonges ou des folies – l'étendard enflé de vent des charlatans, derrière lequel court la populace bête, annonçant leur puissance par ses aboiements…

L'alchimiste fixait sur Léonard ses yeux dilatés et consternés. Tout à coup, il inclina la tête, cligna malicieusement un œil et rit :

— Ah ! cela c'est mal, maître, très mal ! Ne suis-je pas un initié ? Je sais que vous êtes le plus grand des alchimistes, le possesseur des précieux secrets de la nature, le nouvel Hermès Trismégiste, le nouveau Prométhée !

— Moi ?

— Mais oui, vous, certainement.

— Vous plaisantez, messer Galeotto !

— Pas le moins du monde, messer Leonardo ! Ah ! que vous êtes cachottier et malin ! J'ai connu bien des alchimistes jaloux des secrets de la science, mais jamais autant que vous !

Léonard le regarda attentivement, voulut se fâcher et ne put.

— Alors, réellement, vous avez la croyance ? interrogea-t-il avec un involontaire sourire.

— Si je l'ai ! s'écria Galeotto. Mais savez-vous, messer, que si Dieu lui-même descendait devant moi à la minute et me disait : « Galeotto, la pierre philosophale n'existe pas », je lui répondrais : « Seigneur, aussi vrai que tu m'as créé, la pierre existe et je la trouverai ! »

Léonard ne répliqua plus, ne s'étonna plus : il écoutait curieusement. Quand la conversation s'engagea sur l'aide diabolique dans les sciences occultes, l'alchimiste remarqua avec un sourire méprisant que le diable était l'être le plus misérable de la Création, qu'il n'existait personne de plus faible que lui. Le vieillard ne croyait qu'à la toute-puissance de la science humaine, assurant que pour elle rien n'était impossible.

Puis, subitement, sans transition, il demanda à Léonard s'il voyait souvent les esprits des éléments. Lorsque son interlocuteur avoua ne jamais les avoir aperçus, Galeotto, de nouveau, n'ajouta pas foi à ces paroles et expliqua avec satisfaction que la salamandre avait un corps allongé, tacheté, fin et dur, et que la sylphide était bleu de ciel, transparente et aérienne. Il parla des nymphes, des ondines, des gnomes, des pygmées et des extraordinaires habitants des pierres précieuses.

— Je ne puis même vous dire, ajouta-t-il, combien ils sont tous bons et charmants...

— Pourquoi donc les esprits n'apparaissent-ils qu'à des élus, et non à tout le monde ? interrogea Léonard.

— Ils ont peur des gens grossiers, des débauchés, des savants, des ivrognes et des gourmands. Ils aiment la naïveté et la simplicité de l'enfance. Ils ne vont que là où il n'y a ni méchanceté ni ruse. Autrement, ils deviennent sauvages ainsi que des fauves et se cachent aux regards des hommes.

Le visage du vieillard s'éclaira d'un tendre sourire méditatif.

« Quel étrange, pauvre et charmant homme ! » pensa Léonard, ne ressentant plus de dédain pour les utopies alchimistes et cherchant à causer avec lui comme avec un enfant, prêt à se déclarer possesseur de tous les secrets pour lui être agréable.

Ils se séparèrent amis.

Léonard parti, l'alchimiste recommença un nouvel essai de l'huile de Vénus.

5
« QUE TA VOLONTÉ SOIT FAITE. »

1494

> « O mirabile giustizia di te, Primo Motore ! Tu non ái voluto mancare a nessuna potenzia l'ordine e qualità de suoi necessari effetti. O stupenda necessità ! »
>
> « *Oh ! que ta justice est merveilleuse, Premier Moteur ! Tu n'as voulu priver aucune force de son ordre et de ses qualités indispensables. Ô divine nécessité !* »
>
> — TRAITÉ DE MÉCANIQUE DE LÉONARD DE VINCI

I

Le cordonnier Corbolo, citoyen de Milan, étant rentré chez lui fort tard et en état d'ébriété, avait reçu de sa femme, selon sa propre expression, plus de coups qu'il n'en fallait à un âne paresseux pour aller de Milan à Rome. Le matin, lorsque sa douce moitié se rendit chez sa voisine la fripière goûter au *miliacci*, sorte de gelée de sang de porc, Corbolo chercha dans ses poches les quelques pièces de monnaie échappées à la rapacité de la ménagère, confia la garde de la boutique à son apprenti et sortit pour se dégriser.

Les mains dans les poches de sa culotte râpée, il marchait sans se presser dans la tortueuse et sombre impasse, si étroite qu'un cavalier y rencontrant un piéton ne pouvait faire autrement que de l'accrocher de la botte ou de l'éperon. On y sentait l'huile d'olive chaude, les œufs pourris, le vin aigre et la moisissure des caves.

Sifflant une chanson, les yeux fixés sur la languette de ciel bleu qui se détachait entre les maisons hautes, prenant plaisir à voir le bariolage des chiffons de toutes sortes, qui puaient au soleil, sur les cordes tendues de fenêtre à fenêtre, Corbolo se consolait en se répétant le proverbe que jamais il n'avait mis à exécution : « *Mala femina, buona femina, vuol bastone.* Toute femme, bonne ou mauvaise, a besoin du bâton. »

Pour raccourcir le chemin, il traversa l'église. Là régnait un va-et-vient digne d'un marché. D'une porte à l'autre, malgré les cinq sous de droit d'entrée imposé par les fondateurs, une quantité de gens passaient, portant des bonbonnes de vin, des paniers, des corbeilles, des caisses, des planches, des poutres, des paquets ; quelques-uns même conduisaient par la bride des mulets et des chevaux. Les prêtres chantaient des *Te Deum* nasillards. Les lampes brûlaient devant les autels et, à côté, des gamins jouaient à saute-mouton, les chiens se reniflaient, des mendiants en haillons se bousculaient.

Corbolo s'arrêta un instant près d'un groupe de badauds qui écoutaient avec un malin plaisir la dispute de deux moines. Le frère Cippolo, franciscain, à pieds nus, petit, roux, le visage gai, rond et gras comme une crêpe, voulait prouver à son interlocuteur, fra Timoteo, dominicain, que François étant semblable au Christ de quarante façons avait occupé au ciel la place restée libre après la chute de Lucifer, et que même la Sainte Vierge n'aurait pu distinguer ses stigmates des blessures de Jésus.

Morose, grand et pâle, fra Timoteo opposait à cette thèse les plaies de sainte Catherine qui portait au front la marque sanglante de sa couronne d'épines, tandis que saint François en était dépourvu.

Corbolo dut cligner des yeux au soleil, en sortant de l'obscurité de la cathédrale sur la place d'Arrengo, la plus animée de Milan, encombrée de boutiques de petits commerçants, poissardes, fripiers, marchands de légumes, dont les étalages ne laissaient qu'un étroit passage. De temps immémorial ils s'étaient incrustés sur cette place, et aucune loi, aucune amende n'avait eu raison de leur entêtement.

— La belle salade de Valtellina, des citrons, des oranges ! Voilà les artichauts, l'asperge, la belle asperge ! appelaient les marchands de légumes.

Les fripières marchandaient et caquetaient ainsi que des couveuses.

Un ânon qui disparaissait sous des hottes pleines de raisins noir et blanc, de cormorans, de betteraves, de choux, de fenouil et d'ail, braillait désespérément « io-io-io ! » Son conducteur frappait à grands coups de trique ses côtes pelées et le stimulait par ses cris gutturaux : « Arri ! arri ! »

Une file d'aveugles appuyés sur de longues cannes chantaient une plaintive *Intemerata*.

Un dentiste charlatan, sa toque de loutre ornée d'un collier de molaires, serrait entre ses genoux la tête d'un patient et avec des mouvements adroits de prestidigitateur arrachait une dent avec des tenailles.

Les gamins lançaient des toupies dans les jambes des passants. Le plus intrépide de la bande, le moricaud Farfaniccio, apporta une souricière, lâcha la souris et se prit à la pourchasser, un balai à la main, en criant d'une voix stridente et sifflante :

— *Eccola ! eccola !* La voilà ! la voilà !

En se sauvant, la souris se jeta sous les jupes d'une marchande obèse, la grosse Barbaccia, qui tranquillement tricotait un bas. Elle sauta, cria comme une échaudée, et au rire général souleva sa jupe pour en chasser la souris.

— Attends, je casserai ta tête de singe, vaurien ! criait-elle pourpre de rage.

Farfaniccio de loin lui tirait la langue et trépignait de joie. Au bruit, un homme portant un énorme cochon se retourna. Le cheval du docteur Gabbadeo qui le suivait prit peur, fit un écart, s'emballa et accrocha un tas d'ustensiles de cuisine chez un marchand de vieille ferraille. Les écumoires, les poêles, les casseroles, les bassines croulèrent avec fracas, tandis que messer Gabbadeo, effaré, galopait brides lâchées en criant :

— Arrête, arrête donc, poivrière du diable !

Les chiens aboyaient. Des visages curieux se montraient aux croisées. Au-dessus de la place tourbillonnait un ouragan de rires, de jurons, de cris et de sifflets.

Tout en admirant ce gai spectacle, le cordonnier songeait avec un humble sourire :

— Qu'il ferait bon vivre s'il n'y avait pas les femmes qui rongent leurs maris, comme la rouille ronge le fer !

Puis protégeant ses yeux avec sa main contre le soleil, il les leva vers l'énorme bâtisse inachevée entourée d'échafaudages, l'église érigée par le peuple à la gloire de la nativité de la Vierge, *Mariæ nascenti*.

Grands et petits avaient pris part à sa construction. À côté des merveilleuses patènes brodées d'or, cadeau de la reine de Chypre, s'étalait l'offrande faite à la Vierge par la vieille fripière Catherine, qui, en dépit de l'hiver rude, s'était privée de son unique vêtement chaud d'une valeur de vingt sols.

Corbolo, dès son enfance habitué à suivre les progrès de l'édifice, remarqua ce matin une tour nouvelle et s'en réjouit. Les maçons taillaient les pierres. Sur le débarcadère du Lagetto, près de San Stefano, non loin de l'Ospedale Maggiore où atterrissaient les barques, on déchargeait d'énormes cubes de marbre blanc qui scintillait. Les cabestans grinçaient ; les scies glapissaient ; les ouvriers rampaient le long des bois ainsi que des fourmis.

Et le grand édifice montait, hérissait un nombre infini de clochetons et de tours blanches dans le ciel apuré – hommage éternel du peuple à la Vierge sainte.

II

Corbolo descendit l'escalier raide, encombré de barriques, qui conduisait à la cave du tavernier allemand Tibald. Après avoir poliment salué les consommateurs, il s'assit auprès d'un sien ami, l'étameur Scarabullo, demanda une chope de vin, des petits pâtés chauds au cumin – des *offeletti* –, huma lentement une gorgée, croqua une bouchée de pâté et dit :

— Si tu veux être sage, Scarabullo, ne te marie jamais !

— Pourquoi ?

— Parce que, mon ami, continua le cordonnier inspiré, se marier équivaut à plonger sa main dans un sac plein de vipères pour en retirer une anguille. Mieux vaut être atteint de la goutte, Scarabullo, que d'être affligé d'une femme !

À côté d'eux, le brodeur Mascarello, beau parleur bouffon, racontait à des mendiants affamés les merveilles d'une ville comme Berlinzona, capitale d'un pays paradisiaque, où les ceps de vigne s'attachaient avec des saucisses, où une oie coûtait un centime avec le caneton en supplément, où enfin existait une colline en fromage râpé sur laquelle vivaient des gens uniquement occupés à préparer du macaroni et des lasagnes, qu'ils faisaient cuire dans de la graisse de chapon et qu'ils jetaient au pied de la montagne. Celui qui en attrapait le plus en avait le plus. Et tout proche coulait une source de *vernaccio* – le meilleur vin de l'univers – ne contenant pas une goutte d'eau.

Ces discours alléchants furent interrompus par l'arrivée d'un petit homme scrofuleux, aux yeux mi-clos comme ceux d'un chat, Gorgolio, le verrier, grand cancanier et amateur de nouvelles.

— Messieurs, déclara-t-il triomphalement, en soulevant son vieux chapeau poussiéreux et essuyant la sueur qui inondait son front, messieurs, je viens du camp des Français !

— Que dis-tu, Gorgolio ? Sont-ils déjà ici ?

— Comment donc !... à Pavie... Ah ! laissez-moi respirer... Je suis essoufflé. J'ai couru si vite... ne voulant pas qu'un autre avant moi vous apprît la nouvelle.

— Tiens, voilà une chope ; bois et raconte. Quel peuple est-ce les Français ?

— Terrible, mes enfants. Ne mettez pas votre doigt dans leur bouche. Ce sont des hommes turbulents, sauvages, impies, de vrais fauves, en un mot des barbares ! Ils ont des pistolets et des arquebuses de huit coudées, des brides en métal, des bombardes en fonte qui lancent des boulets de pierre. Leurs chevaux sont pareils à des monstres marins, féroces, avec les oreilles et les queues coupées.

— Sont-ils nombreux ? demanda Mazo.

— Comme des sauterelles, ils ont couvert toute la plaine. Le Seigneur nous a envoyé pour nos péchés ce mal caduc, ces diables du Nord !

— Pourquoi en dis-tu du mal, Gorgolio ? observa Mascarello. Ils sont nos amis et alliés...

— Nos alliés ! Tiens bien ta poche ! Des amis pareils sont pires que des ennemis... ils achèteront les cornes et mangeront le bœuf...

— Allons, allons, ne jacasse pas, dis tes raisons ; pourquoi les crois-tu nos ennemis ?

— Mais parce qu'ils piétinent nos champs, coupent nos arbres, emmènent nos bestiaux, pillent les habitants, violent les femmes. Le roi français est laid, malingre, mais très amateur de femmes. Il possède même un livre, avec les portraits de belles Italiennes toutes nues. Et ils disent : « Avec l'aide de Dieu... de Milan jusqu'à Naples, nous ne laisserons pas une pucelle... »

— Les misérables ! cria Scarabullo en assénant un tel coup de poing sur la table que verres et bouteilles en tremblèrent.

— Notre More, continua Gorgolio, danse sur ses pattes de derrière au son de la flûte française. Ils ne nous considèrent même pas comme des hommes : « Vous êtes tous, disent-ils, des voleurs et des assassins. Vous avez empoisonné votre duc légitime, vous avez affamé un innocent adolescent. Dieu pour cela vous punit en nous donnant votre terre. » Nous les nourrissons généreusement, et ils donnent les aliments que nous leur offrons à goûter à leurs chevaux, pour voir s'ils ne contiennent pas le poison dont on s'est servi pour le duc.

— Tu mens, Gorgolio !

— Que mes yeux se vident, que ma langue se dessèche ! Écoutez encore, messere, leurs prétentions : « Nous allons, disent-ils, conquérir l'Italie, avec ses mers et ses terres ; puis nous soumettrons le Grand Turc, nous prendrons Constantinople, nous érigerons la Croix sur le mont des Oliviers et ensuite rentrerons chez nous. Et alors, nous vous assignerons au jugement de Dieu. Et si vous ne vous soumettez pas, nous effacerons votre nom de la liste des peuples de la terre.

— C'est terrible, mes amis ! murmura Mascarello. Jamais encore pareille chose ne nous est arrivée.

Tout le monde se tut.

Le fra Timoteo, le même moine qui discutait dans la cathédrale avec fra Cippolo, s'écria solennellement, les bras levés au ciel :

— La parole du grand apôtre de Dieu, Savonarole, s'accomplit : « Le voilà, l'homme qui conquerra l'Italie sans tirer l'épée du fourreau. Ô Florence, ô Rome, ô Milan, le temps des chansons et des fêtes est passé ! Repentez-vous ! repentez-vous ! Le sang du duc Jean Galéas est le sang d'Abel tué par Caïn ! Implorons le pardon du Seigneur ! »

III

— Les Français ! les Français ! Regardez ! disait Gorgolio en désignant deux soldats qui entraient à ce moment dans la taverne.

L'un, gascon, jeune garçon élancé, à la moustache rousse, au joli visage effronté, était sergent dans la cavalerie et s'appelait Bonnivar. Son camarade, picard, le canonnier Gros Guilloche, gros homme déjà âgé, à cou de taureau, apoplectique, avait des yeux à fleur de tête et des boucles d'argent aux oreilles. Tous deux étaient légèrement gris.

— Sacrement de l'autel ! dit le sergent en frappant sur l'épaule de Gros Guilloche. Trouverons-nous enfin dans cette sacrée ville une chope de bon vin ? Cette sale piquette lombarde vous gratte la gorge comme du vinaigre !

Bonnivar, avec une expression méprisante et ennuyée, s'allongea auprès d'une petite table, examina de haut les consommateurs, frappa sur la table avec une chope et cria en mauvais italien :

— Du vin blanc, sec, le plus vieux, et du cervelas salé !

— Oui, mon frérot ! soupira Gros Guilloche, quand je pense au bourgogne de chez nous ou au précieux Beaune doré comme les cheveux de ma Lison, mon cœur se fend ! Il n'y a pas à dire, tel peuple, tel vin. Buvons, ami, à notre chère France :

Du grand Dieu soit mauldit à outrance
Qui mal vouldroit au royaume de France !

— Que disent-ils ? demanda tout bas Scarabullo à Gorgolio.
— Des balivernes. Ils déprécient nos vins et louangent les leurs.
— Les voyez-vous monter sur leurs ergots, ces coqs français, grogna l'étameur. La main me démange de les corriger !

Tibald, le patron allemand, qui portait un gros ventre sur de petites jambes maigres, un imposant trousseau de clefs pendu à sa ceinture de cuir, servit aux Français un demi-broc de vin fraîchement tiré à la barrique, non sans regarder avec méfiance ces hôtes étrangers.

Bonnivar d'un trait vida la chope de vin qui lui sembla délicieux, puis cracha et fit une grimace de dégoût. Devant lui passa la fille du patron, Lotta, jolie blonde élancée avec de bons yeux bleus comme ceux de Tibald.

Le Gascon cligna malicieusement de l'œil à son camarade et tortilla crânement sa moustache rousse. Puis, ayant bu une nouvelle chope, entonna la chanson des soldats de Charles VIII :

Charles fera si grandes batailles
Qu'il conquerra les Itailles,
En Jérusalem entrera
Et mont Olivet montera.

Gros Guilloche l'accompagnait de sa voix éraillée.

Lorsque Lotta repassa devant eux, les yeux modestement baissés, le sergent la prit par la taille et essaya de l'attirer sur ses genoux.

Elle le repoussa, se défit de son étreinte et s'enfuit. Il se leva, la rattrapa et l'embrassa sur la joue, les lèvres tout humides encore de vin.

La jeune fille cria, laissa choir le broc de glaise qui se brisa en morceaux, et, se retournant, appliqua de tout son élan une gifle telle au soldat qu'il en resta un moment hébété.

Tout le monde s'esclaffa.

— Bravo, la fille ! cria le brodeur Mascarello. Par San Gervasio, de ma vie je n'ai vu plamussade aussi solide ! Ah ! tu l'as consolé !

— Laisse-la, laisse-la ! disait Gros Guilloche retenant Bonnivar.

Mais le Gascon ne l'écoutait pas. L'ivresse lui montait au cerveau. Il eut un rire forcé et cria :

— Ah ! ventrebleu ! C'est ainsi ! Attends, ma belle, maintenant ce n'est pas ta joue mais tes lèvres que je baiserai !

Il se jeta à la poursuite de Lotta, renversa une table, la rattrapa et voulut mettre sa menace à exécution. Mais la puissante main de l'étameur Scarabullo le saisit au collet.

— Fils de chien ! gueule d'impie ! criait Scarabullo en secouant Bonnivar et lui serrant la gorge. Attends, je te caresserai les côtes de façon à ce que tu n'offenses plus les pucelles milanaises !

— Sacrebleu ! jura à son tour Gros Guilloche furieux : vauriens, lâchez-le ! Vive la France ! Saint-Denis et Saint-Georges !

Il tira son épée et en aurait transpercé l'étameur si Mascarello, Gorgolio et Mazo n'eussent retenu le Picard par les bras.

Parmi les tables renversées, les bancs, les tonneaux, les éclats de chopes brisées et les mares de vin, une mêlée se produisit. Voyant du sang, les épées tirées et les couteaux levés, Tibald, effrayé, sortit de la taverne et se prit à hurler :

— On assassine ! Les Français pillent !

La cloche du marché s'ébranla. Une autre lui répondit. Les commerçants prudents fermèrent leurs boutiques. Les fripières et les marchandes de légumes se sauvèrent en emportant leurs marchandises.

— Saints martyrs Protasio et Gervasio, protégez-nous ! geignait la grosse Barbaccia.

— Qu'y a-t-il ? Le feu ?

— Sus aux Français !

Le gamin Farfaniccio sautait de joie, sifflait et glapissait :

— Sus, sus aux Français !

Les soldats de la milice parurent enfin, armés d'arquebuses et de hallebardes. Ils arrivèrent à temps pour empêcher la tuerie et arracher des mains du peuple Bonnivar et Gros Guilloche. Arrêtant tout ce qu'ils trouvèrent, ils emmenèrent aussi le cordonnier Corbolo. Ce que voyant, la femme de ce dernier accourut au bruit, leva les bras au ciel et se prit à geindre :

— Ayez pitié, rendez-moi mon mari ! Je le corrigerai à ma façon, il ne se trouvera plus dans ces bagarres ! Vraiment, messieurs, cet imbécile ne vaut pas la corde pour le pendre !

Corbolo baissa honteusement les yeux, feignant de ne pas entendre ces propos, et se cacha derrière les soldats de la milice qui lui semblaient moins terribles que sa femme.

IV

Au-dessus des échafaudages de l'église inachevée, à l'aide d'une étroite échelle de corde, un jeune ouvrier grimpait à l'une des fines tourelles, située non loin de la coupole centrale, afin d'encastrer l'image de sainte Catherine à l'extrémité de la flèche.

Autour s'élevaient et rayonnaient, pareils à des stalagmites, des tours pointues, des arcs-boutants rampants, des dentelles de pierre en fleurs surnaturelles, d'innombrables apôtres, des martyrs, des anges, des gueules de démons grimaçants, des oiseaux monstrueux, des sirènes, des harpies, des dragons aux ailes piquantes, aux gueules ouvertes qui servaient de gargouilles. Tout cet ensemble, en marbre aveuglément blanc, avec des ombres bleues comme de la fumée, ressemblait à une énorme forêt, couverte de givre brillant.

Tout était calme. Seules, les hirondelles volaient rapides au-dessus de la tête de l'ouvrier. Le bruit de la foule sur la place ne lui parvenait qu'en faible écho. Parfois il lui semblait entendre les sons de l'orgue, semblables à des soupirs de prières sortant de l'intérieur de l'église, du plus profond de son cœur de pierre, et alors il croyait voir vivre l'édifice énorme, respirant, s'élevant vers le ciel ainsi qu'une éternelle louange, un hymne joyeux de tous les siècles et de tous les peuples à la Vierge très pure.

Mais le bruit augmenta sur la place. Le tocsin retentit.

L'ouvrier s'arrêta, regarda, et la tête lui tourna, ses yeux s'assombrirent. Il se figura que le bâtiment géant oscillait sous lui, que la fine tourelle sur laquelle il grimpait pliait comme un bambou.

— C'est fini, je tombe, songeait-il avec terreur. Seigneur, prends mon âme !

En un dernier effort désespéré il s'accrocha à l'échelle de corde, ferma les yeux et murmura :

— *Ave, dolce Maria, di grazia piena…*

Il se sentit renaître. Un vent frais le ranima. Il reprit son souffle, fit appel à toutes ses forces et, n'écoutant plus les voix terrestres, continua son ascension toujours plus haut vers le ciel pur, répétant avec joie :

— *Ave, dolce Maria, di grazia piena…*

À ce moment passaient sur le large toit de l'église les membres du

Conseil de construction, *Consiglio della Fabrica*, architectes, italiens et étrangers, invités par le duc à délibérer sur l'édification du Tiburio, tour principale qui devait s'élever au-dessus de la coupole.

Parmi eux se trouvait Léonard de Vinci. Il proposa son projet, mais les membres du Conseil le repoussèrent, le jugeant trop hardi, trop extravagant et trop opposé à toutes les traditions de l'architecture religieuse.

Ils discutaient et ne pouvaient tomber d'accord. Les uns assuraient que les colonnes intérieures n'étaient pas suffisamment solides. Les autres affirmaient que l'église pouvait affronter l'éternité.

Léonard, selon son habitude, ne prenait pas part à la discussion et se tenait à l'écart, solitaire et pensif.

Un des ouvriers s'approcha de lui et lui remit une lettre.

— Messer, en bas, sur la place, un courrier de Pavie attend Votre Excellence.

L'artiste brisa le cachet et lut :

« Léonard, viens vite. Il faut que je te voie.

« DUC JEAN GALÉAS.

« 14 octobre. »

Il s'excusa auprès des membres du Conseil, descendit sur la place, monta à cheval et partit pour le château de Pavie, qui se trouvait à quelques heures de Milan.

V

Les châtaigniers, les cornouillers et les érables du parc gigantesque étaient baignés de pourpre et d'or par le soleil couchant. Tels des papillons, les feuilles mortes tombaient en volant. L'eau ne jaillissait plus dans les fontaines envahies par l'herbe. Des asters se mouraient parmi les plates-bandes laissées à l'abandon.

En approchant du château, Léonard aperçut un nain. C'était le vieux bouffon de Jean Galéas, resté fidèle à son seigneur, lorsque tous les autres serviteurs avaient quitté le duc agonisant.

Ayant reconnu Léonard, il vint, boitillant et sautillant, à sa rencontre.

— Comment se sent Son Altesse ? demanda l'artiste.

Le nain ne répondit pas, il eut un geste désespéré.

Léonard s'engagea dans l'allée principale.

— Non, non, pas par là ! dit le bouffon, l'arrêtant. On pourrait vous voir. Son Altesse a prié de vous amener secrètement... car, si la duchesse Isabelle se doutait, elle défendrait peut-être... Prenons plutôt ce chemin détourné...

Ils pénétrèrent dans la tour d'angle, montèrent un escalier, passèrent devant de sombres salles, jadis magnifiques, maintenant inhabitées. Les tentures en cuir de Cordoue gravé d'or pendaient en loques le long des murs. Le trône ducal, sous son baldaquin de soie, était tissé de toiles d'araignée. À travers les vitraux brisés le vent avait apporté du parc des feuilles jaunies.

— Les misérables ! les voleurs ! grognait le nain en désignant à son compagnon les traces du pillage. Si vous m'en croyez, messer, les yeux ne voudraient pas voir ce qui se passe ici ! Je me sauverais au bout du monde, si le duc n'avait plus que moi, vieux monstre, pour le soigner... Ici, ici, je vous prie.

Il entr'ouvrit une porte, et fit entrer Léonard dans une pièce imprégnée d'odeurs pharmaceutiques, privée d'air et complètement sombre.

VI

D'après les règles de l'art médical, on pratiquait la saignée à la lumière, les volets clos. L'aide du barbier tenait un plat d'étain dans lequel coulait le sang. Le barbier, modeste vieillard, les manches retroussées, opérait l'incision de la veine. Le docteur, « maître ès physique », avec une physionomie entendue, le nez chaussé de lunettes, l'épaulière de velours violet doublée d'écureuil passée sous le bras, ne prenait pas part à l'opération que pratiquait le barbier – car toucher à un rasoir ou à une lancette n'était pas digne d'un docteur –, il observait simplement.

— À la tombée de la nuit veuillez de nouveau pratiquer la saignée, ordonna-t-il, lorsque le bras fut bandé et qu'on étendit le duc sur les coussins.

— *Domine magister*, murmura le barbier respectueusement, ne vaudrait-il pas mieux attendre ? Le malade est faible. Une trop grande prise de sang...

Il s'intimida. Le docteur eut pour lui un sourire de mépris.

— Vous n'avez pas honte, mon ami ! Vous devriez pourtant savoir que sur les vingt-quatre livres de sang que contient le corps humain, on peut en supprimer vingt, sans crainte aucune ni pour la vie, ni pour la santé. Plus vous prenez d'eau contaminée dans un puits, plus il vous en reste de pure. J'ai pratiqué la saignée sans merci sur des enfants nouveau-nés, toujours avec réussite.

Léonard, qui écoutait attentivement, voulut répliquer, mais songea que discuter avec des docteurs était aussi inutile que discuter avec des alchimistes.

Le docteur et le barbier sortirent. Le nain arrangea les coussins, enveloppa les pieds du malade.

Léonard jeta un coup d'œil sur la chambre. Au-dessus du lit pendait une cage avec un petit perroquet vert. Sur une table ronde, près d'une cuve de cristal, contenant des poissons dorés, traînaient des cartes et des osselets. Aux pieds du duc, un chien blanc roulé en boule dormait.

— Tu as envoyé la lettre ? demanda le duc sans ouvrir les yeux.

— Ah ! Altesse ! balbutia le bouffon, nous attendions, pensant que vous dormiez... Messer Leonardo est ici.

— Ici ?

Le malade, avec un sourire heureux, fit un effort pour se soulever.

— Maître, enfin ! je craignais que tu ne viennes pas.

Il prit la main de l'artiste, et le superbe visage tout jeune de Jean Galéas – il n'avait que vingt-quatre ans – s'anima d'une tendre rougeur.

Le nain sortit pour veiller à la porte.

— Mon ami, continua le malade, tu connais la calomnie ?

— Quelle calomnie, Altesse ? demanda le peintre.

— Tu ne sais pas ? Alors mieux vaut ne pas en parler... Cependant, si, je te la dirai ; nous en rirons ensemble. Ils insinuent...

Il s'arrêta, fixa ses yeux sur ceux de Léonard et acheva avec un doux sourire :

— Ils insinuent que tu es mon meurtrier.

Léonard crut que le malade délirait.

— Oui, oui, n'est-ce pas ? Quelle folie ! Toi, mon meurtrier ! Il y a trois semaines environ, mon oncle le More et Béatrice m'ont envoyé une corbeille de pêches. Madonna Isabella est convaincue que depuis que j'ai goûté à ces fruits je suis plus malade, que je meurs d'un empoisonnement lent, et que dans ton jardin il y a un arbre...

— C'est vrai, dit Léonard.

— Oh ! mon ami ! Est-ce possible ?

— Non, même si ces fruits viennent de mon jardin. Je comprends d'où viennent ces allusions. En désirant étudier l'effet des poisons, je voulus rendre un pêcher vénéneux. J'ai dit à mon élève Zoroastro da Peretola que les pêches étaient empoisonnées. Mais l'essai n'a pas réussi. Les fruits sont inoffensifs. Mon élève, trop pressé, a dû raconter à quelqu'un...

— Voilà, voilà, je le savais bien, s'écria joyeusement le duc, personne n'est cause de ma mort ! Et cependant, ils se soupçonnent tous entre eux, se détestent et se craignent. Oh ! si on pouvait leur dire tout, comme je le fais avec toi ! Mon oncle se croit mon meurtrier, et je sais qu'il est bon, mais faible et timide. Et pourquoi me tuerait-il ? Je suis prêt moi-même à lui transmettre mes pouvoirs. Je n'ai besoin de rien. Je serais parti loin, j'aurais vécu dans la solitude avec des amis. Je me serais fait moine ou encore ton élève, Léonard. Mais personne n'a voulu croire que je ne regrettais pas le trône. Et pourquoi ont-ils fait cela maintenant ? Ce n'est pas moi qu'ils ont empoisonné avec tes fruits in-offensifs, mais eux-mêmes, les pauvres aveugles ! Je me croyais malheureux avant, parce que je devais mourir. Maintenant, j'ai tout compris, maître. Je ne désire ni ne crains plus rien. Je me sens bien, calme et heureux, comme si, par une journée très chaude, je venais d'ôter mes vêtements et de me tremper dans l'eau fraîche. Je savais, continua le malade de plus en plus joyeux, je savais que toi seul me comprendrais... Te souviens-tu ? tu me disais jadis que la méditation des éternelles lois mécaniques apprend aux hommes le grand calme et la grande soumission ? J'ai compris alors. Mais maintenant, durant ma maladie, dans ma solitude, dans mes rêves, combien souvent je me rappelais ta voix, ton visage, chacune de tes paroles, maître ! Il me semble parfois que nous avons par des voies différentes atteint ensemble le même but – toi dans la vie, moi dans la mort.

La porte s'ouvrit, le nain se précipita effaré, criant :

— Monna Druda !

Léonard voulut partir, le duc le retint.

Monna Druda, la vieille nourrice de Jean Galéas, entra dans la chambre, tenant dans ses mains une petite fiole contenant un liquide jaune et trouble – l'élixir de scorpion.

En plein été, lorsque le soleil se trouvait dans la constellation du lion, on attrapait les scorpions et on les précipitait vivants dans de l'huile d'olive centenaire avec du seneçon, du mithridate et du serpentaire ; puis on laissait infuser durant cinquante jours au soleil et chaque soir on en frottait les aisselles, les temps, le ventre et la région du cœur du malade. Les rebouteux assuraient qu'il n'existait pas de remède plus efficace contre tous les poisons et contre les sorcelleries.

En apercevant Léonard assis au pied du lit, la vieille s'arrêta, pâlit, et ses mains tremblèrent si fort qu'elle faillit laisser choir le flacon.

— Soyez avec nous, force du Christ, Vierge sainte !

Tout en se signant, et marmottant des prières, elle marcha à reculons vers la porte, et une fois dans le couloir courut aussi vite que le lui permettaient ses vieilles jambes, chez Madonna Isabella, lui annoncer la terrible nouvelle.

Monna Druda était convaincue que le More et son manipulateur Léonard avaient empoisonné le duc, sinon par le poison, du moins par le mauvais œil, par des manœuvres diaboliques.

La duchesse priait, agenouillée dans la chapelle.

Lorsque monna Druda lui apprit que Léonard se trouvait auprès du duc, elle se releva et cria furieuse :

— C'est impossible ! Qui l'a laissé entrer ?

— Le sais-je ? balbutia la vieille, le sais-je, Votre Altesse ? On croirait qu'il est sorti de terre ou qu'il s'est introduit par la cheminée ! La chose est louche. Depuis longtemps déjà j'ai prévenu Votre Altesse...

Un page entra dans la chapelle, et ployant respectueusement les genoux demanda :

— Sérénissime Madonna, vous serait-il loisible, à vous et au seigneur Maître, de recevoir Sa Majesté, le roi très chrétien de France ?

VII

Charles VIII s'était installé dans les appartements du rez-de-chaussée du château de Pavie, somptueusement décorés à son intention par Ludovic le More.

Tout en se reposant après dîner, le roi écoutait la lecture d'un ouvrage nouvellement et spécialement traduit pour lui du latin en français, un opuscule assez ignare, *Les Merveilles de Rome – Mirabilia urbis Romæ*.

Rendu craintif par son père, Charles, enfant maladif, pendant sa triste jeunesse passée dans le solitaire château d'Amboise, avait été élevé à la lecture des romans de chevalerie qui avaient quelque peu brouillé son cerveau déjà faible. Roi de France et s'imaginant revivre un héros dans la légende de Lancelot, d'Arthur et de Tristan, ce jeune homme de vingt ans, inexpérimenté et timide, bon et fou, avait résolu de mettre en action ce qu'il avait lu dans ses livres. Selon l'expression des historiens de la cour : « Fils du dieu Mars, descendant de Jules César, il était venu en Lombardie à la tête d'une formidable armée à telle fin de conquérir Naples, les deux Siciles, Constantinople, Jérusalem, détrôner le Grand Turc, déraciner l'hérésie mahométane et délivrer le tombeau du Christ du joug des infidèles. »

À l'audition des *Merveilles de Rome*, le roi goûtait à l'avance la gloire qu'il acquerrait en soumettant une ville aussi célèbre.

Ses idées s'embrouillaient. Une douleur à l'épigastre et une lourdeur de tête lui rappelaient le trop gai souper de la veille en compagnie de dames milanaises. Le souvenir de l'une d'entre elles, Lucrezia Crivelli, l'avait hanté toute la nuit.

Charles VIII était petit de taille et laid de figure. Ses jambes étaient maigres et torses ; ses épaules étroites, l'une plus haute que l'autre ; la poitrine rentrée, un nez démesurément long et crochu, des cheveux roux déteints. Un étrange duvet jaunâtre remplaçait la barbe et les moustaches. Ses mains et son visage avaient de désagréables crispations. Ses lèvres épaisses, toujours entrouvertes comme chez les enfants, ses sourcils arqués au-dessus d'énormes yeux pâles à fleur de tête, lui donnaient une expression triste, distraite, et en même temps tendue, inhérente aux gens faibles d'esprit. Il parlait difficilement et par saccades. On racontait qu'il avait les pieds difformes et que pour les cacher il avait introduit la mode des larges souliers en velours noir en forme de sabot de cheval.

— Thibault ! eh ! Thibault ! cria-t-il à son valet, en interrompant la lecture et bégayant selon sa coutume, je... je voudrais, mon petit... tu sais ? ... je voudrais boire. Hein ! il me semble... Probablement... Apporte-moi du vin, Thibault.

Le cardinal Briçonnet vint annoncer que le duc attendait la visite du roi.

— Hein ? hein ? quoi ? Le duc ? Oui, tout de suite... seulement, je veux boire d'abord...

Il prit la coupe remplie par l'échanson. Briçonnet arrêta le mouvement du roi et demanda à Thibault :

— Du nôtre ?

— Non, monseigneur. Des caves du palais…

Le cardinal jeta le contenu de la coupe.

— Excusez-moi, Majesté. Les vins de ce pays peuvent être nuisibles à votre santé. Thibault, donne ordre qu'on courre au camp chercher une bonbonne de notre vin.

— Pourquoi ?… hein ?… Que veut dire ?… balbutia le roi surpris.

Le cardinal lui expliqua qu'il craignait les poisons, que la prudence s'imposait vis-à-vis des gens qui avaient empoisonné leur seigneur légitime, et dont on pouvait attendre toutes les trahisons.

— Eh !… des bêtises !… Pourquoi !… Je veux boire, dit Charles en haussant les épaules.

Puis il se soumit.

Les hérauts s'élancèrent en avant. Quatre pages élevèrent, au-dessus du roi, un superbe baldaquin de soie bleue, tissé de fleurs de lis d'argent ; le sénéchal plaça sur les épaules de Charles le manteau à revers d'hermine, avec, brodées sur le velours pourpre, des abeilles et la devise : « La reine des abeilles n'a pas d'aiguillon. »

À travers les sombres appartements délaissés, le cortège se dirigea vers la chambre du mourant. En passant devant la chapelle, Charles aperçut la duchesse Isabelle.

Respectueusement il ôta son béret, voulut s'approcher d'elle et, selon la vieille coutume française, la baiser sur les lèvres en la nommant « chère sœur ».

Mais la duchesse ne lui en donna pas le temps et tomba à ses pieds.

— Seigneur, commença-t-elle le discours préparé d'avance, aie pitié de nous, Dieu te récompensera. Défends les innocents, chevalier magnanime ! Le More nous a ravi le trône, il a empoisonné mon mari, le duc légitime de Milan, Jean Galéas. Dans ce château, nous ne sommes environnés que de mercenaires assassins…

Charles comprenait mal et n'écoutait pas ce qu'elle lui disait.

— Hein ?… hein ?… Qu'est-ce ? balbutia-t-il comme mal éveillé et tiquant des épaules. Non, je vous prie… je ne puis tolérer, ma chère sœur, levez-vous !

Mais elle restait agenouillée, prenait ses mains et les baisait, voulait enlacer ses pieds, et enfin, sanglotant, s'écria avec désespoir :

— Seigneur, si vous m'abandonnez, je me tuerai !

Le roi se troubla complètement, et son visage eut une grimace douloureuse, comme s'il eût été lui aussi prêt à pleurer.

— Ah ! voilà, voilà ! Mon Dieu… je ne puis… Briçonnet, je te prie… dis-lui… je ne sais pas.

Il voulait fuir, car elle n'éveillait en lui aucune compassion, étant, même dans son humiliation, trop fière et trop belle, telle une géniale héroïne de tragédie.

— Altesse Sérénissime, calmez-vous. Sa Majesté fera tout ce qui dépendra d'elle en faveur de votre époux messire Jean Galéas, dit le cardinal poliment mais froidement, prononçant d'un ton protecteur le nom du duc en français.

La duchesse regarda Briçonnet, fixa sur le roi des yeux attentifs, et, subitement, comprenant à qui elle parlait, se tut.

Difforme, ridicule et piteux, Charles se tenait devant elle, les lèvres épaisses entrouvertes, avec un sourire forcé, stupide, déconcerté, ses yeux blancs écarquillés.

— Moi, aux pieds de ce malingre idiot, moi, la petite fille de Ferdinand d'Aragon !

Elle se leva. Une rougeur empourpra ses joues. Le roi sentait qu'il lui était indispensable de dire quelque chose, de se tirer de ce mutisme inepte. Il fit un effort désespéré, tiqua de l'épaule, cligna des yeux, balbutia son éternel « hein ?... hein ?... quoi ?... », s'arrêta, eut un geste navré et se tut.

La duchesse le toisa avec un mépris non dissimulé. Charles baissait la tête, anéanti.

— Briçonnet, allons, allons... hein ?

Les pages ouvrirent la porte à deux battants. Charles entra dans la chambre du duc.

Les volets étaient ouverts. La lumière douce d'un soir d'automne tombait à travers les hautes futaies du parc.

Le roi s'approcha du lit du malade, le nomma « mon cousin » et s'inquiéta de sa santé.

Jean Galéas répondit par un si lumineux sourire que tout de suite Charles se sentit allégé, son trouble se dissipa et se calma peu à peu.

— Que le Seigneur envoie la victoire à Votre Majesté ! dit le duc. Quand vous serez à Jérusalem, auprès du Saint-Sépulcre, priez pour ma pauvre âme, car à ce moment-là je...

— Ah ! non, non ! Mon frère, pourquoi avez-vous de telles pensées ? interrompit le roi. Dieu est clément. Vous guérirez. Nous partirons ensemble en croisade. Vous verrez ! Hein ?

Jean Galéas secoua la tête :

— Non, je ne le pourrai pas.

Et fixant son regard dans les yeux du roi, il ajouta :

— Quand je serai mort, Seigneur, n'abandonnez pas mon fils Francesco et Isabelle ma femme. La malheureuse n'a personne au monde...

— Ah ! Seigneur ! Seigneur ! s'écria Charles ému.

Ses lèvres épaisses frémirent, les coins s'abaissèrent et, comme s'il reflétait un feu intérieur, son visage s'éclaira d'une infinie bonté. Il se pencha vivement vers le malade et l'embrassant avec une tendresse impétueuse, balbutia :

— Mon frère chéri !... Mon pauvre petit !...

Tous deux se sourirent ainsi que des enfants chétifs et leurs lèvres s'unirent en un fraternel baiser.

Lorsqu'il fut sorti de la chambre du duc, le roi appela près de lui le cardinal :

— Briçonnet, hein ! Briçonnet... tu sais... il faut... d'une façon quelconque... prendre parti... On ne peut pas comme cela... Je suis un chevalier... Il faut le défendre, tu entends ?

— Majesté, répondit évasivement le cardinal, il mourra tout de même. Et de quel secours pourrons-nous lui être ? Nous nous ferions du tort. Le More est notre allié...

— Le More est un misérable, oui... sûrement... un assassin ! cria le roi.

Et dans ses yeux brilla une colère sensée.

— Que faire ! murmura Briçonnet avec un fin sourire. Le More n'est ni pire ni meilleur que les autres. C'est de la politique, Seigneur ! Nous sommes tous des hommes...

L'échanson apporta au roi une coupe de vin français que Charles but avidement. Le vin le ranima et chassa ses noires pensées.

En même temps que l'échanson se présenta un envoyé du duc, pour inviter le roi au souper. Celui-ci refusa. L'envoyé insista. Mais voyant que ses prières étaient vaines, il s'approcha de Thibault et lui murmura quelques mots à l'oreille. Thibault fit un signe affirmatif et à son tour s'approcha du roi et murmura :

— Majesté, madonna Lucrezia...

— Hein ?... hein ?... quoi ?... quelle Lucrezia ?...

— Celle avec laquelle vous avez daigné danser au bal hier.

— Ah ! oui ! je me souviens... Madonna Lucrezia !... Exquise ! Tu dis qu'elle assistera au souper ?

— Sûrement, et elle supplie Votre Majesté...

— Elle supplie... ah ? vraiment !... Eh bien alors ? Thibault ? Que penses-tu ? Peut-être... après tout... Demain nous nous mettons en campagne... Pour la dernière fois... Remerciez le duc, messire, dit-il en s'adressant à l'envoyé, et dites-lui que probablement... oui...

Le roi prit Thibault à part :

— Écoute, qui est-ce cette madonna Lucrezia ?

— La maîtresse du More, Majesté.

— La maîtresse du More, ah ! c'est dommage...

— Sire, un mot et nous arrangerons tout. S'il vous plaît aujourd'hui même.

— Non, non. Je suis son hôte...

— Le More sera flatté, Seigneur. Vous ne connaissez pas ces gens-là...

— Cela m'est indifférent... Comme tu voudras... C'est ton affaire...

— Soyez tranquille, Majesté... un mot seulement...

— Ne demande rien... Je n'aime pas... Je t'ai dit : C'est ton affaire... Je ne veux rien savoir... comme tu voudras.

Thibault s'inclina respectueusement.

En descendant l'escalier, le roi de nouveau s'assombrit, et passant la main sur le front :

— Briçonnet... hein ?... Briçonnet... Comment crois-tu ? Que voulais-je dire ?... Ah ! oui... Il faut le défendre... C'est un innocent... il y a offense... Je ne puis le souffrir cela. Je suis un chevalier !

— Sire, bannissez ces soucis : nous avons d'autres sujets. Plus tard, en revenant de Jérusalem...

— Oui... oui... Jérusalem ! murmura le roi avec un pâle sourire méditatif.

— La main de Dieu conduit Votre Majesté vers les victoires, continua Briçonnet. Le doigt de Dieu montre le chemin aux croisés.

— Le doigt de Dieu !... le doigt de Dieu !... répéta Charles VIII solennel, inspiré, les yeux levés au ciel.

VIII

Huit jours après, le jeune duc mourait.

Sentant sa mort proche, il avait supplié sa femme de lui accorder une entrevue avec Léonard, mais elle lui avait refusé. Monna Druda avait convaincu Isabelle que les gens ensorcelés ressentaient un irrésistible désir de voir celui qui les avait perdus.

Et la vieille continuait à frotter soigneusement le malade avec de l'huile de scorpion. Les médecins le tourmentèrent jusqu'à la fin avec leurs saignées.

Il expira doucement.

— Que Ta volonté soit faite ! furent ses dernières paroles.

Le More donna ordre de transporter de Pavie à Milan le corps du défunt et de l'exposer solennellement dans la cathédrale.

Les seigneurs se réunirent au palais et Ludovic, après avoir assuré que la mort prématurée de son neveu lui causait une douleur profonde, proposa de déclarer le petit Francesco, fils de Jean Galéas, héritier légitime. Tous s'y opposèrent, affirmant qu'on ne pouvait confier un tel pouvoir à un mineur, et supplièrent le More, au nom du peuple, d'accepter le sceptre ducal. Hypocritement, il refusa. Puis, comme à contrecœur, céda à leurs prières.

On apporta les somptueux habits de drap d'or. Le nouveau duc les revêtit, monta à cheval et se rendit à l'église de San Ambrogio, entouré d'une foule de partisans qui criaient : « *Viva il Moro ! viva il duca !* » au son des trompes, des salves de canon, du carillon des cloches et du mutisme du peuple.

Sur la place du Commerce, du haut de la loggia du vieil hôtel de ville, en présence des syndics, des consuls, des principaux citoyens, le chef des hérauts lut le *privilège* accordé au duc le More par l'éternel Auguste du très saint Empire, Maximilien : « *Maximilianus divina favente clementia Roma-*

norum Rex semper Augustus, toutes les provinces, terres, villes, villages, châteaux, forts, montagnes et plaines, bois et déserts, fleuves, rivières, lacs, pêcheries, salines, mines, possessions des vassaux, marquis, comtes, barons, monastères, églises et paroisses – tout et tous, nous te donnons, Ludovic Sforza, à toi et à tes héritiers, en t'affirmant, te nommant, t'élevant et choisissant, toi et tes fils et petits-fils, souverain autocrate de la Lombardie jusqu'à la fin des siècles. »

Quelques jours après cette proclamation, on annonça la translation dans la cathédrale de la plus précieuse relique de Milan, un des clous de la sainte Croix.

Le More espérait plaire ainsi au peuple et consolider son pouvoir.

IX

La nuit, sur la place d'Arrengo, devant la taverne de Tibald, la foule se réunit. L'étameur Scarabullo, le brodeur Mascarello, le pelletier Mazo, le cordonnier Corbolo et le verrier Gorgolio se tenaient au premier rang.

Au milieu de la foule, monté sur un tonneau, le frère Timoteo prêchait :

— Frères, lorsque sainte Hélène découvrit sous le temple de Vénus le bois de la sainte Croix et les autres instruments qui avaient servi à la torture du Christ et avaient été enterrés par les païens, l'empereur Constantin, prenant un des saints et terribles clous, ordonna aux forgerons de l'encastrer dans le mors de son cheval de guerre, afin d'accomplir la parole de l'apôtre Zacharie, et cette relique lui donna la victoire sur les ennemis de l'Empire romain. À la mort du César, ce clou fut égaré, et, beaucoup plus tard, retrouvé par saint Ambroise à Rome, dans la boutique d'un certain Paolino, marchand de vieille ferraille, et transporté à Milan. Notre ville possède donc le plus précieux, le plus sacré des quatre clous – celui qui avait percé la paume droite du Dieu puissant sur le Bois du Salut. Sa longueur exacte est de cinq pouces et demi. Étant plus long et plus épais que le clou romain, il est pointu, tandis que le clou romain est émoussé. Durant trois heures, ce clou est resté dans la main du Sauveur, comme le prouve, par de fins syllogismes, le savant père Alesio.

Frère Timoteo s'arrêta un instant, puis s'écria en levant les bras au ciel :

— Maintenant, mes chers frères, s'accomplit un horrible sacrilège ! Le More, le misérable, l'assassin, le voleur de trône, tente le peuple par des fêtes impies, et affermit son trône croulant avec le saint clou !

La foule devint houleuse.

— Et savez-vous, mes frères, continua le moine, savez-vous à qui il a confié l'encastrement du clou dans la grande coupole de la cathédrale, au-dessus de l'autel ?

— À qui ?

— Au Florentin Léonard de Vinci !

— Léonard ? qui est-ce ? demandaient les uns.

— Nous le connaissons, parbleu, répondaient les autres : c'est celui-là même qui a empoisonné le jeune duc avec des fruits...

— Un sorcier ! un hérétique ! un athée !

— Et moi, mes amis, s'interposa timidement Corbolo, j'ai entendu dire que ce messer Leonardo était un homme bon. Qu'il n'avait jamais fait de mal à personne. Qu'il aime non seulement les hommes, mais aussi les bêtes...

— Tais-toi, Corbolo, tu ne sais ce que tu racontes !

— Un sorcier peut-il être bon ?

— Oh ! mes enfants, expliqua frère Timoteo, les gens diront aussi du grand tentateur, le prince des ténèbres : « Il est bienveillant, il est parfait », car il se donnera l'apparence du Christ et sa voix sera douce et chantante comme une flûte. Et beaucoup seront tentés par sa miséricorde. Et il conviera des quatre points cardinaux tous les peuples et toutes les tribus, comme la perdrix, par son cri trompeur, appelle dans son nid les couvées des autres oiseaux. Veillez donc, ô mes frères ! Cet ange des ténèbres, nommé l'Antéchrist, viendra parmi nous sous une forme humaine : le Florentin Léonard est le serviteur et le précurseur de l'Antéchrist.

Le verrier Gorgolio, qui n'avait jamais entendu parler de Léonard, murmura avec assurance :

— C'est vrai ! On dit qu'il a vendu son âme au diable et qu'il a signé le pacte avec son sang.

— Protège-nous, aie pitié, très sainte Mère de Dieu ! marmonnait la fripière Barbaccia. Ces jours derniers, Stamma, la lavandière du bourreau, me disait que ce Léonard volait les corps des pendus, qu'il les découpait, enlevait les intestins...

— Ce sont des choses que tu ne peux comprendre, Barbaccia, observa Corbolo ; c'est une science qu'on appelle l'anatomie...

— Oui, mais il a aussi inventé une machine pour voler, avec des ailes d'oiseau, rapporta Mascarello.

— L'antique serpent ailé se redresse contre Dieu, expliqua de nouveau frère Timoteo. Simon le Mage s'est aussi élevé dans les airs, mais il a été renversé par l'apôtre Paul.

— Et il marche sur l'eau comme sur la terre, ajouta Scarabullo. « Le Seigneur marchait sur les eaux... je ferai de même. » Voilà comme il blasphème.

— Il fait mieux encore : il descend dans une cloche de verre au fond de la mer, reprit Mazo.

— Eh ! mes amis ! ne croyez pas cela. Il n'en a pas besoin. Quand il veut, il se transforme en poisson et il nage ; il se transforme en oiseau et il vole ! déclara Gorgolio.

— C'est un ogre ; qu'il crève !

— Qu'attendent donc les pères inquisiteurs ? Au bûcher, le Léonard !

— Qu'on l'empale !

— Hélas ! hélas ! malheur à nous, mes bien-aimés ! se prit à geindre frère Timoteo. Le très saint clou, le clou sacré est… chez Léonard !

— Cela ne sera pas ! hurla Scarabullo en serrant les poings, nous mourrons pour notre relique, nous ne la laisserons pas souiller. Allons prendre le clou chez l'impie !

— Vengeons notre relique ! Vengeons notre duc !

— Y songez-vous, mes amis ? objecta Corbolo. C'est l'heure de la ronde de nuit. Le capitaine de la milice…

— Au diable, le capitaine ! Si tu as peur, Corbolo, cache-toi sous la jupe de ta femme !

Armée de bâtons, de pics, de hallebardes, de pierres, criant et jurant, la foule s'avança par les rues.

En tête marchait le moine, tenant dans ses mains un crucifix et chantant un psaume.

Les torches résineuses fumaient et pétillaient. Dans leur reflet rougeâtre brillait solitaire et pâle le croissant de la lune.

X

Léonard travaillait dans son atelier. Zoroastro fabriquait une caisse ronde, vitrée, avec des rayons dorés, dans laquelle devait être conservé le clou sacré. Assis dans un coin sombre, Giovanni Beltraffio, de temps à autre, observait son maître. Plongé dans la recherche du problème de transmission de la force à l'aide de poulies et de leviers, Léonard ne pensait plus à la relique. Il venait de terminer un calcul compliqué.

— Jamais les hommes n'inventeront, pensait-il avec un sourire heureux, rien d'aussi parfait, facile et superbe comme les manifestations de la nature. La divine nécessité la force par ses lois à déduire le résultat de la cause par la voie la plus rapide.

Dans son cœur naissait le sentiment, qui lui était si habituel, de respectueux étonnement devant l'abîme qu'il contemplait. En marge, à côté du croquis de la machine élévatoire, à côté de chiffres et de ratures, il écrivait ces mots qui sonnaient dans son cœur ainsi qu'une prière :

> « O mirabile giustizia di te, Primo Motore ! Tu non ái voluto mancare a nessuna potenzia l'ordine e qualità di suoi necessari effetti. O stupenda necessità ! »
>
> « Oh ! que ta justice est merveilleuse, Premier Moteur ! Tu n'as voulu priver aucune force de son ordre et de ses qualités indispensables. Ô divine nécessité ! »

On frappa violemment à la porte extérieure. Des cris, des jurons, le chant des psaumes retentirent.

Giovanni et Zoroastro coururent s'enquérir de ce qui était arrivé.

Mathurine, la cuisinière, réveillée en sursaut, à demi vêtue, se précipita dans la pièce en criant :

— Les brigands ! les brigands ! Au secours ! Sainte Mère de Dieu, protège-nous !

Derrière elle entra Marco d'Oggione, une arquebuse à la main ; il ferma vivement les volets.

— Qu'est-ce, Marco ? demanda Léonard.

— Je ne sais rien. Des vauriens qui veulent pénétrer dans la maison. Les moines ont dû exciter la populace.

— Que veulent-ils ?

— Le diable seul pourrait comprendre cette crapule folle. Ils exigent le clou sacré.

— Je ne l'ai pas. Il est chez l'archevêque Arcimboldo.

— Je le leur ai dit. Ils ne veulent pas écouter. Ils appellent Votre Excellence assassin du duc Jean Galéas, sorcier et impie.

Dans la rue les cris augmentaient.

— Ouvrez ! ouvrez ! Ou bien nous incendierons votre nid maudit ! Attends, nous aurons ta peau, Léonard, antéchrist !

Frère Timoteo chantait des psaumes auxquels se mêlaient les stridents sifflets du vaurien Farfaniccio.

Jacopo, le petit valet, traversa en courant l'atelier, grimpa sur l'appui de la fenêtre et voulut sauter dans la cour, mais Léonard le retint par son habit.

— Où vas-tu ?

— Chercher la milice. La ronde de nuit passe tout près d'ici à cette heure.

— Tu n'y songes pas, Jacopo ! On te prendra, on te tuera.

— Que non pas ! Je passerai par-dessus le mur dans le potager de la tante Trulla, puis dans le fossé, puis par les arrière-cours... Et s'ils me tuent, mieux vaut que ce soit moi que vous !

Après avoir adressé un tendre et brave sourire à Léonard, le gamin s'échappa de ses mains, sauta par la croisée et cria de la cour, en poussant les volets :

— Ne craignez rien, je vous délivrerai !

— Un petit vaurien, un diable, fit Mathurine, et voilà, pourtant, il nous est utile dans notre malheur. Peut-être bien qu'il nous délivrera...

Une pierre brisa les vitres. La cuisinière eut un cri étouffé, se sauva dans la pièce et, à tâtons, roula à la cave où, comme elle le raconta ensuite, elle se blottit dans un tonneau vide jusqu'au matin.

Marco monta fermer les volets.

Giovanni revint dans l'atelier, voulut reprendre sa place, pâle, abattu ; mais il regarda Léonard, s'approcha de lui, tomba à ses genoux.

— Qu'as-tu, Giovanni ?

— Ils disent, maître... Je sais que c'est un mensonge... Je ne crois pas... mais dites... dites-le-moi vous-même !

Il n'acheva pas, étouffant d'émotion.

— Tu te demandes, fit Léonard avec un triste sourire, tu te demandes s'ils disent la vérité... si je suis un assassin ?

— Un mot, un seul de votre bouche, maître !

— Que puis-je te dire, mon ami ? Et pourquoi ? Tu ne me croiras pas, puisque tu as pu douter.

— Oh ! messer Leonardo, s'écria Giovanni, je suis tellement torturé... je ne sais ce que j'ai... je deviens fou, maître... Aidez-moi, ayez pitié de moi ! ... Je ne sais plus... Dites-moi que ce n'est pas vrai !

Léonard se taisait. Puis se détournant, un tremblement dans la voix, il murmura :

— Et toi aussi, tu es avec eux, contre moi !

Des coups terribles retentirent, ébranlant la maison : l'étameur Scarabullo fendait la porte à l'aide d'une hache.

Léonard écouta les cris de la populace, et son cœur se serra de cette tristesse que lui donnait le sentiment de son isolement.

Il baissa la tête. Ses yeux lurent les lignes à peine écrites.

« O mirabile giustizia di te, *Primo Motore !* »

— Oui, songea-t-il, tout vient de Toi, tout le bien !

Il sourit et, avec une profonde résignation, répéta les paroles de Jean Galéas mourant :

— Que Ta volonté soit faite, sur la terre et dans le ciel !...

6
LE JOURNAL DE GIOVANNI BELTRAFFIO

1494-1495

« L'amore di qualunche cosa è figliuolo d'essa cognitione. L'amore à tanto piu fervente, quanto la cognitione è piu certa. »

« L'amour naît de la connaissance. L'amour est d'autant plus fervent que la connaissance est plus sûre. »

— LÉONARD DE VINCI

« Soyez sages comme le serpent, simples comme la Colombe. »

— *MATTHIEU, X, 16*

Je suis devenu l'élève du maître florentin Léonard de Vinci le 25 mars 1494. Voici l'ordre des études : la perspective, les proportions du corps humain, le dessin d'après les modèles des bons maîtres, le dessin d'après nature.

Aujourd'hui, mon camarade Marco d'Oggione m'a donné un livre sur la perspective, écrit sous la dictée du maître. Ce livre commence ainsi :

« C'est la lumière solaire qui donne la plus grande joie au corps ; la plus grande joie de l'âme vient de la clarté de la vérité mathématique. Voilà pourquoi la science de la perspective – dans laquelle la contemplation de la ligne claire, *la linia radiosa*, la plus grande joie des yeux, se fond avec la clarté mathématique, la plus grande joie de l'âme – doit être préférée à toutes les autres investigations et sciences humaines. Que celui qui a dit de soi : « Je suis la lumière de "la vérité" m'éclaire et m'aide à exposer la science de la perspective, la science de la lumière. Et je diviserai ce livre en trois parties : la première, l'amoindrissement des proportions des objets dans le lointain ; la seconde, l'amoindrissement de la netteté des teintes ; la troisième, l'amoindrissement de la netteté des contours. »

Le maître s'occupe de moi comme d'un parent. Apprenant que j'étais pauvre, il n'a pas voulu accepter ma pension convenue de cinq *lire* par mois.

Le maître a dit :

— Quand tu posséderas à fond la perspective et que tu connaîtras par cœur les proportions du corps humain, observe attentivement, pendant tes promenades, les mouvements des gens, comme ils se tiennent debout, comment ils marchent, comment ils causent, discutent, rient et se battent ; quelles sont, à ce moment, l'expression de leurs visages et celle des spectateurs qui veulent les séparer ou les regardent passivement. Inscris et dessine tout cela dans un livre qui ne doit jamais te quitter. Lorsque ce livre sera complet, prends-en un autre, mais garde le premier précieusement. Souviens-toi que tu ne dois ni gratter ni supprimer ces dessins, car les mouvements des corps sont si divers dans la nature qu'aucune mémoire humaine ne saurait les retenir. Voilà pourquoi tu dois considérer ces dessins comme tes meilleurs conseillers et tes meilleurs maîtres.

Je me suis acheté un livre et chaque soir j'y inscris les mémorables paroles prononcées par le maître durant la journée.

Aujourd'hui, dans l'impasse des Fripières, non loin de l'église, j'ai rencontré mon oncle, le maître verrier Oswald Ingrim. Il m'a dit qu'il me reniait, que j'avais perdu mon âme en m'installant dans la maison de l'athée, de l'hérétique Léonard. Maintenant je suis seul, je n'ai plus personne au monde, ni parents ni amis, je n'ai plus que mon maître. Je répète la superbe prière de Léonard : « Que le Seigneur, lumière du monde, m'éclaire et m'aide à exposer la perspective, science de sa lumière. » Seraient-ce là les paroles d'un athée ?

Si triste que je puisse être, il me suffit de le regarder pour que je sente mon âme plus légère et joyeuse. Quels beaux yeux il a, purs, bleu pâle et froids comme la glace ! Quelle voix, calme et agréable ! Quel sourire ! Les gens les plus entêtés, les plus méchants ne peuvent résister à sa parole persuasive, s'il désire les faire incliner vers l'affirmative ou la négative. Souvent je le regarde, lorsqu'il est assis devant sa table de travail, plongé dans ses méditations, et lorsque, du mouvement habituel de ses doigts si fins, il tourmente et caresse sa barbe longue, dorée, douce et ondulée comme des cheveux de femme. Quand il parle avec quelqu'un, il cligne ordinairement un œil avec une expression maligne, moqueuse et bonne ; il semble alors que son regard, de dessous ses longs sourcils, vous pénètre jusqu'au fond de l'âme.

Il s'habille simplement, ne peut souffrir les couleurs voyantes et les frivolités de la mode. Il n'aime aucun parfum. Mais son linge est de fine toile et toujours blanc comme la neige. Il porte un béret de velours noir, sans plumes et sans médailles. Par-dessus sa tunique noire, qui lui tombe jusqu'aux genoux, il jette un manteau rouge foncé à plis droits, d'ancienne coupe florentine – *pitocco rosato*. Ses mouvements sont souples et tranquilles. En dépit de ses vêtements simples, toujours, n'importe où il se trouve – parmi les seigneurs ou dans la foule – il a un tel air qu'on ne peut s'empêcher de le remarquer. Il ne ressemble à personne.

Il peut tout faire et il sait tout. Il est excellent tireur à l'arc et à l'arbalète, parfait cavalier et nageur, maître ès escrime. Une fois je l'ai vu concourir avec les plus forts hommes du peuple ; le jeu consistait en ceci : il fallait, dans une église, jeter une petite pièce de monnaie de façon qu'elle touchât le centre même de la coupole. Messer Leonardo a vaincu tout le monde par son adresse et par sa force. Il est gaucher. Mais de cette main gauche, fine et tendre d'aspect ainsi qu'une main de femme, il plie des fers à cheval, tord le battant d'une cloche, et cette même main, dessinant le visage d'une jolie jeune fille, crayonne des ombres transparentes, légères, telles de tremblantes ailes de papillons.

Aujourd'hui, il terminait devant moi le dessin de la tête penchée de la Vierge écoutant les paroles de l'archange. De dessous le bandeau orné de perles, comme si elles folâtraient pudiquement sous le souffle des ailes angéliques, deux mèches de cheveux se sont échappées, tressées à la mode des jeunes filles florentines, et formant une coiffure d'aspect négligemment libre, mais par le fait d'un art raffiné. La beauté de ces cheveux frisés charme comme une étrange musique. Et le mystère de ces yeux qui filtre à travers les paupières baissées et l'ombre soyeuse des cils ressemble au mystère des fleurs sous-marines que l'on voit à travers le flot mais qu'on ne peut atteindre. Tout à coup, le petit valet Jacopo est entré dans l'atelier et, sautant de joie, battant des mains, cria :

— Des monstres ! des monstres ! Messer Leonardo, allez vite à la cuisine ! Je vous ai amené de telles horreurs que vous vous en lécherez les doigts.

— D'où cela ? demanda le maître.

— Du parvis de San Ambrogio. Des mendiants de Bergame. Je leur ai dit que vous leur offririez à souper, s'ils voulaient vous permettre de faire leur portrait.

— Qu'ils attendent. Je finis à l'instant mon dessin.

— Non, maître, ils ne vous attendront pas. Ils doivent rentrer à Bergame avant la tombée du jour. Mais regardez-les seulement – vous ne vous en repentirez pas ! Vraiment, cela vaut la peine ! Vous ne pouvez vous figurer ces monstres !

Laissant là le dessin inachevé de la Vierge Marie, le maître se rendit à la cuisine. Je le suivis.

Nous vîmes, assis sur un banc, deux vieillards, deux frères, gros, enflés par l'hydropisie, avec d'horribles goîtres pendants – maladie spéciale aux habitants des monts Bergamasques – et la femme de l'un d'eux, petite vieille sèche, ratatinée, nommée l'Araignée et en tous points digne de son nom.

Le visage de Jacopo rayonnait de plaisir.

— Eh bien ! vous voyez, murmurait-il, je vous disais qu'ils vous plairaient. Je sais ce qu'il vous faut.

Léonard s'assit auprès des monstres, fit apporter du vin et se prit à les servir, à les questionner, à les amuser avec des histoires drôles. D'abord, ils se tinrent sur la réserve, méfiants, ne comprenant pas pourquoi on les avait amenés en cet endroit ; mais lorsqu'il leur raconta l'imbécile nouvelle populaire sur le juif mort, coupé en minuscules morceaux par un coreligionnaire pour contourner la loi qui défendait l'inhumation des juifs dans la ville de Bologne, mariné dans un tonneau de miel et d'aromates, expédié à Venise avec des colis et par mégarde mangé par un voyageur florentin et chrétien, le fou rire s'empara de la vieille.

Bientôt tous trois, enivrés, eurent un accès d'hilarité qui les fit se tordre avec d'ignobles grimaces. De dégoût, je baissai les yeux pour ne pas les voir.

Mais Léonard les regardait avec une curiosité avide, comme un savant qui fait une expérience. Lorsque la monstruosité fut à son comble, il prit un papier et dessina ces abominations, du même crayon et avec le même amour qu'il eût dessiné le sourire divin de la Vierge Marie.

Le soir, il m'a montré une quantité de caricatures, non seulement de gens, mais d'animaux affublés de figures de cauchemar. Dans les animaux transparaît l'homme, dans les hommes l'animal, l'un passant à l'autre facilement et naturellement jusqu'à l'horreur. Je me souviens particulièrement du museau d'un porc-épic tout hérissé, avec une lèvre inférieure pendante, molle et fine comme un chiffon, découvrant, en un hideux sourire humain, des dents longues et blanches pareilles à des amandes. Je n'oublierai jamais non plus le visage de la vieille aux cheveux relevés en une coiffure sauvage, avec une natte maigre, un front démesurément chauve, un nez épaté, petit, telle une verrue, et des lèvres monstrueusement épaisses, rappelant les champignons flétris et gluants qui poussent sur les troncs d'arbres pourris. Et le plus terrible est que ces monstres vous semblent familiers, qu'on les a déjà vus quelque part, et qu'ils ont en eux une séduction qui vous attire et vous repousse en même temps comme un abîme. On les regarde, on se tourmente et on ne peut en arracher les yeux, non plus que du sourire de la Vierge. Et là et ici, l'étonnement vous saisit comme devant un miracle.

Cesare da Sesto raconte que Léonard, s'il rencontre dans la rue un monstre curieux, peut le suivre et l'observer durant toute une journée, s'appliquant à se rappeler les transformations de son visage. « La grande laideur chez les hommes, dit le maître, est aussi extraordinaire que la grande beauté. La médiocrité seule se rencontre toujours. »

Il a imaginé un système étrange pour se souvenir des figures. Il suppose que le nez des gens est de trois façons : ou droit, ou bosselé, ou rentré. Les droits peuvent être ou courts ou longs avec des extrémités carrées ou pointues. La bosse se trouve ou à la racine du nez ou à l'extrémité ou au milieu. Et ainsi de suite pour chaque partie du visage. Toutes ces subdivisions infinies sont marquées par des chiffres dans un livre spécialement quadrillé. Lorsque l'artiste rencontre en un endroit un visage qu'il désire retenir, il lui suffit de noter à l'aide d'une marque au crayon le genre correspondant au nez, au front, aux yeux, au menton, et de cette manière, à l'aide de ces chiffres, la physionomie s'incruste dans la mémoire indélébilement. Rentré chez lui, il réunit toutes ces divisions en une seule forme. Il a aussi inventé une cuiller pour le dosage mathématique de la couleur dans les gradations de teintes imperceptibles à l'œil. Par exemple, pour obtenir un certain degré d'ombre il faut employer dix cuillers de noir, pour la gradation suivante il faudra en prendre onze, puis douze, puis treize et ainsi de suite. Chaque fois qu'on a puisé de la couleur, on coupe le monticule, on égalise avec une équerre de verre, comme au marché on égalise les mesures de grains.

Marco d'Oggione est l'élève le plus appliqué et le plus consciencieux de Léonard. Il travaille comme un bœuf de labour, il exécute exactement toutes les règles du maître ; mais visiblement, plus il s'applique, moins il réussit. Marco est têtu : on ne pourrait, même à coups de marteau, faire sortir de son cerveau l'idée qu'il y a logée. Il est convaincu que « patience et travail ont raison de tout », et il ne perd pas l'espoir de devenir un jour un peintre célèbre. Il est celui d'entre nous tous qui se réjouit le plus des inventions du maître, ramenant l'art à la mécanique. Ces jours derniers, ayant pris le livre chiffré pour la notation des visages, il s'est rendu sur la place du Broletto, a choisi ses types dans la foule et les a marqués à la tablature. Mais rentré à l'atelier, après s'être débattu des heures entières, il n'a jamais rien pu reconstituer. Le même malheur lui est arrivé avec la cuiller qu'il ne sait employer. Marco explique ses mécomptes en assurant qu'il n'a pas dû observer tous les principes du maître et redouble de zèle. Et Cesare da Sesto triomphe.

— L'excellent Marco, dit-il, est un véritable martyr de la science. Son exemple démontre que toutes ces règles et toutes ces cuillers et tables chiffrées pour les nez ne valent pas le diable. Il ne suffit pas de savoir comment naissent les enfants pour en avoir. Léonard se trompe et trompe les autres. Il dit une chose et fait le contraire. Quand il peint il ne songe à aucun principe, il suit simplement son inspiration. Mais il ne lui suffit pas d'être un grand artiste, il veut aussi être un célèbre savant, il veut réconcilier l'art avec la science, l'inspiration avec la mathématique. Je crains, cependant, que chassant deux lièvres, il n'en attrape aucun !

Peut-être y a-t-il une part de vérité dans les paroles de Cesare. Mais pourquoi déteste-t-il ainsi le maître ? Léonard lui pardonne tout, écoute complaisamment ses mordantes ironies, apprécie son esprit et jamais ne se fâche contre lui.

J'observe comment il travaille à la *Sainte Cène*. Dès l'aube, il quitte la maison, se rend au monastère, et pendant toute la journée, jusqu'au crépuscule, il peint, oubliant même de manger. Ou bien durant deux semaines il ne touche pas à ses pinceaux. Mais chaque jour il passe deux ou trois heures devant son tableau, examinant et jugeant le travail accompli. Parfois, à midi, il abandonne brusquement un ouvrage commencé, court au monastère, à travers les rues désertes, sans choisir le côté de l'ombre, comme attiré par une force invisible, grimpe sur l'échafaudage, donne deux ou trois coups de pinceau et revient.

Tous ces jours-ci, le maître a travaillé à la tête de l'apôtre Jean. Il devait la terminer aujourd'hui. Mais, à mon grand étonnement, il est resté à la maison, et dès le matin, avec le petit Jacopo, s'est amusé à observer le vol des bourdons, des guêpes et des mouches. Il est tellement occupé à étudier leur corps et leurs ailes que l'on croirait que le sort du monde en dépend. Il a été heureux infiniment en découvrant que les pattes postérieures des mouches leur servaient de gouvernail. À son avis, cette découverte est excessivement précieuse et utile pour la construction de sa machine à voler.

Cela se peut. Mais c'est vexant tout de même de le voir abandonner la tête de l'apôtre Jean pour des observations sur les pattes de mouches.

Aujourd'hui, autre misère. Les mouches sont oubliées ainsi que la *Sainte Cène*. Le maître combine un joli modèle d'écusson pour l'inexistante Académie de peinture imaginée par le duc de Milan – un tétragone de nœuds de corde, sans commencement et sans fin, entourant l'inscription latine : LEONARDI • VINCI • ACADEMIA. Il est absorbé par ce travail au point que rien au monde n'existe plus pour lui en dehors de ce jeu compliqué, difficile et inutile. Il semble que rien ne pourrait l'en détacher. Je ne pus me contenir et me décidai à lui rappeler la tête inachevée de l'apôtre Jean. Il hausse les épaules sans lever les yeux de dessus ses nœuds de ficelle et grince entre les dents :

— Nous avons le temps. Il ne s'en ira pas.

Je comprends parfois la méchanceté de Cesare.

Ludovic le More lui a confié l'installation dans son palais de tuyaux acoustiques cachés dans l'épaisseur des murs, l'oreille de Denys, permettant au seigneur d'entendre dans un appartement ce qui se dit dans l'autre. Tout d'abord, Léonard s'en occupa avec passion. Mais bientôt, selon son habitude, son enthousiasme refroidi, il commença à remettre ces travaux sous différents prétextes. Le duc le presse et se fâche. Aujourd'hui on est venu plusieurs fois du palais le chercher. Mais le maître est pris par un autre travail nouveau qui lui semble non moins important que l'installation de l'oreille de Denys – des expériences sur les plantes : ayant coupé les racines d'une citrouille et n'ayant laissé qu'un petit rejeton, il l'arrose abondamment avec de l'eau. À la très grande joie de Léonard, la citrouille ne s'est pas desséchée et la mère – comme il s'exprime – a heureusement nourri tous ses enfants, à peu près soixante longues courges. Avec quelle patience, avec quel amour il suivait l'existence de cette plante ! Aujourd'hui, il est resté jusqu'à l'aube assis sur une plate-bande de potager, observant comment les larges feuilles boivent la rosée nocturne.

« La terre, dit-il, abreuve les plantes de moiteur, le ciel de rosée, et le soleil leur donne une âme », car il suppose que l'âme n'appartient pas uniquement à l'homme, mais aussi aux animaux et même aux plantes, opinion que fra Benedetto considère éminemment comme hérétique.

Il aime tous les animaux. Parfois il passe des journées à observer et dessiner des chats, à étudier leurs mœurs et leurs habitudes : comment ils jouent, comment ils se battent, dorment, lavent leur museau avec leurs pattes, attrapent les souris, étirent le dos et se hérissent devant les chiens. Ou bien, avec la même curiosité, il regarde à travers les glaces d'un aquarium les poissons, les limaces, les gordiens, les sèches et autres animaux marins. Son visage exprime une profonde et calme satisfaction quand ils se battent et se mangent entre eux.

À la fois mille travaux. Il n'en achève pas un sans s'attaquer à un autre. Cependant chaque travail ressemble à un jeu, chaque jeu à un travail. Il est divers et inconstant. Cesare dit que les rivières couleront plutôt vers leur source, que Léonard ne se confinera en une seule œuvre et la mènera à bonne fin. En riant il l'appelle le plus grand des déréglés, assurant que de tous ces labeurs il n'y aura aucun profit. Léonard selon lui aurait écrit cent vingt livres « sur la nature », *delle cose naturali*. Mais ce ne sont que des notes prises au hasard, des bouts de papier, des remarques. Plus de cinq mille feuilles dans un tel désordre que lui-même souvent ne peut s'y retrouver.

Quelle insatiable curiosité, quel bon et prophétique regard il a pour la nature ! Comme il sait remarquer l'imperceptible ! Il a pour tout un heureux étonnement, avide, pareil à celui des enfants et tel que devaient l'éprouver les premiers habitants du paradis.

Des fois d'une chose très vulgaire, il s'exprime d'une façon telle que, si l'on vivait cent ans, on ne pourrait l'oublier.

L'autre jour, en entrant dans ma chambre, le maître me dit : « Giovanni, as-tu remarqué que les petites chambres concentrent l'esprit et que les grandes poussent à l'action ? »

Ou bien encore : « Dans une pluie sans soleil les contours des objets semblent plus nets. »

De nouveau deux jours de travail à la tête de l'apôtre Jean. Mais hélas ! quelque chose s'est perdu durant les amusements avec les ailes de mouches, les courges, les chats, l'oreille de Denys, l'écusson et autres travaux de même importance. Il n'a pas terminé, a tout laissé là et, selon l'expression de Cesare, est entré tout entier dans la géométrie, comme un colimaçon dans sa coquille – plein de dégoût pour la peinture. Il prétend même que l'odeur des couleurs, la vue des pinceaux et de la toile l'écœurent.

Voilà comment nous vivons, selon le désir du hasard, au jour le jour, à la grâce de Dieu. Nous attendons sur la plage que la mer soit belle. Heureusement qu'il ne pense pas à sa machine volante, sans cela, bonsoir, patron ! Il s'enfouirait dans sa mécanique tant et si bien que nous ne le verrions plus !

J'ai remarqué que, chaque fois qu'après de nombreuses échappatoires, des doutes, des indécisions, il se remet de nouveau au travail, prend un pinceau dans sa main, un sentiment de peur s'empare de lui. Il n'est jamais content de ce qu'il a fait. Dans des œuvres qui paraissent aux autres le comble de la perfection, il trouve des erreurs. Il poursuit tout le temps l'insaisissable, ce que la main humaine – quel que soit l'infini de son art – ne peut exprimer. Voilà pourquoi presque jamais il n'achève ses œuvres.

Andrea Salaino est tombé malade. Le maître le soigne, passe ses nuits à son chevet. Mais il ne veut pas entendre parler de médicaments. Marco d'Oggione, en cachette, a apporté au malade des pilules. Léonard les a trouvées et les a jetées par la fenêtre. Lorsque Andrea lui-même insinua qu'une saignée serait peut-être salutaire, qu'il connaissait un excellent barbier expert en cette matière, Léonard s'est fâché sérieusement, a donné des noms grossiers à tous les docteurs, et a dit entre autres choses :

— Je te conseille de penser non à la façon de te soigner, mais à celle de conserver ta santé, ce que tu atteindras d'autant plus facilement que tu éviteras le plus les docteurs, dont les médicaments sont aussi stupides que les compositions des alchimistes.

Et il ajouta avec un sourire gai et malin :

— Comment pourraient-ils ne pas s'enrichir, ces menteurs, lorsque chacun ne songe qu'à ramasser le plus d'argent possible pour le donner aux médecins, ces démolisseurs de la vie humaine ! *Ogni omo desidera far capitale per dare a medici, destruttori di vite – adunque debono essere richi !*

Léonard a depuis longtemps rêvé et commencé, selon son habitude, sans le terminer, et Dieu sait s'il le terminera jamais, un *Traité de la Peinture*, « Trattato della Pittura ». Ces derniers temps, il s'est beaucoup entretenu avec moi de la perspective, en me citant des extraits de son livre et ses pensées sur l'Art. J'inscris ici ce dont je me souviens.

Que le Seigneur récompense mon maître, pour l'amour et la sagesse avec lesquels il me dirige dans les sphères élevées de cette noble science ! Que ceux entre les mains desquels tomberont ces pages prient pour l'âme de l'humble esclave de Dieu, l'indigne élève Giovanni Beltraffio, et pour l'âme du grand maître florentin Léonard de Vinci !

Le maître dit : « Une belle chose humaine passe, mais non une chose d'art. *Cosa bella mortal passa e non d'arte.* »

« Celui qui méprise la peinture, méprise la philosophie et la contemplation raffinée de la nature, *filosofica e sottile speculazione*, car la peinture est fille légitime, ou plutôt petite-fille de la nature. Tout ce qui existe est né de la nature et à son tour a donné naissance à la peinture. Voilà pourquoi je dis que la peinture est petite-fille de la nature et parente de Dieu. Celui qui blâme la peinture, blâme la nature. *Chi biasima la pittura, biasima la natura.* »

« Le peintre doit être universel. *Il pittore debbe cercare d'essere universale.* Ô peintre, que ta variété soit aussi infinie que les manifestations de la nature. Continuant ce qu'à commencé Dieu, ton but doit être d'augmenter, non l'œuvre des mains humaines, mais les créations éternelles du Très-Haut. N'imite jamais personne. Que chacune de tes œuvres soit une manifestation nouvelle de la nature. »

« Prends garde que l'amour de l'argent n'étouffe en toi l'amour de l'art. Souviens-toi qu'acquérir la gloire est bien au-dessus de la gloire d'acquérir. Le souvenir des riches disparaît avec eux, le souvenir des sages survit, car la sagesse et la science sont enfants légitimes, tandis que l'argent n'est qu'un bâtard. Aime la gloire et ne crains pas la pauvreté. Songe combien de philosophes nés dans la richesse se sont voués à la misère afin de ne point ternir leur âme. »

« La science rajeunit l'âme, diminue l'amertume de la vieillesse. Amasse donc la sagesse qui sera la nourriture de tes vieux jours. »

« Je connais des peintres sans pudeur qui, pour plaire à la populace, badigeonnent leurs tableaux avec de l'or et de l'azur, en assurant avec une arrogante impertinence qu'ils pourraient travailler aussi bien que les autres maîtres, si on les payait en conséquence. Oh ! les imbéciles ! Qui donc les empêche de produire une œuvre superbe et de déclarer : ce tableau vaut tel prix, celui-là est moins cher et celui-ci ne vaut rien, prouvant de cette façon qu'ils savent travailler à toutes conditions ? »

« Parfois l'amour de l'argent rabaisse aussi de grands maîtres jusqu'au *métier*. Ainsi, mon compatriote et ami florentin le Pérugin était arrivé à une telle rapidité dans l'exécution des commandes qu'une fois, du haut de l'échafaudage, il répondit à sa femme qui l'appelait pour dîner : "Sers la soupe ; moi, pendant ce temps-là, je vais encore peindre un saint." »

« Un artiste qui ignore le doute est un médiocre. Tant mieux pour toi si ton œuvre est au-dessus de ton appréciation ; tant pis, si elle l'égale ; mais le plus grand malheur est si elle ne l'atteint pas, ce qui arrive avec ceux qui s'étonnent "que Dieu les ait aidés à faire si bien". »

« Écoute avec patience toutes les opinions soulevées par ton tableau, pèse-les, raisonne-les ; demande-toi si ceux qui te critiquent n'ont pas raison en signalant des erreurs. Si oui, corrige ; si non, feins de n'avoir pas entendu, et, seulement devant des gens dignes d'attention, prouve qu'ils se trompent.

« Le jugement d'un ennemi est souvent plus juste et plus utile que celui d'un ami. La haine est presque toujours plus profonde que l'amour. Le regard d'un ennemi est plus clairvoyant que celui d'un ami. Un ami sincère est un second toi-même. L'ennemi ne te ressemble en rien et en cela est sa force. La haine dévoile plus de choses que l'amour. Souviens-toi de cela et ne méprise pas le blâme des ennemis. »

« Les couleurs voyantes charment la foule. Mais l'artiste véritable ne doit chercher à plaire qu'aux élus. Sa fierté et son but ne sont pas dans le clinquant, mais tendent à accomplir dans son tableau un miracle : à l'aide de l'ombre et de la lumière, rendre en relief ce qui est plat. Celui qui, méprisant l'ombre, la sacrifie aux couleurs ressemble à un bavard qui sacrifie la pensée à des mots sonores et creux. »

« Plus que de toute autre chose méfie-toi des contours grossiers et durs. Que les extrémités de tes ombres sur un corps jeune et délicat ne soient ni mortes ni brutales, mais légères, insaisissables, transparentes comme l'air, car le corps humain par lui-même est transparent ; tu peux t'en convaincre en présentant ta main au soleil. Une lumière trop vive ne donne pas de belles ombres. Méfie-toi du jour trop cru. Au crépuscule ou par le brouillard, lorsque le soleil est encore voilé par les nuages, remarque le charme et la délicatesse des visages des hommes et des femmes qui passent par les rues ombreuses, entre les murs noirs des maisons – *quanta grazia e dolcezza si vede in loro*. C'est le plus parfait éclairage. Que ton ombre, petit à petit disparaissant dans la lumière, fonde comme la fumée, comme les sons d'une douce musique. Rappelle-toi : entre la lumière et l'obscurité, il y a un intermédiaire tenant des deux, telle une lumière ombrée, ou un jour sombre. Recherche-le, artiste, dans cet intermédiaire se trouve le secret de la beauté charmeuse ! »

Ainsi s'exprima-t-il, et, levant la main en un geste désireux d'imprimer ces paroles dans notre mémoire, il répéta, avec une expression indéfinissable :

— Méfiez-vous de la grossièreté et de la dureté. Que vos ombres se fondent comme une fumée, comme les sons d'une musique lointaine.

Cesare, qui écoutait attentivement, sourit, leva les yeux sur Léonard, voulut répliquer – mais n'osa.

Peu de temps après, en discourant d'autre chose, le maître dit :

— Le mensonge est si méprisable que même s'il loue la majesté de Dieu, il l'abaisse. La vérité est si belle que lorsqu'elle exalte les plus infimes choses, elle les ennoblit. *E di tanta vilipendia la bugia, che s'ella dicesse bene già cose di Dio, ella toglie grazia a sua deità, ed è di tanta eccelenzia la verità, che s'ella laudasse cose minime, elle si fanno nobili.* Entre la vérité et le mensonge il y a la même différence qu'entre la lumière et l'obscurité.

Cesare, qui se souvenait, fixa sur lui un regard scrutateur.

— La même différence qu'entre la lumière et l'obscurité ? répéta-t-il. Mais ne nous avez-vous pas affirmé, maître, qu'entre la lumière et l'obscurité il y avait un intermédiaire appartenant à l'un et à l'autre, quelque chose comme une lumière ombrée ou un jour sombre ? Par conséquent, entre la vérité et le mensonge... Mais non, c'est impossible... Vraiment, maître, votre comparaison fait naître en mon esprit une grande tentation, car l'artiste, qui cherche le secret de la beauté charmeuse dans l'union de l'ombre et de la lumière, pourrait bien se demander si la vérité et le mensonge ne se confondent pas également...

Léonard tout d'abord se rembrunit, comme s'il eût été étonné et même fâché des paroles de son élève ; puis il se prit à rire et répondit :

— Ne me tente pas. *Vade retro, Satanas* !

J'attendais une autre réponse et je pense que les paroles de Cesare étaient dignes d'autre chose que d'une plaisanterie légère. Tout au moins, elles ont éveillé en moi beaucoup d'idées étranges et suppliciantes.

Ce soir, je l'ai vu, sous la pluie, dans une sale et puante impasse, examinant attentivement un mur de pierre couvert de taches d'humidité qui ne présentait rien de particulier.

Cela se prolongea longtemps. Les gamins le montraient du doigt en riant. Je lui demandai ce qu'il avait découvert dans ce mur.

— Regarde, Giovanni, répondit Léonard, regarde quel monstre superbe. Une chimère à gueule béante et à côté un ange les cheveux soulevés qui fuit le monstre. La fantaisie du hasard a créé là des figures dignes d'un grand maître.

Il suivit avec le doigt le contour des taches et, en effet, à mon grand étonnement, je vis en eux ce dont il parlait.

— Bien des gens, peut-être, considéreront cette invention comme étant stupide, continua le maître, mais moi, par expérience personnelle, je sais combien elle est utile pour exciter l'esprit aux découvertes et aux combinaisons. Souvent, sur les murs, dans le mélange des pierres, dans les fissures, dans les dessins de la chancissure de l'eau stagnante, dans les charbons mourants couverts de cendres, dans les nuages, il m'est arrivé de trouver des ressemblances avec des sites merveilleux, avec des montagnes, des pics escarpés, des rivières, des plaines et des arbres ; de superbes combats, des visages étranges. Je choisissais dans tout cela ce qui m'était utile et je terminais le tableau. Ainsi, en écoutant le son lointain des cloches, tu peux dans leurs voix mêlées trouver, selon ton désir, le nom ou le mot auquel tu penses.

Aujourd'hui il comparait les rides formées par les muscles du visage pendant le rire ou les pleurs. Dans les yeux, dans la bouche, dans les joues, il n'y a aucune différence. Seuls les sourcils, chez les gens qui pleurent, se haussent, ridant le front, et les coins de la bouche s'abaissent, tandis que les gens qui rient écartent les sourcils et relèvent les coins de la bouche.

Comme conclusion, il dit :

— Applique-toi à être le spectateur calme des gens qui rient et qui pleurent, qui haïssent et qui aiment, pâlissent de peur ou crient de douleur. Regarde, apprends, scrute, observe, afin de connaître l'expression de tous les sentiments humains.

Cesare me disait que le maître aimait à accompagner les condamnés à mort, pour lire sur leur visage tous les degrés de l'angoisse et de la terreur, éveillant même chez les bourreaux un étonnement par sa curiosité, suivant jusqu'au dernier tressaillement des muscles du mourant.

— Tu ne peux même pas, Giovanni, te figurer ce qu'est cet homme ! ajouta Cesare avec un sourire amer. Il relèvera un vermisseau et le posera sur une feuille pour ne pas l'écraser, et parfois il a des périodes durant lesquelles, si sa propre mère pleurait, il se contenterait d'observer comment elle hausse les sourcils, fronce le front et abaisse les coins de la bouche.

Léonard a dit : « Apprends auprès des sourds-muets les mouvements expressifs. »

« Quand tu observes quelqu'un, tâche qu'on ne s'en aperçoive pas : alors, le mouvement, le rire, les pleurs sont plus naturels. »

« La diversité des mouvements est aussi infinie que la diversité des sentiments. Le but le plus élevé de l'artiste est d'exprimer, dans les visages et les mouvements, la passion de l'âme. »

« L'ombre d'un homme projetée par le soleil sur un mur et entourée d'un trait en couleur fut la première œuvre picturale. »

« Ce n'est pas l'expérience, mère de tous les arts et de toutes les sciences, qui trompe les hommes, mais l'imagination qui leur promet ce que l'expérience ne peut donner. L'expérience est innocente, mais nos désirs frivoles et insensés sont coupables. En discernant le mensonge de la vérité, l'expérience nous apprend à tendre vers le possible et à ne pas compter, par ignorance, sur ce que nous ne pouvons atteindre, afin que, si nous nous trompons dans nos illusions, nous ne nous abandonnions pas au désespoir. »

Lorsque nous restâmes seuls, Cesare me rappela ces paroles et dit avec une grimace dégoûtée :

— Encore le mensonge et l'hypocrisie !

— Où vois-tu le mensonge, Cesare ? demandai-je avec étonnement. Il me semble que le maître...

— Ne tends pas vers l'impossible, ne désire pas l'inaccessible !... Il se trouvera encore des imbéciles pour le croire. Mais nous ne serons pas de ceux-là. Il ne devrait pas le dire, je ne devrais pas l'écouter ! Je le connais par cœur... Je vois au travers de lui...

— Et que vois-tu, Cesare ?

— Que toute son existence n'a été consacrée qu'à la poursuite de l'impossible. Non, dis-moi, je te prie, inventer des machines permettant aux hommes de voler, tels des oiseaux, de nager comme des poissons, n'est-ce pas tendre vers l'impossible ? Et les monstres extraordinaires formés par les taches d'humidité, par les nuages, la beauté divine pareille à celle des séraphins, où prend-il tout cela ? Dans l'expérience, dans les tablettes mathématiques pour les mesures de nez, ou la cuiller pour mesurer la couleur ? Pourquoi se trompe-t-il lui-même et trompe-t-il les autres ? Pourquoi ment-il ? La mécanique lui est nécessaire pour des miracles, pour s'élever sur des ailes vers le ciel, vers Dieu ou vers le diable, cela lui est indifférent, pourvu que ce soit de l'inconnu, de l'impossible ! Car il n'a peut-être pas la foi, mais la curiosité qui brûle en lui comme un tison ardent et que rien ne saurait éteindre, ni aucune science ni aucune expérience !

Les paroles de Cesare ont empli mon âme de trouble et de peur. Tous ces jours-ci j'y songe. Je veux et ne puis les oublier.

Aujourd'hui, comme s'il répondait à mes doutes, le maître dit :

— La science incomplète donne aux hommes la fierté ; la science parfaite, l'humilité. Ainsi les épis vides dressent vers le ciel leur tête arrogante et les épis pleins l'abaissent vers la terre, leur mère.

— Comment se fait-il alors, maître, répliqua Cesare avec son habituel sourire sacrastique, comment se fait-il alors que la science parfaite que possédait le plus éclairé des séraphins, Lucifer, lui ait inspiré non pas l'humilité, mais l'orgueil pour lequel il fut précipité dans l'abîme ?

Léonard ne répondit pas, mais ayant réfléchi quelques instants, il nous conta une fable :

« Une fois une goutte d'eau désira monter jusqu'au ciel. Aidée par le feu, elle s'élança sous forme de vapeur. Mais ayant atteint une certaine hauteur, elle rencontra l'atmosphère glacée, se resserra, s'appesantit, et sa fierté se changea en terreur. La goutte tomba en pluie. La terre sèche la but et longtemps l'eau enfermée dans sa prison souterraine dut se repentir de son péché. »

Le maître n'ajouta pas un mot, mais j'ai compris le sens de la fable.

Il semble que plus on vit avec lui, moins on le connaît. Aujourd'hui il s'est encore amusé comme un gamin. Et quelles plaisanteries étranges ! J'étais dans une chambre en haut, lisant mon livre favori *Fioretti di S. Francesco*, lorsque dans toute la maison retentirent les cris de notre cuisinière, la bonne et fidèle Mathurine.

— Au feu ! au feu ! À l'aide ! nous brûlons !

Je me précipitais et l'épouvante me saisit en voyant une épaisse fumée blanche qui remplissait l'atelier de Léonard. Illuminé par le reflet bleu de la flamme, le maître se tenait au milieu des nuages de fumée, tel un mage antique, et contemplait avec un sourire malin et joyeux Mathurine, blême de terreur, faisant de grands gestes, et Marco accourant avec deux seaux d'eau qu'il aurait incontinent vidés sur la table, sans souci des dessins et manuscrits, si le maître ne l'avait arrêté à temps en lui criant que c'était une plaisanterie. Alors, nous vîmes que la fumée et la flamme provenaient d'une poudre blanche, mélange de colophane et d'encens, posée sur une pelle en cuivre, poudre inventée par lui pour simuler les incendies. Je ne sais lequel des deux était le plus heureux de cette gaminerie, du compagnon inséparable de ses jeux, cette petite canaille de Jacopo, ou de Léonard lui-même. Comme il riait de la peur de Mathurine et des seaux de Marco ! Dieu est témoin qu'un homme qui rit ainsi ne peut être un mauvais homme. Cesare ment lorsqu'il parle de lui. Mais, malgré sa joie et ses rires, Léonard n'a pas manqué d'inscrire ses observations sur les rides formées par la peur que reflétait le visage de Mathurine.

Il ne parle presque jamais des femmes. Une fois seulement il a dit que les hommes les traitaient aussi illégalement que des bêtes. Cependant il se moque de l'amour platonique. Cesare assure que durant toute sa vie, Léonard a été à ce point occupé de la mécanique et de la géométrie, qu'il n'a pas eu le temps d'aimer les femmes, mais que, cependant, il ne le croyait pas vierge, car il avait dû sûrement aimer une fois, non comme tous les mortels, mais par curiosité, par observation scientifique, pour étudier le mystère d'amour, avec le peu de passion et la précision mathématique qu'il apporte à l'examen des autres sciences naturelles.

Par moments, il me semble que je ne devrais jamais parler avec Cesare de Léonard. Nous avons l'air de l'écouter, de le surveiller comme des espions. Cesare éprouve une joie méchante chaque fois qu'il peut jeter une ombre nouvelle sur le maître. Et pourquoi empoisonne-t-il ainsi mon âme ? Maintenant, nous allons souvent dans un mauvais petit cabaret, près de l'octroi maritime. Pendant des heures, devant un demi-broc de vin aigre, nous causons et nous conspirons comme des traîtres, entourés de bateliers qui jurent en jouant aux cartes.

Aujourd'hui Cesare m'a demandé si je savais qu'à Florence Léonard eût été accusé de débauche. Je n'en croyais pas mes oreilles, je pensais que Cesare était ivre. Mais il m'expliqua tout en détails et exactement.

En l'an 1476, Léonard avait alors vingt-quatre ans, et son maître, le célèbre peintre florentin Andrea Verrocchio, quarante. Un rapport anonyme qui les accusait de débauche contre nature fut déposé dans une des caisses rondes, *tamburi*, que l'on pendait aux colonnes des principales églises florentines, particulièrement à Santa Maria del Fiore. Le 9 avril de la même année, les inspecteurs nocturnes et monastiques – *ufficiali di notte e monasteri* – examinèrent l'affaire et acquittèrent les accusés, mais à la condition que le rapport se renouvellerait, *assoluti cum conditione ut retamburentur*, et, après la seconde accusation, le 9 juin, Léonard et Verrocchio furent déclarés innocents. Personne n'en sut davantage. Bientôt après, Léonard abandonna l'atelier de Verrocchio et vint s'installer à Milan.

— Oh ! sûrement, c'est une infâme calomnie ! ajouta Cesare, une étincelle railleuse dans le regard. Bien que tu ne saches pas encore, ami Giovanni, quelles contradictions règnent dans son cœur. Vois-tu, c'est un labyrinthe où le diable lui-même se casserait la patte. D'un côté il semble vierge, et de l'autre, on dirait que…

Je me levai, je pâlis sûrement, car je sentis tout le sang affluer à mon cœur, et je m'écriais :

— Comment oses-tu, comment oses-tu, misérable ?

— Qu'as-tu ?... Bien, bien... je ne dirai plus rien ! Calme-toi. Je ne pensais pas que tu donnerais ce sens à mes paroles...

— Quel sens ? Dis-le ! Dis tout, ne tergiverse pas !

— Eh ! des bêtises !... Pourquoi te fâches-tu ? Des amis tels que nous doivent-ils se brouiller pour de semblables peccadilles ? Allons, buvons à ta santé. *In vino veritas* !

Et nous avons continué à boire et à causer.

Non, non, assez ! Je voudrais oublier vite ! C'est fini. Je ne parlerai jamais plus avec lui du maître. Il est non seulement son ennemi à lui, mais aussi le mien. C'est un méchant homme.

Je me sens écœuré : je ne sais si c'est le vin bu dans ce maudit cabaret ou ce que nous y avons dit.

Il est honteux de penser quel plaisir certaines gens trouvent à abaisser ceux qui les dominent.

Le maître a dit :

— Artiste, ta force est dans la solitude. Lorsque tu es seul tu t'appartiens entièrement. *Se tu sarai solo, tu sarai tutto tuo.* Quand tu es, ne fût-ce qu'avec un seul ami, tu ne t'appartiens qu'à moitié ou encore moins, selon l'indiscrétion de l'ami. Si tu as plusieurs amis, tu t'enfonces encore davantage. Et lorsque tu déclares à ceux qui t'entourent : « Je vais m'éloigner de vous et être seul pour mieux m'adonner à la contemplation de la nature », je te le dis, cela ne te réussira guère, car tu n'auras pas assez de volonté pour ne pas être distrait par leur conversation. En agissant ainsi, tu seras un mauvais camarade et encore un plus mauvais ouvrier, car personne ne peut servir deux maîtres. Et si tu répliques : « Je m'éloignerai de vous si loin, que je ne vous entendrai pas », ils te considéreront comme un fou – mais tu seras seul. Pourtant, si tu tiens absolument à avoir des amis, que ce soient des artistes comme toi ou des élèves de ton atelier. Toute autre amitié est dangereuse. Souviens-toi, artiste, ta force est dans ta solitude.

Maintenant je comprends pourquoi Léonard fuit les femmes. Pour la profonde contemplation, il a besoin de calme et de liberté.

Andrea Salaino se plaint, amèrement parfois, de l'ennui de notre existence monotone et solitaire, assurant que les élèves des autres maîtres vivent bien plus gaiement. Comme une jeune fille, il adore avoir de nouveaux vêtements et est désolé de ne pouvoir les montrer à personne. Il aimerait les fêtes, le bruit, l'éclat, la foule et les regards amoureux. Aujourd'hui le maître, après avoir écouté ses doléances, caressa ses cheveux bouclés et lui répondit, doucement railleur :

— Ne te chagrine pas, petit. Je te promets de t'emmener avec moi à la prochaine fête du Palais. En attendant, veux-tu ? je te conterai une fable.

— Oui, oui, maître ! vous ne m'en avez conté depuis si longtemps ! dit

Andrea tout réjoui, tel un enfant, et s'asseyant aux pieds de Léonard pour écouter.

— Sur une colline au-dessus d'une grande route, commença le maître, là où se terminait le jardin, se trouvait une pierre entourée d'arbres, de mousse, de fleurs et d'herbe. Une fois, voyant une grande quantité de pierres sur la grande route, elle voulut les joindre et se dit : « Quelle joie ai-je parmi ces fleurs tendres et éphémères ? J'aimerais vivre parmi mes semblables, parmi mes sœurs pierres ! » Et la pierre roula sur la grande route auprès de celles qu'elle enviait. Mais là les roues des lourds chariots commencèrent à l'écraser ; les fers des mules, des chevaux, les souliers ferrés la piétinèrent. Lorsque parfois elle pouvait un peu se soulever et croyait respirer plus librement, la boue ou les excréments des bêtes la recouvraient. Tristement elle regardait son ancienne place solitaire qui lui semblait maintenant le paradis. – Ainsi en advient-il, Andrea, de ceux qui quittent la calme contemplation et se plongent dans les passions de la foule pleine de méchanceté.

Le maître défend que l'on cause le moindre mal aux bêtes et même aux plantes. Le mécanicien Zoroastro de Peretola me racontait que, depuis son enfance, Léonard ne mange pas de viande et dit qu'un temps viendra où tous les hommes, à son instar, se contenteront de légumes ; le meurtre des animaux est à son avis aussi blâmable que celui des gens. Passant devant une boutique de boucher sur le Mercato Nuovo, et me montrant avec dégoût les corps éventrés des veaux, des moutons, des bœufs et des porcs, il me dit :

— En vérité, l'homme est le roi des animaux, ou plutôt le roi des brutes, *re delle bestie*, car rien n'égale sa cruauté.

Que Dieu me pardonne, de nouveau je n'ai su résister, j'ai suivi Cesare dans ce maudit cabaret. J'ai parlé de la charité du maître.

— Est-ce de celle, Giovanni, qui pousse messer Leonardo à ne se nourrir que d'herbes ?

— Quand bien même, Cesare ? Je sais…

— Tu ne sais rien du tout ! m'interrompit-il. Messer Leonardo ne fait point cela par bonté ; il s'amuse simplement comme avec tout le reste, c'est un original, un fanatique.

— Comment, un fanatique ? Que dis-tu ?

Il rit et avec une gaieté forcée :

— Bon, bon, ne discutons pas. Attends, quand nous rentrerons, je te montrerai les curieux dessins du maître…

En effet, de retour à la maison, doucement, comme des voleurs, nous nous introduisîmes dans l'atelier vide. Cesare fouilla, tira un cahier de dessous une pile de livres et me montra les dessins. Je savais que j'agissais mal, mais je n'avais pas la force de résister et je regardais curieusement.

C'étaient des dessins de gigantesques bombes explosives, de canons à gueules multiples et autres engins de guerre, exécutés avec la même légèreté de traits et d'ombres que les visages de ses plus belles vierges. En marge, de la main de Leonardo, était écrit : « Ceci est une bombe d'un très bel et utile agencement. Le coup de canon tiré, elle s'allume et éclate, le temps de réciter *Ave Maria*. »

— *Ave Maria* ! répéta Cesare. Comment cela te plaît-il, mon ami ? Quel emploi inattendu de la prière chrétienne ! *Ave Maria* à côté d'une semblable monstruosité ! Que n'inventerait-il pas... À propos, sais-tu comment il qualifie la guerre ?

— Non.

— *Pazzia bestialissima*. – Folie très bestiale. N'est-ce pas un mot curieux, sur les lèvres de l'inventeur de pareilles machines ? Voilà l'homme pur qui protège les bêtes, s'abstient de leur chair, ramasse un vermisseau afin qu'on ne le piétine. L'un et l'autre ensemble. Aujourd'hui le dernier des derniers, demain saint Janus au visage double, l'un tourné vers le Christ, l'autre vers l'Antéchrist. Va, cherche, trouve lequel des deux est sincère ou menteur ? Ou bien, les deux sont sincères. Et tout cela, le cœur léger, plein du mystère de la beauté charmeuse, comme en jouant !

J'écoutais silencieux. Un froid sépulcral glaçait mon cœur.

— Qu'as-tu, Giovanni ? fit Cesare. Tu n'as plus figure humaine, petit ! Tu prends cela trop à cœur. Attends, tu t'y feras. Et maintenant, retournons au cabaret de la *Tortue d'or* et buvons.

> Dum vinum potamus...
> Te Deum laudamus...

Sans répondre, je me cachai le visage dans les mains et m'enfuis.

Aujourd'hui, Marco d'Oggione a dit au maître :

— Messer Leonardo, bien des gens nous accusent, toi et nous, tes élèves, de nous rendre trop rarement à l'église et de travailler les jours de fête, comme dans la semaine...

— Que les bigots disent ce qui leur plaît, répondit Léonard, et que votre cœur ne se trouble point, mes amis. Étudier les manifestations de la nature est œuvre agréable à Dieu. C'est le prier que de l'admirer. Qui sait peu, aime mal. Et si tu aimes le Créateur pour les faveurs que tu attends de lui, tu es pareil au chien qui remue la queue et lèche les mains du maître dans l'espoir d'une friandise. Souvenez-vous, mes enfants, que l'amour est fils de la science. Plus la science est profonde, plus l'amour est enthousiaste. Et n'est-il pas dit dans l'Évangile : « Soyez sages comme le serpent et simples comme la colombe » ?

— Peut-on réunir vraiment, objecta Cesare, la sagesse du serpent et la simplicité des colombes ? Il me semble qu'il faudrait choisir...

— Non, il faut les unir ! dit Léonard. La science parfaite et le parfait amour ne font qu'un.

Ô fra Benedetto, combien j'aimerais revenir dans ta calme cellule, te raconter tous mes tourments, afin que tu aies pitié de moi, que tu me délivres du poids qui oppresse mon âme, ô mon bien-aimé, agneau humble, toi qui pratiques la loi du Christ : « Heureux les pauvres d'esprit. »

Par moment le visage du maître est si naïf, si plein de sincère pureté, que je suis prêt à tout lui pardonner, à tout lui raconter – et lui rendre ma confiance. Mais subitement, dans certains plis de sa bouche, se montre une expression qui me fait peur, comme si je regardais dans un abîme. Et de nouveau il me semble que dans son âme gît un secret et je me souviens d'une de ses devinettes : « Les plus grandes rivières sont souterraines. »

Aujourd'hui a eu lieu dans la cathédrale la fête du Clou sacré. On l'a élevé au moment précis déterminé par les astrologues.

La machine de Léonard a fonctionné à merveille. On ne voyait ni les cordes ni les poulies. Il semblait que la caisse de cristal ornée de rayons dorés, dans laquelle était enfermée la relique, montait seule soulevée sur les nuages d'encens. Ce fut le triomphe et le miracle de la mécanique. Le chœur clama :

> Confixa clavis viscera
> Tendens manus vestigia
> Redemptionis gratia,
> Hic immolata est Hostia.

Et le reliquaire s'arrêta sous l'orgue sombre, au-dessus du maître autel, entouré de cinq lampes incandescentes.

L'archevêque récita :

— *O Crux benedicta quæ sola fuisti digna portare Regem cælorum et Dominum. Alleluia !*

Le peuple tomba à genoux et répéta : « Alleluia ! »

Et l'usurpateur du trône, l'assassin, le More, les yeux pleins de larmes, tendit les mains vers le Clou sacré.

Puis le peuple a reçu du vin, de la viande, cinq mille mesures de pois et huit mille livres de graisse. La populace, oubliant le duc mort, hurlait, vorace et ivre : « Vive le More ! Vive le Clou sacré ! »

Bellincioni a composé un hexamètre dans lequel il est dit que sous le règne doux de l'Auguste le More, bien-aimé des dieux, le Clou sacré donnera naissance à un siècle d'or.

En sortant de l'église, le duc s'est approché de Léonard, l'a embrassé sur les lèvres et l'a appelé son Archimède, puis il l'a remercié de l'agencement miraculeux de la machine et lui a promis en cadeau une jument barbaresque de son haras particulier de la villa Sforzesca et deux milles ducats impériaux. Et après lui avoir amicalement frappé sur l'épaule, il lui a dit qu'il pouvait maintenant, en toute liberté, terminer le Christ de la *Sainte Cène*.

J'ai compris la parole de l'Évangile : « L'homme à pensées doubles n'est pas ferme en tous ses desseins. »

Je ne puis plus endurer tout cela. Je me perds, je deviens fou. Pourquoi m'as-tu abandonné, Seigneur ?

Il faut fuir, tant qu'il en est temps encore.

Je me suis levé la nuit, j'ai réuni mes vêtements, mon linge, mes livres en un paquet, j'ai pris un bâton de route ; à tâtons je suis descendu dans l'atelier et j'ai mis sur la table les trente florins représentant mes six derniers mois d'études – j'avais à cette intention vendu une bague, cadeau de ma mère – et sans dire adieu à personne – tout le monde dormait – j'ai quitté pour toujours la maison de Léonard.

Fra Benedetto m'a dit que depuis que je l'avais quitté, chaque nuit il avait prié pour moi et il avait eu la vision que Dieu me remettait sur le droit chemin.

Fra Benedetto se rend à Florence pour voir son frère malade au couvent dominicain de San Marco, dont Savonarole est le prieur.

Gloire et reconnaissance à Toi, Seigneur ! Tu m'as tiré de l'ombre mortelle, de la gueule de l'enfer. Je renonce à la sagesse, à la science de ce siècle, qui porte le sceau du serpent à sept têtes, du monstre dominateur des ténèbres appelé l'Antéchrist.

Je renonce aux fruits de l'arbre de la science, à la gloire, à l'étude impie dont le diable est le père.

Je renonce à la beauté païenne. Je renonce à tout ce qui n'est pas Ta volonté, Ta gloire, Ta sagesse, Jésus Dieu !

Éclaire mon âme, délivre-moi de mes idées doubles, affermis mes pas en Ta voie, afin que je n'éprouve aucune hésitation possible, cache-moi sous Tes ailes puissantes.

Ô mon âme, chante les louanges du Seigneur ! Tant que je vivrai je chanterai Ton nom, ô mon Dieu !

Dans deux jours nous partons, fra Benedetto et moi, pour Florence. Mon père m'a béni lorsque je lui ai annoncé que je voulais être novice au couvent de San Marco, sous la direction du grand élu de Dieu, fra Girolamo Savonarole.

Dieu m'a sauvé.

Ces mots terminaient le journal de Giovanni Beltraffio.

7
LE BÛCHER DES VANITÉS

1496

« Plus il y a de sensation, plus il y a de tourment. Grand martyr ! Grande Martirio ! »

— LEONARD DE VINCI

« L'homme à pensées équivoques. »

—JACQUES, I. 8

I

Plus d'un an s'est écoulé depuis l'entrée de Beltraffio comme novice au couvent de San Marco.

Un après-midi, à la fin du carnaval de l'an 1496, Savonarole, assis devant sa table dans sa cellule, relatait la vision qu'il avait eue de deux croix au-dessus de la ville de Rome – l'une noire dans un souffle destructeur, la croix de la colère de Dieu, l'autre d'azur portant l'inscription : « Je suis la Miséricorde. »

Un pâle rayon de soleil de février se glissait à travers les barreaux de la fenêtre de la cellule aux murs blanchis à la chaux. Un grand crucifix et de gros livres reliés en peau en étaient tout l'ornement. Par instants parvenaient les cris des hirondelles. Savonarole ressentait une grande fatigue et des frissons de fièvre. Ayant posé la plume sur la table, il emprisonna sa tête dans ses mains, ferma les yeux et se prit à songer à tout ce que, le matin même, le frère Paolo, envoyé secrètement à Rome, lui avait narré sur la vie privée du pape Alexandre VI (Borgia). Pareilles à des tableaux de l'Apocalypse passaient devant les yeux de Savonarole des figures monstrueuses : le taureau pourpre des armes des Borgia d'Espagne, semblable à l'antique Apis d'Égypte ; le Veau d'or offert au souverain pontife à la place de l'Agneau sans tache ; après les festins, les jeux obscènes dans les salles du Vatican, sous les regards du Saint-Père, de sa bien-aimée fille et d'une foule de cardinaux ; la ravissante Julie Farnèse, la jeune maîtresse du pape sexagénaire, servant de modèle aux tableaux saints ; les deux fils aînés d'Alexandre, don César, jeune cardinal de Valence, et don Juan, le porte-étendard de l'Église romaine, se détestant jusqu'au meurtre par amour pour leur sœur Lucrèce.

Et Savonarole frissonna en se souvenant de ce que fra Paolo avait osé lui murmurer à l'oreille : les relations incestueuses du père et de la fille, du vieux pape et de madonna Lucrezia.

— Non, non, Dieu m'est témoin, je ne le crois pas, c'est une calomnie... Cela ne peut exister ! se répétait-il, et il sentait pourtant que tout était possible dans ce terrible nid des Borgia.

Une sueur glacée perla sur le front du moine. Il se jeta à genoux devant le crucifix.

On frappa à la porte.

— Qui est là ?

— C'est moi, père !

Savonarole reconnut la voix de son adjoint et très fidèle ami, fra Domenico Buonviccini.

— Le vénérable Ricciardo Becchi, envoyé du pape, demande la permission de te parler.

— Bien. Qu'il attende. Envoie-moi le frère Sylvestre.

Sylvestre Maruffi était un moine faible d'esprit, épileptique, que Savonarole considérait comme la coupe élue des bienfaits de Dieu. Il l'aimait et le craignait, expliquait les visions de Sylvestre selon toutes les règles de la raffinée scolastique de Thomas d'Aquin, à l'aide de déductions astucieuses, de combinaisons logiques, d'apophtegmes et de syllogismes, trouvant un sens prophétique là où les autres ne voyaient qu'un balbutiement incompréhensible de fanatique. Maruffi ne témoignait d'aucun respect vis-à-vis de son supérieur, souvent l'outrageait, l'injuriait devant tout le monde et même le battait. Savonarole supportait ces offenses avec humilité et l'écoutait religieusement. Si le peuple florentin était en la puissance de Savonarole, celui-ci à son tour était entre les mains de l'idiot Maruffi.

Lorsqu'il fut entré dans la cellule, fra Sylvestre s'assit à terre dans un coin et, grattant ses jambes nues et rouges, chantonna une mélodie monotone. Son visage, couvert de taches de rousseur, avait une expression de bêtise et de tristesse, son petit nez était pointu comme une alène, sa lèvre inférieure pendait, et ses yeux verts, brouillés, semblaient toujours pleurer.

— Frère, dit Savonarole, un messager secret du pape vient d'arriver de

Rome. Dis-moi, dois-je le recevoir et que dois-je lui répondre ? N'as-tu pas eu de vision ? N'as-tu pas entendu des voix ?

Maruffi fit une grimace, aboya comme un chien, puis grogna comme un cochon ; il avait le don d'imiter tous les animaux.

— Frère chéri, suppliait Savonarole, sois bon, dis un mot ! Mon âme est mortellement triste. Prie Dieu qu'il t'envoie l'inspiration divine.

L'hystérique tira la langue et son visage se contracta.

— Pourquoi m'ennuies-tu, siffleur enragé, caille sans cervelle, tête de mouton ! Hou !... que les rats rongent ton nez ! cria-t-il en un inopiné accès de colère. Tu as mis la soupe à cuire, mange-la. Je ne suis ni ton prophète ni ton conseiller !

Il regarda en dessous Savonarole, soupira et continua d'une voix plus douce, presque tendre :

— J'ai pitié de toi, frérot, oh ! que j'ai pitié de toi, bêta... Et pourquoi crois-tu que mes visions viennent de Dieu et non pas du diable ?

Sylvestre se tut, ferma les yeux, et son visage devint impassible, tel un visage de mort. Savonarole, pensant qu'il était sous l'influence divine, le contempla en une pieuse attente.

Mais Maruffi ouvrit les yeux, tourna lentement la tête comme s'il écoutait, regarda la fenêtre grillée, et avec un sourire clair, bon, presque raisonnable, murmura :

— Maintenant l'herbe pousse dans les champs et les soucis aussi. Ah ! frère Savonarole, tu as apporté ici suffisamment de trouble, tu as satisfait ton orgueil, tu as amusé le diable, – assez ! Il faut penser maintenant un peu à Dieu. Quittons ce monde maudit, partons ensemble dans le désert calme.

Et il chanta d'une voix agréable, en se balançant :

Allons dans le bois vert,
Refuge mystérieux,
Où bruissent les sources à ciel ouvert,
Où chantent les loriots amoureux.

Puis il se leva d'un bond – des chaînes de fer sonnèrent sur son corps – il s'approcha de Savonarole, saisit sa main et balbutia, étouffant d'ardeur :

— J'ai vu, vu, vu ! Hou ! fils du diable, tête de mulet, que les rats rongent ton nez !... J'ai vu !...

— Parle, frère, parle vite...

— Le feu ! le feu !... dit Maruffi.

— Après ?

— Le feu d'un bûcher ! continua Sylvestre – et, dedans, un homme !

— Qui ? demanda Savonarole.

Maruffi fit un mouvement de tête et ne répondit pas tout de suite.

Fixant ses yeux dans les yeux du supérieur, il se prit à rire, pareil à un fou, puis, se penchant vers l'oreille de Savonarole, il lui dit :

— Toi !

Savonarole frissonna, blêmit et recula terrifié.

Maruffi se détourna de lui, sortit de la cellule et s'éloigna en fredonnant :

> *Allons dans le bois vert,*
> *Refuge mystérieux,*
> *Où bruissent les sources à ciel ouvert,*
> *Où chantent les loriots amoureux.*

Revenu à soi, Savonarole ordonna d'introduire l'envoyé du pape, Ricciardo Becchi.

II

Froufroutant de sa longue robe de soie, couleur violette de mars, à manches vénitiennes rejetées en arrière et bordées de renard bleu, répandant un parfum d'ambre musqué, le secrétaire de la très sainte chancellerie apostolique entra dans la cellule de Savonarole. Messer Ricciardo Becchi possédait cette parfaite onction particulière aux seigneurs-prélats de la cour de Rome, qui se laissait voir dans ses mouvements, dans son sourire spirituel et aimable, dans ses yeux clairs, dans les plis rieurs de ses joues rasées de près.

Il sollicita la bénédiction en se pliant en un demi-salut de courtisan, baisa la main maigre du prieur de San Marco et parla latin avec d'élégantes tournures de phrases cicéroniennes, exposant et développant lentement, dignement ses propositions. Il commença par ce que, dans les règles oratoires, on appelle « la recherche de l'attention » ; il loua la gloire du prédicateur florentin, puis attaqua le sujet : le Saint-Père, bien que justement irrité des refus réitérés du frère Savonarole de se présenter à Rome, mais plein de zèle ardent pour le bien de l'Église, pour l'union de tous les catholiques, pour la paix du monde, désirant non la perte mais le salut de son troupeau, avait exprimé l'idée possible, dans le cas où Savonarole se repentirait, de lui rendre ses faveurs.

Le moine leva les yeux et dit :

— Messer, selon votre avis, le Très Saint-Père croit-il en Dieu ?

Ricciardo ne répondit pas, comme s'il n'avait pas entendu la demande indiscrète, et de nouveau reprit son discours, insinuant que la barrette cardinalice pourrait bien coiffer le front de Savonarole, une fois sa soumission faite, et, après s'être incliné vivement vers le moine, dont il touchait du doigt la main, il ajouta avec un sourire captivant :

— Un mot, frère Savonarole, rien qu'un mot ; et la barrette est à vous !

Savonarole fixa sur lui son regard impénétrable et répondit lentement :

— Messer, et si je ne me soumets pas, si je ne me tais pas ? si le moine déraisonnable refusait l'honneur de la pourpre romaine, et continuait d'aboyer, afin de garder la maison du Seigneur, comme un chien fidèle qu'aucune friandise ne peut tenter ?

Ricciardo le regarda curieusement, fronça les sourcils, contempla ses ongles taillés en amande et arrangea ses bagues ; puis, sans se presser, tira de sa poche, déplia et tendit au prieur un parchemin tout prêt à la signature et au grand cachet du représentant de saint Pierre, acte d'excommunication qui visait le frère Girolamo Savonarole, dans lequel le pape le dénommait « fils de perdition », le plus « méprisable des insectes », *nequissimus omnipedum*.

— Vous attendez la réponse ? dit le moine après avoir lu.

Le secrétaire fit un signe affirmatif.

Savonarole se dressa de toute sa taille et jeta la lettre du pape aux pieds de l'envoyé.

— Voici ma réponse ! Allez à Rome et dites que j'accepte le combat avec le pape Antéchrist. Nous verrons qui de lui ou de moi sera l'excommunié !

La porte de la cellule s'entrouvrit doucement. Fra Domenico glissa la tête. Ayant entendu le prieur élever la voix, il était accouru savoir ce qui se passait. Derrière la porte, les moines s'étaient massés.

Ricciardo à plusieurs reprises avait regardé la porte ; enfin, il fit observer poliment :

— J'ose vous rappeler, frère Savonarole, que je ne suis accrédité que pour un entretien secret.

Savonarole se leva, alla à la porte et l'ouvrit toute grande.

— Écoutez ! cria-t-il, écoutez tous, car non seulement à vous, frères, mais à toute la ville de Florence, j'annonce ce honteux marché – le choix entre l'excommunication ou la barrette !

Ses yeux creux brûlaient comme des tisons sous son front bas. Sa mâchoire inférieure, difforme, tremblante, s'avançait avec une expression de haine et de diabolique orgueil.

— Le temps est venu ! Je marcherai contre vous, cardinaux et prélats romains, comme contre des païens ! Je tournerai la clef dans la serrure, j'ouvrirai le coffret abominable, et il s'échappera de votre Rome une telle puanteur que les gens en seront asphyxiés. Je dirai des mots qui vous feront pâlir, et le monde tremblera sur ses bases, et l'Église de Dieu, tuée par vous, entendra ma voix : « Lève-toi, Lazare ! » et elle se lèvera et sortira de sa tombe… Je ne veux ni vos mitres ni vos barrettes !… Je n'aspire, ô Seigneur, qu'à la barrette de la mort, à la couronne sanglante de tes martyrs !

Il tomba à genoux, en sanglotant, ses mains pâles tendues vers le crucifix.

Ricciardo profita de cet instant de confusion générale ; il s'échappa adroitement de la cellule et s'éloigna rapidement.

III

Parmi les moines qui écoutaient Savonarole se trouvait le novice Giovanni Beltraffio.

Lorsque les frères commencèrent à se disperser, il descendit avec eux l'escalier qui conduisait à la cour principale du monastère et s'assit à sa place préférée, dans la longue galerie couverte, où toujours, à cette heure, régnaient le calme et la solitude.

Entre les murs blancs du couvent croissaient des lauriers, des cyprès et un buisson de roses de Damas, à l'ombre duquel frère Savonarole aimait à prêcher. La tradition rapportait que des anges, la nuit, arrosaient ces roses.

Le novice ouvrit l'Épître de l'apôtre Paul aux Corinthiens et lut :

« Vous ne pouvez boire à la coupe du Seigneur et à celle du diable ; vous ne pouvez manger à la table du Seigneur et à celle du démon. »

Il se leva et commença à marcher le long de la galerie, il se rappelait toutes les pensées et les sentiments qui l'avaient agité depuis un an qu'il faisait partie de la communauté de San Marco. Les premiers temps, il avait éprouvé une grande douceur d'âme en se trouvant parmi les disciples de Savonarole. Parfois, le matin, le frère Savonarole les emmenait aux portes de la ville. Par un sentier ardu, qui semblait conduire directement au ciel, ils montaient sur les hauteurs de Fiesole, d'où, à travers les cimes, on apercevait Florence et la vallée de l'Arno. Le prieur s'asseyait sur le petit pré criblé de violettes, d'iris et de muguet. Les moines se couchaient sur l'herbe, à ses pieds, tressaient des couronnes, discutaient, dansaient, couraient comme des enfants, tandis que d'autres jouaient du violon et de la viole.

Savonarole ne leur enseignait rien, ne prêchait pas ; il leur tenait seulement des discours aimables, jouait et riait comme un enfant. Giovanni contemplait le sourire qui illuminait alors son visage et il lui semblait que dans le bocage désert, plein de musique et de chant, sur les hauteurs de Fiesole, entourés d'azur, ils étaient pareils aux anges du paradis.

Savonarole s'approchait du précipice et regardait avec amour Florence enveloppée de brume, comme une mère admire son nouveau-né. D'en bas parvenait le premier son des cloches en un bégaiement.

Et durant les nuits d'été, quand les vers luisants brillaient, tels les cierges d'invisibles anges, sous le buisson parfumé des roses de Damas dans la cour de San Marco. Savonarole parlait des stigmates saignants – plaies d'amour divin sur le corps de sainte Catherine de Sienne, semblables aux blessures du Christ –, odorants comme les roses.

Laisse-nous nous griser des plaies

Du martyre, du Crucifié,
Du martyre de ton Saint Fils !

chantaient les moines.

Et Giovanni désirait qu'en lui s'accomplît le miracle dont parlait Savonarole, que des rayons de feu, jaillissant du saint ciboire, marquassent sur son corps, comme au fer rougi, les grandes blessures en croix.

— *Gesù, Gesù, amore* ! soupirait-il, exténué de langueur.

Une fois, Savonarole, ainsi qu'il le faisait avec les autres novices, l'envoya soigner un malade à la villa Careggi, à deux milles de Florence, cette même villa où longtemps vécut et mourut Laurent de Médicis. Dans l'une des pièces abandonnées du palais, où ne filtrait qu'un jour sépulcral à travers les fentes des volets, Giovanni vit un tableau de Sandro Botticelli, la *Naissance de Vénus*. Toute blanche, pareille à un lis, moite, sentant la brise saline, elle glissait sur les flots, debout dans une coquille de perle. Ses lourds cheveux blonds ondulaient comme des serpents. D'un mouvement pudique, elle les retenait contre elle, pour voiler sa nudité, et son corps superbe respirait la tentation du péché, tandis que ses lèvres innocentes et ses yeux enfantins exprimaient une étrange tristesse.

Le visage de la déesse n'était pas inconnu à Giovanni. Longtemps il le regarda et se souvint qu'il avait vu les mêmes traits dans un autre tableau de ce même Botticelli, la *Sainte Vierge*. Une inexprimable émotion emplit son âme. Il baissa les yeux et quitta la villa.

En descendant vers Florence il suivait une étroite impasse. Il remarqua, dans le renfoncement d'un vieux mur, un crucifix, se mit à genoux et commença à prier afin de chasser la tentation. Derrière le mur, dans le jardin, sous les branches du même rosier, une mandoline se fit entendre. Quelqu'un cria, une voix murmura peureuse :

— Non... non... laisse-moi...

— Ma jolie, répondit une autre voix, ma jolie, mon adorée ! *Amore* !

La mandoline tomba, les cordes résonnèrent et le bruit d'un baiser frissonna dans le calme.

Giovanni sursauta, répétant :

— *Gesù* ! *Gesù* ! et n'osa plus ajouter : *Amore*.

« Encore, songea-t-il, elle est encore ici. Sur le visage de la Madone, dans les paroles du saint hymne, dans le parfum des roses qui entourent le crucifix !...

Il cacha son visage dans ses mains et se prit à courir.

Rentré au couvent, Giovanni se rendit auprès de Savonarole et se confessa. Le prieur lui donna le conseil habituel de lutter contre le diable par le jeûne et la prière. Lorsque le novice voulut expliquer que ce n'était pas le diable de la passion charnelle, mais le démon de la beauté païenne, qui le tentait, le moine ne le comprit pas, s'étonna d'abord, puis fit observer sévèrement que tous ces dieux menteurs ne contenaient que désir impur et orgueil, qu'ils étaient toujours difformes et indécents et que, seule, la bienfaisance chrétienne possédait la beauté.

Giovanni le quitta inconsolé. À partir de ce jour il fut la proie du démon de la tristesse et de la révolte.

Une fois, il entendit le frère Savonarole prêcher contre la peinture et exiger que chaque tableau apportât son profit utilitaire, instructif et suggestif, dans la grande œuvre du salut des âmes. Selon Savonarole, en détruisant par la main du bourreau toutes les œuvres d'art tentatrices, les habitants de Florence feraient action agréable à Dieu.

Le moine jugeait de même la science : « Imbécile est celui, disait-il, qui s'imagine que la logique et la philosophie confirment les vérités de la Foi. Une vive lumière a-t-elle besoin d'un faible rayon ? La sagesse de Dieu, de la sagesse humaine ? Les apôtres et les martyrs se souciaient-ils de la logique et de la philosophie ? Une vieille ignorante qui prie sincèrement est plus près de la connaissance de Dieu que tous les sages et tous les savants. Leur philosophie et leur sagesse ne les sauveront pas le jour du Grand Jugement. Homère et Virgile, Platon et Aristote, tous vont vers l'antre de Satan – *tutti vanno alla casa del diavolo*. Pareils aux sirènes, qui charment l'ouïe par de perfides chants, ils conduisent à la perte éternelle de l'âme.

« La science donne aux gens, en place de pain, une pierre.

« Regardez ceux qui s'adonnent aux études de ce monde, leurs cœurs sont de granit. »

« Qui sait peu aime mal. Le grand amour est fils de la grande science. » Maintenant, Giovanni comprenait la profondeur de ces mots, et, en écoutant les malédictions du moine contre les tentatives de l'art et de la science, il se souvenait des causeries de Léonard, de son visage calme, de ses yeux purs comme le ciel, de son sourire plein de charmeuse sagesse. Il n'avait pas oublié les terribles fruits de l'arbre empoisonné, les bombes, l'oreille de Denys, la machine élévatoire du Clou sacré, le visage de l'Antéchrist caché sous celui du Christ. Mais il lui semblait qu'il avait mal compris le maître, qu'il n'avait pas deviné le secret de son cœur, qu'il n'avait pas tranché le nœud de cette existence dans laquelle se rencontraient toutes les voies et se résolvaient toutes les contradictions.

Ainsi Giovanni se rappelait l'année écoulée au couvent de San Marco. Et pendant que, plongé dans ses méditations, il se promenait dans la galerie, le soir tomba, les cloches sonnèrent l'Ave *Maria*, et, en une longue file noire, les moines se rendirent à l'église.

Giovanni ne les suivit pas, il s'assit à sa place accoutumée, ouvrit de nouveau l'Épître de saint Paul, assombri par les insinuations du diable, le grand logicien, il transposa dans son esprit ainsi les paroles de l'Épître :

« Vous ne pouvez pas *ne pas* boire dans la coupe du Seigneur et dans celle du diable ; vous ne pouvez pas *ne pas* manger à la table du Seigneur et à celle du démon. »

Souriant amèrement, il leva les yeux vers le ciel où il vit l'étoile du soir, pareille à la lumière du plus superbe des anges des ténèbres, Lucifer le Fulgurant.

Le matin il eut un rêve : assis avec monna Cassandra sur un bouc noir qui volait dans les airs. « Au sabbat ! au sabbat ! » murmurait la sorcière, tournant vers lui son visage pâle comme du marbre, ses lèvres rouges comme du sang, ses yeux transparents comme l'ambre. Et il reconnut en elle la déesse de l'amour terrestre, portant dans ses yeux une tristesse céleste – la Diablesse blanche. La pleine lune éclairait sa nudité ; de son corps émanait un parfum si doux et si terrible que les dents de Giovanni s'entrechoquaient ; il l'enlaçait, se serrait contre elle.

— *Amore ! amore !* murmurait-elle en riant.

Et la toison noire du bouc s'enfonçait sous eux, moelleuse et chaude comme un lit. Et il semblait à Giovanni que c'était la mort.

IV

Le soleil, le carillon des cloches et des voix d'enfants éveillèrent Giovanni ; il descendit dans la cour et y vit une foule de gens uniformément vêtus de blanc, tenant d'une main une branche d'olivier et dans l'autre une petite croix rouge. C'était l'armée sacrée des enfants inquisiteurs, formée par Savonarole pour l'observation des bonnes mœurs dans Florence. Giovanni se mêla à la foule et écouta les conversations.

À cet instant, les rangs de l'armée sacrée s'agitèrent. Un nombre infini de petites mains élevèrent les croix rouges et les branches d'olivier et, acclamant Savonarole qui pénétrait dans la cour, les voix enfantines chantèrent :

Lumen ad revelationem gentium et gloriam plebis Israel.

Les fillettes entourèrent le moine, lui jetant des fleurs, se mettant à genoux, embrassant ses pieds.

Inondé de lumière, silencieux, souriant, il bénit les enfants.

— Vive le Christ, roi de Florence ! Vive sainte Marie, notre reine ! criaient les petits.

— De front ! En avant ! ordonnaient les jeunes capitaines.

La musique retentit, les étendards se déplièrent et les régiments se mirent en marche.

Sur la place de la Seigneurie, devant le Palazzo Vecchio, était ordonné « le bûcher des vanités » – *Bruciamento della vanità*. L'armée sacrée, pour la dernière fois, devait faire sa ronde dans Florence pour ramasser les *Vanités et les anathèmes*.

Lorsque la cour fut vide de nouveau, Giovanni aperçut messer Cipriano Buonaccorsi, le prieur de la Calimala, l'amateur d'antiquités, dans la villa duquel, à San Gervasio, avait été trouvée l'antique statue de Vénus. Giovanni le salua. Ils causèrent. Messer Cipriano raconta que Léonard de Vinci, envoyé par le duc de Milan, était depuis peu de jours arrivé à Florence pour acheter les œuvres d'art des palais dévastés par l'armée sacrée. Dans ce même dessein également était à Florence Giorgio Merula. Le commerçant pria Giovanni de le conduire auprès du supérieur, et ils se rendirent tous deux dans la cellule de Savonarole.

Resté près de la porte, Beltraffio entendit la conversation de Buonaccorsi et du prieur de San Marco.

Messer Cipriano proposa d'acheter pour vingt-deux mille florins or tous les livres, tableaux, statues et objets d'art qui devaient ce jour-là être livrés aux flammes.

Le prieur refusa.

Buonaccorsi réfléchit et ajouta huit mille florins.

Le moine ne daigna pas répondre, gardant un visage sévère et impénétrable.

Alors, Cipriano ramena sur ses genoux les pans de son vêtement, soupira, cligna des yeux et dit, de sa voix agréable, toujours égale et calme :

— Frère Savonarole, je me ruinerai, je vous donnerai tout ce que je possède – quarante mille florins.

Savonarole le regarda et demanda :

— Si vous vous ruinez et que vous n'ayez aucun bénéfice en cette affaire, quel est votre but ?

— Je suis né à Florence et j'aime ce pays, répondit simplement le commerçant. Je ne voudrais pas que les étrangers puissent dire qu'à l'instar des barbares nous brûlons les innocentes productions des sages et des artistes.

Le moine eut une expression étonnée et murmura :

— Ô mon fils, si tu pouvais aimer ta patrie céleste comme tu aimes ta patrie terrestre ! Console-toi, ce qui périra dans le bûcher sera digne du feu, car ce qui est mauvais et coupable ne peut être beau, selon l'opinion même de vos sages.

— Êtes-vous convaincu, mon père, demanda Cipriano, que les enfants puissent distinguer infailliblement ce qui est bon ou mauvais dans les productions artistiques et scientifiques ?

— La vérité sort de la bouche des enfants, répliqua le moine. Si vous ne pouvez être semblable à eux, vous ne pourrez entrer dans le royaume céleste. Je vaincrai la sagesse des sages, les raisons des raisonneurs, a dit le Seigneur. Nuit et jour je prie pour eux, afin que ce qu'ils ne pourront comprendre dans les vanités de l'art et de la science leur soit révélé par l'Esprit saint.

— Je vous en supplie, réfléchissez, conclut Buonaccorsi se levant. Peut-être une certaine partie...

— Pas de mots inutiles, messer, interrompit Savonarole, ma décision est inébranlable.

Cipriano marmonna quelque chose entre ses mâchoires édentées. Savonarole n'entendit que le dernier mot :

— Folie !...

— Folie ! s'écria-t-il, et ses yeux étincelèrent. Le Veau d'or des Borgia offert en des fêtes impies au pape, n'est-ce pas de la folie ? Le Clou sacré élevé à la gloire de Dieu par une diabolique machine par ordre de Ludovic le More, le meurtrier, le ravisseur du trône, n'est-ce pas de la folie ? Vous dansez autour du Veau d'or, vous divaguez en l'honneur de votre dieu, l'or. Laissez-nous aussi, nous pauvres d'esprit, divaguer en l'honneur du nôtre, le Christ crucifié. Vous vous moquez des moines qui dansent autour de la croix sur la place. Attendez, vous verrez mieux que cela ! Que direz-vous, les sages, lorsque j'obligerai non seulement les moines, mais tout le peuple de Florence, enfants et hommes, vieillards et femmes, dans leur ardeur zélée, agréable à Dieu, à danser autour de la sainte Croix, comme jadis David devant l'Arche sainte ?...

V

Giovanni, après avoir quitté la cellule de Savonarole, se rendit sur la place de la Seigneurie. Sur la Via Larga il rencontra l'armée sacrée. Les enfants avaient arrêté deux esclaves portant un palanquin dans lequel était étendue une femme luxueusement vêtue. Un chien blanc dormait à ses pieds. Un perroquet et une guenon étaient juchés sur un perchoir. Derrière le palanquin suivaient des valets et des gardes du corps.

C'était une courtisane, nouvellement arrivée de Venise, Lena Griffa, de la catégorie de celles que les gouverneurs de la République appelaient avec une respectueuse politesse : *puttana onesta, meretrix onesta*, noble et honnête courtisane, ou bien en moquerie tendre : *mammola*, petite âme.

Étendue sur ses coussins, telle Cléopâtre ou la reine de Saba, monna Lena lisait l'épître, accompagnée d'un sonnet, qu'un jeune évêque, amoureux de sa beauté, lui avait dédiée, et qui se terminait par ces vers :

> *Quand j'écoute tes discours charmeurs,*
> *Ô divine Lena je quitte ces lieux*
> *Mon âme s'envole vers les célestes splendeurs*
> *Des idées platoniciennes et des éternels cieux.*

La courtisane méditait un sonnet en réponse. Elle maniait le vers dans la perfection et disait à bon droit que, s'il ne dépendait que d'elle, elle passerait tout son temps *nell'Accademia degli uomini virtuosi*, à l'Académie des hommes vertueux.

L'armée sacrée entoura le palanquin. Le capitaine d'une compagnie,

Dolfo, s'avança, éleva au-dessus de sa tête la croix rouge et s'écria solennellement :

— Au nom de Jésus, roi de Florence, et de la Vierge Marie, notre reine, nous t'ordonnons d'enlever ces coupables ornements, ces frivolités et ces anathèmes. Si tu ne le fais, tu seras punie de maladie !

Le chien s'éveilla, aboya ; la guenon grogna et le perroquet battit des ailes en criant le vers que lui avait appris sa maîtresse :

Amor, c'ha nullo amato amar perdona !

Lena s'apprêtait à faire signe aux gardes du corps pour disperser cette foule, lorsqu'elle aperçut l'enfant. Elle l'appela de la main.

Le gamin approcha, les yeux baissés.

— Enlevez les vêtements ! criaient les enfants.

— Comme tu es joli ! dit doucement Lena, sans prêter attention aux cris. Écoutez, mon petit Adonis. Je vous donnerais avec joie tous ces chiffons, pour vous faire plaisir, mais le malheur est qu'ils ne sont pas à moi.

Dolfo leva les yeux sur elle. Monna Lena, avec un léger sourire, inclina la tête, comme pour confirmer sa pensée secrète, et dit d'une tout autre voix, avec l'accent tendre et chantant des Vénitiennes :

— Impasse Botcharo, près de Santa Trinità. Demande la courtisane Lena de Venise. Je t'attendrai...

Dolfo se retourna et vit que ses camarades, occupés à lancer des pierres à une bande ennemie de Savonarole, nommée *les enragés* (*arrabiati*), ne prêtaient plus aucune attention à la courtisane. Il voulut les appeler, mais subitement se troubla et rougit.

Lena rit en montrant entre ses lèvres rouges ses dents blanches et aiguës. À travers Cléopâtre et la reine de Saba apparut la *mammola* vénitienne, fillette gamine et aguicheuse.

Les nègres soulevèrent le palanquin et la courtisane continua tranquillement sa promenade. Le chien s'endormit de nouveau sur ses genoux, le perroquet dressa sa huppe, et seule la guenon turbulente, en faisant mille grimaces, essayait de s'emparer du style avec lequel la noble courtisane traçait le premier vers de sa réponse au sonnet épiscopal :

Mon amour est pur, tel un soupir de séraphin.

Dolfo, sans aucune ardeur maintenant, montait en tête de sa compagnie les marches du palais Médicis.

VI

Dans les appartements sombres et muets, où tout respirait la grandeur passée, les enfants se sentirent intimidés.

Mais lorsqu'on eut ouvert les volets, les trompes sonnèrent, les tambours battirent au champ. Et avec des cris de joie, des rires, des chants sacrés, les petits inquisiteurs envahirent les salles, rendant le jugement de Dieu sur les tentations de l'art et de la science, cherchant et se saisissant des « frivolités et anathèmes » d'après les inspirations de l'Esprit saint.

Giovanni les observait.

Ridant le front, les mains croisées derrière le dos, avec une gravité lente de juges, les enfants circulaient entre les statues des grands philosophes et des héros de l'Antiquité païenne.

— Pythagore, Anaximène, Héraclite, Platon. Marc-Aurèle, Épictète, épelait un des gamins, déchiffrant les inscriptions latines des piédestaux.

— Épictète ! s'exclama Federicci, en fronçant les sourcils. C'est cet hérétique qui assurait que tous les plaisirs étaient permis et que Dieu n'existait pas. Dommage qu'il soit en marbre, il faudrait le brûler...

— Cela ne fait rien, repartit le pétulant Pippo, il aura sa part de festin.

— Vous vous trompez ! intervint Giovanni. Vous prenez Épictète pour Épicure...

Il était trop tard. Pippo, d'un coup de marteau, venait de briser le nez du philosophe, si adroitement que tous les enfants se prirent à rire.

Devant un tableau de Botticelli, une discussion s'éleva.

Dolfo assurait que l'œuvre était tentatrice, puisqu'elle représentait Bacchus percé par les flèches de l'Amour. Mais Federicci, rivalisant avec Dolfo dans l'art de distinguer les « vanités et anathèmes », s'approcha, regarda et déclara que ce n'était point Bacchus.

En entendant les cris joyeux de leurs camarades, ils revinrent dans la grande salle.

Là, Federicci avait découvert un placard à nombreux tiroirs pleins de telles « frivolités » qu'aucun des enfants expérimentés n'en avait encore vu. C'étaient des masques et des costumes pour les cortèges carnavalesques qu'aimait à organiser Laurent de Médicis le Magnifique. Les enfants se massèrent devant la porte. À la lueur d'une chandelle apparaissaient devant eux les figures monstrueuses, des femmes en carton, les grappes de raisin en verre des Bacchantes, le carquois et les ailes de l'Amour, le caducée de Mercure, le trident de Neptune, et enfin, recouverts de toiles d'araignée, les foudres de Jupiter et un piteux aigle olympien, rongé des vers, déplumé, le ventre crevé qui laissait passer le crin.

Tout à coup, d'une perruque blonde qui avait dû appartenir à une Vénus quelconque, une souris sauta. Les filles poussèrent des cris. Les plus petites grimpèrent sur des sièges, soulevant leurs robes plus haut que les genoux. Une atmosphère de terreur et de dégoût plana. Les ombres des chauves-souris, effrayées par la lumière et le bruit, qui se butaient contre le plafond, semblaient des esprits impurs.

Mais Dolfo accourut et déclara qu'en haut il y avait encore une chambre fermée ; un petit vieux, méchant et chauve, en défendait l'entrée.

Tous s'y rendirent. Dans le vieillard qui gardait la porte, Giovanni reconnut son ami, messer Giorgio Merula, le bibliomane.

Dolfo donna le signal. Messer Giorgio se plaça devant la porte, la défendant de sa poitrine. Les enfants se précipitèrent sur lui, le renversèrent, le meurtrirent de leurs croix, fouillèrent ses poches, trouvèrent la clef et ouvrirent la chambre. C'était un petit cabinet de travail bibliothèque.

— Ici, ici, dans ce coin, indiquait Merula, vous trouverez ce que vous cherchez. Ne grimpez pas sur les rayons, il n'y a rien là-bas...

Les inquisiteurs ne l'écoutaient pas. Tout ce qui tombaient sous leurs mains – particulièrement les livres à riches reliures – était jeté dans le même tas, puis, la croisée ouverte, précipité dans la rue où se tenait une charrette chargée de « frivolités ». Tibulle, Horace, Ovide, Apulée, Aristophane, les manuscrits rares, les éditions uniques, volaient sous les yeux de Merula.

Giovanni remarqua que le vieillard avait pu soustraire un tout petit livre de Marcellin, l'histoire de l'empereur Julien l'Apostat.

Voyant par terre une transcription des tragédies de Sophocle, sur parchemin pâte lisse, avec de délicates enluminures, Merula se précipita avidement, s'en saisit et supplia :

— Mes enfants ! mes mignons ! ayez pitié de Sophocle ! C'est le plus innocent des poètes ! N'y touchez pas !...

Il serrait avec désespoir le livre contre sa poitrine, mais sentant les feuillets se déchirer, il se prit à pleurer, lâcha l'in-folio et hurla de douleur impuissante.

Les enfants sortirent du palais et, passant devant Santa Maria del Fiore, se dirigèrent vers la place de la Seigneurie.

VII

Devant la sombre tour du Palazzo Vecchio, à côté de la loggia Orcagni, le bûcher était prêt, haut de trente coudées, large de cent vingt, et représentait une pyramide octogonale, clouée en planches et munie de quinze marches.

Sur la première marche du bas étaient réunis les masques, les costumes, les perruques et autres accessoires de carnaval. Sur les trois suivantes, les livres de libre-pensée depuis Anacréon et Ovide jusqu'au *Décaméron* de Boccace et au *Morgante Maggiore* de Pulci. Au-dessus des livres, les parures de femmes, les pâtes, les parfums, les miroirs, les limes à ongles et les pinces à épiler. Encore au-dessus, la musique, les mandolines, les cartes à jouer, les jeux d'échecs, tous les jeux qui satisfont le démon. Puis, les tableaux excitants, les dessins, les portraits de jolies femmes. Enfin, les bustes des dieux païens, des héros, des philosophes, sculptés dans le bois et modelés en cire. Tout en haut de l'édifice se dressait un énorme pantin qui figurait le diable, le créateur des « frivolités et anathèmes », rempli de soufre et de poudre, épouvantablement barbouillé de peinture, couvert de poils, les pieds fourchus, rappelant l'ancien dieu Pan.

Le crépuscule tombait. L'air était froid, sonore et pur. Les premières étoiles brillaient au ciel. La foule bruissait sur la place et se mouvait avec des murmures respectueux comme dans une église. Des hymnes religieux s'élevaient chantés par les élèves de Savonarole.

Les moines remuaient comme des ombres, occupés aux derniers préparatifs. Un homme, qui marchait à l'aide de béquilles, encore jeune, mais probablement paralysé, les mains et les jambes tremblantes, les paupières immobiles, s'approcha du frère Domenico Buonviccini, le principal ordonnateur, et tendit un rouleau au moine.

— Qu'est-ce ? demanda Domenico. Encore des dessins ?

— Des académies. Je n'y songeais plus. Mais hier une voix me dit : « Tu as, Sandro, dans ton grenier, encore quelques frivolités. » Je me suis levé et j'ai trouvé ces croquis de corps nus.

Le moine prit le rouleau et dit avec un joyeux sourire :

— Nous allons en allumer un bon feu, messer Filipepi !

Celui-ci contempla la pyramide.

— Ô Seigneur, aie pitié de nous ! soupira-t-il. Sans le frère Savonarole, nous serions tous morts sans repentir. Et encore maintenant, qui sait ? Aurons-nous le temps de racheter nos fautes ?

Il se signa, murmura une prière en égrenant son chapelet.

— Qui est-ce ? demanda Giovanni à un moine.

— Sandro Botticelli, le fils de Mariano Filipepi, répondit l'autre.

Giovanni écoutait tout, et la douleur s'empara de son âme à la vue de ces scènes de vandalisme, et il s'éloigna.

La nuit venue, un mouvement courut dans la foule :

— On vient, on vient.

Silencieux, environnés de ténèbres, sans hymnes, sans torches, vêtus de longues robes blanches, les enfants inquisiteurs s'avançaient, portant la statue de Jésus enfant, qui d'une main désignait sa couronne d'épines, de l'autre bénissait le peuple. Derrière marchaient les moines, les chantres, les gonfaloniers, les membres du Conseil des Quatre-Vingts, les chanoines, les docteurs et les maîtres ès théologie, les chevaliers, les gardes du Bargello, les sonneurs de trompe et les massiers.

Le silence régna sur la place comme à une mise à mort. Savonarole monta sur la chaussée devant le vieux palais, leva au-dessus de sa tête le crucifix et dit à haute et solennelle voix :

— Au nom du Père, du Fils et du Saint-Esprit, allumez le bûcher !

Quatre moines porteurs de torches résineuses s'approchèrent de la pyramide et l'allumèrent aux quatre coins. La flamme crépita. Tout d'abord ce fut une fumée grise, puis ensuite une fumée noire. Les trompes sonnèrent. Les moines entonnèrent le *Te Deum laudamus*. Les enfants répétèrent :

— *Lumen ad revelationem gentium et gloriam plebis Israel.*

La cloche de la tour du Palazzo Vecchio sonna, les cloches de toutes les églises de Florence lui répondirent.

La flamme s'avivait, montait. Les feuilles tendres des antiques manuscrits se tordaient comme si elles fussent vivantes. De la dernière marche sur laquelle étaient étalés les accessoires carnavalesques, une perruque en feu s'envola. La foule eut un murmure joyeux.

Les uns priaient, les autres pleuraient. Quelques-uns riaient, sautaient, agitant leurs mains et leurs chaperons. D'autres prophétisaient.

— Chantez un nouvel hymne au Seigneur ! criait un bancal. Tout s'effondrera, brûlera, comme ces vanités, dans le feu purificateur, tout, tout, tout – l'église, les lois, les gouvernements, les arts, les sciences ; il ne restera pas pierre sur pierre, et ce sera un ciel nouveau, une terre nouvelle ! Et Dieu essuiera nos larmes, et il n'y aura plus ni mort, ni pleurs, ni tristesse, ni maladie ! Viens, viens, Seigneur Jésus !...

Une jeune femme enceinte, le visage amaigri par la misère, tomba à genoux et, tendant ses bras vers le bûcher comme si elle y voyait le Christ, hurla de toutes ses forces :

— Viens, Seigneur Jésus ! Amen ! amen ! Viens !...

VIII

Giovanni regardait un tableau éclairé par le feu, mais non léché encore par la flamme. C'était une œuvre de Léonard de Vinci. Léda, debout devant un lac, se mirait dans ses eaux. Un gigantesque cygne l'enlaçait de son aile, en tendant son cou, et emplissait l'air et les cieux de son cri d'amour triomphal. Aux pieds de Léda, parmi les plantes aquatiques, les insectes et les batraciens, les graines transies, les larves et les germes, dans les ténèbres chaudes, dans l'humidité asphyxiante, grouillaient les jumeaux nouveau-nés, demi-dieux, demi-fauves, Castor et Pollux, à peine éclos d'un énorme œuf. Et Léda admirait ses enfants en embrassant pudiquement le cygne.

Giovanni suivait les progrès de la flamme qui s'approchait toujours et frôlait maintenant le tableau – et son cœur se glaçait d'effroi. À ce moment, les moines élevèrent une croix noire au milieu de la place et, se tenant par la main, formèrent une triple ronde à la gloire de la Trinité, exprimant ainsi la joie des fidèles à la destruction des « frivolités ». Ils commencèrent une danse lente d'abord, puis de plus en plus vive, enfin tourbillonnante, en chantant :

> Ognum gridi, com'io grido !
> Sempre pazzo, pazzo, pazzo !
> *Il faut devant le Seigneur*
> *Tous nous réconcilier,*

> *Et danser sans aucune crainte,*
> *Comme devant l'Arche sainte*
> *Le saint Roi David dansait.*
> *Relevons tous nos soutanes*
> *Et que dans notre folle ronde*
> *Personne ne reste en panne.*
> *Ivres d'amour du Seigneur,*
> *Et du sang de ses blessures,*
> *Gais, heureux et tapageurs,*
> *Nous sommes ivres de l'amour.*
> *De l'amour de Notre Seigneur.*

Les spectateurs de cette scène sentaient le vertige les saisir, leur tête tourner, leurs jambes frémir, et tout à coup, n'y tenant plus, vieillards, femmes et enfants, tous se mêlèrent à la ronde infernale. Un gros moine, ayant fait un saut maladroit, glissa, roula par terre et se fendit le front. À peine put-on le sauver du piétinement des furibonds. Le reflet pourpre illuminait les visages grimaçants. Le crucifix projetait une énorme ombre sur les danseurs.

> *Nous agitons nos croix*
> *Et nous dansons, dansons, dansons,*
> *Comme dansait David, le Roi.*

La flamme atteignait maintenant la Léda, léchait de sa langue rouge son corps très blanc, rosé subitement et, par cela même, devenu presque vivant, encore plus mystérieux et plus superbe.

Giovanni la contemplait, tremblant et pâle. Léda eut un dernier sourire, s'enflamma, fondit dans le feu et disparut pour l'éternité.

Le grand pantin à son tour s'alluma. Son ventre bourré de poudre éclata avec fracas. Les flammes montèrent alors jusqu'au ciel. Le monstre lentement oscilla, se flétrit et s'effondra parmi les charbons rougis.

De nouveau les trompes et les timbales retentirent. Toutes les cloches s'ébranlèrent à la fois. Et la foule hurla, triomphante, comme si elle avait vaincu le diable lui-même, le mensonge, la souffrance, tous les maux de l'univers. Giovanni prit sa tête dans ses mains et voulut fuir, mais une main s'abaissa sur son épaule ; il se retourna, et aperçut le visage calme du Maître.

Léonard le prit par la main et l'emmena hors de la foule.

IX

Lorsqu'ils eurent quitté la place emplie de fumée nauséabonde, ils suivirent une sombre impasse et se trouvèrent sur les bords de l'Arno.

Tout était, ici, calme et désert. Seules les vagues clapotaient. Le croissant de la lune éclairait les cimes majestueuses argentées par le givre. Les étoiles brillaient, tantôt sévères et tantôt tendres.

— Pourquoi t'es-tu enfui, Giovanni ? demanda Léonard de Vinci.

L'élève leva vers lui les yeux, voulut parler, mais sa voix se brisa, ses lèvres tremblèrent et il pleura.

— Pardonnez, maître...

— Tu n'es point fautif devant moi, répondit l'artiste.

— Je ne savais ce que je faisais, continua Beltraffio. Comment, mon Dieu ! comment ai-je pu vous quitter ?

Il voulait raconter sa folie au maître, ses tourments, ses terribles idées de la coupe du Seigneur et de celle du diable, ses visions doubles du Christ et de l'Antéchrist, mais il sentit de nouveau, comme devant la statue de Sforza, que Léonard ne le comprendrait pas, et il se contenta de fixer un regard suppliant dans ses yeux purs, calmes et étranges ainsi que des étoiles.

Le maître ne lui demanda rien, comme s'il eut tout deviné, et avec un sourire d'infinie pitié, posant sa main sur la tête de Giovanni, lui dit :

— Que le Seigneur te vienne en aide, mon pauvre enfant ! Tu sais que je t'ai toujours aimé comme un fils. Si tu veux de nouveau redevenir mon élève, je te reprendrai avec joie.

Et comme s'il se parlait à lui-même, avec ce laconisme mystérieux par lequel il exprimait ses pensées intimes, il ajouta tout bas :

— Plus la sensibilité est grande, plus forte est la douleur. Grand martyr !

Le son des cloches, les chants des moines, les cris de la foule affolée s'entendaient au loin, mais ne troublaient plus le calme qui enveloppait le maître et l'élève.

8
LE SIÈCLE D'OR

1496-1497

« Tornerà l'età dell'oro. Cantiàn tutti : Viva il Moro »
« Le siècle d'or viendra bientôt. Criez tous : Gloire au More ! »

— BELLINCIONI

I

Vers la fin de l'année 1496, la duchesse de Milan, Béatrice, écrivait à sa sœur Isabelle, épouse du marquis Francesco Gonzague qui régnait à Mantoue :

« Sérénissime madonna, ma petite sœur bien-aimée, moi et mon époux, le seigneur Ludovic, vous souhaitons heureuse santé, à vous et au très renommé seigneur Francesco.

« En réponse à votre prière, je vous envoie le portrait de mon fils Massimiliano. Seulement, ne croyez pas, je vous prie, qu'il soit aussi petit. Nous voulions prendre sa mesure exacte, afin de la soumettre à Votre Seigneurie, mais la nourrice nous a assuré que cela empêcherait la croissance. Il grandit étonnamment ; lorsque je ne le vois durant plusieurs jours, quand je le regarde, il me semble qu'il a encore poussé, et j'en reste infiniment contente et consolée.

« Nous avons eu une grande douleur : notre bouffon Nannino est mort. Vous l'avez connu et aimé ; aussi comprendrez-vous que si j'avais perdu toute autre chose, j'aurais essayé de la remplacer ; mais pour refaire un nouveau Nannino, la nature elle-même serait impuissante, car elle a épuisé en lui toutes ses forces en unissant en un seul être, pour l'amusement des rois, la plus rare des bêtises et la plus charmante des horreurs. Le poète Bellincioni, dans son épitaphe, a dit que "si son âme est au ciel, il doit faire rire tout le paradis ; si elle est en enfer, Cerbère se tait et se réjouit". Je l'ai fait inhumer dans notre caveau à Santa Maria delle Grazie, à côté de mon faucon favori et de mon inoubliable chienne Puttina, afin de ne pas être séparée, après notre mort, d'aussi agréables choses. J'ai pleuré pendant deux nuits, et le seigneur Ludovic, afin de me consoler, m'a promis pour la Noël une magnifique chaise en argent pour les débarras de l'estomac, représentant la bataille des Centaures et des Lapithes. À l'intérieur se trouve un bassin en or pur et le baldaquin est de velours cramoisi avec l'écusson ducal ; bref, ma chaise est pareille en tout point à celle de la duchesse de Lorraine. Non seulement aucune duchesse d'Italie, mais le Pape, l'Empereur et même le Grand Turc, ne possèdent siège semblable. Il est plus beau que le siège de Bazade, décrit dans les épigrammes de Martial.

« Le seigneur Ludovic voulait que le peintre florentin Léonard de Vinci installât à l'intérieur une machine à musique à l'instar d'un petit orgue. Mais Léonard a refusé en prétextant qu'il était trop occupé par le Colosse et la *Sainte Cène*.

« Vous me demandez, sœur chérie, de vous envoyer pour quelque temps ce maître. J'aurais aimé me rendre à votre prière et vous l'envoyer non seulement pour quelque temps, mais pour toujours. Mais le seigneur Ludovic, je ne sais pourquoi, lui témoigne une grande amitié et ne veut pas se séparer de lui. Cependant, ne le regrettez pas outre mesure, car ce Léonard est adonné à l'alchimie, à la magie, à la mécanique et autres utopies du même genre, beaucoup plus qu'à la peinture, et se distingue par une telle lenteur dans l'exécution des commandes qu'il en arriverait à impatienter un ange. De plus, d'après ce que j'ai ouï dire, c'est un hérétique et un impie.

« Dernièrement nous avons chassé le loup. On ne me permet pas de monter à cheval, vu que je suis enceinte de cinq mois. J'ai suivi la chasse en me tenant sur l'arrière d'une voiture.

« Vous souvenez-vous, sœurette, comme nous galopions ensemble ? Et nos chasses au sanglier ? et nos pêcheries ? Ah ! c'était le bon temps !

« Maintenant nous nous amusons comme nous pouvons. Nous jouons aux cartes. Nous patinons. Un jeune seigneur des Flandres nous a appris cette nouvelle distraction. L'hiver est rude : non seulement les lacs, mais toutes les rivières sont gelées. Sur la glissoire du parc du palais, Léonard a modelé une superbe Léda avec son cygne, en neige blanche et ferme comme du marbre. Quel grand dommage qu'elle doive fondre au printemps !

« Et comment vous portez-vous, aimable sœur ? La race des chats à longs poils a-t-elle réussi ? Si vous avez dans la portée un chat roux à yeux bleus, envoyez-le-moi en même temps que la naine promise. Moi, je vous ferai cadeau des petits chiens de ma Soyeuse. N'oubliez pas, madonna, surtout n'oubliez pas de m'expédier le patron du mantelet de satin bleu à col en biais, doublé de zibeline. Je vous l'ai demandé dans ma dernière lettre. Envoyez-le-moi par courrier monté dès demain. Envoyez-moi aussi un flacon de votre merveilleux fluide contre les boutons et du bois d'outre-mer pour vernir les ongles.

« Nos astrologues prédisent la guerre et un été très chaud : "Les chiens deviendront enragés et les empereurs furieux."

« Que dit votre astrologue ? On croit toujours davantage celui des autres que le sien.

« Moi et le seigneur Ludovic, nous confions à vos bienveillantes attentions, bien-aimée sœur, et à celle de votre époux, le renommé marquis Francesco.

« BEATRICE SFORZA »

Sous son aspect très franc, cette missive était pleine d'hypocrisie et de politique. La duchesse cachait à sa sœur ses préoccupations. La paix et la concorde que l'on pouvait supposer d'après la lettre ne régnait pas entre les époux. Béatrice détestait Léonard, non pour son hérésie et son impiété, mais bien parce que, par ordre du duc, il avait peint le portrait de Cecilia Bergamini, sa terrible rivale, la célèbre maîtresse de Ludovic le More. Ces derniers temps, elle soupçonnait encore une autre liaison amoureuse entre son mari et une de ses demoiselles, madonna Lucrezia.

Le duc de Milan atteignait alors l'apogée de la puissance.

Fils de Francesco Sforza, audacieux mercenaire romagnol, moitié soldat, moitié brigand, il rêvait de devenir le souverain maître de l'Italie unifiée.

— Le pape, se vantait le More, est mon confesseur ; l'empereur, mon chef d'armée ; la ville de Venise, mon trésor ; le roi de France, mon courrier.

Il signait *Ludovicus Maria Sfortia Anglus, dux Mediolani*, en tirant son origine du grand héros, compagnon d'Enée, Anténor le Troyen. Le Colosse, monument élevé à la gloire de son père et érigé par Léonard avec l'inscription : *Ecce deus* ! certifiait également, à ses yeux, son origine divine.

Mais, en dépit de son aisance extérieure, une peur et une inquiétude secrètes tourmentaient le duc. Il savait que le peuple ne l'aimait pas, le considérant comme l'usurpateur du trône. Une fois, en apercevant sur la place d'Arrengo la veuve du feu duc Jean Galéas qui tenait son fils par la main, la foule avait crié :

— Vive le duc légitime Francesco !

L'enfant avait huit ans. Son intelligence et sa beauté étaient remarquables. D'après l'ambassadeur de Venise, Marino Sanuto, « le peuple le désirait pour roi, comme on désire un Dieu ». Béatrice et Ludovic voyaient que la mort de Jean Galéas avait déçu leurs espérances, puisqu'elle ne les avait pas légitimés. Et dans la personne de cet enfant, le défunt sortait de sa tombe.

À Milan, on parlait de mystérieux présages. On racontait que la nuit, au-dessus des tours du château, se montraient des feux pareils à des lueurs d'incendie et que dans les appartements retentissaient d'horribles râles. On se souvenait que, lors de la mise en bière, l'œil gauche de Jean Galéas ne se fermait pas, ce qui annonçait la mort prochaine d'un de ses parents. La Vierge del Albora avait des paupières frémissantes. La vache d'une vieille paysanne avait mis bas un veau à deux têtes. La duchesse était tombée évanouie dans une salle abandonnée, effrayée par une vision, et ensuite n'en voulut parler à personne, pas même à son mari.

Depuis quelque temps elle avait perdu la gaieté qui plaisait tant au duc et attendait avec de tristes pressentiments le moment de ses couches.

II

Un soir de décembre, tandis que les flocons de neige qui couvraient les rues de la ville augmentaient le silence des ténèbres, Ludovic le More était assis dans le petit palais dont il avait fait cadeau à sa nouvelle maîtresse, madonna Lucrezia Crivelli. Un grand feu flambait dans l'âtre, illuminait les ferrures des portes vernies à dessins de mosaïque qui représentaient les perspectives des anciens monuments de Rome ; le plafond était à caissons dorés, les murs tendus de cuir de Cordoue, les hauts fauteuils en ébène, la table ronde recouverte de velours vert, sur laquelle traînaient le roman de Boiardo, des rouleaux de musique, une mandoline en nacre et une coupe en cristal taillé, pleine d'eau Balnea Aponitana, très à la mode chez les dames de la cour. Au mur était pendu le portrait de Lucrezia par Léonard.

Au-dessus de la cheminée, dans un décor de Caradasso, des oiseaux picoraient des grappes de raisin, et des enfants nus, ailés – anges chrétiens ou amours païens – dansaient en brandissant les saints instruments du martyre du Seigneur – clous, lance, éponge et couronne d'épines – et semblaient tout roses par le reflet des flammes.

Le vent hurlait dans l'âtre. Mais dans le *studio* élégant tout respirait une douce langueur.

Madonna Lucrezia était assise sur un coussin de velours, aux pieds de Ludovic. Son visage était triste. Le duc la grondait tendrement de ne plus aller voir la duchesse Béatrice.

— Altesse, murmura la jeune fille en baissant les yeux, je vous supplie, ne m'y forcez pas : je ne sais pas mentir...

— Mais, permettez, nous ne mentons pas ? s'étonna Ludovic. Nous dissimulons seulement. Jupiter lui-même ne cachait-il pas ses secrets d'amour à sa jalouse déesse ? Et Thésée, et Phèdre, et Médée – tous les héros, tous les dieux de l'Antiquité ? Pouvons-nous, faibles mortels, résister à la puissance du dieu d'amour ? De plus, le mal caché vaut mieux que le mal visible, car, en dissimulant le péché, nous épargnons la tentation à nos proches, comme l'exige la miséricorde chrétienne. Et s'il n'y a ni tentation ni miséricorde, il n'y a pas de mal – ou presque pas.

Il eut un sourire rusé. Mais Lucrezia secoua la tête et le considéra de ses yeux sévères, graves et naïfs, tels des yeux d'enfant.

— Vous savez, mon seigneur, combien je suis heureuse de votre amour. Mais parfois, je préférerais mourir plutôt que de tromper madonna Béatrice qui m'aime comme sienne...

— Assez, enfant, assez ! dit le duc, et l'attirant sur ses genoux, il l'enlaça d'une main et de l'autre caressa ses cheveux noirs, coiffés en bandeaux lisses sur les oreilles, avec une ferronnière dont le diamant en larme brillait au milieu du front.

Ses longs cils abaissés – sans ivresse, sans passion, froide et pure – elle s'abandonnait à ses caresses.

— Oh ! si tu savais combien je t'aime, toi ma timide, toi seule ! murmurait-il en aspirant avidement le parfum si connu de violette et de musc.

La porte s'ouvrit et, avant même que le duc eût pu desserrer son étreinte, la servante effrayée pénétra dans la pièce.

— Madonna ! madonna ! balbutiait-elle essoufflée, en bas, à la porte... Ô Seigneur, aie pitié de nous !

— Parle convenablement, repartit le duc. Qui y a-t-il à la porte ?

— La duchesse Béatrice !

Ludovic pâlit.

— La clef ! La clef de l'autre porte ! Je sortirai par la cour de derrière. Eh bien ! la clef ? Vite !

— Altesse, voici le malheur ! les cavaliers de la duchesse sont dans cette cour ! Toute la maison est cernée...

— Un piège ! murmura le duc en prenant sa tête dans ses mains. Comment a-t-elle su ? Qui lui a dit ?

— Personne d'autre que monna Sidonia, répondit la servante. Ce n'est pas pour rien que la vieille sorcière traîne continuellement ici pour offrir ses produits. Je vous disais toujours : Prenez garde...

— Que faire, que faire, mon Dieu ? balbutiait le duc, blême.

On entendait frapper à la porte de la rue.

La servante se précipita dans l'escalier.

— Cache-moi, cache-moi, Lucrezia !

— Altesse, répondit la jeune fille, si madonna Béatrice a des soupçons, elle fera fouiller toute la maison. Ne vaudrait-il pas mieux vous montrer franchement à elle ?

— Non, non, Dieu me préserve, que dis-tu là, Lucrezia ? Me montrer ! Tu ne sais pas quelle femme elle est !... Ô Seigneur ! il est effrayant de songer aux conséquences... Tu sais qu'elle est enceinte... Mais cache-moi, cache-moi donc !

— Vraiment, je ne sais...

— N'importe où, mais plus vite !

Le duc tremblait et, en cet instant, ressemblait plus à un voleur pris en flagrant délit qu'au descendant du fabuleux héros Anténor le Troyen, compagnon d'Énée.

Lucrezia le conduisit à travers sa chambre dans sa salle d'atours et le cacha dans une des grandes armoires murales, qui servaient de garde-robe chez les dames de haut rang.

Ludovic le More se tapit dans un coin, parmi les robes.

« Que c'est bête ! songeait-il. Mon Dieu, que c'est bête ! Absolument comme dans les contes de Saquetti ou de Boccace. »

Mais il n'avait nulle envie de rire. Il sortit de son vêtement une amulette qui contenait des cendres de saint Christophe, et une autre pareille qui renfermait le talisman à la mode – un morceau de momie égyptienne. Ces amulettes étaient tellement semblables que, dans l'obscurité et dans sa hâte, il ne savait discerner l'une de l'autre et, à tout hasard, se prit à les baiser ensemble en récitant une prière.

Tout à coup, il entendit la voix de sa femme et celle de sa maîtresse qui entrait dans la salle d'atours, et il fut glacé d'effroi.

Elles causaient amicalement. Il devina que Lucrezia faisait les honneurs de sa nouvelle maison, sur les instances de la duchesse. Béatrice ne devait pas posséder de preuves et ne voulait pas laisser percer ses soupçons.

Ce fut un duel de ruse féminine.

— Ici, ce sont encore des robes ? demanda Béatrice, en s'approchant de l'armoire dans laquelle se tenait son mari, plus mort que vif.

— De vieilles robes de maison. Votre Altesse veut-elle les voir ? répondit Lucrezia, calme.

Et elle entrebâilla la porte.

— Écoutez, ma chérie, continua la duchesse, où est donc celle qui me plaisait tant ? Vous l'aviez au bal d'été de Pallavicini. Des vermisseaux d'or sur un fond bleu vert...

— Je ne me souviens pas, répliqua tranquillement Lucrezia. Ah ! si, si ! ... Ici : probablement dans cette armoire !

Et sans refermer la porte du placard dans lequel se trouvait Ludovic, elle s'approcha de l'armoire voisine.

« Et elle disait qu'elle ne savait pas mentir ! pensa le duc avec admiration. Quelle présence d'esprit ! Les femmes !... voilà auprès de qui, nous autres, empereurs, nous devrions apprendre la politique ! »

Béatrice et Lucrezia s'éloignèrent.

Ludovic respira librement, mais il continua toujours à tenir dans ses mains l'amulette-relique et l'amulette-momie.

— Deux cents ducats impériaux au couvent de Santa Maria delle Grazie, pour l'encens et les cierges à la Très Pure Sainte Défenderesse, si tout se passe sans incidents ! murmura-t-il avec ferveur.

La servante accourut, ouvrit le placard et, avec un sourire malin quoique respectueux, désemprisonna le duc en lui annonçant que la sérénissime duchesse venait de partir après avoir échangé de bienveillants adieux avec madonna Lucrezia.

Il se signa dévotement, retourna au *studio*, but un verre d'eau Aponitana, regarda Lucrezia, assise comme tout à l'heure près de la cheminée, la tête inclinée, le visage caché dans ses mains. Il sourit. Puis, à pas lents, il s'approcha d'elle doucement, par derrière, s'inclina et l'embrassa. La jeune fille frissonna.

— Laissez-moi, je vous prie, partez ! Oh ! comment pouvez-vous, après ce qui vient de se passer !...

Mais le duc, sans écouter, silencieux, couvrait son visage, son cou, ses cheveux, de baisers affolés. Jamais encore elle ne lui avait paru aussi ravissante ; il lui semblait que le mensonge féminin qu'il venait de découvrir en elle lui donnait une beauté nouvelle.

Elle luttait, mais faiblissait déjà, et enfin, fermant les yeux avec un sourire d'impuissance, lentement lui donna ses lèvres.

La tempête de décembre hurlait dans l'âtre, cependant que dans le reflet rose les enfants nus riaient et dansaient sous les grappes de raisin, en brandissant les saints instruments du martyre du Seigneur.

III

Le premier jour de l'an 1497, un grand bal eut lieu au palais.

Les préparatifs durèrent trois mois sous la direction de Bramante, de Caradosso et de Léonard de Vinci.

À cinq heures du soir, les invités commencèrent à arriver. Ils étaient plus de deux mille. La bourrasque avait amoncelé la neige sur les routes et dans les rues. Sur le front sombre du ciel se détachaient toutes blanches les crénelures des murs, les embrasures, les saillies de pierre qui soutenaient les gueules des canons. Dans la cour flambaient de grands brasiers autour desquels se chauffaient, en bavardant gaiement, les écuyers, les coureurs, les piqueurs, les porteurs de palanquins. À l'entrée du palais ducal et plus loin, près de la herse qui défendait la petite cour intérieure du petit palais Rocchetto, des carrosses disgracieux sous leurs dorures, de mauvais équipages attelés de six chevaux, se pressaient, s'accrochant, déposant les seigneurs et les chevaliers enveloppés de précieuses fourrures de Russie. Les croisées gelées brillaient de mille feux.

En entrant dans le vestibule, les invités passaient entre une double rangée de gardes du corps ducaux – mameluks turcs, archers grecs, arbalétriers écossais et lansquenets suisses – scellés dans leurs armures et munis de lourdes hallebardes.

En avant se tenaient, sveltes et charmants comme des jeunes filles, les pages en livrées de deux teintes, garnies de duvet de cygne – le côté droit en velours rose, le côté gauche en satin bleu – avec, brodées en argent, sur la poitrine, les armes des Sforza-Visconti. Le vêtement était collant au point d'épouser tous les plis du corps, et seulement devant, à partir de la ceinture, tombait en gros plis creux. Ils portaient, allumés, de longs cierges de cire jaune et rouge, pareils aux cierges d'église.

Quand un invité entrait, le héraut criait le nom et les trompes sonnaient.

Alors s'ouvraient les appartements aveuglants de lumières – la « Salle des tourterelles blanches sur champ de gueule » ; la « Salle d'or », qui représentait une chasse ducale ; la « Salle écarlate », tendue de satin du haut en bas, avec, brodées en or, des torches flambantes et des seaux, emblème de la puissance des ducs de Milan, qui pouvaient, selon leur désir, allumer le feu de la guerre, et l'éteindre avec l'eau de la paix. Dans la luxueuse petite « Salle noire » qui servait de salon de toilette pour les dames, et construite par Bramante, on voyait sur le plafond et sur les murs des fresques inachevées de Léonard de Vinci.

La foule élégante bourdonnait comme une ruche. Les vêtements se distinguaient par leurs couleurs vives et parfois par un luxe qui manquait de goût. Les étoffes des robes féminines, à plis longs et lourds, raidis par la profusion d'or et de pierreries, rappelaient les dalmatiques. Elles étaient tellement solides qu'on se les transmettait de grand-mère à petite-fille. De larges découpures mettaient à nu la poitrine et les bras. Les cheveux, cachés par devant sous un filet d'or, se tressaient, pour les femmes ou les vierges, selon la coutume lombarde, en une natte que l'on allongeait jusqu'à terre à l'aide de faux cheveux, et que l'on ornait de rubans. La mode exigeait que les sourcils fussent à peine indiqués : les femmes qui possédaient des sourcils épais les épilaient avec une pince spéciale (*pelatoïo*). Se passer des fards était considéré comme indécent ; on n'employait que des parfums forts et pénétrants : le musc, l'ambre, la verveine, la poudre de Chypre.

Dans la foule se remarquaient des jeunes filles et des femmes, avec ce charme particulier qu'ont les femmes de Lombardie. Sur leur peau mate et blanche, sur les contours tendres et souples du visage, tels qu'aimait les représenter Léonard de Vinci, des ombres légères se dissipaient comme la fumée.

Madonna Violanta Borromeo, par sa victorieuse beauté de brune aux yeux noirs, avait été, de l'avis de tous, déclarée la reine du bal. Comme avertissement aux amoureux, elle avait fait broder, sur le velours pourpre de sa robe, des phalènes d'or. Pourtant l'attention des raffinés n'allait pas vers madonna Violanta, mais vers Diana Pallavicini, dont les yeux froids étaient purs comme la glace, avec ses cheveux blond cendré, son sourire indifférent et sa parole lente et mélodieuse comme un son de viole. Elle était vêtue de damas blanc zébré de longs rubans vert pâle, couleur de varech. Entourée d'éclat et de bruit, elle semblait étrangère à tout, solitaire et triste, comme les pâles fleurs aquatiques qui sommeillent sous les rayons de la lune dans les étangs abandonnés.

Les trompes et les timbales sonnèrent, et les invités se dirigèrent vers la grande « Salle du jeu de paume ».

Sous le plafond de soie bleue constellé d'étoiles d'or, des traverses en forme de croix supportaient des cierges qui brûlaient en clous de feu. Du balcon servant de tribune pendaient des tapis de soie, des guirlandes de laurier, de lierre et de genévrier.

À l'heure, à la minute, à la seconde marquées par les astrologues (car le duc, selon l'expression d'un ambassadeur, ne faisait pas un pas, ne changeait pas de chemise, n'embrassait pas sa femme sans se conformer à la position des astres), Ludovic et Béatrice entrèrent dans la salle revêtus du manteau royal en drap d'or, doublé d'hermine, et dont la longue traîne était portée par des barons et des chambellans. Sur la poitrine du duc, monté en pendentif, brillait le rubis énorme volé à Jean Galéas.

Béatrice avait maigri et enlaidi. Il était étrange de constater cet état de grossesse chez cette gamine, presque enfant, à la poitrine plate, aux mouvements garçonniers.

Le More fit un signe. Le grand sénéchal leva la crosse, la musique retentit, et les invités se placèrent aux tables du festin.

IV

À ce moment se produisit un incident. L'ambassadeur du grand-duc de Moscovie, Danilo Mamirof, refusa de s'asseoir au-dessous de l'ambassadeur de la République de Venise. En vain on tenta de lui faire entendre raison. L'entêté vieillard, sans écouter, restait debout, répétant :

— Je ne m'assoirai pas… c'est un affront !

De partout se fixaient sur lui des regards curieux et moqueurs.

— Qu'est-ce ? Encore des ennuis avec les Moscovites ? Quel peuple sauvage ! Ils désirent les premières places et ne veulent rien comprendre. On ne peut les inviter nulle part. Des barbares. Leur langage est presque turc. Quelle tribu de fauves !

L'alerte et intrigant Boccalino, interprète mantouan, se faufila près de Mamirof :

— Messer Daniele, messer Daniele, murmura-t-il avec force courbettes en estropiant la langue russe ; cela n'est pas possible, vraiment pas possible. Il faut vous asseoir. C'est la coutume à Milan. Discuter est de mauvais goût. Le duc se fâche.

Le jeune compagnon du vieillard, Nikita Karatchiarof, secrétaire de l'ambassade, s'approcha également :

— Danilo Kouzmitch, mon petit père, daigne ne pas te fâcher. Dans un couvent étranger, on n'impose pas ses lois. Ces gens sont d'une autre race que nous et ignorent nos habitudes. Un affront est vite reçu. On pourrait nous faire sortir...

— Tais-toi, Nikita ! Tu es trop jeune pour donner des leçons. Je sais ce que je fais. Non, je ne m'assoirai pas au-dessous de l'ambassadeur de Venise. C'est une offense à notre ambassade. Il est dit : chaque ambassade représente en personne et en discours son empereur. Et le nôtre est le très chrétien autocrate de toutes les Russies...

— Messer Daniele, ô messer Daniele ! disait l'interprète Boccalino, affolé.

— Laisse-moi ! Pourquoi te trémousses-tu, sale gueule de singe ? J'ai dit, je ne m'assoirai pas et je ne m'assoirai pas.

Sous les sourcils froncés, les petits yeux d'ours de Mamirof étincelaient de colère, de fierté et d'irréductible obstination. La crosse de sa canne, constellée d'émeraudes, tremblait dans ses mains. Il était visible qu'aucune force n'aurait raison de son entêtement.

Ludovic appela près de lui l'ambassadeur de Venise, et, avec l'amabilité charmeuse qui lui était particulière, s'excusa, lui promit sa bienveillance et le pria, comme un service personnel, d'échanger sa place pour éviter les discussions, lui assurant que personne n'attachait d'importance au stupide orgueil de ces barbares. En réalité, le duc attachait un grand prix à l'amitié du « grand-duc de Rossia », car il espérait par son entremise conclure une alliance avantageuse avec le sultan.

Le Vénitien contempla Mamirof avec un fin sourire et, haussant dédaigneusement les épaules, observa que Son Altesse avait raison – de telles discussions au sujet d'une préséance étaient indignes de gens cultivés. Puis il s'assit à la place désignée.

Sans prêter attention aux regards hostiles, caressant avec satisfaction sa longue barbe grise, remontant sa ceinture sur son gros ventre et son manteau d'aksamyte pourpre, doublé de martre sur les épaules, Danilo Kouzmitch, d'une marche pesante et digne, vint s'asseoir à la place conquise. Un sentiment sombre, joyeux et enivrant, emplissait son âme.

Nikita et l'interprète Boccalino prirent place au bas bout de la table, auprès de Léonard de Vinci.

Le Mantouan vantard racontait les merveilles qu'il avait vues à Moscou et mêlait la réalité à la fantaisie. L'artiste, espérant recevoir de plus exacts renseignements de Karatchiarof, s'adressa à lui par l'entremise de l'interprète et commença à le questionner sur sa contrée lointaine, qui excitait la curiosité de Léonard, comme tout ce qui était immense et énigmatique ; il s'enquit de ses plaines infinies, de son climat rigoureux, de ses fleuves et de ses bois immenses, du flux et du reflux dans l'Océan hyperboréen et la mer Caspienne, de l'aurore boréale, de ses amis qui habitaient Moscou.

— Messer, demanda à l'interprète la curieuse et malicieuse Hermelina, j'ai entendu dire qu'on dénommait cette étrange contrée « Rossia », parce qu'il y poussait beaucoup de roses. Est-ce vrai ?

Boccalino se prit à rire et assura à la jeune fille que c'était pure invention, que la *Rossia*, en dépit de son nom, produisait moins de roses que n'importe quel pays, et conta, à l'appui de son affirmation, la nouvelle italienne symbolisant le froid russe.

Quelques marchands florentins étaient une fois venus en Pologne. On ne les laissa pas avancer plus loin, le roi polonais étant en guerre avec le grand-duc de Moscovie. Les Florentins, qui désiraient acheter des fourrures, prièrent les marchands russes de se rendre sur la rive du Borysthène, fleuve séparant les deux pays. Les Moscovites, qui craignaient d'être faits prisonniers, se placèrent sur une rive, les Florentins sur l'autre, et ils se prirent à marchander en criant. Mais le froid était si vif que les mots n'atteignaient pas la berge opposée et gelaient dans l'air. Alors, les Moscovites inventifs allumèrent un grand bûcher au milieu du fleuve, à l'endroit où les mots parvenaient encore non gelés. La glace, ferme comme du marbre, pouvait supporter n'importe quel feu. Et voilà que, le bûcher allumé, les mots restés glacés dans l'atmosphère durant une heure commencèrent à fondre, à couler en un doux murmure, et enfin furent entendus par les Florentins, distinctement, bien que les Moscovites se fussent depuis longtemps éloignés de la rive.

Ce récit plut à tout le monde. Les regards des dames se fixèrent, pleins de compassion, sur Nikita Karatchiarof qui habitait un pays aussi cruel, maudit de Dieu.

Cependant Nikita, stupéfait d'étonnement, contemplait un spectacle inconnu pour lui : c'était un énorme plat supportant une Andromède nue, en tendres poitrines de chapon, enchaînée à un rocher de fromage blanc, délivrée par un Persée taillé dans un quartier de veau.

Pour les viandes, le service avait été pourpre et or ; pour le poisson, le service était d'argent. On servit des pains argentés, des citrons argentés dans des tasses d'argent, et enfin, sur un plat, entre de gigantesques esturgeons et des lamproies phénoménales, apparut la déesse de l'Océan, Amphitrite, faite avec de la chair blanche d'anguille, sur un char de nacre traîné par des dauphins sur une gelée vert pâle, qui rappelait les vagues et qui était illuminée en dessous par des feux multicolores.

Puis on servit d'interminables sucreries, des sculptures en massepains, en pistaches, en noix de cèdre, en amandes et sucre brûlé, exécutées d'après les dessins de Bramante, Caradosso et Léonard – Hercule cueillant les pommes d'or du jardin des Hespérides, Hippolyte et Phèdre, Bacchus et Ariane, Jupiter et Danaé – tout l'Olympe ressuscité.

Nikita, avec une curiosité enfantine, considérait tous ces prodiges, tandis que Danilo Kouzmitch perdait l'appétit à la vue de ces déesses impudiques et ronchonnait sous son nez :

— Dégoûtation d'Antéchrist ! Horreur païenne !

V

Le bal commença. Les danses d'alors, « Vénus et Zéphyre », la « Cruelle Destinée », le « Cupidon », se distinguaient par leur lenteur, car les robes des dames, longues et lourdes, ne permettaient pas des mouvements vifs. Les dames et les cavaliers se rencontraient et se séparaient avec une importance emphatique, des saluts exagérés et des sourires exquis. Les femmes devaient marcher comme des paons, glisser comme des cygnes, afin, selon l'expression d'un poète, « que leurs pieds mignons s'agitassent doucement, doucement ». Et la musique aussi était douce, tendre, presque mélancolique, pleine de langueur passionnée, comme les chants de Pétrarque. Le principal officier de Ludovic le More, le jeune seigneur Galeazzo Sanseverino, élégant raffiné, tout de blanc vêtu, avec des manches rejetées, doublées de satin rose, des diamants à ses souliers blancs, son visage veule, efféminé, charmait les dames. Un murmure approbateur circulait dans la foule, lorsque dansant la « Cruelle Destinée », il laissait tomber son soulier ou son manteau en continuant à danser dans la salle avec cette « négligence attristée » que l'on considérait comme un signe de haute élégance.

Longtemps Danilo Mamirof le regarda, puis cracha :
— Paillasse, va !

La duchesse aimait les danses. Mais ce soir son cœur était sombre et oppressé. Seule son hypocrisie habituelle l'aidait à remplir son rôle de maîtresse de maison, à répondre par des fadaises aux compliments stupides de nouvel an, aux écœurantes platitudes des vassaux. Par instants, elle croyait, à bout de forces, qu'elle serait obligée de se sauver en sanglotant. Ne se trouvant bien nulle part, et errant dans les salles, elle entra dans le petit salon des dames où, autour de la cheminée dans laquelle flambaient gaiement les bûches, de jeunes dames et des seigneurs causaient en cercle.

Elle demanda le sujet de leur conversation.

— Nous parlons de l'amour platonique, Altesse, répondit une des dames. Messer Antoniotto Fregoso nous prouve qu'une femme peut baiser un homme sur les lèvres, sans que sa chasteté en soit atteinte, si ce dernier l'aime d'amour céleste.

— Comment le prouvez-vous, messer Antoniotto ? demanda la duchesse en clignant distraitement des yeux.

— Avec l'autorisation de Votre Altesse, j'affirme que les lèvres – armes de la parole – servent de porte à l'âme, et, lorsqu'elles s'unissent en un baiser platonique, les âmes des amoureux se dirigent vers les lèvres, comme à leur sortie naturelle. Voilà pourquoi Platon ne défend pas le baiser ; pourquoi le roi Salomon dans le *Cantique des cantiques*, lorsqu'il parle de l'union de l'âme humaine avec Dieu, dit : « Baise-moi lèvres à lèvres. »

— Pardon, messer, interrompit un des auditeurs, vieux baron, chevalier provincial au visage honnête et brutal. Je ne comprends peut-être pas toutes ces finesses, mais admettez-vous vraiment qu'un mari, s'il surprenait sa femme dans les bras de son amant, dût tolérer...

— Certainement, répliqua le philosophe de cour, c'est conforme à la sagesse de l'amour spirituel...

— Permettez-moi d'observer, cependant, que dans ce cas le mariage...

— Ah ! mon Dieu ! nous parlons d'amour, comprenez-vous ! d'amour et non de mariage ! s'écria impatientée la jolie madonna Fiordeliza en haussant ses belles épaules nues.

— Mais le mariage, madonna, d'après toutes les lois humaines... continua le chevalier.

— Les lois ! repartit madonna Fiordeliza en fronçant en une moue méprisante ses jolies lèvres rouges. Comment pouvez-vous, messer, dans une causerie aussi élevée, mentionner les lois humaines – piteuses créations des peuples – qui transforment les saints noms d'amant et de maîtresse en des mots aussi sauvages que « mari » et « femme » !

Le baron resta stupide. Et messer Fregoso, ne lui prêtant plus aucune attention, continua son discours sur les mystères de l'amour spirituel.

La duchesse s'ennuya. Doucement elle s'éloigna et passa dans une autre salle.

Là, un poète célèbre, venu de Rome, Serafino d'Aquila, surnommé l'Unique (*Unico*), récitait des vers. Petit, maigre, soigné de sa personne, rasé de frais, frisé, parfumé, il avait un visage d'enfant, un sourire langoureux, de vilaines dents et des yeux dans lesquels, à travers les larmes d'enthousiasme, brillait une ruse coquine.

En voyant parmi les dames qui l'entouraient madonna Lucrezia, Béatrice s'émut, pâlit, mais elle se domina aussitôt, s'approcha d'elle avec sa grâce habituelle et l'embrassa.

À ce moment parut, dans l'embrasure de la porte, une dame mûre, fort maquillée, vêtue de couleurs criardes, qui tenait un mouchoir à son nez.

— Eh bien ! madonna Dionigia, vous seriez-vous blessée ? demanda la donzella Hermelina avec une compassion maligne.

Dionigia expliqua que durant les danses, chaleur ou fatigue, elle avait été prise d'un saignement de nez.

— Voilà un cas sur lequel messer Unico lui-même serait embarrassé de composer un quatrain amoureux, déclara un des seigneurs.

Unico sursauta, avança une jambe, passa furtivement une main dans ses cheveux, leva les yeux au plafond.

— Doucement, doucement, murmurèrent les dames, messer Unico compose. Votre Altesse veut-elle venir de ce côté, on entend mieux ?

Donzella Hermelina prit un luth, en pinça distraitement les cordes et, sur cet accompagnement, le poète, d'une voix solennellement assourdie, récita son sonnet.

L'Amour, ému des prières de l'amant, avait dirigé sa flèche vers le cœur de l'insensible. Mais, ses yeux étant bandés, il visa mal et, au lieu du cœur,

> *Dans le tendre nez s'encrête.*
> *Et le mouchoir de linon blanc*
> *De rosée pourpre se mouchète.*

Les dames applaudirent.

— Charmant, charmant, étonnant ! Quelle rapidité ! Quelle facilité ! Oh ! Bellincioni n'a qu'à se bien tenir, lui qui sue des journées entières sur un sonnet.

— Messer Unico, désirez-vous du vin du Rhin ? demandait une de ses adoratrices.

— Messer Unico, voici des pastilles à la menthe, offrait une autre.

On l'asseyait dans un fauteuil ; on l'éventait.

Il se pâmait, clignait des yeux, comme un chat repu au soleil. Puis, il récita un autre sonnet en l'honneur de la duchesse, dans lequel il disait que la neige, honteuse de la blancheur de sa peau, avait imaginé une perfide vengeance et s'était transformée en glace. Voilà pourquoi, lorsqu'elle était sortie se promener dans la cour du palais, la duchesse avait fait une chute.

Il lut aussi des vers dédiés à une belle à laquelle il manquait une dent, une ruse de l'amour qui, habitant sa bouche, profitait de cette meurtrière pour décocher ses traits.

— Un génie ! glapit une dame. Le nom d'Unico, dans la postérité, figurera à côté de celui du Dante.

— Plus haut que le Dante ! renchérit une autre. Trouvez-vous, chez le Dante, ces finesses amoureuses de *notre* Unico ?

— Madonna, répliqua humblement le poète, vous exagérez. Le Dante a aussi ses qualités. Mais à chacun les siennes. En ce qui me concerne, pour vos applaudissements, je donnerais la gloire du Dante.

— Unico ! Unico ! soupiraient les admiratrices épuisées d'enthousiasme.

Lorsque Serafino commença un nouveau sonnet dans lequel il racontait comment le feu s'étant déclaré dans la maison de sa bien-aimée, on ne parvint pas à l'éteindre, parce que chacun devait songer à arroser d'eau son cœur allumé par les regards de la belle, Béatrice n'y tint plus et sortit.

Elle revint vers les grandes salles, commanda à son page Ricciardetto, qui lui était tout dévoué et, lui semblait-il, amoureux d'elle, de monter à sa chambre et de l'y attendre avec une torche. Elle se dirigea alors vers une galerie éloignée où les gardes dormaient appuyés sur leurs lances, ouvrit une porte de fer et monta un escalier tournant et sombre, conduisant à la salle voûtée qui servait de chambre à coucher au duc et sise dans la tour nord.

Béatrice s'approcha, une lumière à la main, de la cachette pratiquée dans le mur où le duc gardait les papiers importants et les lettres secrètes, introduisit la clef dans la serrure, mais sentit que cette dernière était brisée, ouvrit la porte et vit les planches nues ; Ludovic, s'étant un jour aperçu de la disparition de la clef, avait mis en sûreté ses papiers.

Elle s'arrêta, saisie et indécise.

Derrière les croisées, les flocons de neige volaient comme des fantômes blancs. Le vent tantôt sifflait, tantôt hurlait, tantôt pleurait.

Les regards de la duchesse tombèrent sur la fermeture de fonte de l'oreille de Denys. Elle s'approcha de l'ouverture, souleva le lourd couvercle et écouta. Des flots de sons parvinrent jusqu'à elle, pareils aux murmures des vagues dans les coquillages. Tout à coup, il lui sembla que, non pas en bas, mais tout près d'elle, quelqu'un avait murmuré :

— Bellincioni… Bellincioni…

Elle poussa un cri et pâlit.

— Bellincioni ! Comment n'y avait-elle pas songé ? Oui, oui, certainement ! Voilà de qui elle saurait tout… Chez lui, inaperçue… pour qu'on ne la cherche pas… Ah ! tant pis ! Je veux savoir, je ne puis plus supporter ce mensonge !

Elle se souvint que, sous prétexte de maladie, Bellincioni n'était pas venu au bal ; elle calcula qu'il devait être seul chez lui à cette heure, et appela le page Ricciardetto qui se tenait à la porte.

— Ordonne à deux porteurs de m'attendre avec un palanquin dans le parc, près de la porte secrète du palais. Seulement, si tu veux me plaire, que personne n'en sache rien ? tu entends ?… personne !

Elle lui donna sa main à baiser. L'adolescent courut exécuter les ordres.

Béatrice revint dans la chambre, jeta sur ses épaules un manteau de martre, assujettit sur son visage un masque de soie noire, et quelques minutes après se trouva dans son palanquin qui prenait la direction de la porte Ticcini où habitait Bellincioni.

VI

Le poète appelait sa vieille maison, à moitié en ruines, une « niche à grenouilles ». Il recevait de nombreux cadeaux, mais menait une vie de désordres, buvait ou jouait tout ce qu'il possédait, et c'est pourquoi la pauvreté, selon l'expression de Bellincioni lui-même, le poursuivait « comme une épouse fidèle et détestée ».

Couché sur son lit à trois pieds, avec une bûche en guise de quatrième, sur un matelas crevé, mince comme une crêpe, il achevait de boire un troisième broc de vin aigre, tout en composant une épitaphe pour le chien favori de madonna Cecilia.

Le poète, tout en observant les derniers charbons s'éteindre dans son poêle, essayait vainement de se réchauffer en entortillant ses jambes maigres dans le manteau doublé d'écureuil, rongé par les mites, qui lui servait de couverture. Il écoutait les hurlements du vent et songeait au froid de la nuit.

Au bal de la cour, l'on devait représenter une allégorie composée par lui en l'honneur de la duchesse : *Le Paradis*. S'il avait refusé de s'y rendre, ce n'était pas qu'il fût malade, bien que souffrant depuis longtemps et si amaigri que, selon lui, « on pouvait en regardant son corps étudier l'anatomie de tous les muscles, de toutes les veines et de tous les os ». Même à son dernier souffle, il se serait traîné jusqu'au palais. La véritable cause de son absence était la jalousie : il aimait mieux geler dans sa mansarde plutôt que d'assister au triomphe de son rival, ce fripon et intrigant d'Unico, qui, par des vers stupides, avait su faire tourner la tête de toutes les grandes dames.

Rien que de penser à Unico, toute la bile remontait au cœur de Bellincioni. Il serrait ses poings et sautait à bas de son lit. Mais il faisait si froid dans sa chambre que tout de suite, raisonnablement, il se recouchait, tremblant, toussant, et s'enveloppait dans la vieille fourrure.

« Les misérables ! jurait-il. Quatre sonnets sur le chantier avec des rythmes merveilleux, et en échange pas un fagot ! L'encre est capable de geler, je ne pourrai plus écrire. Si j'enlevais la rampe de l'escalier ? Les gens convenables ne viennent pas chez moi, et si un usurier se casse la tête le mal ne sera pas grand. »

Ses regards se fixèrent sur la grosse bûche qui servait de quatrième pied à son grabat. Il hésita une minute, se demandant s'il était préférable de grelotter toute la nuit ou de dormir sur un lit branlant.

Le vent siffla dans une fente de fenêtre, pleura, ricana, comme une sorcière dans l'âtre. En une décision désespérée, Bernardo se leva, prit la bûche, la fendit et commença à en jeter les morceaux dans la cheminée. La flamme s'éleva, éclairant la triste demeure. Accroupi sur les talons, Bellincioni tendit ses mains bleuies vers le feu, dernier ami des poètes solitaires.

« Chienne d'existence ! pensait-il. En quoi suis-je moins bien que les autres ?

« N'est-ce pas de mon aïeul, lorsque la maison des Sforza n'existait pas encore, que le Dante a dit :

> Bellincion Berti vid'io andar cinto
> Di cuojo e d'osso...

« Quand je suis arrivé à Milan les pique-assiettes de la cour ne savaient pas distinguer un *strambotto* d'un sonnet. N'est-ce pas moi qui leur ai appris les beautés de la nouvelle poésie ? N'est-ce pas ma main qui a fait couler la source d'Hippocrène au point de la transformer en une mer qui menace de tout inonder ? Et voilà ma récompense ! Je crèverai comme un chien sur la paille. Personne ne reconnaît le poète malheureux, comme si son visage se cachait sous un masque ou était défiguré par la petite vérole. »

Avec un sourire amer, il inclina sa tête chauve. Grand, maigre, assis sur les talons devant le feu, avec son long nez rouge, il ressemblait à un oiseau malade et transi.

On frappa en bas, à la porte de la maison ; puis il entendit les jurons de sa vieille bonne hydropique et le bruit de ses socques sur les briques.

« Quel est le démon ? pensa Bernardo intrigué. Serait-ce encore Salomone pour ses intérêts ? Oh ! les impies maudits ! Même la nuit ils ne me laissent en paix... »

Les marches de l'escalier craquèrent. La porte s'ouvrit et une femme en manteau de martre, le visage caché par un loup de soie noire, pénétra dans la chambre.

Le poète sursauta et la regarda fixement.

Elle s'approcha, silencieuse, de l'unique chaise.

— Doucement, madonna, la prévint le poète, le dossier est cassé.

Et avec une amabilité toute mondaine, il ajouta :

— À quel bon génie dois-je le bonheur de voir une aussi belle dame dans mon humble logis ?

« Probablement une commande, un madrigal amoureux, songea-t-il. Tant mieux, c'est du pain ! ou du bois ! Seulement, c'est bien étrange, toute seule à cette heure-ci ! Après tout, mon nom est honorablement connu. Une admiratrice peut-être ?... »

Il s'anima, courut à la cheminée, et généreusement y précipita les derniers éclats de la bûche.

La dame enleva son masque.

— C'est moi, Bernardo.

Il poussa un cri, recula, et, pour ne pas tomber, dut se retenir au loquet de la porte.

— Jésus ! Sainte Vierge ! balbutia-t-il, les yeux écarquillés. Votre Altesse... Duchesse sérénissime...

— Bernardo, tu peux me rendre un grand service, dit Béatrice.

Puis, après avoir examiné la pièce, elle demanda :

— Personne ne peut entendre ?

— Soyez rassurée, Altesse, personne, sauf les rats et les souris.

— Écoute, continua lentement la duchesse, en fixant sur lui un regard scrutateur, je sais que tu as écrit pour madonna Lucrezia des vers d'amour. Tu dois avoir du duc des lettres de commande.

Il pâlit, et silencieux la regarda, ahuri.

— Ne crains rien, ajouta-t-elle, personne ne le saura, je t'en donne ma parole. Je saurai te récompenser, si tu exécutes ma prière. Je te ferai riche, Bernardo...

— Votre Altesse, dit-il avec effort, ne croyez pas... c'est une calomnie... pas une lettre... je le jure devant Dieu !...

Dans les yeux de Béatrice, une flamme de colère brilla. Ses fins sourcils se froncèrent. Elle se leva et s'approcha de Bellincioni, son lourd regard toujours posé sur lui.

— Ne mens pas. Je sais tout. Donne-moi les lettres du duc, si tu tiens à ta vie, entends-tu ? donne ! Prends garde, Bernardo ! Mes gens attendent en bas. Je ne suis pas venue pour plaisanter avec toi !

Il tomba à genoux devant elle :

— Comme il vous plaira, signora ! Je n'ai pas de lettres...

— Non, répéta-t-elle en s'inclinant vers lui. Tu dis que tu n'en as pas ?

— Non.

La rage s'empara de Béatrice.

— Attends donc, maudit procureur, je te forcerai à me dire la vérité. Je t'étranglerai de mes mains, misérable !

Et, en effet, ses tendres doigts enserrèrent son cou avec une force telle qu'il étouffa et que les veines de son cou se gonflèrent à éclater. Sans se défendre, les bras ballants, clignant impuissamment des paupières, il ressembla encore davantage à un piteux oiseau malade.

« Elle me tuera, aussi vrai qu'il y a un Dieu dans les cieux, elle me tuera, songeait Bernardo. Eh bien ! tant pis !... Mais je ne trahirai pas le duc ! »

Bellincioni avait été toute sa vie un bouffon de cour, un bohème invétéré, un poète à tout faire, mais jamais il n'avait été un traître. Dans ses veines coulait un sang noble, plus pur que celui des mercenaires romagnols, les parvenus Sforza, et il était prêt maintenant à le prouver.

>   Bellincion Berti vid'io andar cinto
>   Di cuojo e d'osso...

Il se remémora les vers d'Alighieri concernant son aïeul.

La duchesse se ressaisit. De dégoût elle lâcha la gorge du poète, le repoussa, et, s'approchant de la table, prit la petite lampe tachée, bosselée, et se dirigea vers la porte de la chambre voisine. Elle l'avait déjà remarquée et avait deviné que ce devait être le *studiolo*, la cellule de travail du poète.

Bernardo se leva, se plaça devant la porte, avec l'intention de lui barrer le chemin. Mais la duchesse lui adressa un tel regard qu'il se rapetissa, se courba et recula.

Elle entra dans le temple de la Muse misérable. Cela sentait les livres moisis. Sur les murs, de grandes taches d'humidité s'étalaient. La vitre cassée de la croisée était bouchée avec des chiffons. Sur le pupitre couvert d'éclaboussures d'encre, à côté des plumes mordillées et déplumées, traînaient des papiers, brouillons de vagues poèmes.

Sans accorder la moindre attention à Bernardo, après avoir posé la lampe sur une planche, la duchesse fouilla les papiers. Il y avait là quantité de sonnets adressés aux trésoriers de la cour, aux échansons, aux officiers de bouche, pour solliciter, en des rimes comiques, de l'argent, du bois, du vin, des vêtements et de la nourriture. Dans un sonnet, le poète demandait à messer Pallavicini une oie rôtie farcie de coings. Dans un autre, intitulé « Du More à Cecilia », il comparait le duc à Jupiter et la duchesse à Junon, et racontait comment Ludovic le More, se rendant à un rendez-vous, surpris en route par la bourrasque, avait été forcé de rentrer au palais, parce que la « jalouse Junon, qui avait deviné la trahison de son époux, avait arraché de sa tête son diadème et dispersé les perles sous forme de pluie et de grêle ».

Soudain, sous un tas de papiers, elle remarqua une élégante cassette en bois d'ébène, l'ouvrit et y découvrit une liasse de lettres joliment enrubannées.

Bernardo, qui suivait tous ses mouvements, effaré, leva les bras au ciel. La duchesse le regarda d'abord, puis se saisit des lettres, lut le nom de Lucrezia, reconnut l'écriture du duc et comprit que c'était bien là ce qu'elle cherchait – les brouillons des poésies commandées pour Lucrezia. Elle prit la liasse, la glissa dans son corsage et, sans mot dire, jetant au poète, comme à un chien, une bourse pleine de ducats, se retira.

Bellincioni l'entendit descendre l'escalier, claquer la porte, et il resta longtemps au milieu de la pièce, comme foudroyé. Le parquet sous ses pieds, lui semblait-il, oscillait comme un navire secoué par la tempête.

Enfin, épuisé, il tomba sur son lit boiteux et s'endormit d'un profond sommeil.

VII

La duchesse revint au palais.

Les invités, qui avaient remarqué son absence, murmuraient, se demandaient ce qui avait pu arriver. Le duc lui-même s'inquiétait. Elle entra dans la salle, s'approcha de lui, un peu pâlie, et lui dit que, prise de fatigue après le festin, elle s'était retirée dans ses appartements pour se reposer.

— Bice, murmura le duc en lui prenant sa main glacée et tremblante, si tu te sens indisposée, dis-le, au nom de Dieu. N'oublie pas ton état. Veux-tu que nous remettions la seconde partie de la fête à demain ? Du reste, je n'ai organisé tout cela que pour toi.

— Non, Vico, répliqua la duchesse, ne t'inquiète pas. Depuis longtemps je ne me suis sentie aussi bien qu'aujourd'hui. C'est si gai !... Je veux voir *le Paradis*. Je veux danser.

— Allons, tant mieux, Dieu merci ! dit le duc, calmé, en baisant avec une tendresse respectueuse la main de sa femme.

Les invités se rendirent de nouveau dans la salle du jeu de paume, où, pour la représentation du *Paradis* de Bellincioni, était installée une machine inventée par le mécanicien de la cour, Léonard de Vinci.

Lorsque tout le monde fut assis et qu'on eut soufflé les lumières, la voix de Léonard retentit :

— Tout est prêt !

Un fil de poudre s'alluma et, dans l'obscurité, tels d'énormes soleils de glace, brillèrent des sphères de cristal, emplies d'eau et éclairées intérieurement par un feu violent qui prenaient les teintes de l'arc-en-ciel.

— Regardez, disait à sa voisine donzella Hermelina en désignant le peintre, regardez son visage ! Un vrai mage ! Il serait peut-être capable de soulever le palais tout entier, comme dans la fable !

— On ne doit pas jouer avec le feu, c'est dangereux, murmura la voisine.

Dans la machine, derrière les sphères de cristal, étaient cachées des caisses rondes. De l'une d'elles sortit un ange avec de grandes ailes blanches, qui annonça le commencement de la représentation et dit un des vers du prologue, en désignant le duc :

Le grand roi fait tourner les sphères,

faisant comprendre ainsi que le duc dirigeait ses vassaux avec autant de sagesse que le Tout-Puissant les sphères célestes. Et, au même moment, les boules de cristal bougèrent et tournèrent autour de l'axe de la machine en émettant une vague et étrange musique. Des cloches d'un verre spécial, inventé par Léonard, frappées par des touches, produisaient ces sons.

Les planètes s'arrêtèrent et au-dessus de chacune d'elles apparurent les dieux correspondants : Jupiter, Apollon, Mercure, Mars, Diane, Vénus, Saturne, qui adressèrent leurs souhaits à Béatrice.

À la fin, Jupiter présenta à la duchesse les trois Grâces helléniques, les Sept Vertus chrétiennes, et tout l'Olympe du Paradis à l'ombre des ailes blanches des anges et de la croix ornée de lampes vertes, symbole de l'espérance, se remit à tourner ; les dieux et les déesses chantèrent un hymne à la gloire de Béatrice, accompagnés par la musique des sphères de cristal et les applaudissements des spectateurs.

— Écoutez, dit la duchesse au seigneur Gaspare Visconti assis auprès d'elle. Pourquoi n'avons-nous pas vu Junon, l'épouse jalouse de Jupiter, qui, « arranchant de ses cheveux son diadème, disperse les perles sous forme de pluie et de grêle » ?

En entendant ces mots, le duc se retourna vivement et regarda Béatrice. Elle eut un rire tellement faux que le duc sentit son cœur se glacer. Mais tout de suite elle se domina, et parla d'autre chose, en serrant plus fort sur sa poitrine, sous son corsage, la liasse de lettres.

La vengeance, goûtée à l'avance, l'enivrait, la rendait forte et calme, presque gaie.

Les invités passèrent dans une autre salle où les attendait un nouveau spectacle : attelés de nègres, de léopards, de griffons, de centaures et de dragons, défilaient les chars triomphaux de Numa Pompilius, César, Auguste, Trajan, avec des inscriptions allégoriques qui enseignaient que tous ces héros étaient les précurseurs du duc. Pour apothéose, parut un char traîné par des licornes, portant un énorme globe, sur lequel était couché un guerrier revêtu d'une armure rouillée. Un enfant nu, doré, qui tenait une branche de mûrier, sortait d'une fente de la cuirasse. Cela symbolisait la mort du vieux siècle de fer et la naissance du siècle d'or. À l'étonnement général, l'enfant doré était vivant. Le gamin, par suite de l'épaisse couche de dorure qui couvrait son corps, se sentait malade. Dans ses yeux effrayés brillaient encore des larmes.

D'une voix tremblante, il commença le compliment au duc :

> *Bientôt, humains, bientôt,*
> *En une beauté nouvelle*
> *Je reviendrai parmi vous,*
> *Sur l'ordre du duc le More.*
> *Insouciant siècle d'or.*

Les danses reprirent autour du char. L'interminable compliment ennuya tout le monde. Et l'enfant, debout sur le faîte, balbutiait de ses lèvres dorées qui se glaçaient :

> *Sur l'ordre du duc le More,*
> *Insouciant siècle d'or.*

Béatrice dansa avec Gaspare Visconti. Par moments un accès de rire et de pleurs serrait sa gorge. Le sang battait douloureusement à ses tempes. Sa vue s'assombrissait. Mais son visage restait impénétrable. Elle souriait. Après avoir terminé la danse, la duchesse quitta la foule en fête et de nouveau s'éloigna inaperçue.

VIII

Béatrice se rendit dans la tour solitaire du Trésor. Là, personne n'entrait qu'elle et le duc.

Prenant la lumière des mains du page Ricciardetto, elle lui ordonna de l'attendre à la porte, pénétra dans la haute et sombre salle, obscure et froide comme un caveau, s'assit, prit la liasse de lettres, la posa sur la table, et elle s'apprêtait à les lire, lorsque, avec un sifflement aigu, grognant et ricanant, le vent s'engouffra dans la tour par l'âtre de la cheminée monumentale, hurla et faillit éteindre le cierge. Puis, tout à coup, régna un lourd silence. Et il sembla à Béatrice qu'elle distinguait les sons lointains de la musique du bal, et aussi celui presque imperceptible des chaînes de fer, en bas, dans le souterrain où se trouvait la prison.

Et, au même moment, elle sentit que, derrière elle, dans le coin sombre, quelqu'un se tenait. La peur s'empara d'elle. Elle savait qu'elle ne devait pas regarder. Mais elle ne put résister et se retourna. Dans le coin sombre se tenait celui qu'elle avait déjà vu une fois – long, long, long et plus noir que la nuit –, la tête inclinée sous une cagoule qui cachait son visage. Elle voulut crier, appeler Ricciardetto, mais sa voix s'étrangla. Elle se leva pour se sauver – ses jambes fléchirent. Elle tomba à genoux et murmura :

— Toi... toi encore... pourquoi ?

Lentement il leva la tête.

Et elle vit, non pas le visage effrayant du défunt duc Galéas, mais vraiment son visage, et entendit sa voix :

— Pardonne... pauvre... pauvre femme.

Il fit un pas vers elle, un froid sépulcral lui souffla à la figure. Elle poussa un cri déchirant, inhumain, et perdit connaissance. Ricciardetto accourut, la vit privée de sens, étendue sur les dalles. Il se précipita à travers les couloirs sombres à peine éclairés par les lanternes sourdes des veilleurs, puis à travers les salles de fêtes il chercha le duc en criant :

— Au secours ! au secours !

Minuit venait de sonner. La folie dirigeait le bal. On venait de commencer la danse à la mode durant laquelle les cavaliers et les dames passaient en farandole sous « l'Arc des Amoureux fidèles ». Un homme, qui représentait le génie de l'Amour, se tenait sur la cime de l'arc, armé d'une longue trompe. Au pied se massaient les juges. Lorsque approchaient les « amoureux fidèles », le génie les accueillait par une suave musique. Les juges les laissaient passer avec joie. Les infidèles, par contre, tentaient de vains efforts : la trompe les assourdissait, les juges les accablaient de confetti, et les malheureux, sous une pluie de railleries, étaient forcés de fuir.

Le duc venait de passer sous l'arc, accompagné des sons les plus suaves, comme le plus fidèle des amants.

À cet instant la foule s'écarta : Ricciardetto entrait en courant dans la salle, gémissant :

— Au secours ! au secours !

Apercevant le duc, il se précipita vers lui.

— Quoi ? qu'y a-t-il ? demanda Ludovic.

— Votre Altesse... la duchesse est malade... Vite... vite... venez !

— Malade ?... encore !... où ? Parle distinctement ?

— Dans la tour du Trésor...

Le duc se prit à courir si vite que la chaîne d'or de son cou bruissait à chaque pas et que sa perruque sursautait sur sa tête.

Le génie de l'Amour, sur le faîte de l'arc, continuait à sonner de la trompe. Enfin il s'aperçut qu'en bas se passait quelque chose d'insolite et se tut.

Plusieurs seigneurs coururent derrière le duc et, subitement, toute la foule ondula, s'élança vers les portes comme un troupeau de moutons saisis de panique. On renversa l'arc. Le sonneur de trompe eut à peine le temps de sauter et se foula la jambe.

Quelqu'un cria :
— Le feu !
— Voilà, je disais bien qu'on ne devait pas jouer avec le feu ! dit en se lamentant la dame qui n'approuvait pas Léonard.

Une autre glapit et s'évanouit.
— Tranquillisez-vous, il n'y a pas d'incendie, assuraient les uns.
— Alors, qu'est-ce ? demandaient les autres.
— La duchesse est malade...
— Elle se meurt ! on l'a empoisonnée ! déclara un seigneur qui crut aussitôt, lui-même, à son mensonge.
— Impossible ! La duchesse était ici à l'instant et dansait...
— Ne savez-vous pas ? La veuve du duc Jean Galéas, Isabelle d'Aragon, pour venger son mari...
— Un poison lent et sûr...

De la salle voisine parvenaient les sons de la musique. Là, on ne savait rien encore. Durant la danse « Vénus et Zéphyre », les dames, avec un sourire charmeur, promenaient leurs cavaliers par une chaîne d'or, comme des prisonniers, et lorsqu'ils tombaient devant elles, en soupirant langoureusement, elles leur posaient le pied sur la tête, telles des conquérantes.

Un chambellan accourut, fit de grands gestes et cria aux musiciens :
— Taisez-vous, taisez-vous ! La duchesse est malade.

Tout le monde se retourna. La musique se tut. Seule une viole, sur laquelle jouait un sourd, longtemps égrena encore ses notes grêles.

Des laquais passèrent vivement, portant un lit étroit, long, muni d'un matelas dur, composé de deux planches transversales pour la tête, de deux poignées pour les mains, et d'une traverse pour les pieds. Ce lit était conservé de temps immémorial dans les garde-robes du palais et avait servi pour les couches de toutes les duchesses de la maison Sforza. Étrange et menaçant paraissait ce grabat, transporté ainsi sous le feu des lumières du bal, au-dessus des têtes de toutes ces femmes en pompeux atours.

Tout le monde comprit.
— Si c'est une peur ou une chute, observa une vieille dame, il faudrait immédiatement lui faire avaler un blanc d'œuf cru, mêlé à de la soie pourpre effilochée.

Une autre assurait que la soie pourpre n'avait aucune action, l'important était d'avaler sept germes d'œuf de poule délayés dans un jaune.

Cependant, Ricciardetto, entrant dans une des salles du haut, entendit derrière la porte de la chambre voisine un si terrible gémissement qu'il s'arrêta interdit et demanda à l'une des servantes qui passait portant du linge, des bassinoires et des cruches d'eau chaude :

— Qu'est-ce ?

Elle ne lui répondit pas.

Une vieille, sage-femme probablement, le regarda sévèrement et lui dit :

— Va-t'en, va-t'en. Tu barres le chemin, tu gênes... Ce n'est pas ici la place des gamins.

La porte s'entrouvrit un instant et Ricciardetto vit, dans le fond de la pièce, parmi le désordre des vêtements et de linge arrachés, celle qu'il adorait d'un amour sans espoir : elle avait le visage rouge, suant, avec des mèches de cheveux collées au front et la bouche ouverte d'où s'échappait un râle continu.

L'adolescent pâlit et cacha sa tête dans ses mains.

À côté de lui bavardaient, à voix basse, des commères, des bonnes, des rebouteuses, des accoucheuses. Chacune avait son remède !

L'une proposait d'envelopper la jambe droite de la malade dans de la peau de serpent ; l'autre, de l'asseoir sur une bassine de fonte emplie d'eau bouillante : la troisième, d'attacher sur son ventre le chaperon de son mari ; la quatrième, de lui faire boire de l'alcool filtré sur une poudre de corne de cerf et de graine de cochenille.

— La pierre d'aigle sous l'aisselle droite, la pierre d'aimant sous l'aisselle gauche, mâchonnait une vieille édentée, cela, ma petite mère, c'est la première chose à faire. La pierre d'aigle ou bien une émeraude.

De la chambre sortit le duc. Il tomba sur une chaise et, tenant sa tête à deux mains, sanglota comme un enfant :

— Seigneur ! Seigneur ! Je ne peux plus... je ne peux plus ! Bice !... Bice !... À cause de moi, maudit.

Il se souvenait que, dès qu'elle l'avait aperçu, la duchesse avait crié d'une voix colère :

— Va-t'en !... Va chez ta Lucrezia !

La vieille édentée s'approcha de lui, tenant une assiette en fer-blanc.

— Daignez manger, monseigneur.

— Qu'est-ce ?

— De la chair de loup. Il y a une raison à cela : dès que le mari aura mangé de la chair de loup, l'accouchée se sentira mieux. La chair de loup, c'est la première chose à faire.

Le duc, avec une expression soumise et distraite, s'efforçait d'avaler le morceau de viande noire et dure qui s'arrêtait dans sa gorge.

La vieille, inclinée au-dessus de lui, marmonnait :

> *Notre Père,*
> *Sept loups et une louve mère,*
> *Qui êtes aux cieux et sur la terre ;*

> *Vent, lève-toi, et notre mal*
> *Emporte vite dans le canal.*

« Au nom de la très Sainte-Trinité consubstantielle et éternelle. Notre mot sera fort. Amen ! »

Le médecin principal, Luigi Marliani, accompagné de deux autres docteurs, sortit de la pièce. Le duc se précipita à leur rencontre.

— Eh bien ?

Ils se taisaient.

— Monseigneur, dit enfin Luigi, toutes les mesures sont prises. Nous espérons que le Seigneur, dans sa grande miséricorde...

Le duc lui saisit la main.

— Non, non !... Il doit y avoir un remède... Au nom de Dieu, tentez quelque chose !...

Les médecins se regardèrent comme des augures, sentant qu'il fallait le calmer.

Marliani, en fronçant sévèrement les sourcils, dit en latin au jeune docteur au visage impertinent :

— Trois onces de limaces de rivière, mêlées à de la muscade et à du corail rouge pilé.

— Peut-être une saignée ? observa le vieillard à l'air très bon.

— La saignée ? j'y avais songé, continua Marliani, mais malheureusement Mars est dans le signe du Cancer, dans la quatrième sphère solaire. De plus, l'influence d'une date impaire...

Le vieillard soupira et se tut.

— Ne croyez-vous pas, maître, demanda le jeune docteur aux yeux rieurs, qu'il faudrait ajouter aux limaces de la fiente de mars... de la fiente de vache ?

— Oui, consentit Luigi, de la fiente de vache...

— Oh ! Seigneur ! Seigneur ! gémit le duc.

— Votre Altesse, lui dit Marliani, calmez-vous, je puis vous assurer que tout ce que la science...

— Au diable, la science ! cria tout à coup le duc en serrant les poings. Elle se meurt, entendez-vous ? elle se meurt ! Et vous parlez ici de bouillon de limaces et de fiente de vache !... Misérables ! Je vous ferai tous pendre !

Et, mortellement triste, il erra par la chambre, écoutant la plainte continue.

Subitement son regard tomba sur Léonard. Il le prit à part :

— Écoute, murmura-t-il, comme dans un songe, sans se rendre compte de ses paroles, écoute, Léonard, tu vaux plus qu'eux tous. Je sais que tu possèdes de grands secrets... Non, non, ne réponds pas... Je sais... Ah ! mon Dieu ! ce cri !... Que voulais-je dire ? Oui, oui, aide-moi, mon ami, fais quelque chose... Je donnerais mon âme pour la soulager... pour ne pas entendre ce cri !...

Léonard voulut répondre. Mais le duc, qui ne s'occupait déjà plus de lui, s'était élancé à la rencontre de chanoines et de moines :

— Enfin ! Dieu merci ! Qu'apportez-vous ?

— Une partie des reliques de saint Ambrosio, la ceinture de sainte Marguerite, la dent de saint Christophe, un cheveu de la Vierge.

— Bon ! bon ! allez prier !

Le More voulut pénétrer avec eux dans la pièce, mais un cri perçant, un râle terrifiant retentit ; alors il se boucha les oreilles et s'enfuit, traversant les salles sombres, jusqu'à la chapelle faiblement éclairée. Là, il tomba à genoux.

— J'ai péché, sainte Mère de Dieu, j'ai péché, maudit ! J'ai empoisonné un innocent adolescent, le duc légitime Jean Galéas !... Mais, Tu es miséricordieuse. Protectrice unique, entends ma prière et pardonne-moi ! Je donnerai tout, je me repentirai de tout, prends mon âme... mais sauve-la !

Des bribes de pensées stupides se pressaient dans son cerveau et l'empêchaient de prier. Il se souvint d'un récit qui l'avait fait rire récemment. Un marinier se sentant perdu dans un coup de tempête, promit à la Vierge Marie un cierge haut comme le mât du navire, et lorsque son camarade lui demanda où il prendrait la cire nécessaire pour ce cierge phénoménal : « Tais-toi, lui avait-il répondu, pourvu que nous nous sauvions maintenant, nous aurons le temps d'y songer plus tard. Du reste, j'espère que la Madone se contentera d'un cierge plus petit. »

— À quoi vais-je penser ! se dit le duc. Deviendrais-je fou ?

Il fit un effort pour se ressaisir et de nouveau pria.

Mais les brillantes sphères de cristal, les soleils transparents, tournèrent devant ses yeux au son d'une musique douce et du refrain obsédant de l'enfant doré :

Je reviendrai parmi vous,
Sur l'ordre du duc le More.

Puis tout s'effaça. Lorsqu'il s'éveilla, il lui sembla qu'il n'avait dormi que deux ou trois minutes. Mais, lorsqu'il sortit de la chapelle, il vit, à travers les fenêtres ternies par la neige, le jour gris d'un matin d'hiver.

IX

Le duc revint dans les salles du petit palais Rocchetto. Partout régnait un pénible silence. Il croisa une femme qui portait des langes. Elle s'approcha de lui et dit :

— Son Altesse est délivrée.

— Elle est vivante ? balbutia le More pâlissant.

— Oui. Mais l'enfant est mort. Son Altesse est très faible et désire vous voir. Venez.

Il entra dans la chambre et aperçut, sur les coussins, le visage minuscule, pareil à celui d'une fillette, calme, étrangement connu et étranger à la fois. Il s'inclina au-dessus d'elle.

— Envoie chercher Isabelle... vite ! dit tout bas Béatrice.

Le duc donna des ordres. Quelques instants après, une grande femme élancée, à l'expression fière et triste, la duchesse Isabelle d'Aragon, la veuve de Jean Galéas, entra dans la chambre et s'approcha de l'agonisante. Tout le monde sortit, sauf le confesseur et Ludovic qui s'éloignèrent dans un coin de la pièce.

Les deux femmes causèrent à voix basse. Puis Isabelle embrassa Béatrice en prononçant des paroles de pardon et s'agenouillant, le visage dans les mains, pria.

Béatrice, de nouveau, appela son mari.

— Vico, pardonne-moi. Ne pleure pas. Souviens-toi... Je ne te quitte pas... Je sais que moi seule...

Elle n'acheva pas. Mais il comprit ce qu'elle voulait dire : « Je sais que tu n'as aimé que moi seule. »

Elle fixa sur lui un regard lent, infini et murmura :

— Embrasse-moi.

Le duc effleura le front de sa femme de ses lèvres. Elle voulut dire quelque chose, ne le put, et soupira seulement :

— Sur la bouche.

Le moine commença à lire la prière des agonisants.

Les intimes revinrent dans la chambre.

Le duc, pendant ce long baiser d'adieu, sentait se glacer les lèvres de sa femme, et dans un dernier embrassement reçut le dernier soupir de sa compagne.

— Elle est morte ! murmura Marliani.

Tous s'agenouillèrent en se signant. Le duc lentement se releva. Son visage était impassible. Il exprimait non pas la douleur, mais une terrible tension. Il respirait péniblement et précipitamment, comme dans une dure ascension. Tout à coup, il leva brusquement les bras, cria : « Bice », et s'effondra sur le cadavre.

De tous ceux qui se trouvaient là, seul Léonard conserva son calme. De son regard clair et scrutateur il observait le duc. En de pareils instants la curiosité de l'artiste dominait tout. L'expression d'une grande douleur dans la figure humaine, dans les mouvements du corps, lui paraissait un sujet précieux, une nouvelle et superbe manifestation de la nature. Pas une ride, pas un frémissement des muscles n'avaient échappé à son regard impartial et clairvoyant.

Il désirait le plus vite possible inscrire dans son livre le visage du duc, défiguré par le désespoir. Il descendit dans les appartements inférieurs.

Les bougies achevaient de se consumer et de larges larmes de cire glissaient sur le parquet. Dans une des salles, il enjamba l'Arc des fidèles amoureux, piétiné, informe. Sous le jour froid, piteuses et sinistres semblaient les pompeuses allégories qui glorifiaient le More et Béatrice, les chars triomphaux de Numa Pompilius, d'Auguste, de Trajan et du siècle d'or. Il s'approcha de la cheminée éteinte, se convainquit qu'il ne se trouvait personne dans la salle, sortit son livre de sa poche et commença à dessiner, lorsque subitement il aperçut, sous le manteau de l'âtre, le gamin qui avait incarné le siècle d'or. Il dormait, engourdi par le froid, ramassé sur lui-même, crispé, les genoux encerclés dans ses bras, la tête sur les genoux. Le dernier souffle chaud des cendres ne pouvait ranimer son corps nu et doré.

Léonard lui toucha doucement l'épaule. L'enfant ne leva pas la tête et gémit seulement plaintivement. L'artiste le prit dans ses bras. Le gamin ouvrit de grands yeux effarés, pareils à des violettes, et pleura :

— À la maison, à la maison...
— Où habites-tu ? Comment t'appelles-tu ? demanda Léonard.
— Lippo. À la maison... Oh ! que j'ai mal !... que j'ai froid !

Ses paupières se refermèrent. Il balbutia en rêve :

> *Bientôt, parmi vous, bientôt.*
> *En une beauté nouvelle,*
> *Je reviendrai parmi vous,*
> *Sur l'ordre du duc le More,*
> *Insouciant siècle d'or !*

Retirant sa cape de dessus ses épaules, Léonard y enveloppa l'enfant, le plaça sur un fauteuil, alla dans le vestibule, réveilla les domestiques qui avaient profité du désarroi pour s'enivrer et dormaient comme des masses à terre, et apprit de l'un d'eux que Lippo était le fils d'un pauvre veuf, boulanger dans la Broletto Novo, qui moyennant vingt sous avait loué le gamin pour représenter le triomphe, bien qu'on l'eût prévenu que le petit pouvait être empoisonné par la dorure. L'artiste alla rechercher son manteau de fourrure, revint vers Lippo, l'y entortilla soigneusement, et, avec l'intention de passer chez un pharmacien acheter les ingrédients nécessaires pour enlever la dorure et de rapporter l'enfant chez lui, il quitta le palais.

Tout à coup, il se rappela le dessin commencé, la curieuse expression de désespoir sur le visage du duc.

— Cela ne fait rien, songea Léonard, je ne l'oublierai pas. Le principal, les rides au-dessus des sourcils arqués haut, et l'étrange, lumineux et presque enthousiaste sourire sur les lèvres, celui-là même qui rend si ressemblantes les expressions humaines d'incommensurable douleur et de joie infinie – d'après le témoignage de Platon, divisées en bases dont les cimes se joignent.

Il sentit le gamin frissonner.

« Notre siècle d'or », pensa l'artiste avec un triste sourire...

— Mon pauvre petit oiseau ! murmura-t-il avec une pitié infinie.

Et enveloppant plus chaudement le gamin, il le serra contre sa poitrine si tendrement, si câlinement, que l'enfant malade rêva que sa mère défunte le caressait et le berçait.

X

La duchesse Béatrice était morte le mardi 2 janvier 1497, à six heures du matin. Pendant vingt-quatre heures, le duc ne quitta pas le corps de sa femme, n'écoutant aucune consolation, refusant de dormir et de manger.

Les intimes craignirent qu'il ne devînt fou.

Le jeudi matin, il exigea du papier et de l'encre, écrivit à Isabelle d'Este, sœur de la défunte duchesse, une lettre dans laquelle il lui annonçait la mort de Béatrice, et où il lui disait : « Il nous serait plus agréable de mourir. Nous vous prions de n'envoyer personne pour nous consoler, afin de ne pas renouveler notre douleur. »

Le même jour à midi, il cédait aux prières de ses proches, et consentait à prendre un peu de nourriture. Mais il ne voulut pas s'asseoir à table et mangea sur une planche que tenait devant lui Ricciardetto.

Tout d'abord le duc avait confié l'organisation des funérailles à son secrétaire principal, Bartolomeo Calco. Mais en indiquant l'ordre du cortège, ce que personne ne pouvait faire en dehors de lui, petit à petit il se laissa entraîner et, avec le même amour que jadis il combinait la superbe fête du siècle d'or, il s'occupa de l'organisation de l'enterrement de Béatrice. Il se donnait beaucoup de peine, entrait dans tous les détails, décidait exactement le poids des énormes cierges de cire blanche et jaune, le métrage de drap d'or, de velours noir et pourpre pour chaque autel, la quantité de monnaie de billon, de foie et de lard pour la distribution aux pauvres en souvenir de l'âme de la défunte. Choisissant le drap pour les vêtements de deuil des serviteurs, il ne manqua pas de le palper et de le regarder au jour pour se rendre compte de la qualité. Pour lui-même, il commanda un costume solennel de « grand deuil » en drap grossier, taillé de façon à imiter un vêtement déchiré dans un accès de désespoir.

L'enterrement avait été fixé au vendredi, tard dans la soirée. En tête du cortège marchaient les porteurs, les massiers, les hérauts qui sonnaient dans de longues trompettes ornées d'oriflammes de soie noire ; les tambours battaient aux champs ; la visière du heaume baissée, des chevaliers à cheval portaient des bannières de deuil, les coursiers étaient revêtus de caparaçons de velours noir brodé de croix blanches ; des moines de tous les couvents et le chanoine de Milan tenaient des cierges de six livres allumés ; l'archevêque de Milan était entouré de son clergé et des chœurs. Derrière le char énorme, tendu de drap d'argent, orné de quatre anges également en argent soutenant la couronne ducale, marchait le duc, son frère le cardinal Ascanio, les ambassadeurs d'Espagne, de Naples, de Venise et de Florence ; plus loin, les membres du Conseil secret, les chambellans, les docteurs de l'Université de Pavie, les commerçants notables, et enfin l'incalculable foule populaire.

Le cortège était si long que, au moment où le commencement entrait dans l'église Santa Maria delle Grazie, la fin se trouvait encore au château. Quelques jours plus tard, le duc fit orner le tombeau du mort-né Leone d'une superbe inscription. Il l'avait composée lui-même en italien et Merula l'avait traduite en latin.

« Malheureux enfant, je suis mort avant d'avoir vu le jour, et d'autant plus malheureux qu'en mourant j'ai privé ma mère de la vie, mon père de sa compagne. Je n'ai qu'une consolation dans ma triste destinée, c'est celle d'avoir *été créé* par des parents semblables aux dieux, Ludovic et Béatrice, duc et duchesse de Milan. 1497, troisième de janvier. »

Longtemps Ludovic admira cette inscription gravée en lettres d'or sur la plaque de marbre noir au-dessus du petit mausolée de Leone élevé dans le monastère de Maria delle Grazie où reposait Béatrice. Il partageait l'enthousiasme simple du marbrier qui, après avoir achevé son ouvrage, se recula, regarda de loin, la tête inclinée sur le côté et, fermant un œil, fit claquer sa langue :

— Ce n'est pas un tombeau – c'est un jouet !

La matinée était froide et ensoleillée. Sur les toits des maisons, la neige étalait sa blancheur. L'atmosphère était imprégnée de cette fraîcheur, pareille au parfum des muguets et qui semble la senteur de la neige.

Venant du froid et du soleil, Léonard entra dans la chambre semblable à un caveau, sombre, étouffante, tendue de taffetas noir, les volets clos, éclairée seulement par des cierges d'église. Durant les premiers jours qui suivirent l'enterrement, le duc ne quitta pas cette cellule obscure.

Ayant causé avec l'artiste de la *Sainte Cène* qui devait rendre célèbre l'endroit de l'éternel sommeil de Béatrice, le duc lui dit :

— Il paraît, Léonard, que tu as pris sous ta protection l'enfant qui avait représenté la naissance du siècle d'or, à cette fatale fête. Comment va-t-il ?

— Votre Altesse, il est mort le jour de l'enterrement de la sérénissime duchesse.

— Il est mort ! dit le duc étonné. Il est mort... Comme c'est étrange !

Il baissa la tête et soupira, puis, subitement, embrassa Léonard :

— Oui, oui, tout cela devait arriver ainsi ! Notre siècle d'or est mort avec notre épouse admirable ! Nous l'avons enterré avec Béatrice, car il ne pouvait et ne voulait lui survivre ! Mon ami, n'est-ce pas ? quelle étrange coïncidence ! quelle superbe allégorie !

XI

Toute une année s'écoula dans un deuil sévère. Le duc ne quittait pas ses vêtements noirs déchiquetés et, sans s'asseoir à table, mangeait sur une planche que tenaient devant lui des chambellans. « Après la mort de la duchesse, écrivait dans ses *Lettres secrètes* Marino Sanuto, ambassadeur de Venise, le More est devenu dévot, suit tous les offices, jeûne, vit dans la continence – du moins on le dit – et dans toutes ses pensées a une sainte crainte de Dieu. » Dans la journée, préoccupé par les affaires de l'État, le duc se trouvait distrait, bien que là encore Béatrice lui manquât. Mais, la nuit, l'ennui le rongeait doublement. Souvent il voyait en rêve Béatrice à l'âge de seize ans, époque de son mariage, autoritaire, vive comme une écolière, maigre, basanée tel un gamin, si sauvage qu'elle se cachait dans les armoires afin de ne pas paraître aux réceptions solennelles, si vierge que, durant trois mois après leurs épousailles, elle se défendait encore contre ses attaques amoureuses, des ongles et de la dent, comme une amazone.

Cinq nuits avant l'anniversaire de sa mort, il rêva encore d'elle, la vit en sa propriété favorite de Cusnago, qu'elle aimait tant. En s'éveillant, le duc s'aperçut que ses oreillers étaient humides de larmes.

Il se rendit au monastère de Santa Maria delle Grazie, pria près du cercueil de sa femme, déjeuna avec le prieur et longtemps causa avec lui de la question qui, à ce moment, bouleversait tous les théologiens d'Italie – l'immaculée conception de la Vierge Marie. Puis au crépuscule, sortant directement du monastère, le duc se dirigea vers la demeure de madonna Lucrezia.

Malgré son chagrin de la mort de Béatrice et sa *crainte de Dieu*, non seulement il n'avait pas abandonné ses maîtresses, mais il s'était, au contraire, davantage attaché à elles. Les derniers temps, madonna Lucrezia et la comtesse Cecilia se rapprochèrent. Ayant la réputation d'« héroïne savante », *dotta eroina*, comme on s'exprimait alors, de « nouvelle Sapho », Cecilia était simple et bonne, quoique un peu exaltée. La mort de Béatrice fut pour elle l'occasion d'une action chevaleresque, semblable à celles qu'elle lisait dans les romans et qu'elle méditait depuis longtemps. Cecilia décida d'unir son amour à celui de sa jeune rivale pour consoler le duc. Lucrezia, d'abord, l'évita et la jalousa, mais *l'héroïne savante* la désarma par sa magnanimité. Et, bon gré mal gré, Lucrezia dut subir cette étrange amitié féminine.

L'été de l'an 1497 elle donna le jour à un fils de Ludovic. La comtesse Cecilia désira en être la marraine et, avec une tendresse exagérée – bien qu'elle eût elle-même des enfants du duc –, elle se prit à s'occuper de l'enfant, de son *petit-fils*, comme elle l'appelait. Ainsi s'accomplit le rêve du duc, ses maîtresses s'étaient réconciliées. Il commanda à son poète un sonnet dans lequel Cecilia et Lucrezia étaient comparées au *crépuscule* et à l'aurore.

Lorsqu'il entra dans le calme *studio* du palais Crivelli, il aperçut les deux femmes assises côte à côte près de la cheminée. Comme toutes les dames de la cour, elles portaient le grand deuil.

— Comment se sent Votre Altesse ? lui demanda Cecilia, « le crépuscule » opposé à « l'aurore », mais tout aussi belle, avec sa peau mate, ses cheveux roux ardent, ses yeux tendres, verts, transparents comme les eaux calmes des lacs de montagne.

Depuis quelque temps le duc avait pris l'habitude de se plaindre de sa santé. Ce soir-là, il ne se sentait pas plus mal que de coutume. Mais il prit un air langoureux, soupira profondément et dit :

— Jugez vous-même, madonna, quel peut être l'état de ma santé ! Je ne songe qu'à une chose : rejoindre le plus vite possible ma colombe...

— Ah ! non, non ! monseigneur, ne parlez pas ainsi, s'écria Cecilia, c'est un grand péché ! Si madonna Béatrice vous entendait !... Toutes nos peines viennent de Dieu et nous devons les accepter avec reconnaissance...

— Certainement, approuva Ludovic. Je ne murmure pas. Je sais que le Seigneur s'occupe de nous, plus que nous-mêmes. Heureux ceux qui pleurent, est-il dit, ils se consoleront.

Et, serrant dans ses mains les mains de ses maîtresses, il leva les yeux au plafond :

— Que le Seigneur vous récompense, mes chéries, de ne pas avoir abandonné le malheureux veuf !

Il tamponna ses yeux avec son mouchoir et sortit deux papiers de sa poche. L'un était l'acte de donation des terres de la villa Sforzesca au monastère Santa Maria delle Grazie.

— Monseigneur, s'étonna la comtesse, n'aimiez-vous pas cette terre ?

— La terre ! sourit amèrement le duc. Hélas ! madonna, je n'aime plus rien. Et faut-il beaucoup de terre pour un homme ?

Voyant qu'il voulait encore parler de la mort, la comtesse, câlinement, lui ferma la bouche de sa main rose.

— Et l'autre papier ? demanda-t-elle curieusement.

Le visage du duc s'éclaira. L'ancien sourire gai et malin reparut sur ses lèvres.

Il leur lut l'autre papier : c'était la donation des terres, prés, bois, hameaux, jardins, métairies, chasses, faite par le duc à madonna Lucrezia Crivelli et à son fils illégitime Jean-Paolo. Cette donation comprenait également Cusnago, la villa favorite de Béatrice, renommée par ses pêcheries. D'une voix émue, Ludovic lut les dernières lignes de l'acte : « Cette femme, dans ses merveilleuses et rares relations amoureuses, nous a prouvé un tel dévouement et des sentiments si élevés que, souvent, communiant avec elle, nous obtenions une infinie béatitude et l'oubli de toutes nos préoccupations. »

Cecilia applaudit joyeusement et embrassa son amie, les yeux pleins de larmes maternelles :

— Tu vois, petite sœur, je te disais qu'il avait un cœur d'or ! Maintenant, mon petit-fils Paolo est le plus riche héritier de Milan !

— Quelle date aujourd'hui ? demanda le More.

— Le 28 décembre, monseigneur, répondit Cecilia.

— Le 28 ! répéta-t-il pensif.

Juste à cette date, un an auparavant, la défunte duchesse était venue à l'improviste au palais Crivelli et avait failli trouver son mari auprès de sa maîtresse.

Il examina la pièce. Rien n'y était changé : tout était clair et douillet ; le vent de même hurlait dans l'âtre, le feu de même flambait dans la cheminée, et au-dessus dansaient les Amours nus qui jouaient avec les instruments du saint supplice. Et sur la table ronde, couverte de velours vert, étaient posés une coupe d'eau Balnea Aponitana, des rouleaux de musique et une mandoline. La porte était ouverte dans la chambre, et plus loin, dans la salle d'atours, se profilait l'armoire dans laquelle le duc s'était caché.

Que n'aurait-il pas donné pour se retrouver à ce même instant, entendre frapper à la porte d'entrée, voir arriver la servante affolée, criant : « Madonna Béatrice ! », rester, ne fût-ce qu'une seconde, comme un voleur, dans cette armoire, en écoutant la voix de « son admirable fillette ». Hélas ! tout était fini à jamais !

Ludovic inclina la tête sur sa poitrine et des larmes roulèrent le long de ses joues.

— Ah ! mon Dieu ! Tu vois, il pleure encore ! s'écria la comtesse Cecilia émue. Câline-le donc ! câline-le bien ! Embrasse-le, console-le ! Comment n'as-tu pas honte ?

Doucement, elle poussait sa rivale dans les bras de son amant.

Lucrezia, depuis longtemps, éprouvait un dégoût de cette anormale amitié. Elle voulut se lever et partir, baissa les yeux et rougit. Néanmoins, elle prit la main du duc. Il lui sourit à travers ses larmes et appuya la main de Lucrezia sur son cœur.

Cecilia prit la mandoline et, dans la pose de son fameux portrait peint douze ans auparavant par Léonard, elle chanta *la vision* de Pétrarque :

> Levommi il mio pensier in parte ov'era
> Quella ch'io cerco e non ritrovo in terra.

Le duc prit son mouchoir et langoureusement leva les yeux. Plusieurs fois il répéta la dernière strophe, sanglotant et tendant les bras dans le vide :

— Et avant le soir j'ai fini ma journée !

— Ma colombe ! Oui, oui... avant le soir !... Savez-vous, il me semble qu'elle nous regarde et nous bénit tous les trois... Ô Bice, Bice !

Il s'appuya sur l'épaule de Lucrezia en pleurant et en même temps cherchant à l'enlacer, à l'attirer à soi. Elle résistait. Elle avait honte. Il l'embrassa furtivement sur la nuque. Cecilia s'en aperçut, se leva, et désignant le duc à Lucrezia – telle une sœur confiant à sa sœur son frère malade –, elle sortit, non dans la chambre, mais du côté opposé, et ferma la porte. Le « Crépuscule » ne jalousait pas l'« Aurore », car elle savait par expérience qu'elle tenait le bon rôle, et qu'après les cheveux noirs, le duc trouverait encore plus enivrante sa toison rousse.

Ludovic leva la tête, enlaça Lucrezia d'un mouvement brusque, presque grossier, et l'assit sur ses genoux. Les larmes versées pour Béatrice n'étaient pas encore séchées que déjà sur ses lèvres se jouait un sourire polisson.

— Tu es comme une nonne – toute noire ! dit-il en riant – et il couvrit de baisers le cou de Lucrezia. Ta robe est simple pourtant, et combien elle te sied ! Le noir rend ta peau plus blanche !

Il défit les boutons d'agate du corsage et, tout à coup, la chair brilla plus aveuglante de blancheur entre les plis de l'étoffe de deuil. Lucrezia cacha son visage dans ses mains. Au-dessus de l'âtre flambant joyeusement, les Amours nus continuaient leur ronde en brandissant les instruments du saint supplice : les clous, le marteau, les tenailles, la lance ; et il semblait, dans le reflet rose de la flamme, qu'ils clignaient malicieusement leurs yeux, qu'ils chuchotaient en se glissant sous la vigne de Bacchus pour regarder le duc Sforza et madonna Lucrezia, et que leurs joues bouffies étaient sur le point d'éclater de rire contenu.

De loin parvenaient les sons très doux de la mandoline et le chant de la comtesse Cecilia :

> Ivi fra lor, che 'l terzo cerchio serra.
> La rividi più bella, e meno altera.

Et les petits dieux antiques, entendant les vers de Pétrarque, riaient comme des fous.

9

LES JUMEAUX

1498-1499

« In sensi sono terrestri, la ragione sta fuor di quelli, quando contempla. »
« *Les sens appartiennent à la terre : la raison est en dehors des sens, quand elle contemple.* »

— LEONARD DE VINCI

« *Le ciel en haut – le ciel en bas.* »

—

TABULA SMARAGDINA

I

Voyez plutôt : ici, sur la carte, dans l'océan Indien, au sud de l'île de Taprobane, il y a l'inscription « Phénomènes marins, les Sirènes ». Christophe Colomb me disait qu'il avait été fort surpris en arrivant à cet endroit de ne pas trouver de sirènes. Pourquoi souriez-vous ?

— Rien, Guido, rien. Continuez, je vous écoute.

— Oui, je sais... Vous ne croyez pas, messer Leonardo, à l'existence des sirènes. Et que diriez-vous des sciapodes qui se cachent du soleil à l'ombre de leurs pieds, comme sous une ombrelle ? ou encore des pygmées qui ont de si grandes oreilles que l'une leur sert de lit et l'autre de couverture ? Ou encore si je vous parlais de l'arbre qui, au lieu de fruits, produit des œufs, desquels sortent des oisillons couverts de duvet jaune comme les canards et dont la chair a un goût de poisson, si bien qu'on en peut manger même les jours de maigre ? Ou bien de cette île sur laquelle ont débarqué des mariniers qui, après avoir allumé du feu, cuit leur souper, se sont aperçus qu'ils ne se trouvaient pas sur une île, mais sur un poisson ? Cela m'a été conté par un vieux loup de mer à Lisbonne, un homme sobre, qui m'a juré, par la chair et le sang du Christ, qu'il me disait la vérité.

Cette conversation se tenait cinq ans après la découverte de l'Amérique, la semaine des Rameaux, le 6 avril 1498, à Florence, non loin du Vieux Marché, dans une chambre au-dessus des caves de la maison Pompeo Berardi, qui, ayant des dépôts de marchandises à Séville, y dirigeait des chantiers de construction de navires destinés aux terres découvertes par Colomb. Messer Guido Berardi, neveu de Pompeo, rêvait depuis son enfance de voyages en mer, et il avait même l'intention de prendre part à l'expédition de Vasco de Gama, lorsqu'il fut atteint d'une maladie terrible à cette époque, appelée par les Italiens le mal français et par les Français le mal italien, par les Polonais le mal allemand, par les Moscovites le mal polonais, et par les Turcs le mal chrétien. Vainement il s'était fait soigner par les docteurs de toutes les facultés et attachait les emblèmes en cire de Priape à tous les autels. Brisé par la paralysie, condamné pour l'existence, il gardait une extraordinaire activité cérébrale, et, écoutant les récits des marins, passant des nuits à lire des livres et à consulter des cartes, il faisait des voyages imaginaires et découvrait des terres inconnues.

Un assemblage de boussoles, de compas, de sphères célestes, de sextants, de cadrans, d'astrolabes, rendait sa chambre pareille à une cabine de navire. À travers la fenêtre ouverte sur la loggia, se voyait le crépuscule d'un jour d'avril. Par moments, la lumière de la lampe vacillait sous la brise. Des caves montait le parfum des condiments exotiques : curry, muscade, girofle, cannelle.

— Oui, messer Leonardo, conclut Guido en frottant ses jambes enveloppées, il n'est pas dit pour rien : « La foi transporte les montagnes. » Si Colomb avait douté comme vous, il n'aurait rien fait. Convenez que cela vaut la peine de grisonner à trente ans par suite d'énormes souffrances, pour arriver à découvrir le Paradis Terrestre !

— Le Paradis ? fit Léonard étonné. Qu'entendez-vous par cela. Guido ?

— Comment ? Vous ne le savez pas ? Vous n'avez pas appris que, d'après les observations de Colomb sur l'étoile polaire au méridien des îles Açores, il avait prouvé que la Terre n'était pas ronde comme on l'avait supposé, mais qu'elle avait l'aspect d'une poire surmontée d'une excroissance, tel un sein de femme ? Justement sur cette excroissance se trouve une montagne dont la cime s'appuie dans la sphère lunaire, et là est le Paradis...

— Mais, Guido, cela contredit toutes les déductions de la science.

— La science ! dit Guido en haussant avec mépris les épaules. Savez-vous, messer, ce que Colomb dit de la science ? Je vous citerais les paroles de son « Livre prophétique », *Libro de las Profecias* : « Ni la mathématique, ni les cartes géographiques, ni des déductions de la raison ne m'ont aidé à faire ce que j'ai fait, mais simplement la prophétie d'Isaïe sur la nouvelle terre. »

Guido se tut. Il sentait que ses habituelles douleurs articulaires le reprenaient. Léonard appela les domestiques, qui emportèrent le malade dans sa chambre.

Resté seul, l'artiste se mit à vérifier les calculs de Colomb concernant la marche de l'étoile polaire, et y trouva de si grossières erreurs qu'il n'en voulut croire ses yeux.

« Quelle ignorance ! pensa-t-il tout étonné. On pourrait supposer qu'il a découvert le Nouveau Monde par hasard, comme on bute sur un objet dans les ténèbres, et que, ainsi qu'un aveugle, il ne sait ce qu'il a découvert, la Chine, l'Ophir de Salomon, le Paradis terrestre. Il mourra sans le savoir. »

Il lut la première lettre du 29 avril 1493, dans laquelle Colomb annonçait à l'Europe sa découverte.

Léonard passa toute la nuit à calculer et à étudier des cartes. Par instants, il sortait sur la loggia, contemplait les étoiles, et en songeant au prophète de la nouvelle terre et du nouveau ciel, cet étrange visionnaire à cœur et cerveau d'enfant, involontairement il comparait sa destinée à la sienne :

— Quelles grandes choses il a faites et combien il savait peu ! Tandis que moi, malgré tout mon savoir, je suis immobile comme ce Berardi brisé par la paralysie. Toute ma vie j'aspire à des mondes inconnus et je n'ai pas fait un pas vers eux. La foi ! – disent les uns. Mais la foi parfaite et la science parfaite, n'est-ce pas la même chose ? Mes yeux ne voient-ils pas plus loin que les yeux de Colomb, prophète aveugle ? Ou bien la destinée humaine veut-elle qu'on soit clairvoyant pour savoir et aveugle pour agir ?

II

Léonard ne s'aperçut pas que les étoiles s'éteignaient. Un jour rosé éclaira les tuiles et les charpentes des maisons. De la rue monta le bruit des pas et des voix.

On frappa à la porte. Il ouvrit. Giovanni entra et rappela au maître que ce même jour – le samedi des Rameaux – devait avoir lieu le « duel du feu ».

— Quel duel ? demanda Léonard.

— Fra Domenico, pour fra Savonarole, et fra Juliano Rondinelli, pour ses ennemis, entreront dans le brasier. Celui qui restera intact prouvera son droit devant Dieu, expliqua Beltraffio.

— Eh bien ! va, Giovanni. Je te souhaite un curieux spectacle.

— Ne viendrez-vous pas ?

— Non, tu vois, je suis occupé.

L'élève, faisant un effort sur lui-même, reprit :

— En venant ici, j'ai rencontré messer Paolo Somenzi. Il m'a promis de venir nous chercher et de nous conduire à la meilleure place d'où l'on verra tout. C'est dommage que vous n'ayez pas le temps... Je pensais que... peut-être... Savez-vous, maître... le duel est fixé à midi. Si vous aviez fini votre travail à ce moment, nous arriverions encore...

Léonard sourit.

— Et tu meurs d'envie que moi aussi je voie le miracle ?

Giovanni baissa les yeux.

— Allons, soit, j'irai. Que le Seigneur soit avec toi !

À l'heure indiquée, Beltraffio revint avec Paolo Somenzi, homme vif et mobile comme s'il avait du mercure au lieu de sang dans les veines, le principal espion florentin du duc Ludovic le More, le plus terrible ennemi de Savonarole.

— Comment, messer Leonardo ? Est-il vrai que vous ne voulez pas nous accompagner ? dit Paolo d'une voix criarde, avec des grimaces bouffonnes. Ce n'est pas possible ! Un amateur de sciences naturelles tel que vous, qui n'assisterait pas à cette expérience de physique !

— Les autorisera-t-on vraiment à entrer dans le brasier ? murmura Léonard.

— Comment vous dire ? Si l'affaire arrive à ce point, certainement fra Domenico ne reculera pas devant le feu, et beaucoup d'autres avec lui. Deux mille cinq cents citoyens, riches et pauvres, instruits et ignorants, femmes et enfants, ont déclaré hier dans le couvent de San Marco qu'ils désiraient prendre part à l'épreuve. C'est une telle ineptie que la tête en tourne aux gens raisonnables. Nos philosophes, nos libres-penseurs eux-mêmes tremblent : voyez-vous que l'un des moines ne brûle pas ! Et voyez-vous les visages des dévots, si tous les deux brûlaient !

— Il est impossible que Savonarole ajoute foi à cela ! dit Léonard pensif et comme à lui-même.

— Lui, peut-être non, répliqua Paolo, ou tout au moins pas fermement. Il serait heureux de reculer, mais il est trop tard. Il a déchaîné l'appétit de la populace contre lui-même. Maintenant, ils en bavent tous : « Donnez-nous le miracle ! » Car ici, messer, il y a aussi de la mathématique, non moins curieuse que la vôtre : s'il y a un Dieu, pourquoi ne ferait-il pas un miracle, de façon que deux et deux fassent non pas quatre, mais cinq, d'après la prière des fidèles et à la très grande honte d'impies libres-penseurs tels que vous et moi ?

— Eh bien ! allons ! dit Léonard en jetant un regard méprisant à Paolo.

Ils partirent. Les rues étaient pleines de monde. Les visages avaient des expressions ravies et curieuses, pareilles à celle que Léonard avait déjà remarquée chez Giovanni. Dans la rue des Merciers, devant Or San

Michele, là où se trouvait la statue de bronze d'Andrea Verrocchio, représentant l'apôtre Thomas plongeant ses doigts dans les plaies du Christ, on se bousculait. Les uns épelaient, les autres écoutaient et discutaient les huit thèses imprimées en grandes lettres rouges que devait résoudre le duel du feu :

I. – L'Église de Dieu se renouvellera.
II. – Dieu la châtiera.
III. – Dieu la transformera.
IV. – Après le châtiment, Florence se renouvellera également et dominera tous les peuples.
V. – Les infidèles se convertiront.
VI. – Tout cela est imminent.
VII. – L'excommunication de Savonarole par le pape Alexandre VI est sans effet.
VIII. – Ceux qui n'acceptent pas cette excommunication ne pèchent pas.

Serrés par la foule, Léonard, Giovanni et Paolo s'arrêtèrent et écoutèrent les conversations.

— Tout cela est vrai, mais j'ai peur quand même d'un malheur, disait un vieil ouvrier.

— Quel malheur veux-tu qu'il arrive, Filippo ? répondit un jeune contremaître, il n'y a à cela aucun péché...

— La tentation, mon ami, insistait Filippo. Nous demandons un miracle, mais en sommes-nous dignes ? Il est dit : « Ne tente pas le Seigneur Dieu... »

— Tais-toi, vieillard. Pourquoi croasses-tu ? Celui qui a un grain de foi et commanderait à une montagne de tourner, serait obéi. Dieu ne peut pas ne pas faire de miracle, puisque nous croyons.

— Non, il ne peut pas, il ne peut pas ! reprirent diverses voix.

— Qui entrera le premier dans le brasier, fra Domenico ou fra Girolamo ?

— Ensemble...

— Non, fra Girolamo priera seulement, mais il ne subira pas l'épreuve.

— Comment, ne subira pas l'épreuve ? Qui donc si ce n'est lui ! D'abord Domenico, puis Girolamo, et ensuite nous tous qui nous sommes inscrits au couvent de San Marco.

— Est-il vrai que le père Girolamo ressuscitera un mort ?

— Oui. D'abord le miracle du feu, ensuite la résurrection d'un mort. J'ai lu moi-même sa lettre au pape, lui demandant de désigner l'adversaire : « Nous nous approcherons tous deux de la tombe et chacun à notre tour dirons : "Lève-toi !" Celui d'après l'ordre duquel le mort se lèvera, sera le prophète, et l'autre, l'imposteur. »

— Attendez, mes frères, vous en verrez bien d'autres. Si vous avez la foi, le Christ en chair et en os vous apparaîtra marchant sur des nuages. Nous aurons des miracles, comme on n'en a pas vu même dans l'Antiquité.

— *Amen ! Amen !* murmurait la foule.

Et les visages pâlissaient, une étincelle démente s'allumait dans les yeux.

La foule, en un mouvement en avant, les entraîna. Une dernière fois Giovanni regarda la statue de Verrocchio. Et il lui sembla, dans le sourire tendre, malin et impartialement curieux de Thomas l'Incrédule, reconnaître le sourire de Léonard.

III

En approchant de la place de la Seigneurie, ils se trouvèrent pris dans une bousculade telle que Paolo dut s'adresser à un cavalier de la milice pour se faire conduire vers la *ringhiera* où étaient réservées des places aux ambassadeurs et aux citoyens célèbres.

Jamais Giovanni, lui semblait-il, n'avait vu pareille foule. Non seulement la place, mais les loggia, les tours, les fenêtres, les toits étaient noirs de monde. S'accrochant à tout, rampes, grilles, avancées de pierre ou de fer, conduites d'eau, les gens pendaient en grappes à des hauteurs vertigineuses. On se battait pour les places. Quelqu'un tomba et se tua. Les rues étaient barrées par des chaînes, à l'exception de trois, gardées par la milice et par lesquelles n'entraient que les hommes désarmés.

Paolo désigna à ses compagnons le brasier et leur expliqua l'installation de cette « machine » : un étroit passage pavé de pierres et de glaise entre deux murs de bûches enduites de goudron et saupoudrées de poudre.

De la rue Veccereccia sortirent les franciscains, ennemis de Savonarole, puis les dominicains. Fra Girolamo, vêtu d'une soutane de soie blanche et portant le saint ciboire étincelant, et fra Domenico, en robe de velours rouge, fermaient le cortège. « Glorifiez Dieu !... chantaient les dominicains. Sa grandeur est sur Israël et sa puissance dans les cieux. Terrible Tu es, Seigneur, dans ton sanctuaire. »

La foule répondit dans un cri frémissant :

— Hosanna ! Hosanna ! Gloire à Dieu en toute éternité !

Les ennemis de Savonarole et ses élèves prirent place dans la loggia Orcagni, séparée à cet effet par une cloison.

Tout était prêt. Il ne restait qu'à allumer le bûcher et à y entrer.

La perplexité, la tension devenaient insupportables ; les uns se dressaient sur la pointe des pieds, haussaient la tête pour mieux voir ; d'autres se signaient, égrenant des chapelets, récitant leur naïve prière :

— Fais un miracle, fais un miracle, Seigneur !

L'atmosphère était étouffante. Les roulements du tonnerre qui grondait depuis le matin se rapprochaient. Le soleil brûlait.

Des membres du Conseil, citoyens renommés, vêtus de longues robes de drap rouge, pareilles aux antiques toges romaines, sortirent du Palazzo Vecchio.

— Signori ! signori ! répétait un vieillard, le nez chevauché par des lunettes rondes, une plume d'oie derrière l'oreille, le secrétaire du Conseil. La séance n'est pas terminée, venez, on réunit les voix...

— Au diable leurs voix ! cria un des citoyens. J'en ai assez. Mes oreilles se dessèchent à entendre leurs sottises.

— Et qu'attendent-ils ? observa un autre. S'ils désirent tellement être brûlés, qu'on les lâche dans le feu et que tout soit dit !

— Permettez, c'est un meurtre...

— Des bêtises ! Quel malheur qu'il y ait deux imbéciles de moins sur la terre !

— Vous dites, ils brûleront ? Soit. Mais il faut qu'ils brûlent selon les lois de l'Église. C'est une question délicate, théologique...

— Alors, que le pape décide.

— Il ne s'agit ici ni du pape ni des moines. Nous devons penser au peuple, signori. Si l'on pouvait rétablir le calme dans la ville par cette épreuve, il ne faudrait pas hésiter d'envoyer non seulement dans le feu, mais aussi dans l'eau, dans l'air, sous terre, tous les moines et tous les curés !

— Dans l'eau... c'est suffisant. Mon avis est qu'on prépare une cuve et qu'on y plonge les deux moines. Celui qui sortira sec de l'eau aura raison. Et, au moins, ce n'est pas une épreuve dangereuse.

— Avez-vous entendu, signori ? dit Paolo. Notre pauvre fra Juliano Rondinelli a été pris d'une telle panique qu'il en est tombé malade. On a dû le saigner.

— Vous plaisantez toujours, messer, dit un vieillard au visage intelligent et triste. Moi, quand j'entends les premiers citoyens de la ville tenir de pareils discours, je me demande ce qu'il vaut mieux, vivre ou mourir. Car, en vérité, quelle serait la stupéfaction de nos ancêtres, fondateurs de cette ville, s'ils pouvaient voir jusqu'à quelle ignominie ont atteint leurs descendants !

Les commissaires continuaient leurs pourparlers qui semblaient ne pas devoir prendre fin.

Les franciscains assuraient que Savonarole avait ensorcelé l'habit de Domenico. Il l'enleva. Alors, on affirma que le sortilège pouvait se rapporter aux vêtements inférieurs. Domenico entra dans le palais et, s'étant mis entièrement nu, endossa la robe d'un autre moine. On lui défendit de s'approcher de Savonarole, afin que celui-ci ne puisse à nouveau user d'enchantements. On exigea également qu'il déposât la croix qu'il tenait dans ses mains. Domenico y consentit, mais déclara qu'il n'entrerait dans le feu que portant le saint sacrement. Alors, les franciscains objectèrent que les élèves de Savonarole voulaient brûler la chair et le sang du Christ. En vain Domenico et Savonarole tentaient de prouver que le saint sacrement ne peut brûler, que dans le feu périra seulement le *modus* et non l'éternelle *substance*. Une insoluble discussion scolastique s'engagea.

La foule murmurait. Le ciel se couvrait de nuages. Tout à coup, derrière le Palazzo Vecchio, de la rue des Lions, *via dei Leoni*, où l'on gardait dans une fosse grillée des lions vivants, animaux héraldiques de Florence, s'éleva un long rugissement affamé. Dans la bousculade des préparatifs, on avait oublié l'heure du repas des fauves.

Il semblait que le Marzocco de bronze, indigné de l'infamie de son peuple, rugissait de colère.

À ce cri de fauve, la foule répondit par un hurlement beaucoup plus terrible d'humains avides :

— Plus vite ! dans le feu ! Fra Girolamo ! Le miracle ! Le miracle !

Savonarole, qui priait devant le saint ciboire, sortit de sa torpeur, s'approcha du bord de la loggia et, de son geste autoritaire, ordonna au peuple de se taire.

Mais la populace n'obéissait plus. Quelqu'un cria :

— Il a peur !

Et toute la foule répéta ce cri.

— Frappez, frappez les cagots !

Et Giovanni vit sur tous les visages une expression de férocité.

Il ferma les yeux pour ne pas voir, convaincu qu'à l'instant Savonarole allait être saisi et lapidé.

Mais à ce moment, un éclair sillonna le ciel, le tonnerre gronda et une pluie diluvienne fondit sur Florence. Elle ne dura pas longtemps. Mais il ne fallut plus songer au duel du feu : le passage entre les deux murs de bûchers s'était transformé en torrent tumultueux.

— Voilà bien les moines ! riait la foule. En allant dans le feu, ils sont tombés dans l'eau. Le voilà, le miracle !

Un détachement de soldats accompagnait Savonarole à travers la populace furieuse.

Le cœur de Beltraffio se serra lorsqu'il vit, sous la pluie fine, le frère Savonarole marcher d'un pas précipité et trébuchant, voûté, le capuchon rabattu sur les yeux, ses vêtements blancs souillés de boue. Léonard remarqua la pâleur de Giovanni et, le prenant par la main, comme le jour du « bûcher des vanités », il l'emmena hors de la foule.

IV

Le lendemain, dans cette même pièce de la maison Berardi pareille à une cabine de navire, l'artiste démontrait à messer Guido la stupidité des assertions de Christophe Colomb au sujet du Paradis, soi-disant situé sur le mamelon d'une terre en forme de poire.

Tout d'abord, Berardi l'écouta attentivement, répliqua, discuta. Puis subitement il se tut et s'attrista, comme si les vérités de Léonard l'eussent fâché. Il se plaignit de ses douleurs, et se fit transporter dans sa chambre.

— Pourquoi l'ai-je peiné ? songea l'artiste. Il ne veut pas de la vérité ; comme les élèves de Savonarole, il lui faut le miracle !

Dans l'un de ses cahiers de notes qu'il feuilletait distraitement, il lut ces lignes écrites le jour mémorable où la populace brisait la porte de sa maison en exigeant le Clou sacré :

« Oh ! que ta justice est merveilleuse, Premier Moteur ! Tu n'as voulu priver aucune force de son ordre et de ses qualités indispensables : car si elle doit pousser un corps à cent coudées et qu'elle rencontre un obstacle sur son chemin, tu as commandé que la force du coup produisît un nouveau mouvement, recevant en échange du chemin non parcouru différents heurts et diverses secousses. Ô divine nécessité, Premier Moteur, qui obliges, par tes lois, toutes les conséquences à découler par la voie la plus rapide de la cause. Voilà le miracle ! »

Et se souvenant de la *Sainte Cène*, du visage du Christ, qu'il cherchait toujours et qu'il ne trouvait pas, l'artiste sentit qu'entre ces pensées sur le Premier Moteur, sur la Divinité indispensable, et la parfaite sagesse de Celui qui avait dit : « L'un de vous me trahira », il y avait corrélation.

Le soir, Giovanni vint le voir et lui conta les événements de la journée.

La Seigneurie avait ordonné à Savonarole et à Domenico de quitter la ville. Apprenant qu'ils tardaient à s'exécuter, les « enragés », armés, traînant des canons et suivis d'une foule innombrable, avaient cerné le couvent de San Marco, envahi la chapelle au moment des vêpres. Les moines se défendirent avec des cierges allumés, des candélabres, des crucifix de bois et de bronze. Dans la fumée de la poudre et la lueur de l'incendie, ils semblaient risibles comme des pigeons furieux, terribles comme des diables. L'un d'eux avait grimpé sur le toit de l'église et lançait des pierres. L'autre avait sauté sur l'autel et se tenant devant la croix, tirait avec une arquebuse, criant après chaque coup : « Vive Christ ! » On prit le monastère d'assaut. Les moines suppliaient Savonarole de fuir. Mais il s'était rendu ainsi que Domenico. On les avait emmenés en prison.

En vain les gardes de la Seigneurie voulaient ou feignaient de vouloir les défendre contre les injures de la populace.

Les uns souffletaient par derrière Savonarole et ricanaient :

— Devine, devine, homme de Dieu, devine qui t'a frappé !

D'autres se traînaient devant lui à quatre pattes, comme s'ils cherchaient quelque chose dans la boue, et grognaient :

— La clef, la clef, qui a vu la clef de Girolamo ? faisant allusion à « la clef » dont il parlait souvent dans ses prêches, la clef dont il menaçait d'ouvrir le coffret secret des abominations romaines.

Les enfants, anciens soldats de l'armée sacrée, les petits inquisiteurs, lui jetaient des pommes blettes et des œufs pourris. Ceux qui avaient pu s'avancer au premier rang de la foule criaient à s'enrouer, répétant toujours les mêmes mots dont ils ne pouvaient se rassasier :

— Poltron ! Judas, traître ! Sodomite ! Sorcier ! Antéchrist !

Giovanni l'avait accompagné jusqu'à la porte de la prison du Palazzo Vecchio. En guise d'adieu, au moment où le frère Savonarole franchissait la porte du cachot qu'il ne devait quitter que pour aller à la mort, un mauvais plaisant lui donna alors un coup de genou dans le postérieur en criant :

— Voilà d'où sortaient ses prophéties ! *Egli ha la profezia nel forame* !

Le lendemain matin, Léonard et Giovanni quittèrent Florence.

Dès son arrivée à Milan, l'artiste commença le travail qu'il remettait depuis dix-huit ans, le visage du Christ dans la *Sainte Cène*.

V

Le jour même du « duel du feu » manqué, le samedi des Rameaux, septième d'avril 1498, le roi de France, Charles VIII, mourut subitement.

Cette nouvelle terrifia Ludovic le More, car le successeur au trône qui devait prendre le nom de Louis XII, le duc d'Orléans, était le pire ennemi de la maison des Sforza. Petit-fils de Valentine Visconti, fille du premier duc milanais, il se considérait comme l'unique héritier de la Lombardie et avait l'intention de la conquérir après avoir réduit en cendres « le repaire des brigands Sforza ».

Déjà, avant la mort de Charles VIII, avait eu lieu à Milan, à la cour du duc, un « duel savant », *scientifico duello*, qui lui avait tellement plu qu'il en avait fixé un second à deux mois plus tard. On supposait qu'en prévision de la guerre imminente il reculerait la dispute, mais on se trompa, car le More avait calculé profitable pour lui de montrer à ses ennemis qu'il ne se souciait pas d'eux, que sous le doux règne de Sforza, plus que jamais, florissaient en Lombardie les beaux-arts, les belles-lettres et les sciences, « fruits d'une paix dorée » ; que son trône était gardé non seulement par les armes, mais encore par la gloire du plus civilisé des rois d'Italie, protecteur des Muses.

Dans la grande salle du jeu de paume se réunirent donc les docteurs, les doyens, les licenciés de l'Université de Paris, coiffés du bonnet carré rouge, portant l'épaulière de soie pourpre doublée d'hermine, gantés de gants de peau de chamois violets, la ceinture ornée d'aumônières brodées d'or. Les dames de la cour portaient des robes de bal. Aux pieds du duc, de chaque côté du trône, étaient assises madonna Lucrezia et la comtesse Cecilia.

La séance débuta par un discours de Giorgio Merula qui, comparant le duc à Périclès, Épaminondas, Scipion, Caton, Auguste, Mécène, Trajan et Titus, prouvait que la nouvelle Athènes – Milan – avait dépassé l'antique.

Puis commença la dispute théologique sur l'Immaculée Conception, et la dispute médicale posa ces questions :

« Les jolies femmes sont-elles plus fécondes que les laides ? La guérison de Tobie par la bile de poisson est-elle naturelle ? La femme est-elle une création incomplète de la nature ? Dans quelle partie du corps s'est formée l'eau qui découla de la plaie du Christ lorsque sur la Croix il fut percé d'un coup de lance ? La femme est-elle plus voluptueuse que l'homme ? »

Ensuite vint la dispute philosophique sur la question de savoir si la toute première matière était hétérogène ou homogène ?

— Que signifie cet apophtegme ? demandait un vieillard à la bouche édentée, au sourire venimeux, aux yeux troubles, grand docteur ès scolastique qui embrouillait ses adversaires et faisait une si rusée distinction entre *quidditas* et *habitus* que personne ne parvenait à la comprendre.

Léonard écoutait, comme toujours muet et solitaire. Par instants, un sourire ironique errait sur ses lèvres.

VI

La comtesse Cecilia désigna Léonard et murmura quelques paroles à l'oreille du duc. Celui-ci appela auprès de lui l'artiste et le pria de prendre part à la discussion.

— Messer, insista la comtesse, soyez aimable, faites-le pour moi...

— Tu vois, les dames te prient, fit le duc. Ne joue pas à la modestie. Qu'est-ce que cela te coûte ? Raconte-nous quelque chose de plus intéressant d'après tes observations sur la nature. Je sais que ton cerveau est toujours plein des plus superbes chimères...

— Monseigneur, épargnez-moi. Je serais heureux, madonna Cecilia, mais vraiment je ne puis, je ne sais...

Léonard ne se dérobait pas. En effet il n'aimait pas et ne savait pas parler devant un auditoire. Entre sa parole et sa pensée s'élevait toujours un obstacle. Il lui semblait que chaque mot exagérait ou n'exprimait pas, trahissait ou mentait. Inscrivant ses observations dans son journal, il corrigeait, raturait continuellement. Même dans la conversation, il balbutiait, s'embarrassait, ne trouvant pas ses mots. Il appelait les orateurs et les littérateurs des « bavards » et des « barbouilleurs », et cependant, secrètement, il les enviait. La jolie tournure d'une phrase, parfois chez les gens les plus infimes, lui inspirait un dépit mêlé de naïve admiration : « Dire que Dieu fait cadeau d'un tel art ! » pensait-il.

Mais plus Léonard se récusait, plus les dames insistaient :

— Messer, chantaient-elles en chœur, en l'entourant, s'il vous plaît ! Nous vous supplions toutes. Racontez quelque chose... Racontez-nous quelque chose de gentil...

— Comment les hommes voleront, proposa la jeune Fiordeliza.

— Ou sur la magie, appuya Hermelina, la magie noire. C'est si curieux ! La nécromancie : comment on fait sortir les morts de leur tombe...

— Madonna, je puis vous assurer que jamais je n'ai fait parler les morts...

— Cela ne fait rien : parlez alors d'autre chose. Seulement que ce soit effrayant et sans mathématique...

Léonard ne savait refuser rien à personne.

— Vraiment, je ne sais, madonna, murmura-t-il intimidé.

— Il consent ! il consent ! applaudit Hermelina. Messer Léonard va parler. Écoutez !

— Quoi ? Qui ? Hein ? demandait le doyen de la Faculté théologique, dur d'oreille et faible d'esprit par suite de son grand âge.

— Léonard ! lui cria son voisin, jeune licencié en médecine.

— On va parler de Leonardo Pisano, le mathématicien ?

— Non, c'est Léonard de Vinci qui va parler lui-même.

— De Vinci ? Un docteur ou un licencié ?

— Ni l'un ni l'autre, pas même un bachelier, simplement l'artiste Léonard qui a peint la *Sainte Cène*...

— Un peintre ? Alors il traitera de la peinture...

— Non, des sciences naturelles.

— Mais, les artistes sont donc devenus maintenant des savants ?... Léonard ? Je ne connais pas... Quels ouvrages a-t-il écrits ?

— Aucun. Il ne publie pas.

— Il ne publie pas ?

— Il paraît qu'il écrit de la main gauche, dit un autre voisin, avec des caractères spéciaux, afin qu'on ne puisse pas comprendre.

— Pour qu'on ne puisse pas comprendre ? De la main gauche ? Ce doit être vraiment drôle, messer. Probablement pour se distraire de ses travaux et amuser le duc et les belles dames ?

— Nous allons voir.

— Il fallait le dire. Naturellement, ils doivent distraire les gens de cour. Et puis les artistes sont si drôles, ils savent amuser. Buffamalco était, paraît-il, un vrai bouffon... Eh bien ! écoutons ce que c'est que ce Léonard.

Il essuya ses lunettes pour mieux voir ce spectacle surprenant.

Léonard adressa un dernier regard suppliant au duc, qui souriait en fronçant les sourcils. La comtesse Cecilia le menaça du doigt.

— Ils se fâcheraient, peut-être, songea l'artiste. J'ai à demander de l'argent pour le bronze de mon Colosse. Eh ! tant pis ! Je vais leur parler de ce qui me passera par la tête – pourvu qu'ils me laissent tranquille.

Désespéré, mais résolu, il monta à la tribune et examina la savante assistance.

— Je dois prévenir Vos Excellences, commença-t-il balbutiant et rougissant comme un écolier – c'est pour moi tout à fait imprévu... simplement sur l'insistance du duc... Non, je veux dire... il me semble... en un mot... je vais vous entretenir des coquillages.

Il commença à parler des animaux aquatiques pétrifiés, des empreintes de plantes et de coraux, trouvés dans des cavernes, sur des montagnes, loin de la mer – témoins ultra-antiques des transformations subies par la Terre – puisque là où se trouvent maintenant les plaines et les montagnes, il y avait deux océans. L'eau, moteur de la nature, son automédon, crée et détruit les montagnes. En s'approchant du milieu des mers, les bords grandissent et les mers intérieures se dessèchent peu à peu, ne formant plus que le lit d'une rivière se jetant dans l'Océan. Ainsi le Pô ayant desséché la Lombardie, en fera de même avec l'Adriatique. Le Nil ayant transformé la Méditerranée en plaines sablonneuses, semblables à celles de l'Égypte et de la Lybie, aura son embouchure dans l'Océan en face de Gibraltar.

— Je suis convaincu, conclut Léonard, que l'étude des plantes et des animaux pétrifiés, si dédaignée jusqu'à présent par les savants, peut être le début d'une science nouvelle, concernant le passé et l'avenir de la Terre.

Ses idées étaient si claires, si précises, si pleines de confiance dans la science – en dépit de sa modestie –, si différentes des utopies pythagoriques de Paccioli et de la scolastique morte des docteurs, que, lorsqu'il se tut, les visages exprimèrent la perplexité : que faire ? Le complimenter ou en rire ? Était-ce une nouvelle science ou le bégaiement suffisant d'un ignorant ?

— Nous souhaiterions vivement, mon cher Léonard, dit le duc avec le sourire indulgent d'une grande personne pour un enfant, nous souhaiterions vivement que ta prophétie s'accomplisse, que la mer Adriatique se dessèche et que les Vénitiens, nos ennemis, restent sur leurs lagunes comme des écrevisses sur un banc de sable !

Tout le monde rit complaisamment à cette boutade. La direction était donnée et les girouettes courtisanesques suivirent le vent. Le recteur de l'Université de Pavie, Gabriele Pirovano, vieillard à cheveux blancs, au visage majestueusement nul, dit en reflétant dans son sourire plat la moquerie du duc :

— Les renseignements que vous nous avez communiqués, messer Leonardo, sont fort curieux. Mais je me permettrai de vous faire remarquer : n'est-il pas plus simple d'attribuer la provenance de ces coquillages au jeu amusant, hasardeux et charmant, mais tout à fait innocent, de la nature sur lequel vous voulez baser une nouvelle science – n'est-il pas plus simple, dis-je, d'expliquer la présence de ces coquillages par le Déluge ?

— Oui, oui, le Déluge, répliqua Léonard, sans aucune timidité maintenant, avec une désinvolture qui parut à beaucoup extrêmement libre et arrogante même ; je sais, tout le monde parle du Déluge. Seulement cette explication ne vaut rien. Jugez vous-même : le niveau de l'eau au temps du Déluge était de dix coudées plus élevé que les plus hautes montagnes. Conséquemment, les coquillages jetés par les vagues furieuses devaient descendre, descendre absolument, messer Gabriele, directement du centre, et non pas sur le côté ; au pied des montagnes, et non pas dans des cavernes souterraines ; et de plus, en désordre, selon la fantaisie des vagues, et non sur le même plan, non par couches successives, comme nous l'observons. Et remarquez – voilà ce qui est curieux ! – les animaux qui vivent par bandes, tels les sèches et les huîtres, se retrouvent de même ; et ceux qui vivent séparément se retrouvent séparés comme nous pouvons les voir aujourd'hui sur les bords de la mer. Moi-même, personnellement, plusieurs fois j'ai observé les dispositions de ces coquillages pétrifiés en Toscane, en Lombardie, dans le Piémont. Si vous me dites qu'ils ont été apportés, non par les vagues du Déluge, mais ont monté d'eux-mêmes petit à petit en suivant le flux, il me sera facile également de repousser cette assertion, car le coquillage est un animal aussi lent, si ce n'est davantage, que l'escargot. Il ne nage jamais, mais rampe seulement sur le sable et les pierres à l'aide des valves, et le plus long chemin qu'il puisse parcourir ne dépasse pas quatre coudées. Comment voulez-vous, messer Gabriele, qu'en une période de quarante jours – durée du Déluge, d'après Moïse – il ait pu franchir les deux cent cinquante milles qui séparent les cimes du Monferrato de l'Adriatique ? Seul peut l'affirmer celui qui, négligeant l'expérience et l'observation, juge la nature d'après les livres écrits par des bavards et n'a jamais eu la curiosité de contrôler par soi-même ce dont il parle.

Un silence gênant pesa sur l'assemblée. Tout le monde sentait la faiblesse de la réplique du recteur.

Enfin, l'astrologue de la cour, le favori du duc, messer Ambrogio da Rosati, comte Corticelli, proposa, en s'appuyant sur Pline le Naturaliste, une autre explication : les objets pétrifiés, qui n'avaient « que l'aspect » d'animaux aquatiques, s'étaient formés dans les différentes couches de terre, sous l'action magique des étoiles.

Au mot « magique », un sourire soumis et ennuyé erra sur les lèvres de Léonard.

— Comment expliquerez-vous, messer Ambrogio, répliqua-t-il, que l'influence des mêmes étoiles, au même endroit, ait pu créer des animaux non seulement de diverses espèces, mais de différents âges, vu que j'ai découvert que, d'après la grandeur des coquilles, comme d'après les cornes des bœufs et des moutons, d'après le cœur des arbres, on pouvait exactement formuler en années, et même en mois, la durée de leur existence ? Comment expliquerez-vous que les unes soient entières, les autres brisées, les troisièmes emplies de sable, de limon, avec des pinces de crabes, des os et des dents de poissons, des éclats de pierre, arrondis par les vagues ? Et les empreintes délicates des feuilles sur les rocs des montagnes les plus élevés ? D'où tout cela vient-il ? De l'influence des étoiles ? Mais s'il faut raisonner ainsi, messer, je suppose que dans toute la nature il ne se trouvera pas une manifestation qui ne puisse s'expliquer par l'influence des étoiles, et alors, hormis l'astrologie, toutes les sciences sont inutiles...

Le vieux docteur ès scolastique demanda la parole, et, lorsqu'on la lui eut accordée, il observa que la discussion n'était pas régulière, car des deux l'un : ou la question des animaux déterrés appartenait à la science inférieure « mécanique » étrangère à la métaphysique, et alors il est inutile d'en parler puisqu'on ne les avait pas réunis dans cette intention ; ou bien la question se rapportait à la réelle, grande connaissance, la dialectique, et dans ce cas il est nécessaire de discuter d'après les règles de la dialectique, en élevant les pensées à la hauteur de pure intellectualité.

— Je sais, dit Léonard avec une expression encore plus soumise et ennuyée, je sais à quoi vous faites allusion, messer. J'y ai beaucoup songé aussi. Seulement tout cela, ce n'est pas cela...

— Pas cela ? sourit le vieillard fielleux. Alors, messer, éclairez-nous, soyez bon, apprenez-nous ce qui n'est pas cela à votre avis ?

— Mais non... je n'ai pas visé... je vous assure... autre chose que les coquillages. Je pense que... en un mot, il n'y a pas de science inférieure et supérieure, il n'y en a qu'une seule, celle qui se base sur l'expérience.

— Sur l'expérience ! Vraiment ! Permettez-moi de vous demander, dans ce cas, la métaphysique d'Aristote, de Platon, de Plotin, de tous les antiques philosophes qui ont parlé de Dieu, de l'âme, de la substance, tout cela alors serait ?...

— Oui, tout cela n'est pas la science, répliqua tranquillement Léonard. Je reconnais la grandeur des antiques, mais pas en cela. Pour la science ils ont suivi un chemin trompeur. Ils ont voulu connaître une science inaccessible et ils ont dédaigné l'autre. Ils se sont embrouillés eux-mêmes et ils ont embrouillé les autres pour plusieurs siècles. Car discutant de choses qu'ils ne pouvaient prouver, ils ne pouvaient tomber d'accord. Là où il n'y a pas d'arguments logiques, on les remplace par des cris. Celui qui sait n'a pas besoin de crier. La parole de la vérité est unique, et quand elle a été prononcée, tout le monde doit se taire ; si les cris continuent, c'est que la vérité n'existe pas. Est-ce qu'en mathématique on discute si trois et trois font six ou cinq ? si le total des angles dans le triangle est égal aux deux angles droits ou non ? Est-ce qu'ici toute contradiction ne disparaît pas devant la vérité, de telle façon que ses servants peuvent en jouir en paix, ce qui n'arrive jamais dans les sciences prétendues sophistiques...

Il voulut ajouter quelque chose, mais après avoir regardé son adversaire, il se tut.

— Eh ! mais ! nous finirons par nous comprendre, messer Leonardo ! dit le docteur ès scolastique en souriant encore plus venimeusement. Je le savais d'avance. Je ne saisis pas une seule chose, excusez le vieillard. Comment ! est-ce que toutes nos connaissances sur l'âme, sur Dieu, sur la vie d'outre-tombe, qui n'appartiennent pas à l'expérience, et qui ne peuvent être « prouvées », comme vous avez daigné le dire vous-même, mais affirmées par l'immuable témoignage de l'Écriture sainte...

— Je ne dis pas cela, l'interrompit Léonard, en fronçant les sourcils ; je laisse en dehors de la discussion les livres inspirés par Dieu, car ils sont la substance de la plus haute vérité...

On ne le laissa pas achever. L'agitation s'empara de l'assemblée. Les uns criaient, les autres riaient, les troisièmes se levant tournaient vers lui des visages furieux, les quatrièmes, enfin, haussaient dédaigneusement les épaules.

— Assez ! assez !... – Permettez-moi de répondre, messer... – Qu'y a-t-il à répliquer à cela !... C'est une ineptie !... Je demande la parole... – Platon et Aristote !... Tout cela ne vaut pas un œuf pourri... Comment permet-on ?... – Les vérités de notre très sainte mère l'Église... C'est une hérésie !... Une impiété !...

Léonard se taisait. Son visage était calme et triste. Il voyait sa solitude parmi tous ces gens qui se croyaient les serviteurs de la science ; il voyait le précipice infranchissable qui le séparait d'eux, et sentait croître son dépit, non pas contre ses adversaires, mais contre soi-même, de n'avoir pas su éviter la discussion, de s'être laissé tenter encore une fois, en dépit de ses nombreuses épreuves, par le naïf espoir qu'il suffirait de montrer aux gens la vérité pour qu'ils l'admettent.

Le duc, les seigneurs et les dames, qui depuis longtemps ne comprenaient rien, suivaient néanmoins la discussion avec un vif plaisir.

— Bravo ! se réjouissait Ludovic le More, en se frottant les mains. C'est un véritable combat ! Regardez, madonna Cecilia, ils vont se battre de suite ! Tenez, le petit vieux ne tient plus dans sa peau, il tremble, il serre des poings, il enlève son bonnet ! Et le petit brun, derrière lui... il écume ! Et pourquoi ? Pour des coquillages pétrifiés. Quels gens étonnants que ces savants ! Et notre Léonard, hein ? lui qui jouait la timidité...

Et tous se prirent à rire, admirant le duel des savants, comme un combat de coqs.

— Allons, je vais sauver mon Léonard, dit le duc, sans cela les bonnets rouges l'assommeront...

Il pénétra dans les rangs des adversaires furieux, et ils se turent aussitôt, s'écartèrent devant lui, comme des vagues qui s'apaisent sous l'action de l'huile. Il suffisait d'un sourire du duc pour réconcilier la métaphysique et les sciences naturelles.

Invitant ses hôtes à souper, il ajouta aimablement :

— Eh bien, signori ! vous avez discuté, vous vous êtes échauffés, c'est suffisant ! Il faut réparer vos forces. Je vous prie. Je suppose que mes animaux cuits de l'Adriatique – heureusement pas encore desséchée ! – exciteront moins de discussions que les animaux pétrifiés de messer Leonardo.

VII

À souper, Luca Paccioli, assis près de Leonardo, lui dit tout bas :

— Ne me gardez pas rancune, mon ami, de ne pas vous avoir défendu lorsqu'on vous a attaqué. Ils ne vous ont pas compris. Et, en réalité, vous pouviez vous entendre avec eux, car une chose ne gêne pas l'autre, pourvu qu'on ne touche pas aux extrêmes. On peut tout concilier, tout réunir...

— Je suis entièrement de votre avis, fra Luca, répondit Léonard.

— Voilà, voilà ! Comme cela c'est mieux. La paix et la concorde. Pourquoi se fâcher ? Vive la métaphysique et vive la mathématique ! Il y aura de la place pour tous. Vous me cédez et je vous cède. N'est-ce pas, mon ami ?

— Parfaitement, fra Luca.

— Et il n'y aura plus aucun malentendu. Vous nous cédez, nous vous cédons.

— « Veau caressant tête deux mères ! » pensa l'artiste en regardant le visage rusé et intelligent du moine mathématicien qui savait concilier Pythagore et saint Thomas d'Aquin.

— À votre santé, maître ! lui dit en levant sa coupe son autre voisin, l'alchimiste Galeotto Sacrobosco. Vous les avez adroitement ferrés. Quelle finesse dans l'allégorie !

— Quelle allégorie ?

— Allons encore ?... C'est mal, messer. Ne trichez pas avec moi. Dieu merci, je suis initié. Nous ne nous trahirons pas...

Le vieillard eut un sourire malin.

— Quelle allégorie, me demandez-vous ? Le dessèchement, c'est le soufre ; le sel de l'Océan qui couvrait jadis les montagnes, le mercure ; est-ce bien cela ?

— Tout à fait, messer Galeotto, approuva Léonard, vous avez fort bien compris mon allégorie !

— Vous voyez ! Et les coquillages pétrifiés sont la pierre philosophale, le grand secret des alchimistes, formée par le soleil-sel, la sécheresse-soufre et le liquide-mercure. La divine transmutation des métaux !

Haussant ses sourcils flambés par les flammes de ses fours, le vieillard eut un rire enfantin, naïf :

— Et nos savants à bonnet rouge n'ont rien compris ! Allons, buvons à votre santé, messer Leonardo, et à la floraison de notre mère l'Alchimie !

— Avec plaisir, messer Galeotto. Je vois en effet, maintenant, qu'on ne peut rien vous cacher, et je vous donne ma parole de ne plus ruser avec vous dorénavant.

Après le souper, les invités se dispersèrent. Le duc ne retint qu'un petit cercle d'intimes dans un douillet petit salon où l'on apporta du vin et des fruits.

— C'est charmant, charmant ! dit Hermelina se pâmant. Jamais je n'aurais cru que ce serait aussi amusant. J'avoue que je craignais de m'ennuyer. C'est mieux que n'importe quel bal ! J'assisterais volontiers tous les jours à des tournois scientifiques. Comme ils se sont fâchés contre Léonard ! comme ils ont crié ! Dommage qu'on ne l'ait pas laissé achever. Je désirais tellement qu'il raconte quelque chose de ses sortilèges, qu'il parle de nécromancie.

— Je ne sais si ce que l'on dit est vrai, dit un vieux courtisan, mais il paraît que Léonard s'est créé tant d'opinions hérétiques qu'il ne croit même plus en Dieu. Adonné aux sciences naturelles, il préfère être philosophe plutôt que chrétien...

— Des bêtises, déclara le duc. Je le connais. C'est un cœur d'or. Il brave tout en paroles et en réalité il ne ferait pas de mal à une puce. On dit : « C'est un homme dangereux. » Les pères inquisiteurs peuvent crier tant qu'il leur plaira, je ne permettrai à personne d'offenser mon Léonard.

— Et la postérité, dit en s'inclinant profondément Balthazare Castiglione, élégant seigneur de la cour d'Urbino, venu à Milan, la postérité sera reconnaissante à Votre Altesse d'avoir conservé un aussi extraordinaire, un aussi unique artiste dans le monde entier. C'est dommage qu'il néglige ainsi son art, pour employer son cerveau à d'aussi étranges pensées, à d'aussi monstrueuses chimères.

— Vous dites vrai, messer Balthazare, approuva le duc. Combien de fois ne lui ai-je pas dit : « Laisse là ta philosophie. » Mais les artistes sont volontaires. On ne peut rien en faire, on ne peut rien exiger d'eux. Ce sont des originaux !

— Vous avez admirablement traduit notre pensée à tous, Monseigneur, acquiesça le commissaire principal des impôts sur le sel, qui depuis longtemps voulait raconter quelque chose sur Léonard. Ce sont des originaux ! Ils ont parfois des inventions qui vous ahurissent. J'arrive dernièrement dans son atelier, j'avais besoin d'un petit dessin allégorique pour un coffret de mariage. Je demande :

« Le maître est-il à la maison ?

« —Non, il est très occupé et ne reçoit pas de commandes.

« —Et à quoi est-il occupé ?

« —Il mesure la pesanteur de l'air.

« Alors, j'ai cru qu'on se moquait de moi. Puis je rencontre Léonard :

« —Est-il vrai, messer, que vous mesurez la pesanteur de l'air ?

« —Oui ! m'a-t-il répondu en me regardant comme si j'étais un imbécile. La pesanteur de l'air ! Comment cela vous plaît-il, madonni ? Combien de livres, combien de grammes, dans le zéphir printanier ? »

— Cela, ce n'est rien ! observa un jeune chambellan au visage abêti et satisfait. Moi j'ai entendu dire qu'il a inventé un canot qui se meut sans avirons.

— Sans avirons ! Tout seul ?

— Oui, sur des roues, par la force de la vapeur.

— Un canot sur des roues ! Vous venez de l'inventer vous-même...

— Je vous jure sur mon honneur, madonna Cecilia, que je l'ai su par fra Luca Paccioli qui a vu le dessin de la machine. Léonard suppose que par la force de la vapeur on peut faire bouger non seulement un canot, mais des navires.

— Vous voyez, s'écria Hermelina, c'est de la magie noire !

— Pour un original, c'est un original, conclut le duc avec un sourire. Je ne puis le cacher. Mais je l'aime tout de même. On respire la gaieté avec lui. Jamais on ne s'ennuie !

VIII

Revenant chez lui, Léonard suivait une calme ruelle de Porta Vercellina. Des chèvres broutaient sur les remblais, un gamin armé d'une gaule chassait devant lui une bande d'oies. Le crépuscule était radieux. Au nord seulement, au-dessus des Alpes invisibles, des nuages s'amoncelaient, bordés d'or, et entre eux, dans le ciel pâle, brillait une étoile solitaire.

Se souvenant des deux « duels » dont il avait été témoin, Léonard songeait combien ils étaient différents et en même temps proches comme des jumeaux.

Sur l'escalier de pierre d'une vieille maison parut une fillette de six ans environ, qui mangeait une galette rassie et un oignon cuit.

Léonard s'arrêta et l'appela. Elle le regarda effrayée ; puis, se fiant à son bon sourire, lui sourit aussi, et descendit les marches, ses pieds bruns marqués d'eau de vaisselle et de carapaces d'écrevisses. Léonard retira de sa poche une orange dorée. Souvent, lorsqu'il mangeait à la table du duc, il emportait les sucreries pour les distribuer aux enfants, au hasard de ses promenades.

— Une balle dorée ! dit la petite, une balle dorée !

— Ce n'est pas une balle, mais une orange. Goûte-la, c'est bon.

Elle ne se décidait pas, et admirait.

— Comment t'appelles-tu ? demanda Léonard.

— Maïa.

— Eh bien ! sais-tu, Maïa, comment le coq, la chèvre et l'âne sont allés pêcher du poisson ?

— Non.

— Veux-tu que je te le raconte ?

Il caressait les cheveux de l'enfant de sa main blanche et fine comme celle d'une jeune fille.

— Allons ; asseyons-nous. Attends, je dois avoir des biscuits à l'anis, car je vois que tu ne veux pas manger l'orange.

Il fouilla dans ses poches.

À cet instant, sur le perron, parut une jeune femme. Elle regarda Léonard et Maïa, fit un salut amical et prit sa quenouille. Derrière elle sortit de la maison une vieille bossue ; probablement la grand-mère de Maïa.

Elle aussi regarda Léonard, et subitement, comme si elle l'eût reconnu, elle se pencha vers la fileuse, lui parla. La jeune femme se leva et cria

— Maïa ! Maïa ! Viens ici, vite !

La fillette hésitait.

— Mais viens donc, vaurienne ! Attends, je vais t'apprendre...

Effrayée, Maïa remonta l'escalier. La grand-mère lui arracha des mains l'orange dorée et la jeta dans la cour voisine où grognaient des cochons. La petite pleura. Mais la vieille lui chuchota quelque chose en désignant Léonard, et Maïa se tut aussitôt, fixant sur lui de grands yeux terrifiés.

Léonard se détourna, baissa la tête, et silencieux s'éloigna précipitamment.

Il avait compris que la vieille le connaissait, qu'elle le considérait, comme tant d'autres, comme un sorcier, et qu'elle craignait qu'il ne portât malheur à Maïa.

Il s'éloignait, il fuyait presque, si ému qu'il continuait à chercher dans ses poches les galettes d'anis, inutiles maintenant, en souriant d'un sourire fautif et confus.

Devant ces yeux terrifiés d'enfant, il se sentait plus seul que devant la foule qui voulait le lapider comme impie, que devant l'assemblée de savants qui raillaient la vérité ; il se sentait aussi éloigné des hommes que l'étoile solitaire qui brillait dans les cieux désespérément purs.

Rentré chez lui, il pénétra dans sa salle de travail. Avec ses livres poussiéreux et ses appareils scientifiques, elle lui parut sombre telle une prison ; il s'assit devant sa table, alluma une bougie, prit un de ses cahiers et se plongea dans l'étude des lois du mouvement des corps sur les plans inclinés.

La mathématique, comme la musique, avait le don de le calmer. Et ce soir-là aussi, elle procura à son cœur l'habituelle jouissance.

Après avoir terminé ses calculs, il tira d'un casier secret son journal, et de sa main gauche, avec son écriture retournée qu'on ne pouvait lire qu'à l'aide d'un miroir, il nota les pensées inspirées par le tournoi des savants :

« Les érudits et les orateurs, élèves d'Aristote, sont des corbeaux sous des plumes de paon ; ils récitent les œuvres d'autrui et me méprisent parce que *je découvre*. Mais je pouvais leur répondre comme Marius, le patricien romain : vous parant des œuvres d'autrui, vous ne voulez pas me laisser jouir du produit des miennes.

« Entre les observateurs de la nature et les imitateurs des antiques, existe la même différence qu'entre un objet et son reflet dans une glace.

« Ils croient que, n'étant pas littérateur comme eux, je n'ai pas le droit d'écrire et de parler de la science, parce que je ne puis exprimer mes pensées selon les règles. Ils ignorent que ma force n'est pas dans mes paroles, mais dans l'expérience, maître de tous ceux qui ont bien écrit.

« Je ne désire et ne sais pas comme eux m'appuyer sur les livres des Anciens, je m'appuierai sur ce qui est plus véridique que les livres : l'expérience, le maître des maîtres. »

La bougie projetait une faible lumière. L'unique ami de ses nuits d'insomnie, le chat, sautant sur la table, se caressait à lui en ronronnant. À travers les vitres poussiéreuses, l'étoile solitaire semblait plus éloignée, plus désespérée encore. Il la contempla, se souvint du regard de Maïa fixé sur lui avec une expression de crainte infinie, mais ne s'en affligea pas. Il était de nouveau radieux et ferme dans sa solitude.

Seulement, au fin fond de son cœur qu'il ignorait lui-même, bouillonnait comme une source chaude sous l'épaisseur de glace d'une rivière gelée une incompréhensible amertume semblable au remords, comme si en réalité il était fautif de quelque chose envers Maïa – de quoi ? il voulut se le demander et ne le put.

IX

Le lendemain matin, Léonard se rendit au monastère Santa Maria delle Grazie pour travailler au visage du Christ.

Le mécanicien Astro l'attendait sur le perron, tenant les cartons, les pinceaux et les boîtes de couleurs. En sortant dans la cour, l'artiste vit le palefrenier Nastagio qui brossait consciencieusement la jument gris pommelé.

— Et Gianino ? demanda Léonard.

Gianino était le nom d'un de ses chevaux favoris.

— Ça va, répondit négligemment le palefrenier. Le bai boite.

— Le bai ! dit Léonard ennuyé. Depuis quand ?

— Depuis quatre jours.

Sans regarder le maître, Nastagio continuait rageusement à brosser l'arrière-train du cheval avec une force telle que la bête piétina.

Léonard désira voir le bai. Nastagio le mena dans l'écurie.

Lorsque Giovanni sortit dans la cour pour se débarbouiller au puits, il entendit la voix perçante, aiguë, presque féminine, celle que prenait Léonard dans ses accès de violente colère dont il était coutumier, mais que personne ne craignait.

— Qui, qui, imbécile, soûlard, qui t'a prié de faire soigner le cheval par le vétérinaire ?

— Mais, messer, on ne peut pas laisser un cheval malade sans soins !

— Soigner ! Tu crois, tête d'âne, qu'avec ce puant ingrédient...

— Pas l'ingrédient, mais l'influence... Vous ne vous connaissez pas dans cette question, c'est pourquoi vous vous fâchez.

— Va-t'en au diable, avec tes influences ! Comment peut-il soigner, cet idiot, quand il ignore la construction du corps, qu'il n'a jamais su ce qu'était l'anatomie ?

Nastagio leva ses yeux paresseux, regarda le maître, et avec un profond mépris murmura :

— L'anatomie !

— Vaurien !... Va-t'en de ma maison !

Le palefrenier ne sourcilla même pas. Par expérience, il savait que, l'accès de colère passé, le maître le rechercherait, le supplierait de rester, car il appréciait en lui le grand connaisseur et amateur de chevaux.

— Précisément, je voulais vous demander mon compte, dit Nastagio. Trois mois de gages. En ce qui concerne le foin, il n'y a pas de ma faute. Marco ne donne pas d'argent pour le foin.

— Qu'est-ce encore ? Comment ose-t-il quand j'ai ordonné...

Le palefrenier haussa les épaules, se détourna, montrant ainsi qu'il ne désirait pas continuer la conversation, et reprit le pansage de la bête comme s'il voulait la rendre responsable de l'affront.

Giovanni écoutait avec un sourire curieux et joyeux.

— Eh bien ! maître ? Partons-nous ? demanda Astro ennuyé d'attendre.

— Tout à l'heure, répondit Léonard ; je dois parler à Marco au sujet du foin, savoir si cette canaille dit la vérité.

Il entra dans la maison. Giovanni le suivit.

Marco travaillait dans l'atelier. Comme toujours, il exécutait les instructions du maître avec une précision mathématique, et mesurait la couleur à l'aide de la cuiller minuscule, en consultant à chaque minute une feuille de papier couverte de chiffres. Des gouttes de sueur perlaient sur son front. Les veines du cou étaient gonflées. Il respirait péniblement. Ses lèvres fortement serrées, son dos voûté, ses cheveux roux tordus en un toupet obstiné, ses mains rouges et calleuses semblaient dire : la patience et le travail arriveront à bout de tout.

— Ah ! messer Leonardo, vous n'êtes pas encore parti. Je vous prie, voulez-vous vérifier mes calculs ? Je crois que je me suis embrouillé...

— Bien, Marco. Après, moi aussi j'ai à te demander quelque chose. Pourquoi ne donnes-tu pas d'argent pour le foin des chevaux ? Est-ce vrai ?

— C'est vrai.

— Comment cela, mon ami ? Je t'ai pourtant dit, continua le maître avec une expression de plus en plus timide et indécise en regardant le visage sévère de son intendant, je t'ai déjà dit, Marco, de payer le foin des chevaux. Tu te souviens...

— Je me souviens. Mais il n'y a pas d'argent.

— Ah ! voilà, je le savais, de nouveau plus d'argent ! Voyons, réfléchis toi-même, Marco, les chevaux peuvent-ils se passer de foin ?

Marco ne répondit pas, et jeta coléreusement ses pinceaux.

Giovanni suivait la transformation d'expression de leurs visages : le maître maintenant paraissait l'élève et l'élève le maître.

— Écoutez, maître, dit Marco. Vous m'avez prié de m'occuper de la maison et de ne plus vous déranger. Pourquoi vous en mêlez-vous ?

— Marco ! murmura Léonard avec reproche, Marco, pas plus tard que la semaine dernière, je t'ai donné trente florins.

— Trente florins ! Dont il faut déduire : quatre prêtés à Paccioli ; deux à Galeotto Sacrobosco ; cinq au bourreau qui vole les cadavres pour votre anatomie ; trois pour les réparations de l'aquarium ; six ducats d'or pour ce grand diable bigarré...

— Tu veux parler de la girafe ?

— Eh ! oui ! la girafe ! Nous n'avons rien à manger nous-mêmes et nous nourrissons cette maudite bête. Et vous aurez beau faire, elle crèvera.

— Cela ne fait rien, observa timidement Léonard, j'en étudierai l'anatomie. Les vertèbres de son cou sont étonnantes.

— Les vertèbres de son cou ! Ah ! maître, maître, sans toutes ces fantaisies, chevaux, cadavres, girafes, poissons et autres vermines, nous pourrions vivre heureux, sans saluer personne. Le morceau de pain quotidien ne vaut-il pas mieux que tout cela ?

— Le pain quotidien ! Mais est-ce que j'exige autre chose ! Cependant je sais, Marco, que tu serais enchanté que toutes ces bêtes que j'acquiers avec tant de peine, contre tant d'argent, et qui me sont absolument indispensables, crèvent. Pourvu que tu aies gain de cause...

Une peine impuissante résonna dans la voix du maître. Marco se taisait, sombre, les yeux baissés.

— Et qu'est-ce ? continua Léonard. Qu'allons-nous devenir ? Il n'y a pas de foin. Voilà à quoi nous en sommes arrivés. Jamais chose pareille ne s'est vue.

— Cela a toujours été et cela sera toujours ainsi, répliqua Marco. Comment voulez-vous qu'il en soit autrement ? Depuis un an nous ne recevons pas un centime du duc. Ambrogio Ferrari nous en promet tous les jours : « Demain et demain »... Il se moque de nous...

— Il se moque de moi ! s'écria Léonard. Attends, je lui montrerai comment on se moque de moi ! Je me plaindrai au duc ! Je le tordrai en corne de bouc, ce misérable Ambrogio. Que le Seigneur lui envoie mauvaise Pâque !

Marco fit un geste de la main, signifiant qu'il n'en croyait rien.

— Laissez-le, maître, laissez-le, dit-il – et subitement sur ses traits durs s'estompa une expression bonne, tendre et protectrice –, Dieu est miséricordieux. Nous nous arrangerons. Si vous y tenez vraiment, je m'arrangerai de façon que les chevaux ne manquent pas de foin.

Il savait que pour cela il faudrait prendre sur son argent personnel, qu'il envoyait à sa vieille mère malade.

— Il s'agit bien du foin ! cria Léonard.

Et épuisé, il s'affala sur une chaise.

Ses yeux clignèrent, se rapetissèrent, comme sous l'action d'un froid vif.

— Écoute, Marco. Je ne t'ai pas encore parlé de cela. Le mois prochain, il m'est nécessaire d'avoir quatre-vingts ducats, parce que... parce que j'ai emprunté... Oui, ne me regarde pas ainsi...

— À qui ?

— À Arnoldo.

Marco battit désespérément des bras. Son toupet roux frémit.

— À Arnoldo ! Je vous félicite ! Savez-vous que c'est un démon pire que n'importe quel juif ou maure. Il ne craint pas la Croix. Ah ! maître, maître, qu'avez-vous fait ? Et pourquoi ne m'avez-vous rien dit ?

Léonard baissa la tête.

— Marco, il me fallait de l'argent ou me tuer. Ne te fâche pas...

Puis, après un instant de silence, il ajouta, craintif et piteux :

— Apporte les comptes, Marco. Nous trouverons peut-être ensemble...

Marco était convaincu qu'ils ne trouveraient rien du tout, mais comme rien n'était capable de calmer le maître que de boire le calice jusqu'à la lie, il courut chercher les comptes. En voyant le gros livre vert, si connu, Léonard grimaça, tel un homme qui considérerait une plaie béante sur son propre corps. Ils se plongèrent dans les calculs : le grand mathématicien faisait des erreurs dans les additions et les soustractions. Parfois il se rappelait un compte égaré de plusieurs milliers de ducats, le cherchait, bouleversait les coffrets, les tiroirs, les tas poussiéreux de papiers, trouvait simplement des annotations inutiles, écrites de sa main, comme par exemple la dépense de la cape de Salario :

Drap d'argent : 15 lires 4 soldi Velours pourpre : 9 lires 4 soldi
Galons : 9 lires 9 soldi Boutons : 9 lires 12 soldi

Rageusement il les déchirait et les jetait en jurant sous la table. Giovanni observait l'expression de la faiblesse humaine sur le visage du maître et se souvenait des paroles d'un admirateur de Léonard : « Le nouveau dieu Hermès Trismégiste s'est fondu en lui avec le nouveau titan Prométhée. » Il songea en souriant : « Le voilà, ni dieu ni titan, mais pareil à nous autres, un homme. Et pourquoi le craignais-je ? Oh ! le bon et pauvre homme !... »

X

Deux jours s'écoulèrent, et ce que Marco avait prévu arriva : Léonard ne pensait pas plus à l'argent que s'il n'existait pas. Déjà dès le lendemain, il demanda trois florins pour l'achat d'une plante pétrifiée, avec une telle insouciance que Marco n'eut pas le courage de les lui refuser et lui donna ces trois florins de ses propres deniers.

En dépit des supplications de Léonard, le trésorier ducal n'avait pas encore payé les appointements. À ce moment, le duc lui-même avait besoin d'argent pour les préparatifs de sa guerre contre la France.

Léonard empruntait à tous ceux susceptibles de lui prêter, même à ses élèves.

Le duc ne lui laissait même pas terminer le monument de Sforza. La statue en terre, le squelette de fer, le four de forge, tout était prêt. Mais lorsque l'artiste présenta le compte du bronze, le More s'effara, se fâcha et refusa même une audience.

Vers le 20 novembre 1498, acculé à la dernière extrémité, Léonard écrivit une lettre au duc. Le brouillon de cette lettre, retrouvé dans les papiers de Vinci, à bâtons rompus, sans liaisons, ressemblait au balbutiement d'un homme honteux qui ne sait pas demander.

« Seigneur, sachant que l'esprit de Votre Altesse est absorbé par de plus graves affaires, mais cependant craignant que mon silence ne soit cause de la colère de mon très bienveillant Protecteur, j'ose rappeler ma misère, et parler de mes travaux d'art, condamnés au silence...

« Depuis deux ans je ne reçois pas mes appointements...

« Les autres personnages au service de Votre Altesse Sérénissime, qui ont des revenus indépendants, peuvent attendre, mais moi, avec mon art que j'aimerais pourtant abandonner pour un métier plus lucratif...

« Ma vie est au service de Votre Altesse et je suis prêt à obéir. Je ne parle pas du monument, je comprends que ce n'en est guère le moment...

« Je suis navré que par suite de la nécessité où je me trouve de gagner mon existence, je sois forcé d'interrompre mon travail et de m'occuper de bêtises. J'ai dû nourrir six hommes durant cinquante-six mois, et je n'avais que cinquante ducats.

« Je ne sais à quoi je pourrais employer mes forces...

« Dois-je penser à la gloire ou au pain quotidien ? »

XI

Un soir de novembre, après une journée passée en démarches auprès du généreux seigneur de Visconti, chez Arnoldo le prêteur, chez le bourreau qui réclamait le montant de deux cadavres de femmes enceintes et menaçait d'un rapport à la Très Sainte Inquisition au cas de non-paiement, Léonard, fatigué, rentra à la maison et tout d'abord passa à la cuisine sécher ses vêtements humides. Puis, ayant pris la clef chez Astro, il se dirigea vers sa salle de travail. Mais, en approchant, il entendit parler derrière la porte.

— La porte est fermée, songea-t-il. Qu'est-ce que cela signifie ? Des voleurs peut-être ?

Il écouta, reconnut les voix de ses élèves Giovanni et Cesare, et devina qu'ils examinaient ses papiers secrets, qu'il n'avait jamais montré à personne : il voulut ouvrir la porte, mais subitement il s'imagina les regards des traîtres et il eut honte pour eux ; sur la pointe des pieds, il recula, rougissant comme un coupable et, entrant dans l'atelier par le côté opposé, il cria de façon à ce qu'ils puissent l'entendre :

— Astro ! Astro ! donne de la lumière ! Où êtes-vous donc tous ? Andrea, Marco, Giovanni, Cesare !

Les voix dans la salle de travail se turent. Quelque chose tinta comme une vitre brisée. Une fenêtre battit.

Il écoutait toujours, ne se décidant pas à entrer. Dans son cœur il n'avait ni colère ni douleur, mais seulement de l'ennui et du dégoût.

Il ne s'était pas trompé. Entrés par la croisée qui donnait sur la cour, Giovanni et Cesare fouillaient les tiroirs de la table de travail, examinaient les papiers secrets, les dessins, son journal. Beltraffio, très pâle, tenait un miroir. Cesare, penché, lisait dans la glace l'écriture de Leonardo :

« *Laude del Sole*. Gloire au soleil.

« Je ne puis ne pas blâmer Épicure qui affirme que la grandeur du soleil est réellement telle qu'elle paraît ; je m'étonne que Socrate abaisse un pareil astre, en disant que ce n'est qu'une pierre incandescente. Et je voudrais connaître des mots suffisamment puissants pour blâmer ceux qui préfèrent la déification d'un homme à la déification du soleil... »

— On peut passer ? demanda Cesare.

— Non, lis jusqu'à la fin, murmura Giovanni.

« Ceux qui adorent les dieux sous l'aspect d'hommes sont dans l'erreur ; car l'homme, serait-il grand comme la Terre, paraîtrait moins que la plus petite planète – un point à peine perceptible dans l'univers. – De plus, tous les hommes sont exposés à être brûlés... »

— Voilà qui est étrange ! s'étonna Cesare. Il adore le soleil, et Celui qui a vaincu la mort par sa mort semble ne pas exister pour lui...

Il tourna une page.

— Tiens... encore, écoute :

« Dans toutes les parties de l'Europe on pleurera la disparition d'un homme mort en Asie. »

— Tu comprends ?

— Non.

— Le Vendredi saint, expliqua Cesare.

« Ô mathématiciens, continua Cesare, versez vos lumières sur cette démence. L'âme ne peut être sans corps, et là où il n'y a ni sang, ni chair, ni nerfs, ni os, ni langue, ni muscles, il ne peut exister ni voix ni mouvement »... Ici on ne peut pas déchiffrer, c'est biffé. Et voilà la fin... « En ce qui concerne toutes les autres définitions de l'âme, je les cède aux saints Pères qui enseignent le peuple et, par l'inspiration du Saint-Esprit, sont plus savants que les secrets de la nature. »

— Hum ! messer Leonardo serait bien malade si ces lignes tombaient entre les mains des pères inquisiteurs. Et voici encore une prophétie :

« Sans rien faire, méprisant la pauvreté et le travail, des hommes vivront luxueusement dans des maisons pareilles à des palais, et assurant qu'il n'y a pas de meilleure façon d'être agréable à Dieu qu'en acquérant les trésors visibles au prix des invisibles. »

— Les indulgences ! devina Cesare. Cela ressemble à du Savonarole. Une pierre dans le jardin du pape...

« Morts depuis mille ans, ils nourriront les vivants. »

— Je ne comprends pas. C'est compliqué... Cependant... Mais oui ! « Morts depuis mille ans... » les martyrs, les saints, au nom desquels les moines amassent l'argent. Une excellente devinette !

« On parlera avec ceux qui, ayant des oreilles, n'entendent pas ; on allumera des cierges devant ceux qui, ayant des yeux, ne voient pas. »

— Les tableaux saints.

« Les femmes avoueront aux hommes tous leurs désirs, toutes leurs actions secrètes et honteuses. »

— La confession. Comment cela te plaît-il, Giovanni ? Hein ? Quel homme étonnant ! Pense un peu pour qui il invente toutes ces énigmes ? Et elles ne sont même pas méchantes. Simplement un amusement... Il joue au sacrilège...

Ayant feuilleté plusieurs pages, il lut :

« Beaucoup, faisant commerce de miracles, trompent la populace et punissent ceux qui dévoilent leurs trafics. »

— C'est probablement au sujet de fra Girolamo et de la science qui détruit la foi dans les miracles.

Il ferma le cahier et regarda Giovanni.

— Assez, n'est-ce pas ? Les preuves sont suffisantes ?

Beltraffio secoua la tête.

— Non, Cesare... Oh ! si on pouvait trouver un endroit où il dit bien nettement...

— Nettement ? Tu peux attendre. Ce n'est pas dans sa nature. Chez lui, tout est double, coquet et rusé comme chez une femme. Ses devinettes en font foi. Attrape-le ! Il s'ignore lui-même. Il est pour soi-même la plus grande énigme.

« Cesare a raison, pensait Giovanni. Mieux vaut un franc sacrilège que ces plaisanteries, ce sourire de Thomas l'Incrédule sondant les plaies du Sauveur... »

Cesare lui montra un dessin au crayon orange sur papier bleu – tout petit, perdu entre des croquis de machines et des calculs – qui représentait la Vierge Marie et l'Enfant Jésus dans le désert. Assise sur une pierre, elle dessinait sur le sable des triangles, des cercles et autres figures. La mère du Seigneur apprenait à son fils la géométrie, source de toutes les sagesses.

Longtemps Giovanni contempla cet étrange dessin. Il voulut lire l'inscription qui se trouvait au-dessus. Il approcha le miroir ; Cesare eut à peine le temps de déchiffrer les trois premiers mots. « Nécessité – éternel maître », lorsque retentit la voix de Léonard, criant :

— Astro ! Astro ! donne de la lumière ! Où êtes-vous donc tous ? Andrea, Marco, Giovanni, Cesare !

Giovanni frissonna, blêmit et laissa tomber la glace. Elle se brisa.

— Mauvais présage, sourit Cesare.

Tels des voleurs surpris, ils jetèrent les papiers dans le tiroir, ramassèrent les débris du miroir, sautèrent sur l'appui de la fenêtre, et glissèrent dans la cour en s'aidant des conduites d'eau et des branches de vigne. Cesare s'accrocha, tomba et faillit se casser la jambe.

XII

Ce soir-là, Léonard ne trouva pas sa consolation habituelle dans la mathématique. Tantôt il se levait et marchait fiévreusement dans la pièce, tantôt il s'asseyait, commençait un dessin et de suite l'abandonnait. Dans son cœur s'agitait une inquiétude vague, comme s'il devait résoudre quelque chose et ne le pouvait pas. Sa pensée revenait toujours au même point.

Il songeait à la fuite de Giovanni chez Savonarole, puis à son retour chez lui Leonardo, à sa période de calme durant laquelle il le croyait guéri, entièrement pris par l'art. Mais le « duel du feu » et la nouvelle de la mort de fra Girolamo l'avaient rendu encore plus piteux, plus égaré.

Léonard voyait ses souffrances, voyait qu'il voulait et ne pouvait le quitter à nouveau ; devinait la lutte qui s'opérait dans le cœur de son élève, trop profond pour ne pas sentir, trop faible pour vaincre les contradictions. Parfois, il semblait au maître qu'il devait chasser Giovanni pour le sauver. Mais il n'en avait pas le courage.

— Si je savais comment le soulager, pensait Léonard.

Il eut un sourire amer :

— Je lui ai jeté un sort ! Les gens ont probablement raison quand ils disent que j'ai le mauvais œil...

Montant les marches raides d'un escalier sombre, il frappa à une porte, et ne recevant pas de réponse, l'ouvrit.

L'obscurité régnait dans la cellule. On entendait la pluie crépiter sur le toit et le vent hurler. Une lampe brûlait faiblement devant une image de la Madone. Un grand crucifix noir pendait sur le mur blanc. Beltraffio était couché tout habillé sur son lit, contourné comme les enfants malades, les genoux repliés, la tête cachée dans l'oreiller.

— Giovanni, tu dors ? murmura le maître.

Beltraffio sursauta, poussa un cri, et fixa sur Léonard un regard dément, les bras tendus en avant, avec l'expression de terreur que Léonard avait vue dans les yeux de Maïa.

— Qu'as-tu, Giovanni ? C'est moi...

Beltraffio sembla sortir d'un rêve et, passant lentement la main sur le front :

— Ah ! c'est vous, messer Leonardo... j'avais cru... j'ai eu un rêve effrayant... Ainsi ce n'est pas vous, continua-t-il en le dévisageant avec méfiance.

Le maître s'assit au pied du lit et lui posant la main sur le front :

— Tu as la fièvre. Tu es malade. Pourquoi ne me l'as-tu pas dit ?

Giovanni se détourna, mais tout à coup regarda à nouveau Léonard, les coins de ses lèvres s'affaissèrent, tremblèrent et, joignant les mains, il balbutia :

— Chassez-moi, maître !... Car je ne pourrais m'en aller de mon gré et je ne puis rester chez vous, parce que je... je... Oui... je suis vis-à-vis de vous un misérable, un traître...

Léonard l'embrassa et l'attira à soi.

— Voyons, mon petit, le Seigneur soit avec toi ! Est-ce que je ne vois pas combien tu souffres ? Si tu te crois fautif de quoi que ce soit vis-à-vis de moi, je te pardonne tout ; peut-être toi aussi me pardonneras-tu un jour...

Giovanni leva sur lui de grands yeux étonnés et, subitement, en un élan irrésistible, se serra contre lui, cacha son visage sur sa poitrine, dans la longue barbe douce comme de la soie.

— Si jamais, balbutiait-il entre les sanglots qui le secouaient, si jamais je vous quitte, maître, ne croyez pas que ce soit parce que je ne vous aime pas ! Je ne sais pas moi-même ce que j'ai... J'ai des idées folles... Dieu m'a abandonné. Oh ! seulement ne pensez pas : non ! Je vous aime plus que tout au monde, plus que mon père fra Benedetto. Personne ne peut vous aimer autant que moi...

Léonard, avec un doux sourire, caressait ses cheveux et le consolait comme un enfant :

— Allons, tais-toi, tais-toi ! Je sais que tu m'aimes, mon petit, pauvre, sensible, naïf... C'est Cesare qui a dû encore te conter quelques sottises. Pourquoi l'écoutes-tu ? Il est intelligent et malheureux aussi : il m'aime, et il croit qu'il me déteste. Mais il y a bien des choses qu'il ne comprend pas...

Giovanni se tut, cessa de pleurer, fixa sur le maître un regard scrutateur et dit :

— Non, ce n'est pas Cesare. Moi seul... et pas moi... Mais *lui*...

— Qui, lui ? demanda Léonard.

Giovanni s'accrocha au maître. Ses yeux de nouveau s'emplirent d'effroi.

— Il ne faut pas, dit-il tout bas, je vous prie... il ne faut pas parler de *lui*...

Léonard le sentit trembler dans ses bras.

— Écoute, mon enfant, dit-il du ton sérieux et tendre que prennent les docteurs pour questionner les malades. Je vois que tu as quelque chose sur le cœur. Tu dois tout me dire. Je veux tout savoir, Giovanni, entends-tu ? Cela t'apaisera.

Et après un instant de silence :

— Dis-moi, de qui parlais-tu tout à l'heure ?

Giovanni approcha ses lèvres de l'oreille de Léonard et lui chuchota :

— De votre sosie...

— De mon sosie ? Qu'est-ce ? Tu m'as vu en rêve ?

— Non, réellement...

Léonard le regarda, et un moment il lui sembla que Giovanni délirait.

— Messer Leonardo, vous n'êtes pas venu chez moi avant-hier, mardi, la nuit ?

— Non. Mais tu dois bien le savoir ?

— Moi, oui, assurément... Eh bien ! alors, voyez-vous, maître, maintenant je suis certain que c'était lui.

— Mais pourquoi te figures-tu que j'ai un sosie ? Comment cela est-il arrivé ?

Léonard sentait que Giovanni voulait lui raconter quelque chose et il espérait que cet aveu le soulagerait.

— Comment cela est arrivé ? Tout simplement. Il est venu chez moi, comme vous ce soir, à la même heure ; il s'est assis sur mon lit, comme vous maintenant, et il parlait et faisait tout comme vous, et son visage était semblable au vôtre, seulement dans un miroir. Il n'est pas gaucher. Et de suite cela m'a fait penser que ce ne devait pas être vous, et il savait ce à quoi je songeais, mais il feignait de l'ignorer. Seulement, en partant, il s'est tourné vers moi et m'a dit : « Giovanni, tu n'as jamais vu mon sosie ? Si tu le vois, ne t'effraie pas. » Alors j'ai tout compris.

— Et tu le crois jusqu'à présent, Giovanni ?

— Puisque je l'ai vu *lui* comme je vous vois ! Et qu'il m'a parlé...

— De quoi ?

Giovanni cacha sa figure dans ses mains.

— Dis-le, insista Léonard, cela vaut mieux, tu y penserais et te tourmenterais.

— Des choses terribles. Que tout dans l'univers n'était que mécanique, que tout ressemblait à cet horrible engin pareil à une araignée qu'il... ou plutôt non... que vous avez inventé...

— Quelle araignée ? Je ne me souviens pas... Ah ! si ! tu as vu chez moi le dessin d'une machine de guerre ?

— Et il m'a dit encore, continua Giovanni, que ce que les hommes appelaient Dieu est la force éternelle qui fait mouvoir l'araignée et que tout lui était égal, la vérité et le mensonge, le bien et le mal, la vie et la mort. Et on ne peut le convaincre parce qu'il est mathématicien, et que pour lui deux et deux font quatre et non pas cinq...

— Bien ! bien ! Ne te tourmente pas. Assez ! je sais...

— Non, messer Leonardo, attendez, vous ne savez pas tout. Écoutez, maître. Il m'a dit que le Christ était venu pour rien sur la terre, qu'il est mort et n'est pas ressuscité, qu'il s'est consommé dans son cercueil. Et quand il a dit cela, j'ai pleuré. Il a eu pitié de moi, m'a consolé en me disant : « Ne pleure pas, mon petit, il n'y a pas de Christ, mais il y a l'amour ; le grand amour, fils de la science parfaite ; celui qui sait tout, aime tout. (Vous voyez, il se servait de vos paroles !) Auparavant, l'amour provenait de la faiblesse, des miracles et de l'ignorance ; maintenant, de la force, de la vérité et de la science, car le serpent n'a pas menti : goûtez le fruit de l'arbre de la science et vous serez pareils aux dieux. » Et après ces paroles, j'ai compris qu'il était le diable, je l'ai maudit, et il est parti en me disant qu'il reviendrait...

Léonard écoutait avec une attention curieuse, comme s'il ne s'agissait plus du délire d'un malade. Il sentait que le regard de Giovanni pénétrait dans la plus secrète profondeur de son cœur.

— Et le plus étrange, murmura l'élève en s'écartant lentement du maître, le plus répugnant de tout cela était qu'en me disant tout cela, il souriait... oui, oui... tout à fait comme vous maintenant... comme vous !

Le visage de Giovanni blêmit, se convulsa, il repoussa Léonard avec un cri dément :

— Toi... toi encore ! Tu as dissimulé... Au nom de Dieu va-t'en, maudit !

Le maître se leva, et fixant sur lui un regard autoritaire :

— Le Seigneur soit avec toi, Giovanni ! Je vois, en effet, qu'il vaut mieux pour toi me quitter. Tu te souviens, l'Écriture dit : « Celui qui a peur n'est pas parfait d'amour. » Si tu m'aimais vraiment, tu ne me craindrais pas, tu comprendrais que tout cela n'est que songes et folies, que je ne suis pas ce que pensent les gens, que je n'ai pas de sosie, et que je crois plus fermement dans le Christ Sauveur que ceux qui m'appellent le serviteur de l'Antéchrist. Pardonne-moi, Giovanni !... Ne crains rien... Le sosie de Léonard ne reviendra jamais chez toi...

Sa voix trembla, pleine d'infinie pitié. Il se leva. « Est-ce bien cela ? Lui ai-je dit la vérité ? » pensa-t-il, et, au même instant il sentit que, si le mensonge était nécessaire pour le sauver, il était prêt à mentir. Beltraffio tomba à genoux et baisa les mains du maître.

— Non ! non !... Je sais que c'est de la folie... Je vous crois... Vous verrez, je chasserai ces horribles pensées... Seulement, pardonnez-moi, maître, ne m'abandonnez pas !

Léonard le contempla avec compassion et l'embrassa.

— Bien, mais souviens-toi, Giovanni, que tu as promis. Et maintenant, ajouta-t-il de sa voix habituelle, descendons vite. Il fait froid ici. Je ne veux plus que tu couches dans cette chambre jusqu'à ce que tu sois tout à fait remis. J'ai un travail pressé, viens, tu m'aideras.

XIII

Il le conduisit dans sa chambre, voisine de l'atelier, ralluma le feu et, lorsque la flamme crépita, dit qu'il avait besoin d'une planche pour un tableau.

Léonard espérait que le travail tranquilliserait le malade. Il avait prévu juste. Peu à peu, Giovanni se calma. Avec une grande attention, comme s'il se fût agi d'une œuvre importante, il aida le maître à imprégner le bois avec un composé d'alcool, d'arsenic et de sublimé. Puis ils commencèrent à étendre la première couche en bouchant les rainures avec de l'albâtre, de la laque de cyprès et du mastic, égalisant les différences avec un ébauchoir. Comme toujours, le travail brûlait, semblait un jouet entre les mains de Léonard. En même temps, il donnait des conseils, enseignait comment il fallait monter un pinceau, en commençant par les gros, les plus durs, en poil de porc, enserrés dans du plomb, et en finissant par les plus fins et les plus doux en poil d'écureuil, enchâssés dans une plume d'oie.

La pièce s'imprégna de l'agréable odeur de térébenthine et de mastic, qui rappelait le travail. Giovanni frottait de toutes ses forces la planche avec un morceau de peau imbibée d'huile de lin chaude. Ses frissons avaient disparu. Un instant, fatigué, le visage rouge, il s'était arrêté et regardait le maître.

— Allons, plus vite, ne flâne pas ! disait Léonard en le bousculant. L'huile refroidie n'adhère pas.

Et, le dos raidi, les jambes arquées, les lèvres serrées, Giovanni, avec une ardeur nouvelle, reprenait l'ouvrage.

— Eh bien ! comment te sens-tu ? demanda Léonard.

— Bien, répondit Giovanni avec un gai sourire.

Les autres élèves aussi s'étaient rassemblés dans ce coin chaud et lumineux de la vieille maison lombarde, d'où il était agréable d'entendre hurler le vent et cingler la pluie. Andrea Salaino, le cyclope Zoroastro, Jacopo et Marco d'Oggione étaient là. Seul, Cesare da Sesto, selon son habitude, manquait à ce cercle amical.

Après avoir placé la planche dans un coin pour la laisser sécher, Léonard enseigna à ses élèves le meilleur procédé pour obtenir de l'huile très pure pour les couleurs. On apporta un grand plat de terre dans lequel la pâte de noix trempée dans six eaux différentes avait déposé son suc blanc, recouvert d'une couche épaisse de graisse jaune. Prenant des morceaux de coton et les tordant, tels des cierges, il en plongea une extrémité dans le plat, l'autre dans un entonnoir placé dans le goulot d'une fiole. L'huile qui s'imbibait dans l'ouate coulait dans le récipient, en grosses gouttes dorées et transparentes.

— Regardez, regardez, admirait Marco, comme elle est pure ! Et chez moi, elle est toujours trouble. J'ai beau la filtrer...

— Probablement parce que tu n'enlèves pas la peau des noix, observa Léonard. Elle ressort ensuite sur la toile et noircit les couleurs.

— Vous entendez ? s'écriait Marco triomphant. La plus belle production de l'art, à cause de cette misérable saleté, d'une pelure de noix, peut être perdue à jamais ! Et vous riez quand je dis qu'il faut observer les règles avec une précision mathématique...

Les élèves, tout en suivant attentivement la préparation de l'huile, causaient et s'amusaient. En dépit de l'heure tardive, personne ne songeait à dormir, et sans écouter les grognements de Marco qui tremblait pour la moindre bûche, ils jetaient joyeusement le bois dans l'âtre.

— Racontons des histoires ! proposa Salaino.

Et le premier il conta la nouvelle du prêtre qui, le samedi saint, allait bénir les maisons, et étant entré chez un peintre avait aspergé tous ses tableaux.

« —Pourquoi as-tu fait cela ? lui demanda l'artiste.

« —Parce que je veux ton bien ; car il est dit : "Le Ciel vous rendra au centuple une bonne action."

« L'artiste ne répondit pas. Mais lorsque le curé ouvrit la porte qui donnait sur la rue, il lui versa sur la tête un seau d'eau froide en criant :

« —Voilà, du Ciel, le centuple de la bonne action que tu as faite en m'abîmant tous mes tableaux. »

Les nouvelles suivirent les nouvelles, les unes plus stupides que les autres. Tous s'amusaient follement, et Léonard plus que tous les autres.

Giovanni aimait l'observer quand il riait. Ses yeux se ridaient, ne paraissaient plus que deux fentes ; le visage prenait une expression d'enfantine naïveté, et il secouait la tête, essuyait ses larmes, s'esclaffait d'un rire très aigu, étrange pour sa taille et sa corpulence, dans lequel sonnaient les notes féminines comme dans ses cris de colère.

À minuit, ils eurent faim. On ne pouvait se coucher sans souper, d'autant plus qu'ils avaient plutôt légèrement dîné, Marco était parcimonieux.

Astro apporta tout ce qu'il avait trouvé : des restes de jambon, du fromage, quatre douzaines d'olives et une miche de pain de froment rassis. Il n'y avait pas de vin.

— As-tu bien incliné la barrique ? lui demandaient les compagnons.

— Parbleu ! Dans tous les sens. Pas une goutte.

— Ah ! Marco, Marco, qu'as-tu fait de nous ! Que faire sans vin ?

— Allons, voilà bien votre chanson, Marco et Marco. Suis-je fautif s'il n'y a plus d'argent ?

— Il y a de l'argent et il y aura du vin ! cria Jacopo en lançant vers le plafond une pièce d'or.

— D'où l'as-tu, diablotin ? Tu as encore volé ? Attends, je te frotterai les oreilles, dit Léonard en le menaçant.

— Mais non, messer, je ne l'ai pas volé, vrai Dieu ! Que je crève de suite, que ma langue se dessèche, si je ne l'ai gagné aux osselets !

— Prends garde, si tu nous régales avec le produit d'un larcin.

Courant à la taverne de L'Aigle-Vert où les mercenaires suisses passaient la nuit à jouer, Jacopo revint avec deux brocs de vin.

Le vin augmenta la gaieté. Le gamin le versait, tel Ganymède, de très haut, et de façon que le rouge moussât rose et que le blanc moussât doré ; et, enchanté à l'idée qu'il régalait de sa poche, sautait, se contorsionnait et, imitant les promeneurs ivres noctambules, chantait la chanson du *Moine défroqué* :

> *Au diable la soutane, la capuche, le chapelet !*
> *Hi hi hi et ha ha ha !*
> *Eh ! vous les jolies filles. À pêcher je suis prêt !*

Ou bien encore l'hymne solennel de la folle *Messe de Bacchus*, inventé par les étudiants :

> *Ceux qui mettent de l'eau dans le vin*
> *Comme des éponges s'imbiberont.*
> *Et dans le feu de l'enfer*
> *Les diables les sécheront.*

Jamais, semblait-il à Giovanni, il n'avait mangé et bu avec autant de plaisir, comme à ce misérable souper de Léonard, composé de fromage sec, de pain rassis et de vin frelaté payé avec l'argent, volé probablement, de Jacopo.

On but à la santé du maître, à la gloire de l'atelier, à la richesse et à chacun.

Pour conclure. Léonard, contemplant ses élèves, dit avec un sourire :

— J'ai entendu dire, mes amis, que saint François d'Assise affirmait que l'ennui était le pire vice et que celui qui voulait plaire à Dieu devait toujours être gai. Buvons à la sagesse de saint François, à l'éternelle gaieté céleste.

Tous s'étonnèrent quelque peu. Mais Giovanni comprit ce qu'avait voulu exprimer le maître.

— Eh ! maître ! dit Astro en secouant la tête. Vous parlez de gaieté ; quelle gaieté pouvons-nous avoir tant que nous rampons sur la terre, comme des vers de sépulcre ? Que les autres boivent à ce qui leur plaira ; moi, je bois aux ailes humaines, à la machine volante ! Quand les hommes ailés atteindront les nuages, là commencera la gaieté. Et que le diable emporte les lois de pesanteur, la mécanique, qui nous gênent.

— Non, mon ami, sans mécanique tu ne volerais pas loin, interrompit le maître en riant.

Lorsque tous se séparèrent, Léonard retint Giovanni, lui installa son lit près du feu, et ayant recherché un dessin en couleurs le donna à son élève.

Le visage de l'adolescent représenté sur ce dessin semblait si connu à Giovanni qu'il le prit d'abord pour un portrait. Il y retrouvait une ressemblance avec Savonarole en sa jeunesse et avec le fils du riche usurier de Milan détesté de tous, le vieil israélite Barucco – maladif et rêveur enfant de seize ans –, plongé dans la secrète sagesse de la Cabale, élève des rabbins qui voyaient en lui une des futures lumières de la Synagogue.

Mais lorsque Beltraffio examina plus attentivement cet adolescent aux cheveux roux et épais, au front bas, aux lèvres fortes, il reconnut le Christ, non pas celui des icônes, mais comme quelqu'un qui L'a vu, oublié et de nouveau retrouvé.

Dans la tête inclinée comme une fleur sur une tige trop faible, dans le regard naïvement enfantin de ses yeux baissés, il y avait le pressentiment de cette dernière et affreuse minute du mont des Oliviers, lorsque, effrayé et triste, Il avait dit à ses disciples : « Mon âme souffre mortellement », et s'éloignant sur un roc, tomba face contre terre en murmurant : « Ô Père ! tout T'est possible. Éloigne cette coupe de moi. Pourtant que Ta volonté soit faite. » Et encore, une seconde et une troisième fois, Il répéta : « Mon Père, si je ne puis éviter de boire à cette coupe, que Ta volonté soit faite. »

Et se trouvant en état de lutte, Il priait plus ardemment et Sa sueur tombant sur la terre semblait des gouttes de sang.

« Pourquoi priait-Il ? songea Giovanni. Comment demandait-Il que ne soit pas ce qui ne pouvait ne pas être, ce qui était Sa propre volonté, le but de Sa venue au monde ? Aurait-Il souffert comme moi et lutté jusqu'au sang contre ces mêmes et terribles pensées doubles ? »

— Eh bien ? demanda Léonard qui s'était absenté de la pièce. Mais il me semble que de nouveau tu...

— Non, non, maître ! Oh ! si vous saviez comme je me sens bien et tranquille... Maintenant tout est passé...

— Tant mieux, Giovanni. Je te le disais. Fais attention à ce que jamais plus cela ne revienne...

— Ne craignez rien ! Maintenant je vois – et il désigna le dessin – je vois que vous L'aimez plus que tout le monde... Et si votre sosie revient, je sais comment le chasser : je n'aurai qu'à lui parler de ce dessin.

XIV

Giovanni avait entendu dire à Cesare que Léonard terminait la figure du Christ de la *Sainte Cène* et il désira le voir. Souvent il avait supplié le maître de l'emmener. Léonard promettait toujours et toujours retardait.

Enfin, un matin, il l'emmena au réfectoire de Santa Maria delle Grazie et, à la place si connue, restée vide durant seize ans, entre Jean et Jacques, dans le quadrilatère de la croisée ouverte qui se détachait sur le calme lointain d'un ciel nocturne et les coteaux de Sion, Giovanni vit le Christ.

Quelques jours plus tard, un soir, il suivait les berges désertes du canal

Cantarana. Il revenait de chez l'alchimiste Sacrobosco, et rentrait à la maison. Le maître l'avait envoyé chercher un livre rare, traitant de la mathématique.

Après le vent et le dégel, l'atmosphère était calme et froide. Les flaques de boue de la route s'étaient couvertes d'une toile glacée et friable. Les nuages bas semblaient s'accrocher aux cimes dénudées et violetées des mélèzes, abritant les nids déchiquetés des pies. La nuit tombait vite. Tout à l'extrémité du couchant seulement, s'étendait une longue ligne jaunâtre. L'eau du canal, calme, lourde et noire comme de la fonte, paraissait infiniment profonde.

Giovanni, bien qu'il ne voulût pas s'avouer à lui-même les pensées qu'il chassait avec le dernier effort de la raison, songeait aux deux interprétations du Christ par Léonard. Il n'avait qu'à fermer les yeux pour les voir paraître tous deux ensemble devant lui comme vivants : l'un, plein de faiblesse humaine, celui qui priait sur le mont des Oliviers avec une foi enfantine ; l'autre, surhumainement calme, sage, étrange et terrible.

Et Giovanni pensait que peut-être, dans son insoluble contradiction, tous deux étaient la vérité.

Ses idées s'embrouillaient comme dans un rêve. Sa tête brûlait. Il s'assit sur une pierre au bord du canal étroit et sombre, et, anéanti, appuya sa tête dans ses mains.

— Que fais-tu là ? On croirait l'ombre d'un amoureux sur les rives de l'Achéron, dit une voix railleuse.

Il sentit une main se poser sur son épaule, frissonna, se retourna et reconnut Cesare.

Dans l'obscurité hivernale, long, maigre, avec sa figure maladive, enveloppé dans sa cape grise, Cesare ressemblait à une sinistre apparition.

Giovanni se leva et ils continuèrent la route ensemble, silencieux. Seules les feuilles sèches craquaient sous leurs pas.

— Il sait que nous avons fouillé dans ses papiers ? demanda enfin Cesare.

— Oui, répondit Giovanni.

— Et, naturellement, il ne se fâche pas. J'en étais sûr. L'éternel pardon ! déclara Cesare avec un rire forcé et méchant.

Ils se turent à nouveau. Un corbeau avec un croassement enroué vola au-dessus du canal.

— Cesare, dit très bas Giovanni, tu as vu le Christ de la *Cène* ?

— Oui.

— Eh bien ? comment le trouves-tu ?

Cesare se retourna brusquement.

— Et toi ? demanda-t-il.

— Je ne sais pas... il me semble...

— Dis-le franchement. Il ne te plaît pas ?

— Non. Mais je ne sais. J'ai dans l'idée que... ce n'est pas le Christ.

— Pas le Christ ? Et qui donc ?

Giovanni ne répondit pas, ralentit le pas et baissa la tête.

— Écoute, continua-t-il pensif, as-tu vu le dessin, l'autre dessin de la tête du Christ, au crayon de couleur, où il est représenté presque enfant ?

— Oui, un enfant à cheveux roux, à front bas, à lèvres épaisses, tel le fils du vieux Barucco. Alors ? Tu le préfères ?

— Non... je songe seulement combien ils se ressemblent peu ces deux Christ !

— Se ressemblent peu ? dit Cesare étonné. Mais c'est le même visage. Dans la *Cène* il est plus âgé de quinze ans... Cependant, ajouta-t-il, tu as peut-être raison. Mais même si ce sont deux Christ différents, ils se ressemblent comme deux Sosies...

— Sosies ! répéta Giovanni frissonnant et s'arrêtant. Comment as-tu dit, Cesare, deux *Sosies* ?

— Mais oui ! Qu'est-ce qui t'effraie ? Ne l'as-tu pas remarqué toi-même ?

— Cesare ! s'écria subitement Beltraffio en un irrésistible élan, comment ne le vois-tu pas ? Est-il possible que Celui que le maître a représenté dans la *Cène*, le Tout-Puissant qui sait tout, est-il possible qu'il ait pu pleurer sur le mont des Oliviers jusqu'à la sueur de sang et dire notre prière humaine, comme prient les enfants qui espèrent le miracle : « Que ne s'accomplisse pas ce pourquoi je suis venu au monde. Ô mon Père, éloigne de moi cette coupe » ? Mais cette prière contient tout, Cesare ! et sans elle, il n'y a pas de Christ, et je ne l'échangerais contre aucune sagesse. Celui qui n'a pas prié ainsi n'était pas un homme, n'a pas souffert, n'est pas mort – comme nous !

— Ainsi, voilà à quoi tu songes, murmura lentement Cesare. En effet. Oui, je te comprends. Oh ! sûrement le Christ de la Cène ne pouvait prier *ainsi*...

Il faisait nuit. Giovanni distinguait avec peine le visage de son compagnon. Il lui semblait étrangement changé.

Cesare se tut, et longtemps ils marchèrent sans parler dans la nuit de plus en plus assombrie.

— Te souviens-tu, Cesare ? demanda enfin Giovanni, il y a trois ans, nous marchions ensemble ici même et discutions de la *Sainte Cène*. Tu te moquais du maître alors ; tu disais qu'il n'achèverait jamais son Christ et j'affirmais le contraire. Maintenant c'est toi qui le soutiens contre moi. Je n'aurais jamais cru que toi, précisément toi, tu pourrais parler ainsi de lui...

Giovanni voulut regarder le visage de son compagnon, mais Cesare se retourna.

— Je suis heureux, conclut Beltraffio, que tu l'aimes, oui, que tu l'aimes, Cesare, peut-être plus que moi. Tu veux le haïr et tu l'aimes !

Cesare, lentement, tourna vers lui son visage pâle et convulsé.

— Que croyais-tu ? Certainement, je l'aime ! Comment ne l'aimerais-je pas ? Je veux le haïr et suis forcé de l'aimer, car ce qu'il a fait dans la *Sainte Cène*, personne, peut-être même pas lui, ne le comprend comme moi, son plus mortel ennemi !

Et riant de nouveau de son rire forcé :

— Quand on pense... quelle drôle de chose que le cœur humain ! Puisque nous parlons de cela, je vais t'avouer la vérité, Giovanni : je ne l'aime tout de même pas, moins encore maintenant...

— Pourquoi ?

— Eh ! ne fût-ce que parce que je veux être moi-même, entends-tu ? le dernier des derniers, mais ni l'oreille, ni l'œil, ni l'orteil de son pied ! Les élèves de Léonard sont des poussins dans un nid d'aigle ! Que Marco se console avec les lois de la science, les cuillers à dosage et les livres à mémoire ! J'aurais bien voulu voir Léonard lui-même créer la figure du Christ en suivant ses théories. Oh ! certes ! il nous apprend, à nous, ses poussins, à flâner comme des aiglons, par bonté, car il nous plaint au même degré que les petits aveugles de la chienne de garde, une haridelle boiteuse, et le criminel qu'il accompagne jusqu'à la potence pour étudier le jeu de ses muscles, et la cigale d'automne dont les ailes s'engourdissent. Tel le soleil, il déverse sur tout son excès d'amour. Seulement, mon ami, chacun a son goût : à l'un, il est agréable d'être la cigale engourdie ou le vermisseau que le maître, à l'instar de saint Francisque, enlève de terre et pose sur une feuille afin qu'on ne l'écrase pas ! À l'autre... Sais-tu, Giovanni ? je préférerais que, sans façon, il m'écrase !

— Cesare, murmura Giovanni, s'il en est ainsi pourquoi ne le quittes-tu pas ?

— Et toi ? pourquoi ne le quittes-tu pas ? Tu as brûlé tes ailes comme un papillon à la flamme d'une chandelle et tu continues à tourner, à te précipiter sur le feu, dans lequel moi aussi, peut-être, je veux brûler... Après tout, qui sait ? J'ai aussi un espoir...

— Lequel ?

— Oh ! le plus frivole et le plus fou. Je pense parfois, si un autre apparaissait subitement, un autre qui ne lui ressemblerait pas, mais aussi grand que lui, ni le Pérugin, ni Borgognone, ni Botticelli, ni même le grand Mantegna, mais un inconnu ? Il me suffirait de voir la gloire d'un autre, de rappeler à messer Leonardo que même les insectes épargnés par pitié, comme moi, peuvent le préférer à un autre et le blesser, car, en dépit de sa peau de brebis, de sa pitié et de son pardon universel, l'orgueil chez lui est infernal.

Il n'acheva pas, et Giovanni sentit la main tremblante de Cesare se poser sur sa main.

— Je sais, dit-il d'une voix changée, presque timide et suppliante, je sais que jamais chose pareille n'aurait surgi en ton esprit. Qui t'a dit que je l'aimais ?

— Lui-même, répondit Beltraffio.

— Lui-même ! répéta Cesare avec une indescriptible émotion. Alors, il pense que...

Sa voix se brisa. Les deux amis se regardèrent et tout à coup comprirent qu'ils n'avaient plus rien à se dire, que chacun était trop absorbé par ses propres pensées et ses intimes tourments. Silencieux, ils se quittèrent au plus proche carrefour.

Giovanni continua sa route d'un pas mal assuré, la tête baissée, ne voyant pas, ne se souvenant pas où il allait, longeant, entre les deux rangées de mélèzes dénudés, les rives désertes du long canal dont l'eau noire ne reflétait pas une étoile. Le regard dément et fixe, il répétait sans cesse :

— Les sosies... les sosies...

XV

Au début du mois de mars 1499, Léonard, inopinément, reçut du trésor ducal ses deux ans d'appointements en retard.

À ce moment, le bruit se répandait que Ludovic le More, atterré par la nouvelle de la triple alliance conclue contre lui, par Venise, le pape et le roi Louis XII, avait l'intention, dès l'apparition de l'armée française en Lombardie, de fuir en Germanie auprès de l'Empereur. Désirant conserver la fidélité de ses sujets durant son absence, le duc allégeait les impôts, payait ses créanciers et comblait de cadeaux ses intimes.

Peu de temps après, Léonard fut favorisé d'un nouveau témoignage de la faveur ducale.

« Nous, Maria Sforza, duc de Milan, gratifions au très célèbre maître Léonard de Vinci, artiste florentin, seize perches de vigne, acquises au couvent Saint-Victor, près de Porta Vercellina », mentionnait l'acte de donation.

L'artiste se rendit auprès du duc pour le remercier. L'entrevue avait été fixée le soir. Mais il fallut attendre jusqu'à la nuit, car le duc était accablé de besogne. Il avait passé toute la journée en des discussions ennuyeuses avec les trésoriers et les secrétaires, vérifiant les comptes des munitions de guerre, débrouillant et embrouillant le filet de trahisons et de basses tromperies qui lui plaisait tellement lorsqu'il en était le maître, telle l'araignée dans sa toile, et où il se sentait maintenant pris comme un moucheron.

Ayant achevé ses travaux, le duc se dirigea vers la galerie de Bramante qui surplombait un des fossés du palais.

La nuit était calme. Par moments seulement on entendait le son de la trompe, les appels des veilleurs, le grincement de la lourde chaîne de fer du pont-levis.

Le page Ricciardetto apporta deux torches qu'il ficha dans les chandeliers de bronze scellés dans le mur et posa devant le duc un plat d'or contenant du pain coupé en menus morceaux. D'un coin du fossé, glissant sur le fond sombre de l'eau, attirés par la lueur des torches, surgirent des cygnes blancs. Appuyé sur la balustrade, le duc jetait les morceaux de pain et admirait l'adresse avec laquelle les cygnes les attrapaient, l'élégance avec laquelle silencieusement ils fendaient de leur poitrail le miroir de l'eau.

La marquise Isabelle d'Este, sœur de feu Béatrice, lui avait envoyé en cadeau ces cygnes de Mantoue. Il les avait toujours aimés, mais ces derniers temps il s'y était attaché encore davantage et chaque soir venait leur jeter la pâtée de ses propres mains, ce qui constituait son unique délassement après les tourmentantes pensées des affaires de l'État, de la guerre, de la politique, de ses trahisons et de celles des autres. Les cygnes lui rappelaient son enfance ; alors aussi il les nourrissait de même, dans les marais verdis de Vigevano.

Mais ici, dans le fossé du palais, entre les menaçantes meurtrières, les tours sombres, les poudrières, les pyramides de bombes et les gueules des canons – tranquilles, d'une blancheur immaculée dans le brouillard bleu argenté de la lune, ils lui semblaient encore plus beaux. Le poli de l'eau reflétait sous eux le ciel, et comme des visions, entourés de tous côtés d'étoiles, pleins de mystère, entre deux cieux ils se balançaient et glissaient.

Derrière le duc une petite porte s'ouvrit qui laissa passer la tête du chambellan Pusterla. Respectueusement courbé, il s'approcha du duc et lui tendit un papier.

— Qu'est-ce ? demanda-t-il.

— Du trésorier général, messer Bornocio Botto, le compte des armements. Il s'excuse infiniment de déranger Votre Altesse... Mais les fourgons partent demain à l'aube...

Le More saisit le papier, le froissa et le jeta au loin.

— Combien de fois t'ai-je dit de ne m'importuner avec aucune affaire après souper ! Oh ! Seigneur ! bientôt ils ne me laisseront même plus dormir !

Le chambellan, toujours courbé, gagna la porte à reculons et murmura de façon que le duc puisse ne pas entendre s'il ne lui plaisait pas :

— Messer Leonardo.

— Ah ! oui ! Léonard. Pourquoi ne me l'as-tu pas dit plus tôt ? Fais-le entrer.

Et se tournant de nouveau vers ses cygnes, il songea :

— Léonard ne me gênera pas.

Son visage jaune, flasque, aux lèvres fines, rusées et cruelles, s'illumina d'un bon sourire.

Lorsque l'artiste entra dans la galerie, Ludovic continua à jeter le pain et reporta sur lui le sourire avec lequel il contemplait ses cygnes.

Léonard voulut s'agenouiller, mais le duc le retint et le baisa au front.

— Bonsoir. Il y a longtemps que nous ne nous sommes vus. Comment te portes-tu ?

— Je dois remercier Votre Altesse...

— Eh ! finis ! N'es-tu pas digne d'autres cadeaux ? Attends, le moment viendra où je saurai te récompenser selon tes services.

Il questionna le maître sur ses travaux, inventions et projets, cherchant exprès ceux qui lui paraissaient les plus irréalisables : la cloche à plongeur, les patins à naviguer, la machine volante. Dès que Léonard abordait la question sérieuse : la fortification du palais, le canal, la fonte du monument Sforza, de suite il détournait la conversation avec un air ennuyé et dégoûté.

Subitement il devint pensif, ce qui lui arrivait souvent depuis quelques mois, se tut, pencha la tête avec une expression si détachée qu'il semblait avoir oublié son interlocuteur. Léonard prit congé.

— Allons, adieu, adieu ! dit distraitement le duc ; mais lorsque l'artiste fut à la porte, il le rappela, s'approcha de lui, lui posa ses deux mains sur les épaules et le fixa d'un long et triste regard.

— Adieu, murmura-t-il, et sa voix trembla. Adieu, cher Léonard ! Qui sait si nous nous reverrons ?

— Votre Altesse nous abandonne ?

Le duc soupira péniblement et ne répondit pas.

— Oui, mon ami, reprit-il. Voilà seize ans que nous vivons ensemble et je n'ai de toi que de bons souvenirs, et toi aussi tu n'en as pas de mauvais de moi. Que les gens disent ce qui leur plaira, mais dans les siècles futurs, celui qui nommera Léonard pensera aussi un peu à Ludovic le More !

L'artiste, qui n'aimait pas les effusions sentimentales, prononça les seules paroles qu'il gardait en sa mémoire pour les circonstances où l'éloquence de cour était indispensable.

— Monseigneur, je voudrais avoir plusieurs vies pour les mettre toutes au service de Votre Altesse.

— Je le crois, répondit le duc. Un jour tu te souviendras peut-être de moi et tu me plaindras...

Il n'acheva pas, sanglota, enlaça fortement Léonard et l'embrassa sur les lèvres.

— Allons, que le Seigneur soit avec toi ! que le Seigneur soit avec toi !

Quand Léonard fut parti, Ludovic resta longtemps encore assis sur la galerie Bramante, admirant les cygnes, et dans son cœur s'élevait un sentiment qu'il n'aurait pu exprimer par des mots. Il lui semblait que, dans sa vie sombre et criminelle, Léonard était pareil aux cygnes blancs dans le fossé du palais, sur l'eau noire, entre les menaçantes meurtrières, les tours, les poudrières, les pyramides de bombes et les gueules des canons. Aussi inutile et aussi beau, aussi pur et aussi virginal.

On n'entendait dans le silence de la nuit que la tombée lente de la résine des torches aux trois quarts consumées. Dans leur reflet rose qui se fondait avec le clair de lune bleu, se balançant majestueusement, dormaient, pleins de mystère, entourés d'étoiles, telles des visions, entre les deux cieux – le ciel d'en haut et le ciel d'en bas – les cygnes et leurs sosies reflétés dans le sombre miroir des eaux.

XVI

En dépit de l'heure tardive, après être sorti de chez le duc, Léonard se rendit au couvent de San Francesco où se trouvait malade son élève Giovanni Beltraffio. Quatre mois après sa conversation avec Cesare au sujet des deux Christ, il avait été atteint de fièvre cérébrale.

C'était vers le 20 décembre 1498. Un jour qu'il rendait visite à son maître fra Benedetto, Giovanni rencontra chez lui un ami de Florence, le moine dominicain fra Paolo qui, sur ses instances, raconta la mort de Savonarole.

L'exécution avait été fixée au 23 mai 1498, à neuf heures du matin, sur la place de la Seigneurie, devant le Palazzo Vecchio, à l'endroit même où avaient eu lieu le « bûcher des vanités » et le « duel du feu ».

Un grand bûcher avait été dressé, et au-dessus une potence, un large tronc d'arbre planté en terre avec une planche transversale supportant trois cordes et des chaînes. En dépit des efforts des charpentiers, qui raccourcissaient ou rallongeaient la transversale, la potence avait l'aspect d'une croix.

Une foule aussi compacte que le jour du duel du feu avait envahi la place, les fenêtres, les loggias et les toits des maisons. Du palais sortirent les accusés : Girolamo Savonarole, Domenico Buonviccini et Silvestro Maruffi.

Lorsqu'ils eurent fait quelques pas, ils s'arrêtèrent devant la tribune de l'ambassadeur du pape Alexandre VI. L'évêque se leva, prit le frère Savonarole par la main et récita les paroles d'excommunication d'une voix mal assurée, sans lever les yeux sur le moine qui le fixait. Il balbutia la dernière phrase :

— *Separo te ab Ecclesia militante atque triumphante.* Je te sépare de l'Église combattante et triomphante.

— *Militante, non triumphante ; hoc enim tuum non est.* Combattante, mais non triomphante ; cela n'est pas en ton pouvoir, rectifia Savonarole.

On arracha les vêtements des accusés, leur laissant seulement la chemise, et ils continuèrent leur chemin. Ils s'arrêtèrent par deux fois encore, d'abord devant la tribune des commissaires apostoliques pour entendre la lecture de l'arrêt, enfin devant la tribune des Huit Notables de la République florentine, qui déclarèrent la peine de mort au nom du peuple.

Durant ce trajet, fra Silvestro, butant, faillit tomber. Domenico et Savonarole également. On découvrit par la suite que les gamins, anciens soldats de l'armée sacrée, cachés sous le plancher, avaient introduit des pointes de lance dans les interstices pour blesser les condamnés.

Fra Silvestro Maruffi devait monter le premier à la potence. Il conservait son expression indifférente, comme s'il ne s'en rendait pas compte, et grimpa les marches. Mais lorsque le bourreau lui passa la corde au cou, il s'accrocha à l'échelle, leva les yeux au ciel et cria :

— Entre tes mains, Seigneur, je remets mon âme !

Puis, seul, sans le secours de personne, d'un mouvement raisonné, sans peur aucune, il se lança dans le vide.

Fra Domenico attendait son tour impatiemment, et lorsqu'on lui fit signe, il se précipita vers la potence avec le sourire qu'il aurait eu s'il s'était dirigé vers le ciel.

Le cadavre de Silvestro pendait à une extrémité, celui de Domenico à l'autre. La place centrale était destinée à Savonarole.

Il monta les marches, s'arrêta, abaissa les yeux, regarda la foule.

Un grand silence régnait, comme jadis à la cathédrale de Maria del Fiore avant le sermon. Mais, quand il glissa la tête dans le nœud coulant, quelqu'un cria :

— Fais un miracle ! Fais un miracle, prophète !

Personne ne sut si c'était une ironie ou le cri d'un fervent.

Le bourreau poussa Savonarole.

Un vieil ouvrier, au visage humble et dévot, auquel on avait confié la garde du bûcher, dès que Savonarole fut pendu, se signa rapidement et glissa sa torche allumée sous les bois, en prononçant les mêmes paroles que Savonarole, lorsqu'il avait allumé le « bûcher des vanités » :

— Au nom du Père, du Fils et de l'Esprit-Saint !

La flamme monta. Mais le vent la rabattit de côté. La foule houla. Les gens, s'écrasant, fuyaient terrifiés, criant :

— Le miracle ! le miracle ! Ils ne brûlent pas !

Le vent s'apaisa. La flamme de nouveau monta et enveloppa les corps. La corde qui reliait les mains de Savonarole se brisa. Ses bras, qui pendaient le long de son cadavre, s'agitèrent dans le feu et semblaient pour la dernière fois bénir le peuple.

Lorsque le bûcher fut éteint et qu'il ne resta plus que des os calcinés et des lambeaux de chair, les disciples de Savonarole se frayèrent un passage jusqu'à la potence, pour ramasser les restes des martyrs. Les gardes les écartèrent, et chargeant les cendres sur une charrette se dirigèrent vers Ponte Vecchio, afin de précipiter le triste butin dans la rivière. Mais en route les élèves purent voler quelques pincées de cendres et quelques parcelles du cœur non consumé de Savonarole.

Son récit achevé, fra Paolo montra à ses auditeurs une amulette qui contenait les cendres. Fra Benedetto longuement l'embrassa et l'arrosa de ses larmes.

Puis les deux moines se rendirent aux vêpres, laissant Giovanni seul.

En rentrant, ils le trouvèrent étendu par terre, sans connaissance, devant le crucifix. Entre ses doigts raidis il serrait l'amulette.

Pendant trois mois, Giovanni resta entre la vie et la mort. Fra Benedetto ne le quittait pas d'un instant.

Souvent, dans le silence de la nuit, assis au chevet du malade, il écoutait son délire et s'effrayait.

Giovanni rêvait de Léonard de Vinci et de la Sainte Vierge qui, tout en dessinant sur le sable des figures géométriques, apprenait au Christ les lois de l'éternelle nécessité.

— Pourquoi pries-tu ? répétait le malade avec un infini ennui. Ne sais-tu pas que le miracle ne peut exister, que tu ne peux éviter cette coupe, comme la ligne droite ne peut ne pas être la distance la plus courte entre deux points ?

Une autre vision le tourmentait aussi – deux visages de Christ opposés et semblables, comme des sosies : l'un plein de faiblesse et de souffrance humaines ; l'autre terrible, étrange, tout-puissant et omniscient, le Verbe devenu corps, le Premier Moteur. Ils étaient tournés l'un vers l'autre comme deux adversaires éternels. Et à mesure que Giovanni les examinait, le visage du faible s'assombrissait, se convulsait, se transformait en démon pareil à celui que Léonard jadis avait crayonné dans la caricature de Savonarole, et, accusant son sosie, l'appelait l'Antéchrist...

Fra Benedetto sauva la vie à Beltraffio. Au début de juin 1499, lorsqu'il fut assez fort pour marcher seul, en dépit des supplications du moine, Giovanni revint chez Léonard. À la fin de juillet de la même année, l'armée du roi de France, Louis XII, sous le commandement des seigneurs d'Aubigny, Louis de Luxembourg et Jean-Jacques Trivulce, traversa les Alpes et envahit la Lombardie.

10

LES CALMES ONDES

1499-1500

« *Les ondes sonores et lumineuses sont régies par la même loi mécanique que les ondes de l'eau : l'angle d'incidence est égal à l'angle de réflexion.* »

— LEONARD DE VINCI, *LA MÉCANIQUE*

« Il duca ha perso lo Stato e la roba e la libertà, e nessuna sua opera si fini per lui. »
« Le duc a perdu l'État, ses biens, sa liberté, et rien de ce qu'il a entrepris ne s'est achevé par lui. »

— LEONARD DE VINCI

I

Le 7 septembre 1499, dix jours avant la reddition du palais ducal, le maréchal Trivulce, aux cris joyeux de : « Vive la France ! », aux sons des carillons, entra à Milan comme en ville conquise. L'entrée du roi était fixée au 6 octobre. Les citoyens lui préparaient une réception triomphale. Pour le défilé des corporations, les syndics des marchands avaient découvert dans la sacristie de la cathédrale deux anges qui, cinquante ans auparavant, sous la république Ambrosienne, avaient représenté les génies de la liberté nationale. Les ressorts qui mettaient les ailes en mouvement avaient faibli. Les syndics en confièrent la restauration à l'ancien mécanicien ducal, Léonard de Vinci.

À ce moment, Léonard était occupé à l'invention d'une nouvelle machine volante. Un matin, de très bonne heure, presque à l'aube, il était assis devant ses croquis et ses calculs. La légère carcasse de roseau tendue de taffetas ne rappelait plus la chauve-souris, mais une hirondelle géante. Une des ailes était terminée et mince, aiguë, élégante, se dressait du parquet au plafond, et au bas, dans son ombre, Astro arrangeait les ressorts brisés des deux anges de la commune de Milan.

Pour cette fois, Léonard avait décidé d'imiter le plus possible la structure des oiseaux, dans lesquels la nature donne le meilleur modèle de machine volante. Il espérait toujours exprimer par les lois mécaniques le miracle du vol. Apparemment, tout ce qu'on pouvait savoir il le savait, et cependant il sentait qu'il existait dans le vol un mystère, impossible à condenser dans une formule. De nouveau, comme dans ses premiers essais, il revenait à ce qui différencie la création de la nature de la création humaine, la structure du corps vivant de la machine morte, et il lui semblait qu'il aspirait à l'impossible, au déraisonnable.

— Enfin, Dieu merci, c'est fini ! cria Astro en remontant les ressorts.

Les anges agitèrent leurs ailes lourdes. Dans la pièce passa un souffle, et la légère et fine aile de l'hirondelle géante s'agita, comme vivante. Le forgeron la contempla avec tendresse.

— Ce que j'ai perdu de temps avec ces babioles ! grogna-t-il en désignant les anges. Seulement, maintenant, maître, je ne sors pas d'ici avant d'avoir terminé mes ailes. Veuillez me donner le croquis de la queue.

— Il n'est pas prêt, Astro. Attends, je dois encore réfléchir.

— Mais, messer, vous me l'aviez promis avant-hier...

— Que veux-tu, mon ami ! tu sais que la queue de notre oiseau doit remplacer le gouvernail. La moindre faute, la plus petite erreur, peut tout perdre.

— Bien, bien... Vous devez le savoir mieux que moi. J'attendrai en achevant la seconde aile...

— Astro, murmura le maître, attends. Je crains qu'en nous pressant nous soyons amenés encore à des transformations.

Le forgeron ne répondit pas. Avec précaution, il remua la carcasse de roseau tendue d'un croisillon de tendons de bœuf. Puis il se tourna vers Léonard et d'une voix sourde, émue, dit :

— Maître, eh ! maître, ne vous fâchez pas, mais si à force de calculer vous arriviez de nouveau à l'ancien résultat, qu'on ne puisse, comme avec l'ancienne, voler avec cette machine, je volerai tout de même... pour narguer votre mécanique... Oui, oui, je ne puis plus attendre, parce que je sais que si cette fois encore...

Il n'acheva pas et se détourna. Léonard regarda attentivement son visage large, entêté, sur lequel se reflétait, immobile, l'idée insensée et dominante.

— Messer, conclut Astro, dites-moi franchement, volerons-nous ou ne volerons-nous pas ?

Il y avait dans ces mots une telle crainte et un tel espoir que Léonard n'osa pas avouer la vérité.

— Certes, répondit-il, on ne peut savoir sans essayer, mais je crois, Astro, que nous volerons…

— Et c'est parfait ! dit en applaudissant avec enthousiasme le forgeron. Je ne veux plus rien entendre, car si vous dites, vous, que nous volerons, nous volerons !

Il voulut se retenir, mais ne le put et éclata d'un joyeux rire d'enfant.

— Qu'as-tu ? s'étonna Léonard.

— Pardonnez-moi, messer. Je vous importune tout le temps. Mais ce sera pour la dernière fois… Après je n'en parlerai plus… Croyez-vous, quand je pense aux Milanais, aux Français, au duc Sforza, au roi, ils m'apparaissent risibles et piteux. Ils grouillent, se battent et s'imaginent qu'eux aussi accomplissent de grandes œuvres – ces vermisseaux rampants, ces scarabées sans ailes. Pas un d'entre eux ne se doute du miracle qui se prépare. Maître, figurez-vous seulement l'écarquillement de leurs yeux, lorsqu'ils verront les « *ailés* » planer dans les airs. Ce ne seront plus des anges en bois pour amuser la populace ! Ils verront et croiront que ce sont des dieux. Moi, ils me prendront plutôt pour le diable. Mais vous, réellement, vous serez un dieu. Ou peut-être on dira que vous êtes l'Antéchrist ? Et alors, ils seront terrifiés, ils tomberont face contre terre et vous adoreront. Et vous ferez d'eux tout ce que vous voudrez. Je suppose, maître, qu'alors il n'y aura plus ni guerre, ni lois, ni seigneurs, ni esclaves, que tout sera transformé en quelque chose de si nouveau que nous n'osons même y songer. Et les peuples se réconcilieront ; pareils à des chœurs angéliques, ils chanteront l'unique hosanna… Oh ! messer Leonardo ! Seigneur, Seigneur, Seigneur !… Serait-ce vrai ?

Il semblait délirer.

— Pauvre ! pensa Léonard. Quelle foi ! Il en perdra la raison. Et que faire avec lui ? Comment lui apprendre la vérité ?

À ce moment, un fort coup de heurtoir retentit à la porte extérieure de la maison, puis on frappa de même à la porte fermée de l'atelier.

— Quel diable vient nous déranger ! grogna le forgeron furieux. Qui est là ? Le maître n'est pas visible. Il a quitté Milan.

— C'est moi, Astro, moi, Luca Paccioli. Au nom de Dieu, ouvre plus vite !

Le forgeron ouvrit.

— Qu'avez-vous, fra Luca ? demanda l'artiste, en voyant le visage effrayé du moine.

— Moi, je n'ai rien, messer Leonardo… C'est-à-dire si, mais nous en recauserons plus tard… Maintenant… Oh ! messer Leonardo ! votre

Colosse... les arbalétriers gascons... j'arrive du palais, j'ai vu, de mes yeux vu... les Français détruisent votre œuvre... Courons vite...

— Pourquoi ? répondit calmement Léonard, bien que son visage pâlit. Qu'y ferons-nous ?

— Comment ? Mais... vous ne resterez pas ainsi, les bras croisés, à contempler la destruction d'un de vos chefs-d'œuvre ? J'ai un sauf-conduit pour le sire de La Trémoille. Il faut faire des démarches...

— Nous n'arriverons pas à temps ! murmura l'artiste.

— Si ! si ! nous couperons par les potagers, à travers les haies, seulement partons plus vite !

Entraîné par le moine, Léonard sortit de la maison, et ils se dirigèrent en courant vers le palais.

En route, fra Lucas conta ses mésaventures et ses peines : la veille, les lansquenets s'étaient introduits dans ses caves, s'étaient enivrés, et ayant trouvé les reproductions en cristal des corps géométriques, les avaient pris pour des appareils de magie noire et les avaient brisés.

— Que leur avaient fait mes pauvres cristaux, je vous le demande ? disait en pleurant presque Paccioli.

Ils arrivèrent sur la place du Palais, et aperçurent près de la porte principale, sur le pont-levis de Battiponte, près de la tour Torre del Filarete, un jeune Français élégant, très entouré.

— Maître Gilles ! cria fra Luca.

Et il expliqua à Léonard que ce maître Gilles était un oiseleur « siffleur de bécasses » qui apprenait à chanter, à parler, à faire mille tours, aux serins, aux pies, aux perroquets de Sa Très Chrétienne Majesté – c'était un personnage important à la cour. Paccioli désirait lui offrir ses œuvres : *La Proportion divine* en de luxueuses reliures.

— Je vous prie, ne vous inquiétez pas de moi, fra Luca, lui dit Léonard. Allez chez maître Gilles ; moi je saurai me débrouiller tout seul.

— Non, j'irai chez lui plus tard, murmura Paccioli intimidé. Ou bien encore... savez-vous ? Je cours chez maître Gilles, je lui demande où il va, et je reviens. Vous, durant ce temps, allez directement chez le sire de La Trémoille.

Retroussant sa soutane brune, claquant des sandales, le moine courut rejoindre le « siffleur royal ».

Léonard franchit la porte Battiponte et pénétra dans le Champ de Mars, cour intérieure du palais.

II

La matinée était brumeuse. Les braseros achevaient de se consumer. La place et les bâtiments voisins, encombrés de canons, de bombes, d'ustensiles de campement, de bottes de foin, de tas de paille, de monceaux de fumier, étaient transformés en une immense caserne, moitié écurie, moitié cabaret. Autour des tentes et des fours de campagne, des tonneaux pleins et vides, renversés, servaient de tables de jeu ; de ce milieu s'élevaient des cris, des rires, des jurons en langues diverses, des chansons d'ivrognes. Par instants, tout se taisait quand passaient les chefs ; les tambours battaient aux champs, les longues trompes des lansquenets souabes et rhénans résonnaient d'une façon métallique, les cornes des volontaires suisses répétaient en écho les mélodies mélancoliques des Alpes.

Se faufilant vers le milieu de la place, l'artiste aperçut son Colosse presque intact.

Le grand duc, conquérant de la Lombardie, Francesco Attendolo Sforza, la tête chauve comme celle d'un empereur romain, avec une expression de force léonine et de ruse de renard, comme auparavant était sur son coursier, qui se cabrait et foulait sous ses pieds un guerrier.

Les arquebusiers souabes, les voltigeurs grenoblois, les frondeurs picards, les arbalétriers gascons, s'attroupaient autour de la statue et criaient. Ils se comprenaient mal entre eux et complétaient les mots par des gestes d'après lesquels Léonard comprit qu'il s'agissait d'une dispute entre deux archers, un Allemand et un Français. Chacun à son tour devait tirer, à une distance de cinquante pas, après avoir bu quatre chopes de vin épicé. La verrue, au centre de la joue du Colosse, servait de point de mire.

On mesura les pas, on tira au sort à qui commencerait. L'Allemand but coup sur coup, sans reprendre haleine, les quatre chopes convenues, s'éloigna, visa, tira et manqua le but. La flèche écorcha la joue, arracha un coin de l'oreille gauche, mais glissa près de la verrue sans l'atteindre.

Le Français épaula son arbalète, mais à ce moment un mouvement se produisit dans la foule. Les soldats s'écartèrent devant un détachement de fastueux hérauts qui accompagnaient un chevalier. Il passa sans prêter la moindre attention au divertissement des mercenaires.

— Qui est-ce ? demanda Léonard à un arbalétrier.

— Le sire de La Trémoille.

— Il est temps, encore ! songea l'artiste. Je vais courir, le prier...

Mais il restait sans bouger, sentant une telle incapacité d'action, une telle invincible torpeur, une telle absence de volonté qu'il lui semblait que, même se fût-il agi de sauver sa vie, il n'eût pas remué un doigt de la main. La crainte, la honte, le dégoût, s'emparaient de lui à l'idée qu'il devrait, comme Luca Paccioli, supplier les varlets et les palefreniers et courir derrière les seigneurs.

Le Gascon tira. La flèche en sifflant se ficha dans la verrue.

— Bigorre ! Bigorre ! Montjoie Saint-Denis ! criaient les soldats, en agitant leurs bérets. La France a gagné !

D'autres tireurs reprirent la gageure.

Léonard voulait partir, mais cloué à la place comme en un affreux et stupide rêve, il regardait, résigné, la destruction de l'œuvre à laquelle il avait consacré les seize plus belles années de sa vie, peut-être la plus grandiose production de la sculpture depuis Praxitèle et Phidias. Sous la pluie des balles, des flèches, des pierres, la terre s'effritait, se détachait par larges mottes, s'envolait en poussière, mettant à nu le bâti, tels les os d'un squelette de fer.

Le soleil se montra de derrière les nuages. Dans cette joyeuse éclaboussure de lumière, le Colosse démantelé apparaissait plus misérable encore, avec son héros décapité sur son cheval sans jambes, son sceptre brisé et son inscription *Ecce deus* !

À ce moment, le commandant en chef du roi de France, le vieux maréchal Jean-Jacques Trivulce, traversa la place. Il regarda le Colosse, s'arrêta interdit, le regarda de nouveau en abritant de sa main ses yeux contre le soleil, puis se tournant vers les gens de sa suite :

— Qu'est-ce ?

— Monseigneur, répondit obséquieusement un lieutenant, le capitaine Georges Cocqueburne a autorisé les arbalétriers, de sa propre initiative.

— Le monument de Sforza, s'écria le maréchal, l'œuvre de Léonard de Vinci, qui sert de cible aux arbalétriers gascons !

Il marcha vivement vers le groupe des soldats, saisit au collet un frondeur picard, le roula à terre et éclata en jurons.

Le visage du vieux maréchal s'était empourpré, les veines de son cou se gonflaient.

— Monseigneur, balbutiait le soldat agenouillé et tremblant, monseigneur, nous ne savions pas... Le capitaine Cocqueburne...

— Attendez, fils de chien ! criait Trivulce, je vous montrerai le capitaine Cocqueburne... Je vous pendrai tous...

L'acier d'une épée brilla. Il la brandit et aurait frappé, mais, au même instant, Léonard, de sa main gauche, saisit son poignet avec une force telle que le gantelet, la *bracciola* se gondola. Essayant en vain de se débarrasser de l'étreinte, le maréchal regarda Léonard avec étonnement.

— Qui es-tu ? demanda-t-il.

— Léonard de Vinci, répondit celui-ci tranquillement.

— Comment oses-tu ! commença le vieillard furieux.

Mais ayant rencontré le regard clair et doux de l'artiste, il se tut.

— Alors, c'est toi, Léonard, dit-il en le dévisageant. Lâche ma main. Tu as tordu mon gantelet... Quelle force ! Tu es hardi, mon ami...

— Monseigneur, je vous en supplie, ne vous fâchez pas, pardonnez-leur, murmura l'artiste respectueusement.

Le maréchal le contempla encore plus attentivement, sourit et secoua la tête :

— Original ! Ils ont détruit ta plus belle œuvre et tu sollicites leur pardon ?

— Excellence, si vous les pendez tous, quel profit en aurais-je, et cela reconstituera-t-il mon œuvre ? Ils ne savent pas ce qu'ils font.

Le vieillard resta un instant pensif. Tout à coup sa figure s'illumina. Ses yeux intelligents reflétèrent une grande bonté.

— Écoute, messer Leonardo, je ne comprends pas une chose. Comment se fait-il que tu restais là et regardais ? Pourquoi n'as-tu rien dit, pourquoi ne t'es-tu pas plaint au sire de La Trémoille ? Il a dû justement passer ici tout à l'heure.

Léonard baissa les yeux et dit, balbutiant, rougissant tel un coupable :

— Je n'ai pas eu le temps... Je ne connais pas le sire de La Trémoille.

— Dommage, conclut le vieillard, en regardant la ruine. J'aurais donné cent de mes meilleurs soldats pour ton Colosse...

En retournant chez lui et traversant le pont de l'élégante loggia Bramante où avait eu lieu sa dernière entrevue avec Ludovic, Léonard vit des pages et des palefreniers français qui s'amusaient à chasser les cygnes apprivoisés, les favoris du duc de Milan. Ils les tiraient à l'arc. Dans le fossé étroit défendu de tous côtés par de hauts murs, les oiseaux se débattaient épouvantés. Parmi le duvet et les plumes blanches, sur le fond noir de l'eau, nageaient en se balançant des corps ensanglantés. Un cygne fraîchement blessé, le cou tendu, poussait un cri perçant et plaintif, agitait ses ailes affaiblies comme s'il eût tenté de s'envoler devant la mort.

Léonard se détourna et pressa le pas. Il lui semblait qu'il était pareil à ce cygne.

III

Le dimanche 6 octobre, le roi de France Louis XII entra à Milan par la porte Ticinese. Dans sa suite figurait César Borgia, duc de Valentino, fils du pape. Durant le parcours de la cathédrale au palais, les anges de la commune de Milan agitèrent leurs ailes.

Depuis le jour de la destruction du Colosse, Léonard ne s'était pas remis à son travail de la machine volante. Astro achevait seul l'appareil. L'artiste n'avait pas le courage de lui dire que ces ailes, encore, ne pouvaient servir. Évitant visiblement le maître, le forgeron ne parlait de rien, seulement de temps à autre, furtivement, il fixait sur lui son œil unique plein de reproche et de démence.

Un matin, vers le 20 octobre, Paccioli accourut chez Léonard apportant la nouvelle que le roi le demandait au palais. L'artiste s'y rendit à contrecœur. Inquiet de la disposition des ailes, il craignait qu'Astro ne se mît en tête de voler coûte que coûte et ne commît quelque malheur. Lorsque Léonard pénétra dans les salles si mémorables du palais Rocchetto, Louis XII recevait les doyens et les syndics de Milan.

L'artiste regarda son futur maître, le roi de France. Sa personne n'exprimait rien de loyal : un corps malingre et faible, des épaules étroites, une poitrine rentrée, un visage vilainement ridé, souffreteux, mais non anobli par la souffrance ; plat, empreint de vertu bourgeoise.

Sur la plus haute marche du trône se tenait un jeune homme de vingt ans, simplement vêtu de noir, sans ornements, sauf quelques perles sur les revers du béret et la chaîne de coquillages d'or du collier de l'ordre de Saint-Michel. Il avait les cheveux blonds et longs, une barbiche rousse, une pâleur mate, et des yeux bleu-noir intelligents et affables.

— Dites-moi, fra Luca, dit l'artiste à son guide, quel est ce jeune seigneur ?

— Le fils du pape, répondit le moine. César Borgia, duc de Valentino.

Léonard avait entendu parler des crimes de César. Bien qu'il n'y eût pas de preuves certaines, personne ne doutait qu'il n'eût tué son frère Giovanni Borgia, ennuyé de son rôle de cadet, désirant jeter la pourpre cardinalice et hériter du titre de « gonfalonier » de l'Église romaine. On insinuait aussi que la véritable cause de ce fratricide résidait dans la rivalité des deux frères, non seulement pour les faveurs paternelles, mais aussi pour l'incestueux amour qu'ils nourrissaient tous deux pour leur sœur, la belle madonna Lucrezia.

— C'est impossible, songeait Léonard en observant le visage calme du duc de Valentino, ses yeux purs et naïfs.

César sentit probablement peser sur lui le regard scrutateur de Léonard ; il tourna la tête de son côté, puis, se penchant vers un vieillard à long vêtement sombre qui se tenait près de lui, son secrétaire, il lui parla à l'oreille en désignant Léonard, et lorsque le vieillard eut répondu, il fixa obstinément l'artiste. Un étrange et insaisissable sourire glissa sur les lèvres du duc de Valentino. Et, au même instant, Léonard eut cette impression :

« Oui, tout est possible, il est capable de choses pires encore que celles qu'on raconte ».

Le doyen des syndics, ayant achevé sa lecture, s'approcha du trône, s'agenouilla et tendit au roi un placet. Louis XII, par mégarde, laissa choir le rouleau de parchemin. Le doyen voulut le ramasser. Mais César, d'un mouvement souple et vif, le prévint, releva le parchemin et le tendit au roi avec un salut.

— Laquais ! grogna, derrière Léonard, quelqu'un dans le groupe des seigneurs français. Est-il assez heureux de se montrer !

— Vous le dites, messer, approuva un autre. Le fils du pape remplit admirablement l'emploi de varlet. Si vous le voyiez, le matin, lorsque le roi s'habille, comme il le sert, comme il chauffe sa chemise ! On l'enverrait nettoyer l'écurie, qu'il ne se rebuterait pas !

L'artiste avait remarqué le mouvement servile de César, mais il lui avait semblé plutôt terrible que vil, une caresse traîtresse d'animal rapace.

Cependant, Paccioli s'agitait, poussait le coude de son compagnon, et voyant que Léonard, avec sa timidité habituelle, resterait toute la journée perdu dans la foule sans trouver l'occasion d'attirer sur lui l'attention du roi, le saisit par la main et, courbé jusqu'à la contorsion, avec un long sifflement énumérant les qualités – *stupendissimo, prestantissimo, invincibilissimo* – présenta l'artiste au roi.

Louis XII parla de la *Sainte Cène*. Il loua l'interprétation des apôtres, mais s'extasia surtout sur la perspective du plafond. Fra Luca s'attendait à chaque instant que Sa Majesté prierait Léonard d'entrer à son service ; mais un page entra et remit au roi une lettre de France. Louis XII reconnut l'écriture de sa femme, sa bien-aimée Bretonne, Anne. Elle lui annonçait son heureuse délivrance. Les seigneurs s'avancèrent, présentèrent leurs hommages et leurs compliments, éloignant du trône Léonard et Paccioli. Le roi les regarda, voulut leur dire quelque chose, puis les oublia aussitôt : il invita aimablement les dames à vider une coupe à la santé de l'accouchée et passa dans une autre salle.

Paccioli voulut entraîner son ami.

— Vite ! vite !

— Non, fra Luca, répondit tranquillement Léonard. Je vous remercie de vos peines. Mais je ne me rappellerai pas au souvenir du roi. En ce moment Sa Majesté pense à tout autre chose.

Il quitta le palais.

Sur le pont-levis Battiponte, il fut rejoint par le secrétaire de César Borgia, messer Agapito, qui lui proposa, au nom du duc, la place d'ingénieur ducal, le même poste que Léonard occupait à la cour de Ludovic le More.

L'artiste promit sa réponse sous peu de jours.

En approchant de sa maison, il aperçut un attroupement et pressa le pas. Giovanni, Marco, Salaino et Cesare portaient, probablement à défaut de civière, sur une des énormes ailes, brisée et déchirée, de la nouvelle machine volante, leur camarade, le forgeron Astro da Peretola, les vêtements en lambeaux, ensanglanté, le visage livide. Ce que le maître craignait était arrivé. Le forgeron avait voulu essayer les ailes, s'était élevé deux ou trois fois, puis de suite était tombé et se serait tué immanquablement si l'une des ailes ne s'était accrochée à une branche d'arbre. Léonard aida à rentrer le brancard improvisé dans la maison, et lui-même déposa avec précaution le blessé sur son lit. Lorsqu'il s'inclina au-dessus de lui pour examiner ses plaies, Astro reprit connaissance et murmura en fixant sur Léonard un regard suppliant :

— Pardonnez-moi, maître !

IV

Dans les premiers jours de novembre, après de splendides fêtes données en l'honneur de sa fille nouveau-née, Louis XII, après avoir reçu le serment des Milanais et nommé gouverneur de la Lombardie le maréchal Trivulce, repartit pour la France.

La tranquillité était rétablie dans la ville, mais en apparence seulement :

le peuple détestait Trivulce pour sa violence et sa ruse. Les partisans de Ludovic soulevaient la populace, répandaient des lettres anonymes. Ceux qui, dernièrement, poursuivaient le fuyard de leurs moqueries et de leurs injures, maintenant songeaient à lui comme au meilleur des souverains.

Dans les derniers jours de janvier, la foule démolit, près de la porte de Ticinese, les baraquements des percepteurs d'impôts français. Le même jour, à la villa Lardirago, près de Pavie, un soldat français abusa d'une jeune paysanne lombarde. En se défendant elle l'avait frappé d'un coup de balai en plein visage. Le soldat la menaça de sa hache. Aux cris de la fille, le père accourut armé d'un bâton. Le Français tua le vieillard. La foule rassemblée tua le soldat. Les Français massacrèrent les habitants et réduisirent la commune en cendres. À Milan, cette nouvelle produisit l'effet d'une étincelle dans un amas de poudre. Le peuple envahit les places, les rues, les marchés, en criant furieusement :

— À bas le roi ! À bas le lieutenant ! Mort aux Français ! Vive le More !

Trivulce avait trop peu d'hommes pour pouvoir se défendre contre une population de trois cent mille âmes. Ayant fait établir les canons sur les tours, les gueules dirigées sur la foule, avec ordre de tirer au premier signal, il sortit, désirant faire une dernière tentative de conciliation. La populace faillit le lapider, le bloqua dans l'hôtel de ville, et l'eût mis à mort si n'était arrivé à son secours un détachement de mercenaires suisses commandés par le seigneur de Coursinges.

Alors commencèrent les incendies, les meurtres, les vols, la mise à la question des Français qui tombaient entre les mains des révoltés et des citoyens soupçonnés de sympathiser avec les conquérants.

Dans la nuit du 1er février, Trivulce quitta secrètement le fort, le laissant sous la garde des capitaines d'Espy et Codebecquart. Cette même nuit, Ludovic, revenu de Germanie, était acclamé par les habitants de Côme. Les citoyens de Milan l'attendaient comme un libérateur.

Léonard, durant les derniers jours de la révolte, craignant le feu intermittent des canons qui avaient détruit plusieurs maisons voisines, s'était installé dans ses caves. Il était passé adroitement par des conduits de chauffage et avait installé plusieurs chambres. Comme dans un petit fort, on avait transporté là tout ce qui était précieux : les tableaux, les dessins, les manuscrits, les livres, les appareils scientifiques.

À ce moment, il se décidait à entrer au service de César Borgia. Mais avant de se rendre en Romagne, où, d'après le contrat convenu avec messer Agapito, il devait arriver pour l'été de 1500, il avait l'intention de passer quelque temps chez son vieil ami Girolamo Melzi, afin d'attendre la fin de la guerre et de la révolte, dans sa solitaire villa Vaprio, près de Milan.

Le 2 février au matin, jour de la Chandeleur, fra Luca Paccioli vint chez l'artiste et déclara que le palais était inondé : le Milanais Luigi da Porto, au service des Français, était passé au camp des révoltés et, durant la nuit, avait ouvert les écluses des canaux qui alimentaient les fossés du fort. L'eau avait monté, détruit le moulin du parc Rocchetto, pénétré dans les caves où étaient amoncelés la poudre, l'huile, le pain, le vin et autres fournitures ; si bien que si les Français, à grand-peine, n'avaient pu sauver une partie de ces provisions, la faim les aurait forcés à se rendre – ce sur quoi comptait messer Luigi. Au moment de l'inondation, les canaux voisins de ceux du fort avaient débordé dans la partie basse de Porta Vercellina et recouvert les marais où se trouvait le couvent delle Grazie. Fra Luca communiqua à l'artiste ses craintes au sujet de la *Sainte Cène* et proposa à Léonard d'aller voir avec lui si le tableau n'avait subi aucun dégât.

Avec une indifférence feinte, Léonard répondit qu'il n'en avait guère le temps en ce moment et que la *Sainte Cène* n'avait pu être atteinte, car elle était placée à un endroit trop élevé ; l'humidité ne pouvait lui avoir occasionné aucun tort.

Mais dès que Paccioli fut parti, Léonard courut au couvent.

En entrant dans le réfectoire, il vit, sur le parquet de brique, de larges plaques, restes de l'inondation. Cela sentait l'humidité. Un moine lui dit que l'eau avait monté à un quart de coudée.

Léonard s'approcha du mur de la *Sainte Cène*.

Les couleurs paraissaient nettes.

Transparentes, tendres, non pas aqueuses comme dans les peintures à la fresque, mais huileuses, elles étaient de l'invention de l'artiste. Il avait aussi préparé le mur d'une façon spéciale, avec une première couche de glaise délayée dans de la laque de genièvre et de l'huile d'olive, et une seconde couche de mastic, de résine et de plâtre. Des maîtres compétents avaient prédit le peu de solidité des couleurs à l'huile sur un mur humide. Mais Léonard, avec son penchant naturel vers les nouveaux essais, s'entêta, sans prêter attention aux conseils. Il n'aimait pas la peinture à l'eau parce que ce travail exigeait de la promptitude et de la résolution, qualités qui lui étaient étrangères. Ses indispensables doutes, ses hésitations, ses corrections, ses continuels atermoiements, ne pouvaient s'accommoder que de la peinture à l'huile.

Penché sur le mur, il examinait avec un verre grossissant la surface du tableau. Tout à coup, dans le coin gauche, en bas, sous la nappe, aux pieds de l'apôtre Barthélemy, il aperçut une fêlure et à côté la floraison blanchâtre d'une minuscule tache d'humidité.

Il pâlit. Mais se dominant, il continua plus attentivement encore son examen.

Par suite de l'humidité, la première couche de glaise s'était boursouflée, soulevait le plâtre, formait, imperceptibles à l'œil nu, des crevasses par lesquelles suintait le salpêtre.

La destinée de la *Sainte Cène* était résolue. Les couleurs pouvaient se conserver encore pendant cinquante ans, mais la terrible vérité ne supportait aucun doute : la plus belle œuvre de Vinci était condamnée à périr.

Avant de quitter le réfectoire, Léonard regarda une dernière fois le Christ et, comme s'il venait de le voir seulement, il comprit combien cette œuvre lui était chère.

Avec la perte du Colosse et de la *Sainte Cène*, les derniers liens qui l'attachaient aux humains se trouvaient rompus. Sa solitude devenait maintenant de plus en plus désespérée.

La poussière du Colosse avait été dissipée par le vent ; sur le mur où se trouvait le Christ, la moisissure couvrirait les couleurs écaillées, et tout ce qui était sa vie disparaîtrait comme une ombre.

Il revint à la maison, descendit dans les caves et, passant dans la chambre d'Astro, s'y arrêta un instant. Beltraffio mettait au malade des compresses d'eau froide.

— Encore la fièvre ? demanda le maître.

— Oui, il délire.

Léonard se pencha pour examiner le pansement et écouter les paroles hachées du blessé.

— Plus haut, plus haut. Directement vers le soleil. Pourvu que les ailes ne prennent pas feu ! Petit, d'où viens-tu ? Quel est ton nom ? La Mécanique ? Je n'ai jamais entendu dire que le diable se soit nommé Mécanique. Pourquoi grinces-tu des dents ? Allons, laisse-moi. Il m'entraîne, il m'entraîne... Je ne peux pas... Attends... laisse-moi respirer...

Le visage du malade exprimait la tristesse. Un cri d'horreur s'échappa de sa poitrine. Il lui semblait qu'il tombait. Puis de nouveau il se reprit à parler avec volubilité :

— Non, non, ne vous moquez pas de lui. C'est ma faute. Il disait que les ailes n'étaient pas prêtes. C'est fini... J'ai déshonoré mon maître... Entendez-vous ? Qu'est-ce ? On parle encore de lui, du plus petit et du plus lourd des démons, la Mécanique ! « Et le diable l'emmena à Jérusalem, continua-t-il en psalmodiant, et il le mit sur le toit du temple, et il lui dit : "Si tu es le Fils de Dieu, jette-toi d'ici à terre. Car il est écrit : Tes anges doivent te préserver ; et ils te porteront sur leurs bras, afin que tes pieds ne touchent aucune pierre." Voilà, j'ai oublié ce qu'il a répondu au démon Mécanique ! Tu ne te souviens pas, Giovanni ?

Il fixa sur Beltraffio un regard presque conscient, mais Beltraffio crut qu'il délirait.

— Tu ne te souviens pas ? insistait le malade.

Pour le calmer, Giovanni récita le douzième verset du quatrième chapitre de l'Évangile de Luc :

« Jésus-Christ lui répondit : "Il est dit : Ne tente pas ton Seigneur Dieu !" »

— Ne tente pas ton Seigneur Dieu ! répéta Astro.

Puis le délire le reprit.

— Bleu, bleu, sans un nuage. Il n'y a pas de soleil. Et il ne faut pas d'ailes. Oh ! si le maître savait combien il est bon et doux de tomber dans le ciel !

Léonard le regardait et songeait :

« À cause de moi, il est perdu à cause de moi ! Je l'ai tenté, je lui ai porté malheur comme à Giovanni ! »

Il posa sa main sur le front brûlant d'Astro. Le malade se calma peu à peu et s'assoupit.

Léonard entra dans sa chambre, alluma une chandelle et se plongea dans des calculs.

Pour éviter de nouvelles erreurs dans la construction des ailes, il étudiait le vent, les couches d'air, d'après le mouvement des vagues et le cours de l'eau.

« Si tu jettes deux pierres d'égale dimension dans une eau tranquille à une certaine distance l'une de l'autre, écrivait-il dans son journal, sur la surface se formeront deux cercles séparés. Je me demande : quand l'un d'eux s'élargissant graduellement rencontre l'autre, correspondant, entrera-t-il en lui et le coupera-t-il, ou bien les coups des vagues se répercuteront-ils sur les points de contact à angles égaux ? »

La simplicité avec laquelle la nature avait résolu ce problème de mécanique le charmait à un point tel qu'il inscrivit en marge :

« *Questo e bellissimo, questo e sottile* ! Quelle superbe et fine question ! »

« Je réponds en me basant sur l'expérience, continuait-il. Les cercles se traversent sans se mélanger, conservant les points où les pierres sont tombées. »

Ayant fait ses calculs, il se convainquit que la mathématique approuvait la nécessité naturelle de la mécanique.

Les heures succédaient aux heures. Le soir vint.

Après avoir soupé et causé avec ses élèves, Léonard se remit de nouveau au travail.

Il pressentait qu'il touchait presque à une grande découverte.

« Regarde comme le vent, dans les champs, chasse les tiges de blé, comme elles ondulent l'une après l'autre, tandis que les épis en s'inclinant restent immobiles. Ainsi les vagues courent sur l'eau. Ces rides produites sur l'eau par la tombée d'une pierre ou par le vent sont plutôt un frisson qu'un mouvement, ce dont tu peux te convaincre en jetant une paille sur les cercles des vagues et observant qu'elle se balance sans bouger. »

L'expérience de la paille le fit songer à une autre pareille, qu'il avait déjà pratiquée, en étudiant la transmission du son. Tournant quelques pages, Léonard lut :

« Au coup d'une cloche répond faiblement une autre cloche ; la corde vibrant sur le luth fait vibrer la même corde sur un luth voisin, et si tu poses une paille sur cette corde, tu la verras trembler. »

Avec une profonde émotion, il devinait une corrélation entre ces deux phénomènes distincts.

Et subitement, comme un éclair, aveuglante, une pensée traversa son esprit :

« La même loi mécanique ici et là ! Comme les vagues de l'eau, les ondes sonores se séparent dans l'air, s'entrecroisent sans se mêler, gardant le point de départ de chaque son. Et la lumière ? L'écho étant le reflet du son, le reflet du jour dans une glace est l'écho de la lumière. Uniques sont Ta volonté et Ta justice, Premier Moteur : l'angle d'incidence est égal à l'angle de réflexion ! »

Son visage était pâle. Ses yeux brillaient. Il sentait que cette fois encore il regardait dans l'abîme où personne encore n'avait osé regarder. Il savait que cette découverte, si elle était prouvée par l'expérience, était une des plus importantes depuis Archimède.

Deux mois auparavant, il avait reçu de messer Guido Berardi une lettre qui lui annonçait que Vasco de Gama avait, en contournant le cap de Bonne-Espérance, découvert un nouveau chemin vers les Indes. Léonard l'avait jalousé. Et maintenant il avait le droit de dire qu'il avait fait une plus grande découverte que Colomb et Vasco de Gama, qu'il avait vu de plus lointains mystères du nouveau ciel et de la nouvelle terre.

Dans la pièce voisine, le blessé gémit. L'artiste écouta et d'un coup se souvint de toutes ses désillusions, l'imbécile destruction du Colosse, la perte de la *Sainte Cène*, la bête et terrible chute d'Astro.

« Est-ce que cette découverte, songea-t-il, serait destinée à périr, sans gloire, comme tout ce que je fais ? Personne n'entendra-t-il jamais ma voix, et serai-je éternellement seul comme maintenant, dans l'obscurité, sous terre, avec le rêve des ailes ? »

Mais ces pensées n'obscurcirent pas sa joie.

— Eh bien ! soit ! je serai seul. Dans l'obscurité, dans le silence, dans l'oubli ! Que personne n'en sache jamais rien. Je sais !

Un tel sentiment de force et de victoire emplit son cœur qu'il lui sembla que ces ailes qui étaient le rêve de sa vie existaient déjà et le soulevaient vers le ciel.

Il se sentit à l'étroit dans son souterrain, il voulut voir le ciel et l'espace.

Sortant de sa maison, il se dirigea vers la place de la cathédrale.

V

La nuit était claire et la lune brillait. Au-dessus des toits des maisons se projetaient les lueurs pourpres des incendies. Plus on avançait vers le centre de la ville, la place Broletto, plus la foule devenait compacte. Tantôt éclairés par la lumière bleue de la lune, tantôt par le reflet rouge des torches, ressortaient les visages convulsés, les étendards blancs à croix rouge de la commune de Milan, les arquebuses, les mousquetons, les lances, les faux, les fourches. Telles des fourmis, les gens s'agitaient, aidant des bœufs à traîner une vieille bombarde. Le tocsin sonnait. Les canons tonnaient. Les mercenaires français enfermés dans le fort mitraillaient les rues de Milan. Ils se vantaient, avant de se rendre, de détruire la ville entière. Et à tous ces bruits se mêlait le cri féroce de la populace :

« À mort les Français ! À bas le roi ! Vive le More ! »

Tout ce que voyait Léonard ressemblait à un rêve stupide et effrayant.

Sur la place du Marché aux Poissons, on pendait un tambour picard, un gamin de seize ans. Il se tenait sur l'échelle appuyée contre le mur. Le gai brodeur Mascarello remplissait l'emploi de bourreau. Il lui avait passé la corde au cou, et lui administra une chiquenaude sur la tête et avec une solennité bouffonne :

— Je te sacre chevalier du collier de chanvre. Au nom du Père, du Fils et du Saint-Esprit !

— *Amen* ! répondit la foule.

Le tambour comprenait mal de quoi il s'agissait, il clignait des yeux comme les enfants prêts à pleurer, se tortillait et, remuant le cou, tâchait d'arranger la corde. Un étrange sourire ne quittait pas ses lèvres. Subitement, au dernier moment, comme s'il s'éveillait de sa torpeur, il tourna vers la foule son gentil visage étonné et blême, essaya de demander quelque chose. Mais la foule hurla. Le gamin eut un geste résigné, sortit de dessous sa veste une croix d'argent, l'embrassa et se signa rapidement.

Mascarello le poussa en criant gaiement :

— Eh bien ! chevalier du collier de chanvre, montre-nous comment les Français dansent la gaillarde !

Au rire général, le corps de l'adolescent se balança secoué par les derniers frissons.

Quelques pas plus loin, Léonard aperçut une vieille vêtue de haillons qui, se tenant devant une masure détruite par les bombes, tendait les bras et suppliait :

— Oh ! oh ! oh ! Aidez-moi, aidez-moi !

— Qu'as-tu ? demanda le cordonnier Corbolo. Pourquoi pleures-tu ?

— Le petit... le petit est écrasé... Il était dans son lit... le parquet s'est effondré... Peut-être vit-il encore... Aidez-moi !

Une bombe déchira l'air en sifflant et tomba sur le toit de la maisonnette. Les poutres craquèrent. Un nuage de poussière monta. La masure s'abattit et la femme se tut.

Léonard se dirigea vers l'hôtel de ville. Face à la loggia Osii, un étudiant de l'Université de Pavie, monté sur un banc, déclamait sur la grandeur du peuple, l'égalité des pauvres et des riches, la chute des tyrans. La foule l'écoutait, méfiante.

— Citoyens ! criait l'orateur en brandissant un couteau, citoyens, mourons pour la liberté ! Trempons le glaive de Némésis dans le sang des tyrans ! Vive la république !

— Qu'est-ce qu'il invente ? lui répondirent des voix. Nous savons quelle liberté vous courtisez, traîtres, espions des Français ! Au diable la république ! Vive le duc ! À mort le traître !

Lorsque l'orateur voulut expliquer sa pensée en citant des exemples classiques de Cicéron, Tacite et Tite-Live, on l'arracha de son banc, on le piétina :

— Voilà pour ta liberté, voilà pour ta république ! Allons, frappez-le ! Tu ne nous tromperas pas. Tu te souviendras de ce qu'il en coûte d'ameuter le peuple contre le duc légitime !

Sur la place d'Arrengo, Léonard vit les flèches et les tourelles de la cathédrale, pareilles à des stalactites dans le double reflet bleu de la lune et rouge des incendies.

Devant le palais archiépiscopal, de la foule, qui ressemblait à un tas de corps amoncelés, s'élevaient des plaintes.

— Qu'est-ce ? demanda l'artiste à un vieil ouvrier à visage effrayé, bon et triste.

— Qui sait ? Ils ne le savent pas eux-mêmes. On dit que c'est un espion des Français, le vicaire Giacomo Crotto. On prétend qu'il a donné au peuple des aliments empoisonnés. Peut-être n'est-ce pas lui. Le premier qui tombe sous leurs mains, ils le battent. C'est terrible, vraiment. Ô ! Seigneur Jésus, aie pitié de nous !

De l'attroupement sortit le verrier Gorgolio qui agitait comme un trophée une tête ensanglantée piquée sur une longue perche.

Le gamin Farfaniccio courait derrière lui, sautait et hurlait en désignant la tête :

— Mort aux traîtres !

Le vieil ouvrier se signa et murmura :

— *A furore populi libera nos, Domine* ! De la fureur du peuple, délivre-nous, Seigneur !

Du côté du palais retentirent les trompes, les roulements de tambour, le crépitement des arquebuses et les cris des soldats allant à l'assaut. Au même instant, des bastions du fort, un coup semblable au tonnerre secoua la ville. C'était la monstrueuse bombarde des Français, « Margot la Folle », qui crachait ses boulets.

L'engin s'abattit sur une maison en feu. La flamme s'élança vers le ciel. La place s'illumina d'une lumière rouge qui ternit le clair de lune.

Les gens, comme des ombres, traînaient, couraient, s'agitaient, pénétrés d'effroi.

Léonard regardait ces fantômes humains.

Chaque fois qu'il se souvenait de sa découverte, dans la pourpre du feu, dans les cris de la foule, dans l'écho du tocsin, dans le crépitement des canons, il s'imaginait les calmes ondes des sons et de la lumière qui, se balançant majestueusement comme les rides de l'eau formées par la tombée d'une pierre, se dispersaient dans l'air, s'entrecroisaient sans se mêler, et gardaient pour point de repère leur point de départ. Et une grande joie emplissait son cœur à l'idée que les hommes ne pouvaient d'aucune façon rompre cette harmonie des infinies et invisibles ondes, qui planaient au-dessus de tout, telle la volonté unique du Créateur, la loi mécanique, la loi de la justesse – l'angle d'incidence égal à l'angle de la réflexion. Les paroles qu'il avait inscrites dans son journal et que si souvent il avait répétées, sonnaient à nouveau à ses oreilles : « *O mirabile giustizia di te, Primo Motore !* Oh ! que ta justice est miraculeuse, Premier Moteur ! Tu n'as voulu priver aucune force de son ordre et de ses qualités. Ô divine nécessité, tu forces toutes les conséquences à découler par la voie la plus rapide de leur cause. »

Au milieu de la foule démente du peuple, dans le cœur de l'artiste régnait l'éternel calme de la contemplation, pareil au rayon immuable de la lune, dominant les lueurs d'incendie.

Le 4 février 1500, au matin, Ludovic le More entra dans Milan par la Porta Nuova.

La veille Léonard était parti à la villa Melzi à Vaprio.

VI

Girolamo Melzi avait servi autrefois à la cour de Sforza.

Dix ans auparavant, à la mort de sa femme, il avait quitté la cour, s'était installé dans sa villa solitaire, au pied des Alpes, à cinq heures de route de Milan, et s'y prit à y vivre en philosophe, loin des vanités du monde, cultivant lui-même son jardin, et s'adonnant à la musique et aux sciences occultes dont il était grand amateur, ce qui faisait dire que messer Girolamo s'occupait de magie noire pour évoquer l'âme de sa femme défunte.

L'alchimiste Galeotto Sacrobosco et fra Luca Paccioli souvent venaient le voir, et passaient des nuits entières à discuter les secrets des idées platoniciennes et les lois de Pythagore. Mais le plus grand plaisir du maître était les visites de Léonard.

Comme il travaillait au percement du canal Martésien, l'artiste se trouvait souvent dans ces parages, et la situation de la splendide villa lui plaisait. Vaprio se trouve sur la rive gauche de la rivière Adda. Là, le cours rapide de l'Adda est retenu par des cataractes. Entre ses rives escarpées, l'Adda précipite ses ondes froides, vertes, tumultueuses, indomptables ; et à côté d'elle le canal calme, lisse comme un miroir, glisse entre des berges égales. Cette opposition paraissait à l'artiste pleine de sens prophétique. Il comparait et ne pouvait décider ce qui était plus beau de la création du cerveau humain et de la volonté humaine, sa propre création, le canal, ou bien de sa sœur sauvage, l'Adda furieuse ? Son cœur comprenait également ces deux courants. Du haut de la dernière terrasse du jardin on découvrait la verte vallée de la Lombardie, Bergame, Treviglio, Crémone et Brescia. En été, le parfum des foins embaumait ces prés à perte de vue. Le seigle et le blé, unis par les vignes, cachaient jusqu'à leurs cimes les arbres fruitiers ; les épis baisaient les poires, les pommes, les cerises, et toute la vallée semblait un énorme jardin.

Au nord se détachaient les noires montagnes de Côme ; au-dessus s'élevaient en demi-cercle les premiers contreforts des Alpes, et encore plus haut, dans les nuages, scintillaient les cimes neigeuses, roses et dorées.

En même temps que lui se trouvaient à la villa fra Luca Paccioli et l'alchimiste Sacrobosco, dont la maison avait été détruite par les Français. Léonard les fréquentait peu, préférant la solitude. Mais il devint vite l'ami du jeune fils du maître de la maison, Francesco.

Timide comme une fille, le gamin l'avait longtemps évité. Mais une fois, comme il entrait dans la chambre de Léonard pour exécuter une commission de son père, il vit les verres multicolores dont se servait l'artiste pour étudier les teintes complémentaires. Léonard lui proposa de regarder au travers. L'amusement plut à l'enfant. Les objets connus prenaient un aspect féerique, sombre, radieux, agressif ou tendre, selon que l'on regardait à travers le verre jaune, bleu, rouge, violet ou vert. De même, une autre invention de Léonard le captiva : la chambre obscure. Lorsque sur une feuille de papier blanc apparaissaient les tableaux vivants, qu'il pouvait distinctement voir tourner les roues du moulin, tourbillonner une bande de choucas au-dessus du clocher de l'église, ou le petit âne gris Peppo marcher sur la route, Francesco, ravi, battait des mains.

À l'école du village, l'enfant travaillait paresseusement ; la grammaire latine le dégoûtait, l'arithmétique l'ennuyait. Mais la science de Léonard était tout autre. Elle semblait à l'enfant intéressante comme une fable. Les appareils de mécanique, d'optique, d'acoustique l'attiraient comme des jouets vivants. Du matin au soir, il ne se lassait pas d'écouter parler Léonard. Avec les hommes l'artiste était dissimulé, car il savait que le moindre mot imprudent pouvait lui attirer un soupçon ou une raillerie. Avec Francesco il parlait de tout avec confiance et simplicité. Non seulement il apprenait à l'enfant, mais l'enfant lui apprenait bien des choses. Et se souvenant de la parole du Christ : « En vérité, en vérité, je vous le dis, si vous ne devenez comme des enfants, vous ne pourrez entrer dans le royaume des cieux », Léonard ajoutait : « Ni dans le royaume de la science. »

À ce moment, il écrivait son *Traité des étoiles*.

Durant les nuits de mars, lorsque la première haleine du printemps soufflait dans l'air froid encore, il se tenait sur le toit de la maison avec Francesco, observait les étoiles, dessinait les taches de la lune pour les comparer ensuite et savoir si elles ne changeaient pas de contours.

À travers un trou fait dans une feuille de papier à l'aide d'une aiguille, il fit voir à Francesco les étoiles privées de rayons, pareilles à de petites boules claires.

— Ces points, expliqua Léonard, sont des mondes, cent fois, mille fois plus grands que le nôtre. Aux habitants des autres planètes, la terre apparaît semblable à ces étoiles.

— Et derrière les étoiles, qu'y a-t-il ? demandait Francesco.

— D'autres mondes, d'autres étoiles que nous ne voyons pas.

— Et derrière ?

— D'autres encore.

— Et à la fin, tout à fait à la fin ?

— Il n'y a pas de fin, pas de limites.

— Pas de fin, pas de limites ? répéta l'enfant dont la main trembla dans celle de Léonard. Où donc alors, messer Leonardo, où donc est le paradis, les anges, les saints, la Madone, et Dieu le Père assis sur son trône, et le Fils et le Saint-Esprit ?

Le maître voulut répondre que Dieu est dans tout, dans tous les grains de sable, dans tous les soleils, dans toutes les étoiles, mais il eut pitié de la foi enfantine et se tut.

VII

Dans les derniers jours de mars, des nouvelles inquiétantes parvinrent à la villa Melzi. L'armée de Louis XII, sous le commandement du sire de La Trémoille, avait de nouveau traversé les Alpes. Ludovic le More, qui craignait une trahison chez ses soldats, refusait la bataille et, poursuivi par de sombres pressentiments, devenait plus peureux qu'une femme. Ces rumeurs de guerre et de politique parvenaient comme un faible écho à la villa de Vaprio.

Sans songer ni au roi de France ni au duc, Léonard et Francesco rôdaient dans les bois ; parfois même ils escaladaient les montagnes escarpées. Là, Léonard louait des ouvriers et faisait faire des fouilles pour rechercher les coquillages, les poissons et les plantes fossiles.

Une fois qu'ils revenaient de leur promenade, ils s'assirent sous un vieux tilleul, au-dessus d'un précipice. Dans les derniers rayons du soleil couchant, ressortaient pimpantes les maisons blanches de Bergame. Les cimes des Alpes étincelaient. Tout était clair. Seulement dans le lointain, entre Treviglio et Brignano, montait un petit nuage de fumée.

— Qu'est-ce ? demanda Francesco.

— Je ne sais pas, dit Léonard. Peut-être une bataille. Tiens, vois-tu les feux ? On dirait un tir de canons. Peut-être est-ce un combat entre les Français et les nôtres ?

Ces derniers temps, ces escarmouches se répétaient fréquemment dans la plaine lombarde.

Durant quelques minutes, silencieusement, ils contemplèrent le nuage. Puis ils se prirent à examiner le résultat des dernières fouilles. Le maître prit dans ses mains un os très long, tranchant et effilé comme une aiguille, probablement une arête de poisson antédiluvien.

— Combien de peuples, murmura Léonard pensif avec un doux sourire, combien de rois ont disparu depuis que ce poisson s'est endormi sous ces roches ! Que de milliers d'années ont passé sur le monde, quelles transformations s'y sont opérées, tandis qu'il restait dans sa cachette, peu à peu effrité par le temps !

Il étendit la main vers la plaine.

— Tout ce que tu vois ici. Francesco, était jadis le fond d'un océan qui couvrait une partie de l'Europe, de l'Afrique et de l'Asie. Les cimes des Apennins étaient des îles, et là où planent maintenant les oiseaux nageaient des poissons.

Ils regardèrent le nuage lointain criblé de petits feux, si minuscule, si rose sous le soleil couchant, qu'il était difficile de croire qu'un combat avait lieu, que des hommes s'entretuaient.

Une bande d'oiseaux zébra le ciel. Tout en les suivant du regard, Francesco cherchait à s'imaginer les poissons nageant jadis dans l'immense océan, aussi profond, aussi étranger aux gens que le ciel.

Ils se taisaient. Mais à cet instant tous deux ressentaient la même chose : « N'était-il pas indifférent qui vaincrait, les Français les Lombards, ou les Lombards les Français, le roi ou le duc ? La patrie, la politique, la gloire, la guerre, la chute des empires, les révoltes des peuples, tout ce qui paraît aux hommes grandiose et terrible, ne ressemblait-il donc pas à ce petit nuage de fumée perdu dans la lumière douce du crépuscule, parmi l'éternelle clarté de la nature ? »

VIII

Non loin du village de Mandello, au pied du mont Campione, existait une mine de fer. Les habitants des environs racontaient que, plusieurs années auparavant, une avalanche y avait enterré un nombre considérable d'ouvriers, que les gaz sulfureux asphyxiaient qui se risquait à y descendre, et qu'une pierre lancée dans le gouffre roulait avec un bruit continu, ce précipice n'ayant pas de fond.

Ces récits excitèrent la curiosité de Léonard. Il décida d'explorer la mine abandonnée. Mais les villageois, qui supposaient qu'une force impure y résidait, refusèrent de le conduire. Enfin, un ancien mineur s'offrit. Rapide, sombre, pareil à un puits, le chemin souterrain, avec ses marches rongées et glissantes, descendait vers le lac et conduisait vers la mine. Le guide, qui tenait une lanterne, marchait en avant. Léonard, portant Francesco dans ses bras, suivait. Le gamin, en dépit des supplications de son père et des refus du maître, avait voulu l'accompagner. Le chemin devenait de plus en plus étroit et raide. Ils avaient compté déjà deux cents marches et ne pouvaient prévoir encore le but.

Du fond montait une atmosphère suffocante.

Léonard frappait les murs avec un pic, écoutait le son, regardait les pierres, les couches différentes, les taches brillantes du granite.

— Tu as peur ? demanda-t-il avec un bon sourire, en sentant Francesco se serrer contre lui.

— Non, avec vous je n'ai pas peur, répondit l'enfant.

Puis, après un instant de silence, il ajouta doucement :

— Est-il vrai, messer Leonardo, que vous allez bientôt partir ?

— Oui, Francesco.

— Où ?

— Dans la Romagne, chez le duc de Valentino...

— C'est loin ?

— À quelques jours d'ici.

— À quelques jours ! répéta Francesco. Alors nous ne nous verrons plus ?

— Mais si, pourquoi ? Je reviendrai chez vous dès qu'il me sera possible.

Le petit resta pensif. Puis, en un violent élan de tendresse, entourant le cou de Léonard de ses deux bras et se serrant contre lui, il murmura :

— Oh ! messer Leonardo ! prenez-moi, prenez-moi avec vous !

— Mais, mon petit, c'est impossible. Il y a la guerre là-bas.

— Tant pis ! Je vous le dis, avec vous je ne crains rien... Je serai votre servant, je brosserai vos effets, je balayerai les chambres, je soignerai les chevaux ; et puis je connais les coquillages et je sais reproduire les plantes au fusain, et vous m'avez dit que je le faisais très bien. Je ferai tout comme un homme, tout ce que vous m'ordonnerez... Seulement, prenez-moi, messer Leonardo, ne m'abandonnez pas...

— Et ton père, messer Girolamo ? Tu crois qu'il te laisserait partir ?

— Oui, oui. Je le supplierai. Il est si bon. Il ne refusera pas si je pleure... Et s'il refuse, je m'en irai en cachette... Dites-moi seulement que oui...

— Non, Francesco, tu ne dois pas quitter ton père. Il est vieux, malade, malheureux, et tu le plains...

— Certes oui, je le plains, mais vous aussi. Oh ! messer Leonardo, vous ne savez pas... vous croyez que je suis trop petit, un gamin. Et je sais tout. Ma tante Bonne dit que vous êtes un sorcier, et le maître d'école dom Lorenzo dit que vous êtes méchant et que je peux perdre mon âme avec vous. Et tous ils vous craignent. Et moi je ne vous crains pas, parce que vous êtes le meilleur de tous et que je veux toujours rester près de vous !

Léonard, sans répondre, caressait les cheveux de l'enfant.

Soudain les yeux de Francesco s'attristèrent, les coins de ses lèvres s'abaissèrent, et il murmura :

— Eh bien, soit ! Je sais pourquoi vous ne voulez pas me prendre avec vous. Vous ne m'aimez pas... Tandis que moi... moi...

Il sanglota éperdument.

— Allons, petit, tais-toi. Comment n'as-tu pas honte ? Écoute ce que je vais te dire. Quand tu seras grand, je te prendrai comme élève, et nous vivrons ensemble et nous ne nous quitterons jamais.

Francesco leva les yeux sur lui.

— C'est vrai ? Vous dites cela maintenant pour me consoler et après vous oublierez.

— Non, je te le promets, Francesco.

— Dans combien d'années ?

— Quand tu auras atteint la quinzième année, dans huit ans...

— Huit. Et nous ne nous quitterons plus ?

— Jusqu'à la mort.

— C'est bien. Dans huit ans ?

— Oui, sois tranquille.

Francesco eut un sourire heureux et – caresse qui lui était particulière – frotta sa joue contre le visage du maître.

— Savez-vous, messer Leonardo, c'est surprenant ! Un jour, j'ai rêvé que je descendais dans l'obscurité de longs, longs escaliers, comme maintenant, et il me semblait qu'ils ne finiraient jamais. Et quelqu'un me portait dans ses bras. Je ne voyais pas son visage, mais je savais que c'était maman. Je ne me souviens pas d'elle. J'étais trop petit quand elle est morte. Et voilà mon rêve qui se réalise. Seulement ce n'est plus maman, mais vous. Mais je me sens aussi bien avec vous qu'avec elle. Et je n'ai pas peur.

Léonard regarda Francesco avec une infinie tendresse.

Dans l'obscurité, les yeux de l'enfant avaient un éclat mystérieux. Il tendit vers Léonard ses lèvres rouges entrouvertes, confiantes, comme il l'aurait réellement fait à sa mère. Le maître les baisa et il lui sembla que, dans ce baiser, Francesco lui donnait toute son âme.

Sentant le cœur de l'enfant battre contre son cœur, d'un pas ferme, avec une infatigable curiosité, suivant les lanternes vacillantes, le long du terrible escalier de la mine, Léonard descendait toujours plus avant dans les ténèbres souterraines.

IX

En rentrant à la maison, les habitants de Vaprio apprirent que l'armée française approchait.

Le roi, rendu furieux par la trahison et l'émeute, donnait Milan à piller à ses mercenaires. Tous ceux qui le pouvaient se réfugiaient dans les montagnes. Les routes étaient encombrées de charrettes chargées de mobilier et de femmes et d'enfants qui pleuraient. La nuit, des fenêtres de la villa on voyait dans la plaine les « coqs rouges », les lueurs des incendies. De jour en jour on attendait un combat sous les murs de Novare, combat qui devait décider du sort de la Lombardie.

Fra Luca Paccioli arriva de la ville, apportant les dernières nouvelles.

La bataille avait été fixée au 10 avril. Le matin, lorsque le duc sortit de Novare et déjà en vue de l'ennemi rangeait ses troupes, sa principale force, les mercenaires suisses achetés par le maréchal Trivulce, refusa de combattre. Les larmes aux yeux, le duc les supplia de ne pas le perdre, et jura solennellement, en cas de victoire, de leur donner une partie de ses biens. Ils restèrent inflexibles. Le More s'habilla en moine et voulut fuir. Mais un Suisse de Lucerne, nommé Schattelbach, le désigna aux Français. On se saisit du duc et on l'amena au maréchal, qui versa aux Suisses trente mille ducats – les trente deniers de Judas.

Louis XII chargea le sire de La Trémoille de conduire le prisonnier en France. Celui qui, selon l'expression des poètes de cour, « le premier après Dieu, gouvernait la Fortune » fut emmené sur une charrette, dans une cage, comme une bête fauve. Comme faveur spéciale, le duc pria ses geôliers de lui permettre d'emporter la *Divine Comédie* du Dante, *per studiare*, pour l'étudier, disait-il.

Le séjour à la villa devenait de plus en plus dangereux. Les Français pillaient de concert avec les lansquenets et les Vénitiens. Des bandes rôdaient autour de Vaprio. Messer Girolamo, Francesco et la tante Bonne partirent pour Chiavenna.

C'était la dernière nuit que Léonard passait à la villa Melzi. Selon son habitude, il notait dans son journal tout ce qu'il avait vu et entendu de curieux durant toute la journée :

« Quand la queue de l'oiseau est courte, écrivait-il cette nuit-là, et les ailes larges, il les soulève de façon que le vent s'y engouffre. Je l'ai observé sur un épervier, au-dessus de l'église de Vaprio, à droite de la route de Bergame, le matin du 14 avril 1500. »

Au-dessous, sur la même page :

« Le More a perdu son royaume, ses biens, sa liberté, et tout ce qu'il a entrepris s'est terminé par le néant. »

Pas un mot de plus, comme si la ruine de l'homme avec lequel il avait vécu seize ans, la déchéance de l'illustre maison des Sforza étaient pour lui moins importantes et curieuses que le vol d'un oiseau de proie.

11
LES AILES SERONT

1500

> « Le grand Oiseau prendra son vol – l'homme sur le dos de son grand Cygne – emplissant le monde de consternation, emplissant les livres de son nom immortel. Gloire au nid où Il est né ! »
>
> — LÉONARD DE VINCI

I

En Toscane, entre Pise et Florence, non loin de la ville d'Empoli, sur le versant sud du mont Albano, se trouvait le village de Vinci, lieu de naissance de Léonard. Après avoir réglé ses affaires à Florence, il avait désiré, avant son départ pour la Romagne, revoir son village où vivait son vieil oncle Francesco da Vinci, le frère de son père, enrichi dans le commerce des soies. Seul, de toute la famille, il aimait son neveu. L'artiste voulait le voir et faire admettre dans sa maison son élève le mécanicien Zoroastro da Peretola, non remis encore de sa chute et menacé de rester infirme pour le reste de sa vie. Léonard espérait que l'air des montagnes, le calme de la campagne le guériraient plus vite que les drogues.

Monté sur une mule, Léonard quitta Florence par la porte d'Al Prato en suivant le cours de l'Arno. À Empoli, il abandonna la grande route, et s'engagea dans un chemin de traverse qui coupait les collines basses.

La journée était chaude, nuageuse. Le soleil pâle, voilé, se couchant dans le brouillard, annonçait le vent du nord. L'horizon s'élargissait de chaque côté. Les collines s'élevaient imperceptiblement, laissant pressentir les montagnes. Tout était d'un gris vert, atténué, neutre, rappelant le Nord. La montée était lente et continue ; l'atmosphère plus légère. Léonard évita San Ausano, Calistri, Lucardi et la chapelle de San Giovanni. Le crépuscule tomba. Les nuages se dissipèrent. Le ciel se para d'étoiles. Le vent fraîchit.

Tout à coup, derrière le dernier tournant, le village de Vinci se découvrit. Les collines s'étaient transformées en montagnes, la plaine en collines. Sur l'une d'elles s'élevait un village compact. Sur le fond sombre du ciel se détachait légère la tour noire de l'ancienne forteresse. Dans les maisons les lumières s'allumaient.

Après avoir traversé le pont, Léonard tourna à droite, et suivit un étroit sentier entre les potagers. Une branche d'églantier, par-dessus une clôture, frôla doucement son visage, comme si elle l'eût embrassé dans l'obscurité, et l'embauma de sa fraîcheur parfumée.

Devant la vieille porte en bois, il mit pied à terre, ramassa une pierre et frappa. C'était la maison qui avait appartenu à son aïeul Antonio da Vinci, maintenant à son oncle Francesco, et où Léonard avait passé son enfance.

Personne ne répondit. Dans le silence, on entendait le murmure du torrent au bas de la côte. En haut, dans le village, les chiens éveillés aboyèrent. Dans la cour, un chien, très vieux probablement, leur répondit.

Enfin, portant une lanterne, un vieillard voûté sortit. Il était dur d'oreille et longtemps ne put comprendre qui était ce Léonard. Mais lorsqu'il le reconnut, il pleura de joie, faillit laisser choir la lanterne et, baisant les mains du maître que quarante ans auparavant il avait porté dans ses bras, ne cessa de répéter à travers ses larmes :

O Signore ! Signore ! Leonardo mio !

Juan Baptisto, le vieux jardinier, expliqua que messer Francesco était absent pour deux jours. Léonard décida de l'attendre, d'autant plus que le lendemain matin devaient arriver de Florence Zoroastro et Giovanni Beltraffio.

Le vieillard le conduisit dans la maison vide en ce moment, car les enfants de Francesco vivaient à Florence : il s'agita, appela sa petite-fille, jolie blondinette de seize ans, et lui commanda le souper ; mais Léonard demanda simplement du vin, du pain, et de l'eau de la source réputée qui coulait dans le jardin de son oncle.

Messer Francesco, en dépit de sa fortune, vivait comme son père et son grand-père, avec une simplicité qui aurait pu paraître de la pauvreté pour un homme habitué aux commodités de la ville.

L'artiste pénétra dans la salle du bas, qui lui était si familière, et qui servait en même temps de salon et de cuisine. Elle était meublée de quelques sièges disgracieux, de bancs et de coffres en bois sculpté luisants de vieillesse, de crédences supportant de lourds pots d'étain ; les murs étaient blanchis à la chaux ; aux solives enfumées du plafond pendaient de gros paquets de plantes médicinales. La seule nouveauté consistait en des vitraux vert bouteille encastrés dans les croisées. Léonard se souvenait que, dans son enfance, ces fenêtres, comme dans toutes les maisons de paysans toscans, étaient tendues de toile enduite de cire qui interceptait la lumière. Dans les pièces du haut, les croisées n'étaient fermées que par des volets en bois.

Le jardinier alluma dans l'âtre un feu de genévrier, puis la petite lampe en terre à long col et à anse, suspendue par une chaînette et pareille à celles que l'on retrouve dans les Anciens tombeaux étrusques. Sa forme, élégante dans sa simplicité, paraissait plus belle encore dans cette chambre à moitié dénudée.

Pendant que la jeune fille dressait le couvert, plaçait sur la table un pain sans levain, plat comme une galette, une assiette de salade de laitue au vinaigre, un broc de vin et des figues sèches, Léonard monta par l'escalier grinçant à l'étage supérieur. Là aussi rien n'était changé : au milieu de la chambre large et basse, l'énorme lit carré, pouvant abriter toute une famille, et dans lequel la bonne grand-mère, monna Lucia, la femme d'Antonio da Vinci, jadis dormait avec le petit Léonard. Maintenant cette couche pieusement gardée avait échu par héritage à l'oncle Francesco. Sur le mur, comme autrefois, pendaient un crucifix, une image de la Madone, une coquille pour l'eau bénite, une poignée de *nebbia* séchée, et une feuille de papier jauni sur laquelle était écrite une prière latine.

Il redescendit, s'assit au coin du feu, but du vin coupé d'eau dans une écuelle de bois sentant l'olivier, et, resté seul, se plongea dans de sereines et douces pensées.

II

Il songeait à son père, le notaire florentin, messer Piero da Vinci, qu'il avait vu quelques jours auparavant, dans sa belle maison, vieillard septuagénaire plein de vigueur, avec un visage rouge et des cheveux blancs bouclés. Léonard n'avait jamais rencontré un homme aimant la vie d'un aussi naïf et presque indécent amour, comme messer Piero. Jadis, le notaire avait montré une grande tendresse pour son fils illégitime. Mais lorsque grandirent ses deux fils aînés, légitimes ceux-là, Antonio et Juliano, dans la crainte que le père ne fît une part dans l'héritage à l'aîné, ils cherchèrent mille moyens pour évincer Léonard. Lors de la dernière entrevue, celui-ci s'était senti étranger dans la famille. Le plus jeune des fils, Lorenzo, témoigna une particulière tristesse au sujet des bruits qui circulaient sur l'impiété de Léonard. Tout jeune, presque un gamin, ancien disciple de Savonarole, vertueux et économe, il était commis à la corporation des lainiers. À plusieurs reprises il amena, devant son père, la conversation avec l'artiste sur la religion chrétienne, la nécessité de la pénitence, de l'humilité, les opinions hérétiques des philosophes, et au moment des adieux lui fit cadeau d'un livre de sa composition.

Maintenant, assis auprès de la cheminée familiale, Léonard tira de sa poche ce livre écrit d'une fine écriture de commerçant appliqué :

Tavola del Confessionario descripto per me, Lorenzo di ser Piero da Vinci, fiorentino, mandata alla Nanna, mia cogniata.

(Livre de confession, composé par moi Lorenzo de messer Pierre de Vinci, Florentin, dédié à Nanna, ma belle-sœur.)

De ce livre émanait l'esprit de bourgeoise piété qui avait entouré les premières années de Léonard et régnait dans la famille, transmis de génération en génération.

Un siècle avant sa naissance, les fondateurs de la maison Vinci étaient déjà les mêmes, honnêtes, économes et dévots employés au service de la commune florentine, comme l'était son père messer Piero.

Devant lui se dressait le souvenir de son aïeul Antonio, dont la sagesse était en tous points semblable à celle de son petit-fils Lorenzo.

Il apprenait aux enfants à n'aspirer à rien d'élevé – la gloire, les honneurs, les charges de l'État ou de la guerre –, ni à la trop grande richesse, ni à la trop haute science.

« S'en tenir à la juste moyenne en tout, disait-il, voilà la voie la plus certaine. »

Après une absence de trente ans, assis sous le toit familial, écoutant hurler le vent et suivant des yeux l'agonie des tisons dans les cendres, l'artiste songeait que toute sa vie à lui n'avait été qu'une longue infraction à la sagesse de l'aïeul, le superflu illégal que, selon son frère Lorenzo, la déesse de la Modération devait trancher de ses ciseaux de fer.

III

Le lendemain, de bonne heure, Léonard sortit sans éveiller le jardinier, et traversant le pauvre village de Vinci se dirigea vers le village voisin d'Anciano, en suivant le rude raidillon à travers la montagne.

Arrivé au hameau, Léonard s'arrêta, ne reconnaissant plus l'endroit. Il se souvenait que, jadis, se dressaient là les ruines du château Adimari et que dans l'une des tourelles se trouvait une pauvre auberge. Maintenant, à la même place, s'élevait une maison neuve, toute blanche au milieu des vignes. Derrière un mur très bas, un paysan binait la terre. Il expliqua à l'artiste que le propriétaire de l'auberge était mort et que ses héritiers avaient vendu son bien à un riche éleveur d'Orbiniano.

Ce n'était pas sans une intime pensée que Léonard s'inquiétait du petit cabaret d'Anciano : il y était né.

Là, tout de suite, à l'entrée du hameau, au-dessus de la grande route qui traversait le mont Albano pour rejoindre Pistoia, dans le sombre repaire des Adimari, cinquante ans auparavant s'abritait une joyeuse guinguette.

Les habitants des villages voisins, en se rendant à la foire de San Miniato ou de Fuceccio, les chasseurs d'izars, les conducteurs de mules, les douaniers, venaient ici pour causer, boire une fiole de vin gris, jouer aux échecs, aux cartes, aux osselets ou à la *tarocca*.

La servante du cabaret était une orpheline de seize ans, originaire de Vinci, et s'appelait Catarina.

Un matin de printemps de l'année 1451, le jeune notaire florentin Piero di ser Antonio da Vinci, étant venu passer quelques jours chez son père, fut invité à Anciano pour rédiger un contrat, puis emmené par ses clients dans le petit cabaret de Campo della Torracia, afin d'arroser la convention.

Ser Piero, homme simple, aimable et poli même avec ses inférieurs, accepta volontiers. Catarina les servit. Le jeune notaire, comme il l'avoua plus tard, s'éprit d'elle au premier regard. Sous prétexte de chasse aux cailles, il différa son départ et, devenu un habitué régulier de l'auberge, courtisa Catarina, beaucoup moins accessible qu'il ne l'avait prévu. Mais ser Piero avait la réputation de conquérir les cœurs féminins. Il avait vingt-quatre ans, s'habillait d'une façon élégante, était beau, adroit, fort, et possédait l'éloquence amoureuse persuasive qui charme les femmes simples.

Catarina résista longtemps, priait la Sainte Vierge de la secourir, puis enfin elle céda. À l'époque où les cailles de Toscane s'envolent vers Nievole, elle devint enceinte.

La nouvelle de la liaison de ser Piero avec une pauvre orpheline, servante d'auberge à Anciano, parvint à ser Antonio da Vinci. Il menaça son fils de sa malédiction, le renvoya incontinent à Florence et, l'hiver suivant, le maria à madonna Albiera di ser Giovanni Amadori, ni trop jeune ni trop jolie, mais de bonne famille et fort bien dotée. Quant à Catarina, il lui fit épouser un de ses ouvriers, pauvre paysan de Vinci, Accatabriga di Piero del Vacca, homme âgé, taciturne, de caractère difficile, qui, disait-on, avait par ses brutalités d'ivrogne conduit sa première femme à la tombe. Tenté par les trente florins promis et un lopin de champ d'oliviers, Accatabriga ne dédaigna pas de couvrir de son nom le péché d'autrui. Catarina se soumit. Mais de chagrin, elle tomba gravement malade et faillit mourir des suites de ses couches.

Comme elle n'avait pas de lait pour nourrir le petit Léonard, on prit une chèvre du mont Albano. Piero, en dépit de son amour sincère pour Catarina, se soumit également, mais supplia son père de prendre chez lui Léonard et de l'élever. En ce temps-là, on n'avait point honte des bâtards, qu'on élevait à l'égal des enfants légitimes, et même souvent on les préférait. L'aïeul consentit, d'autant plus volontiers que l'union de son fils était inféconde, et confia son petit-fils à sa femme, la bonne vieille grand-mère Lucia di Piero-Zozi da Bacaretto.

Ainsi Léonard, fils de l'union illégale du jeune notaire florentin et de la servante de l'auberge d'Anciano, entra dans la vertueuse et dévote famille da Vinci.

Léonard se souvenait de sa mère comme au travers d'un songe, et particulièrement de son sourire tendre, insaisissable, plein de mystère, malin, étrange dans ce visage simple, triste, sévère, presque rude. Une fois, à Florence, au musée Médicis, il avait retrouvé dans une statuette découverte à Arezzo, une petite Cybèle en bronze, ce même sourire étrange de la jeune paysanne de Vinci.

C'est à Catarina que pensait l'artiste lorsqu'il écrivait dans son *Livre sur la peinture* :

« N'as-tu pas remarqué combien les femmes des montagnes, vêtues d'étoffes grossières, effacent facilement par leur beauté celles qui sont parées ? »

Ceux qui avaient connu sa mère dans sa jeunesse assuraient que Léonard lui ressemblait, particulièrement par les mains fines et longues, les cheveux doux et dorés, et le sourire. Du père, il avait hérité la corpulence, la force, la santé, l'amour de la vie ; de la mère, le charme dont tout son être était empreint.

La maison où habitait Catarina avec son mari était toute proche de la villa de ser Antonio. À midi, lorsque l'aïeul dormait et qu'Accatabriga partait avec ses bœufs travailler aux champs, le gamin se faufilait à travers les vignes, grimpait par-dessus le mur et courait chez sa mère. Elle l'attendait en filant, assise sur le perron. De loin, elle lui tendait les bras. Il s'y précipitait, et elle couvrait de baisers son visage, ses yeux, ses lèvres, ses cheveux.

Leurs entrevues nocturnes leur plaisaient encore davantage. Les jours de fête, le vieil Accatabriga allait au cabaret ou chez des amis jouer aux osselets. La nuit, Léonard se levait doucement, à moitié vêtu, ouvrait avec précaution le volet, passait par la fenêtre et, s'aidant aux branches d'un figuier, descendait dans le jardin, puis courait chez Catarina. Doux lui semblait le froid de l'herbe, les cris des râles, les brûlures des orties, les pierres dures qui meurtrissaient ses pieds nus, et le scintillement des lointaines étoiles, et la crainte que la grand-mère, réveillée subitement, ne le cherchât, et mystère de ces embrassements presque coupables, lorsque glissé dans le lit de Catarina, dans l'obscurité, il se serrait contre elle de tout son corps.

Monna Lucia aimait et gâtait son petit-fils. Il se souvenait de sa robe, toujours pareille, brun foncé, de son mouchoir blanc qui encadrait son bon visage ridé, de ses tendres chansons et de ses gâteaux. Mais il ne s'accordait pas avec l'aïeul. D'abord ser Antonio lui donna lui-même les leçons que l'enfant écoutait mal ; puis à sept ans l'envoya à l'école de l'église de

Sainte-Pétronille. Mais la grammaire latine ne lui convenait pas. Souvent, sortant de bonne heure de la maison, au lieu de se rendre à l'école, il se glissait dans un ravin sauvage, et couché sur le dos, pendant des heures, suivait le vol des cigognes avec une torturante jalousie. Ou bien, sans les arracher pour ne pas leur faire mal, il dépliait les pétales des fleurs, admirant leurs teintes et leur duveté. Quand ser Antonio partait pour ses affaires à la ville, le petit Nardo, profitant de la bonté de sa grand-mère, se sauvait durant des journées dans les montagnes. Et par des sentiers rocailleux, inconnus, courant le long des précipices, où ne passaient que des chèvres sauvages, il montait à la cime du mont Albano, d'où l'on apercevait à l'infini des prairies, des bois, des champs, le lac marécageux de Fuceccio, Pistoia, Prato, Florence, les Apennins neigeux et, par un temps clair, la ligne bleue brumeuse de la Méditerranée. Il revenait à la maison, égratigné, poussiéreux, hâlé, mais si gai que monna Lucia n'avait pas le cœur de le gronder et de se plaindre à son grand-père.

L'enfant vivait solitaire. Il voyait rarement son bon oncle Francesco et son père qui le comblaient de friandises ; tous deux habitaient Florence la plus grande partie de l'année. Il ne fréquentait pas ses camarades d'école, qui lui étaient antipathiques. Leurs jeux lui déplaisaient. Lorsqu'ils arrachaient les ailes d'un papillon, se réjouissant de le voir ramper, Léonard souffrait, pâlissait et s'en allait. Pour s'être battu pour défendre une taupe martyrisée par les gamins, il fut durant plusieurs jours enfermé dans un cabinet noir sous l'escalier. Plus tard, il se souvint de cette injustice, la première de la longue série qu'il devait endurer, et il se demandait dans son journal : « Si déjà dans ton enfance on t'emprisonnait parce que tu agissais comme tu le devais, que fera-t-on de toi, maintenant que tu es un homme ? »

IV

Non loin de Vinci se construisait une grande villa pour le seigneur Pandolfo Ruccellai, sous la direction de l'architecte florentin Biajio da Ravenna, élève d'Alberti. Léonard venait souvent y voir travailler les ouvriers. Un jour, ser Biajio causa avec l'enfant et fut surpris de son intelligence. Tout d'abord en s'amusant, puis peu à peu entraîné, il commença à lui donner les premières notions de l'arithmétique, de l'algèbre, de la géométrie et de la mécanique. L'architecte trouvait incroyable, presque miraculeuse, la facilité avec laquelle l'élève saisissait tout, comme s'il se ressouvenait d'une chose déjà apprise.

L'aïeul n'approuvait pas les bizarreries de son petit-fils. Il lui déplaisait également qu'il fût gaucher, puisqu'il était convenu que tous ceux qui avaient conclu un pacte avec le diable, les sorciers et les impies étaient nés de même. L'antipathie de ser Antonio augmenta encore, lorsqu'une vieille femme de Fortuniano lui eut assuré que la femme du mont Albano, qui avait vendu la chèvre noire nourrice de Nardo, était une sorcière. Il se pouvait que, pour plaire au diable, elle eût ensorcelé le lait de la chèvre.

« Ce qui est vrai, est vrai, pensait l'aïeul. Le bois attire toujours le loup. Enfin, si telle est la volonté du Seigneur... Chaque famille a son monstre. »

Le vieillard attendait avec impatience que son bien-aimé fils Piero lui annonçât la nouvelle réjouissante de la naissance d'un enfant légitime, digne d'être héritier, car réellement Nardo semblait « illégal » dans cette famille.

Les habitants du mont Albano racontaient une particularité de leur pays qu'on ne retrouvait nulle part ailleurs : c'était la couleur blanche de beaucoup de plantes et d'animaux, violettes, framboises, moineaux, d'où, de toute antiquité, ce nom donné à la montagne : « Albano ».

Le petit Nardo était un de ces phénomènes, le monstre de la famille vertueuse et bourgeoise des notaires florentins.

V

Lorsque l'enfant eut treize ans, son père le prit avec lui à Florence. Léonard retourna rarement à Vinci.

Dans son journal de l'an 1494 (il était à ce moment au service du duc de Milan) se rencontre cette phrase laconique et mystérieuse :

« Catarina est arrivée le 16 juin 1493. »

On aurait pu croire qu'il s'agissait d'une servante ; en réalité il s'agissait de sa mère.

Après la mort de son mari, Accatabriga di Piero del Vacca, Catarina, sentant qu'elle ne lui survivrait pas longtemps, désira voir son fils.

Se joignant aux femmes qui se rendaient en pèlerinage pour l'adoration des reliques de saint Ambroise et du Clou sacré, elle arriva à Milan. Léonard la reçut avec une respectueuse tendresse.

Comme avant, il se sentait toujours, vis-à-vis d'elle, le petit Nardo.

Après avoir vu son fils, Catarina voulut retourner au village, mais il la retint, lui loua et installa avec mille attentions une belle chambre dans le couvent voisin de Sainte-Claire, près de la porte Vercellina. Elle tomba malade, s'alita et se refusa obstinément à aller loger chez lui, craignant de le déranger. Alors, il la fit transporter dans le meilleur hospice de Milan, l'*Ospedale Maggiore*, construit par Francesco Sforza et pareil à un palais. Tous les jours il s'y rendait pour la visiter et les derniers jours il ne la quitta point. Et cependant, pas un seul de ses amis, pas un seul de ses élèves ne se doutait du séjour de Catarina à Milan. Dans son journal, il ne parlait presque pas d'elle.

Lorsque pour la dernière fois il baisa sa main glacée, il lui sembla qu'il était redevable de tout ce qu'il possédait à cette pauvre paysanne de Vinci, humble habitante des montagnes. Il lui fit de splendides funérailles, non comme si elle eût été une servante d'auberge, mais une noble dame.

Avec la même exactitude minutieuse qu'il inscrivait inutilement les cadeaux faits à Salaïno, il nota les frais de l'enterrement :

Spese per la mor — Sotteratura di Chaterina : 27 florins Deux livres de cire : 18 florins Catafalque : 12 florins Pour le port de la croix : 4 florins Transport du corps : 8 florins Pour quatre abbés et quatre chantres : 20 florins Pour le glas : 2 florins Aux fossoyeurs : 16 florins Aux scribes : 1 florins TOTAL : 108 florins

À ajouter : Médecin : 4 florins Sucre et chandelle : 12 florins TOTAL GÉNÉRAL: 124 florins

Six ans plus tard, en 1500, après la chute de Ludovic, en rangeant ses effets avant de quitter Florence, il trouva dans une armoire un paquet soigneusement ficelé. C'était un gâteau de village apporté de Vinci par Catarina, deux chemises de grossière toile bise et trois paires de bas en poil de chèvre. Il ne s'en servait pas, habitué qu'il était au linge fin. Mais maintenant qu'il avait retrouvé ce paquet oublié parmi les livres et les instruments de mathématique, il sentit son cœur s'emplir de pitié. Par la suite, dans la période de ses pérégrinations de ville en ville, solitaire et désabusé, jamais il n'oublia l'inutile paquet, et chaque fois, le cachant de tout le monde, il le glissa avec les objets qui lui étaient le plus précieux.

VI

Ces souvenirs renaissaient dans le cœur de Léonard, tandis qu'il montait le sentier aride du mont Albano.

Sous une avancée de roche, garanti du vent, il s'assit pour se reposer et regarda. L'horizon vallonné s'étendait en s'abaissant vers la vallée de l'Arno. À droite s'élevaient des montagnes arides, bigarrées de crevasses serpentiformes et de précipices gris violetés. À ses pieds, Anciano tout blanc était inondé de soleil. Plus loin, le village de Vinci ressemblait à une ruche collée sur un tremble.

Rien n'avait changé. Comme quarante ans auparavant, les violettes blanches poussaient, le mont Albano bleuissait, et tout était simple, calme, pauvre, pâle et septentrional.

Il se leva et poursuivit sa route. Le vent devenait plus froid et plus rageur. Mais Léonard n'y prêtait guère attention, tout à ses souvenirs.

Les affaires du notaire Piero da Vinci étaient prospères. Adroit, gai et débonnaire, il savait s'entendre avec tout le monde. Le clergé, particulièrement, lui accordait ses faveurs. Devenu fondé de pouvoirs du riche couvent de l'Annonciade et de plusieurs autres œuvres de bienfaisance, ser Piero arrondissait sa fortune, achetait des terrains, des maisons, des vignes dans les environs de Vinci, sans rien changer à son modeste genre de vie, suivant les principes de ser Antonio.

Lorsque mourut sa première femme, Albiera Amadori, très vite consolé, le veuf de trente-huit ans épousa une toute jeune et jolie fille, presque une enfant, Francesca di ser Giovanni Lanfredini. Mais il n'eut pas non plus d'enfant de ce second mariage. Léonard vivait avec son père à Florence. Ser Piero avait l'intention de donner une solide instruction à cet aîné illégitime, pour, le cas échéant, en faire son héritier, et naturellement notaire florentin, à l'exemple de tous les aînés de la famille Vinci.

À Florence, à cette époque, vivait le célèbre naturaliste, mathématicien et astronome Paolo dal Pozzo Toscanelli, celui-là même qui, par ses calculs, indiqua à Colomb le nouveau chemin des Indes. Se tenant à l'écart de la brillante cour de Lorenzo Medicis, Toscanelli « vivait comme un saint », selon l'expression de ses contemporains, silencieux, désintéressé et absolument vierge. Il était laid de visage, presque repoussant ; mais ses yeux clairs, calmes, naïfs étaient superbes.

Quand, une nuit de l'an 1470, un jeune inconnu frappa à la porte de sa maison, proche le palais Pitti, Toscanelli le reçut froidement et sévèrement, soupçonnant dans cet hôte un badaud curieux. Mais après avoir conversé avec Léonard, il fut, comme jadis ser Biajio da Ravenna, surpris du génie mathématique de l'adolescent. Ser Paolo devint son professeur.

Durant les belles nuits claires, ils se rendaient sur une des collines qui enserrent Florence, Poggio del Pino, où parmi les genévriers et les pins une guérite en bois servait d'observatoire au grand astronome. Là, ser Paolo apprenait à son élève tout ce qu'il savait des lois de la nature. Dans ces causeries, Léonard puisa la foi dans la nouvelle et encore inconnue puissance de la science.

Son père ne le gênait pas, lui conseillait seulement de choisir une occupation de bon rapport. Le voyant constamment dessiner et modeler, ser Piero porta quelques-uns de ces essais à son vieil ami, le maître orfèvre, peintre et sculpteur Andrea del Verrocchio, et bientôt Léonard entra comme élève dans son atelier.

VII

Verrocchio, fils d'un pauvre briquetier, était né en 1435, et était par conséquent plus âgé que Léonard de dix-sept ans.

Lorsque le nez chevauché par des lunettes, une loupe à la main, il était derrière le comptoir de son atelier sombre, *bottega*, non loin du Ponte Vecchio, dans une des vieilles maisons tassées sur leurs fondations pourries, baignant dans les eaux verdâtres de l'Arno, ser Andrea ressemblait plutôt à un marchand florentin ordinaire qu'à un grand artiste. Il avait un visage inexpressif, plat, pâle, rond et bouffi, avec un double menton. Seulement, dans ses lèvres serrées et dans le regard aigu comme une aiguille, se lisait son esprit froid, logique et curieux sans limites.

Andrea se disait élève de Paolo Uccello et, comme lui, considérait la mathématique comme la base générale de l'art et de la science ; il affirmait que la géométrie étant une partie de la mathématique « mère de toutes les sciences » est en même temps la « mère du dessin père de tous les arts ». La science parfaite et la jouissance de la beauté étaient pour lui équivalentes. Lorsqu'il rencontrait un visage ou toute autre partie du corps remarquable par sa laideur ou sa beauté, il ne s'en détournait pas avec dégoût, ne restait pas plongé dans une torpeur contemplative, ainsi que le faisait Sandro Botticelli, mais étudiait, moulait, ce que personne n'avait fait avant lui. Avec une patience infinie, il comparait, mesurait, essayait, pressentant dans les lois de la beauté les lois nécessaires de la mathématique. Encore plus infatigablement que Sandro, il cherchait une beauté nouvelle – non pas dans les miracles, dans les légendes, dans les pénombres tentatrices où l'Olympe se fond avec le Golgotha – mais en pénétrant les secrets de la nature, chose que personne n'avait osé tenter, car le miracle pour Verrocchio n'était pas la vérité, mais la vérité un miracle.

Le jour où ser Piero da Vinci lui amena dans l'atelier son fils âgé de dix-huit ans, la destinée des deux fut résolue. Andrea devint non seulement le maître, mais aussi l'élève de son élève Léonard.

Dans le tableau commandé à Verrocchio par les moines de Vallombrosa et qui représente le *Baptême du Christ*, Léonard peignit un ange agenouillé. Tout ce que Verrocchio pressentait vaguement, ce qu'il cherchait à tâtons comme un aveugle, Léonard le vit, le trouva et l'incarna dans cette image. Par la suite, on raconta que le maître, désespéré de se voir distancé par cet adolescent, avait renoncé à la peinture.

En réalité, il n'y avait entre eux ni rivalité ni animosité. Ils se complétaient l'un l'autre. L'élève possédait la légèreté que la nature avait refusée à Verrocchio : le maître, l'obstination concentrée qui manquait à l'instable Léonard. Sans envie, sans concurrence, souvent ils ne savaient pas eux-mêmes lequel des deux empruntait à l'autre.

À cette époque, Verrocchio coulait dans le bronze sa statue *Le Christ et saint Thomas*, pour l'église Or San Michele.

En opposition aux visions de fra Beato Angelico et des rêves féeriques de Sandra Botticelli, apparut pour la première fois aux yeux des hommes, dans le personnage de Thomas plongeant ses doigts dans les plaies du Seigneur, l'audace de l'homme devant Dieu, la raison scrutatrice devant le miracle.

VIII

La première œuvre de Léonard fut un carton pour une tenture tissée en

Flandre, un cadeau des citoyens de Florence au roi de Portugal. Le dessin représentait Adam et Ève.

Le palmier du Paradis était si merveilleux d'exactitude que, d'après un témoin, « la raison était confondue à la pensée qu'un homme pût avoir une patience semblable ». Du serpent Satan aux traits efféminés émanait un charme tentateur et il semblait qu'on l'entendait dire :

« Non, vous ne mourrez pas, mais Dieu sait que le jour où vous goûterez au fruit défendu, vos yeux se dessilleront et vous serez des dieux, connaissant le bien et le mal. »

Et la femme tendait la main vers l'arbre de la Science avec ce sourire d'audacieuse curiosité avec lequel saint Thomas, de Verrocchio, plongeait ses doigts dans les plaies du Christ.

Une fois, ser Piero, voulant faire plaisir à un voisin de Vinci qui l'invitait à la pêche et à la chasse, demanda à Léonard de peindre un sujet quelconque sur une rondelle de bois, une *rotella*, qu'on employait dans la décoration extérieure des maisons.

L'artiste imagina de représenter un monstre inspirant pour le moins autant d'horreur que la tête de Méduse.

Dans une chambre où personne ne pénétrait, sauf lui, il amassa des lézards, des serpents, des grillons, des araignées, des cloportes, des phalènes, des scorpions, des chauves-souris et autres animaux monstrueux. Choisissant, réunissant, grossissant différentes parties de leurs corps, il combina un monstre surnaturel, inexistant et réel pourtant, progressivement forma ce qui n'est pas de ce qui est avec la même clarté qu'Euclide ou Pythagore déduisaient une formule géométrique d'une autre.

On voyait l'animal sortir en rampant d'une fente de rocher, et il semblait qu'on entendît bruire sur la terre son ventre annelé, noir, brillant et gluant. La gueule ouverte crachait une haleine empestée, les yeux, des flammes, et les naseaux de la fumée. Mais le plus surprenant était que l'horreur de ce monstre captivait et attirait à l'égal de la beauté.

Léonard passa des jours et des nuits dans cette chambre close, où l'atmosphère, infectée par la décomposition des reptiles morts, était presque irrespirable. Mais, excessivement délicat d'ordinaire, en ce moment il ne s'en apercevait même pas.

Enfin il annonça à son père que la rondelle était prête et qu'il pouvait la prendre. Lorsque ser Piero vint, Léonard le pria d'attendre dans une autre pièce et, retournant dans l'atelier, il posa le tableau sur un chevalet, l'entoura d'étoffe noire, poussa les volets de façon qu'un seul rayon tombât sur la *rotella* et appela son père. Celui-ci entra, regarda, poussa un cri et recula.

Il lui semblait qu'il voyait devant lui un monstre vivant. Après avoir suivi sur son visage, d'un regard scrutateur, le changement de l'expression de peur en celle d'admiration, l'artiste dit, avec un sourire :

— Le tableau atteint son but, produit l'impression que je désirais. Prenez-le, il est à vous.

En 1481, Léonard reçut des moines de San Donato, à Scopetto, la commande d'un tableau pour le maître autel : *L'Adoration des Mages*.

Dans l'esquisse qu'il exécuta, il fit preuve d'une connaissance de l'anatomie et de l'expression des sentiments humains dans les mouvements du corps, telles qu'on ne les avait jamais vues chez aucun maître jusqu'à lui.

Il n'acheva pourtant pas ce tableau, comme plus tard il ne devait achever aucune de ses œuvres. À la poursuite de la perfection insaisissable, il se créait des difficultés que le pinceau ne pouvait vaincre. Selon les paroles de Pétrarque, « la trop grande force du désir en empêchait la réalisation ».

La seconde femme de ser Piero, madonna Francesca, mourut toute jeune. Il se maria une troisième fois avec Margareta, fille de ser Francesco di Jacopo di Gullelmo, qui lui apporta en dot 365 florins. La belle-mère ne sympathisa pas avec Léonard, surtout après la naissance de ses deux fils, Antonio et Juliano.

Léonard était dépensier. Ser Piero, bien que chichement, lui venait en aide. Monna Margareta accusa son mari de distraire le bien de ses enfants légitimes pour le donner à un « bâtard élevé par une chèvre de sorcière ».

Parmi ses camarades à l'atelier de Verrocchio, il avait aussi des ennemis. L'un d'eux, se fondant sur la grande amitié existant entre le maître et l'élève, en un rapport anonyme les accusa de sodomie. La calomnie avait un semblant de vérité en ce que Léonard, étant le plus bel adolescent de Florence, fuyait la société des femmes. « Tout son être reflétait un tel rayonnement de beauté, disait un de ses contemporains, que l'âme la plus triste se réjouissait à sa vue. »

Cette même année il abandonna l'atelier de Verrocchio et s'installa seul, chez lui. Alors déjà on parlait de ses « opinions hérétiques » et de son « impiété ». Le séjour à Florence devenait pour Léonard de plus en plus pénible. Ser Piero procura à son fils une commande avantageuse de Lorenzo Medicis. Mais Léonard ne sut pas lui plaire. De ceux qui l'approchaient, Lorenzo exigeait avant tout une adoration de cour. Il n'aimait pas les gens hardis, originaux et libres. L'ennui de l'inaction s'empara de Léonard. Il entra même en pourparlers secrets, par l'intermédiaire de l'ambassadeur d'Égypte, Caït Bey, avec le *diodorio* de Syrie, afin d'entrer à son service au titre de principal constructeur, quoique sachant que pour cela il devait se convertir au mahométisme.

Pour fuir Florence, peu lui importait le pays où il devrait vivre. Il sentait qu'en ne la quittant pas, il serait perdu. Le hasard le sauva. Il inventa un luth multicorde en argent qui avait la forme d'une tête de cheval. Le son et l'aspect de cet instrument plurent à Lorenzo le Magnifique. Il proposa à l'inventeur de se rendre à Milan pour en faire don au duc de Lombardie, Ludovic le More.

En 1482, âgé de trente ans. Léonard quitta Florence et se rendit à Milan, non en qualité d'artiste peintre et de savant, mais seulement comme « musicien de cour », *sonatore di lira*. Avant son départ, il écrivait au duc Sforza :

« Ayant, très illustre seigneur, vu et étudié les expériences de tous ceux qui se donnent pour maîtres dans l'art d'inventer des instruments de guerre, et ayant trouvé que leurs instruments ne diffèrent aucunement de ceux qui sont en commun usage, je m'efforcerai, sans vouloir faire injure à personne, de faire connaître à Votre Excellence certains secrets qui me sont propres, brièvement énumérés ci-dessous :

« 1. J'ai un procédé pour construire des ponts très légers, très faciles à transporter, grâce auxquels l'ennemi peut être poursuivi et mis en fuite ; d'autres encore, plus solides, qui résistent au feu et à l'assaut, et sont aisés à poser et à enlever. Je connais également le moyen de brûler et de détruire ceux de l'ennemi.

« 2. Dans le cas d'investissement d'une place, je sais comment chasser l'eau des fossés et faire diverses échelles d'escalade et autres instruments similaires.

« 3. *Item*. Si par suite de la hauteur ou de la force d'une position, la place ne peut être bombardée, j'ai un moyen de miner toute forteresse dont les fondations ne sont pas en pierres.

« 4. Je puis aussi faire une sorte de canon facile à transporter, qui lance des matières inflammables, causant grand dommage à l'ennemi et aussi grande terreur par la fumée.

« 5. *Item*. Au moyen de passages souterrains étroits et tortueux, faits sans bruit, je puis faire une route pour passer sous les fossés ou sous un fleuve.

« 6. *Item*. Je puis construire des voitures couvertes, sûres et indestructibles, portant de l'artillerie qui, entrant dans les rangs ennemis, brisera les troupes les plus solides et que l'infanterie peut suivre sans obstacles.

« 7. Je puis construire des canons, mortiers, engins à feu, de forme utile et belle et différents de ceux en usage.

« 8. Où l'usage du canon est impraticable, je puis le remplacer par des catapultes et engins pour lancer des traits d'admirable efficacité et jusqu'ici inconnus ; bref, quel que soit le cas, je puis imaginer des moyens infinis d'attaque.

« 9. Et si le combat doit être livré sur mer, j'ai de nombreux engins de la plus grande puissance à la fois pour l'attaque et la défense : vaisseaux qui résistent au feu le plus rude, poudres ou vapeurs.

« 10. En temps de paix, je crois que je puis égaler n'importe qui en architecture et en construisant des monuments privés ou publics et en conduisant de l'eau d'un endroit à un autre.

« Je puis exécuter de la sculpture en marbre, bronze, terre cuite ; en peinture, je puis faire ce que fait un autre, quel qu'il puisse être. En outre, je m'engagerais à exécuter le cheval de bronze en la mémoire éternelle de votre père et de la très illustre maison de Sforza ; et si quelqu'une des choses ci-dessus mentionnées vous paraissait impossible ou impraticable, je vous offre d'en faire l'essai dans votre parc ou en toute autre place qui plaira à Votre Excellence, à laquelle je me recommande en toute humilité.

« LEONARD DE VINCI »

Lorsque au-dessus de la verte plaine lombarde il aperçut les cimes neigeuses des Alpes, il sentit que pour lui commençait une vie nouvelle et que cette terre étrangère serait pour lui la patrie.

IX

C'est ainsi qu'en gravissant le mont Albano, Léonard se remémorait son existence.

Il atteignait presque la cime de la montagne Blanche. Maintenant le sentier grimpait droit, sans zigzags, entre les broussailles sèches et les chênes maigres qui portaient encore les feuilles de l'année précédente. Les montagnes, d'un violet trouble sous l'action du vent, semblaient sauvages, terribles et désertes, presque appartenant à une autre planète. Le vent le fouettait au visage, le piquait d'aiguillons glacés, aveuglait ses yeux. Par moments, une pierre se détachait et roulait avec un bruit sourd au fond du précipice.

Léonard montait toujours plus haut et plus haut, et il en éprouvait une extrême jouissance, comme s'il conquérait les sévères montagnes ; et, à chaque pas, le regard devenait plus pénétrant, l'horizon se découvrait toujours plus large. Et partout – l'étendue, le vide, comme si l'étroit sentier eût fui sous les pieds ; et lentement, avec une insensible égalité, il volait au-dessus de ces lointains ondés avec des ailes géantes. Ici, les ailes paraissaient naturelles, nécessaires, et de ne pas en avoir inspirait la crainte et l'étonnement comme chez un homme subitement privé de l'usage de ses jambes.

Léonard se souvint comme, lorsqu'il était enfant, il suivait le vol des cigognes, comme il ouvrait en cachette les cages de son grand-père et donnait la liberté aux étourneaux et aux fauvettes, admirant la joie des prisonniers délivrés ; de même, il se rappela le récit du moine maître d'école au sujet du fils de Dédale, Icare, qui voulut voler à l'aide d'ailes en cire et s'était tué en tombant. Et plus tard, le maître lui ayant demandé quel était le plus grand héros de l'Antiquité, il avait répondu sans hésitation : « Icare, fils de Dédale. » Et sa joie, lorsqu'il avait aperçu, sur le campanile du clocher de la cathédrale florentine, Santa Maria del Fiore, parmi les bas-reliefs de Giotto représentant tous les arts et toutes les sciences, un homme risible, disgracieux, le mécanicien Dédale, de la tête aux pieds couvert de plumes. Il avait aussi une autre réminiscence de sa première enfance, de celles qui pour les autres paraissent stupides, mais, pour celui qui les garde dans son âme, pleines de prophétique mystère comme des rêves fatidiques.

« Je dois parler du milan – c'est ma destinée – écrivait-il dans son journal, car je me rappelle que dans mon enfance j'ai eu un rêve. J'étais couché dans mon berceau, un milan est arrivé près de moi et m'ouvrit les lèvres, et à plusieurs reprises y glissa ses plumes comme en signe que toute ma vie je m'occuperais de ces ailes ».

La prophétie s'accomplit. Les ailes humaines devinrent le dernier but de son existence.

Et maintenant encore, comme quarante ans auparavant sur ce même sommet de la montagne Blanche, il lui semblait infiniment humiliant que les hommes ne fussent pas ailés.

« Celui qui sait tout, peut tout, songeait Léonard ; savoir est le principal, et les ailes existeront. »

X

À l'un des derniers tournants du sentier, il sentit que quelqu'un le saisissait par ses vêtements ; et, se retournant, il aperçut son élève Giovanni Beltraffio. Fermant les yeux, baissant la tête, retenant de la main son béret, Giovanni luttait contre le vent. Depuis longtemps il criait et appelait le maître, mais le vent emportait sa voix. Lorsque Léonard se retourna, ses longs cheveux hérissés, sa longue barbe rejetée sur les épaules, avec une expression d'invincible volonté et d'inflexible pensée dans les yeux, les profondes rides de son front et les sourcils légèrement froncés, son visage parut si étrange et terrible à son élève que celui-ci le reconnut à peine. Les larges plis de son manteau rouge foncé, tiraillés par le vent, ressemblaient aux ailes d'un énorme oiseau.

— À peine arrivé de Florence, criait Giovanni de toutes ses forces, mais dans la fureur du vent son cri n'était qu'un murmure et on ne distinguait que des mots hachés : « une lettre... importante... ordonné de remettre... immédiatement... »

Léonard comprit que ce devait être la lettre de César Borgia. Giovanni la lui tendit et l'artiste reconnut l'écriture de messer Agapito, le secrétaire du duc.

— Descends, cria-t-il, en voyant le visage de Giovanni bleui par le froid. Je viens toute de suite...

Beltraffio, se cramponnant aux branches, glissant, butant, courbé et rétréci, commença à descendre, si petit, si faible qu'il semblait que la tempête, en le saisissant, l'enlèverait dans la prairie.

Léonard le regardait, et l'aspect piteux de l'élève rappela au maître sa propre faiblesse, la malédiction de l'impuissance pesant sur toute sa vie – l'infinie suite d'insuccès, la stupide perte du Colosse, de la *Cène*, la chute du mécanicien Astro, le malheur de tous ceux qui l'aimaient, la haine de

Cesare, la maladie de Giovanni, la peur superstitieuse dans les regards de la petite Maïa, et l'éternelle et terrible solitude.

« Des ailes ! pensa-t-il. Est-ce que cela aussi doit périr comme le reste ? »

Les paroles prononcées par Astro dans son délire revinrent à sa mémoire – la réponse du Christ à celui qui le tentait par la terreur de l'abîme et la joie du vol : « Ne tente pas ton Seigneur Dieu ! »

Il leva la tête, serra les lèvres encore plus sévèrement, fronça les sourcils, et de nouveau monta, vainqueur du vent et de la montagne.

Le sentier avait disparu. Il marchait maintenant au hasard de la roche nue, où peut-être personne avant lui n'avait posé le pied.

Encore un effort, encore un pas – et il s'arrêta au bord du précipice. On ne pouvait aller plus loin, on ne pouvait que voler. Le rocher était tranché, s'arrêtait devant un horizon sans limites.

Le vent, transformé en ouragan, hurlait et sifflait dans les oreilles, comme si d'invisibles, rapides et méchants oiseaux fuyaient par troupeaux en battant l'air de leurs ailes gigantesques.

Léonard s'inclina, contempla l'abîme, et tout à coup de nouveau, avec une force inconnue, le sentiment de la nécessité naturelle, indispensable, du vol humain s'empara de lui.

— Les ailes existeront ! murmura-t-il. Sinon par moi, par un autre. Mais l'homme volera. Les hommes ailés seront des dieux !

Et il se figura le roi des airs, vainqueur de toutes les limites et de toutes les pesanteurs, fils de l'homme, dans toute sa gloire et toute sa force, grand cygne aux ailes énormes, blanches scintillantes comme de la neige dans l'azur du ciel.

Et dans son cœur flamba une joie proche de la terreur.

XI

Quand il descendit du mont Albano, le soleil se couchait. Les cyprès, sous les épais rayons jaunes, paraissaient noirs comme du charbon, les montagnes éloignées, tendres et transparentes comme de l'améthyste.

Le vent se calmait.

Il approcha d'Anciano. Subitement, à un détour, en bas, dans la profonde et calme vallée, apparut le village de Vinci, pareil à un berceau.

Léonard s'arrêta, prit son livre et écrivit :

« Du haut de la montagne qui doit son nom au Vainqueur – *Vinci, vincere,* qui veut dire *vaincre* – le Grand Oiseau prendra son vol, l'homme sur le dos du Grand Cygne emplira l'univers d'étonnement, emplira les livres de son nom immortel. Éternelle gloire au nid où Il est né ! »

Et, contemplant le village natal au pied de la montagne Blanche, il répéta :

— Éternelle gloire au nid où le Grand Cygne est né !

La lettre d'Agapito exigeait l'arrivée immédiate du nouveau mécanicien et ingénieur ducal dans le camp de César pour l'organisation de machines de guerre destinées à l'attaque de Faenza.

Deux jours plus tard, Léonard quittait Florence pour se rendre en Romagne auprès de César Borgia.

12
OU CÉSAR. — OU RIEN

1500-1503

« Aut Cæsar – aut nihil. »

— CESAR BORGIA

« *Un souverain doit également être un homme et un fauve.* »

— *NICOLAS MACHIAVEL*

I

Dans la seconde quinzaine de décembre 1502, le duc de Valentino, suivi de toute sa cour et de son armée, abandonna Cesena pour Fano, situé sur les bords de l'Adriatique, à vingt milles de Sinigaglia. À la fin du même mois, Léonard quitta Pesaro pour rejoindre César.

Parti le matin, il comptait être rendu à la tombée de la nuit. Mais une bourrasque s'éleva. Les montagnes couvertes de neige étaient infranchissables. Les mules butaient à chaque pas. Le crépuscule tomba. Léonard et son guide allèrent à l'aventure, se fiant à l'instinct des bêtes. Au loin, une lumière brilla. Le guide reconnut une grande auberge de Novilara, à moitié chemin entre Pesaro et Fano.

Longtemps, ils durent frapper à l'énorme portail pareil à une porte de château fort. Enfin parut un palefrenier endormi qui tenait une lanterne, puis le patron lui-même. Il refusa de les recevoir, déclarant que non seulement toutes les chambres, mais les écuries même étaient occupées, et que chaque lit servait à deux et trois personnes, tous gens de haut parage, officiers et gentilshommes de la cour du duc.

Lorsque Léonard se nomma et montra le sauf-conduit signé du duc et orné de son sceau, le patron s'excusa fort et proposa sa chambre occupée seulement par trois commandants des régiments français. Ces officiers, ivres, dormaient profondément.

Léonard entra dans la pièce servant de cuisine et de salle à manger, pareille à toutes celles des auberges de Romagne, enfumée, sale, avec des taches d'humidité sur les murs nus, des poules et des pintades dormant sur des perchoirs, des pourceaux piaillant dans leurs cages d'osier, des files d'oignons, de saucissons et de jambons pendues aux poutres du plafond. Dans l'énorme âtre flambait un grand feu et sur la broche rôtissait un quartier de porc. Éclairés par le reflet pourpre de la flamme, les hôtes mangeaient, buvaient, criaient, se disputaient, jouaient aux cartes et aux échecs. Léonard s'assit auprès de la cheminée en attendant le souper commandé.

À la table voisine, l'artiste reconnut le vieux capitaine des lanciers ducaux Baltazare Scipione, le trésorier général Alessandro Spanoccia, et l'ambassadeur de Ferrare, Pandolfo Colenuccio. Un homme qui lui était inconnu faisait de grands gestes, et avec une extraordinaire conviction criait d'une voix flûtée :

— Je puis, signori, le prouver par des exemples de l'histoire contemporaine et ancienne, avec une précision mathématique. Tous les grands conquérants composaient leur armée d'hommes de leur propre nation : Ninus, d'Assyriens ; Cyrus, de Perses ; Alexandre, de Macédoniens. Il est vrai que Pyrrhus et Annibal se servaient de mercenaires ; mais là, ces grands artistes militaires avaient su inspirer à leurs soldats le courage et les qualités patriotiques. De plus, n'oubliez pas le principal, la pierre de touche de la science militaire : dans l'infanterie, et seulement dans l'infanterie, réside la force d'une armée, et non dans la cavalerie, dans les armes à feu et la poudre, cette invention stupide des temps nouveaux.

— Vous vous abusez, messer Nicolo, répondit, avec un sourire, le capitaine des lanciers. Les armes à feu prennent chaque jour plus d'importance. Vous pouvez dire tout ce que vous voudrez des Romains, des Grecs, des Spartiates ; mais j'ose penser que les armées actuelles sont mieux équipées que les anciennes. Sans froisser Votre Excellence, un escadron de nos chevaliers français ou une division d'artillerie avec trente bombardes renverserait un roc et non pas seulement un détachement de votre infanterie romaine !

— Ce sont des sophismes ! s'échauffait messer Nicolo. Vous vous égarez. Comment pouvez-vous discuter contre l'évidence ? Si vous songiez seulement qu'avec une poignée de fantassins Lucullus a mis en déroute cent cinquante mille cavaliers, parmi lesquels se trouvaient des cohortes identiques à vos escadrons de chevaliers français.

Curieusement, Léonard regarda cet homme qui parlait des victoires de Lucullus comme s'il les avait de ses propres yeux vues.

L'inconnu était vêtu d'une longue robe de drap rouge, de forme majestueuse, avec des plis droits, telle que les portaient les importants hommes d'État de la République florentine, notamment les secrétaires d'ambassade. Mais cette robe avait un aspect usé ; à certains endroits apparaissaient des taches. Les manches luisaient. À en juger par le col de la chemise, le linge était d'une propreté douteuse. Ses mains, grandes et noueuses, avec sur le médius le durillon habituel aux gens qui écrivent beaucoup, étaient noircies d'encre. Il y avait peu de prestance dans cet homme de quarante ans environ, maigre, étroit d'épaules, aux traits extrêmement mobiles et étranges. Parfois, durant une conversation, levant son nez long et plat, redressant sa petite tête, plissant les yeux et avançant la lèvre inférieure, regardant par-dessus la tête de l'interlocuteur, il ressemblait à un oiseau qui fixe un objet lointain, tout aux aguets, le cou tendu. Dans ses mouvements inquiets, dans la rougeur fiévreuse de ses joues glabres, dans ses yeux gris pesants de fixité, se devinait une flamme intérieure. Ces yeux voulaient être méchants ; mais par instants, à travers l'expression de froide amertume, de cruelle ironie, brillait en eux quelque chose de timide, de faible, d'enfantin et de piteux.

Messer Nicolo continuait à développer son idée sur la force de l'infanterie, et Léonard s'étonnait du mélange de vrai et de faux, d'infinie hardiesse et de servile imitation de l'antique, contenu dans les paroles de cet homme. En démontrant l'inutilité des armes à feu, il observa combien difficile était la mise au point des canons de grand calibre, dont les boulets ou passent trop haut au-dessus de l'ennemi, ou trop bas sans atteindre le but marqué. Mais bien vite, messer Nicolo déclara l'inutilité des forteresses pour défendre un État, se basant sur l'opinion des Lacédémoniens.

Léonard n'entendit pas la fin de la discussion, le maître de l'auberge étant venu à cet instant pour le conduire à sa chambre.

II

Le lendemain matin, la bourrasque redoubla. Le guide se refusa à sortir, assurant que, par un temps pareil, un honnête homme ne mettrait pas un chien dehors. Léonard dut attendre un jour encore. Ne sachant à quoi s'occuper, il se mit à installer dans l'âtre une broche de son invention, qui tournait automatiquement sous l'influence de l'air surchauffé.

— Avec ce système, expliquait Léonard, le cuisinier n'a pas à craindre que son rôti soit brûlé, puisque le degré de chaleur reste égal ; lorsque celle-ci augmente, la broche tourne plus vite ; lorsqu'elle diminue, la broche tourne plus lentement.

L'artiste installait cette broche perfectionnée, avec le même amour que sa machine volante.

Dans la même pièce, messer Nicolo expliquait à de jeunes sergents d'artillerie, joueurs effrénés, une martingale trouvée par lui, qui permettait de gagner à coup sûr aux osselets, car elle corrigeait les caprices de la « courtisane fortune ». Très sagement et éloquemment, il expliquait cette règle, mais chaque fois qu'il essayait de la mettre en pratique, il perdait régulièrement, à son très grand étonnement et à la grande joie des auditeurs. Il se consolait pourtant en disant qu'il avait dû commettre une erreur dans une règle certaine. La partie se termina par une explication inattendue et désagréable pour messer Nicolo : il n'avait pas un sol vaillant et jouait à crédit.

Dans la soirée arriva, accompagnée d'une quantité incalculable de ballots et de caisses et d'un nombreux personnel de pages, palefreniers, bouffons et animaux divertissants, la célèbre courtisane vénitienne, « la merveilleuse pécheresse », Lena Griffa, celle-là même qui jadis à Florence avait failli devenir la victime de l'« armée sainte » de Savonarole. Deux ans auparavant, suivant l'exemple de beaucoup de ses compagnes, monna Lena s'était transformée en Madeleine repentie et s'était même fait admettre novice dans un couvent – ce qui lui permit ensuite d'augmenter ses prix dans le célèbre *Tarif des courtisanes* ou *Réflexions pour un étranger de haut rang*.

De la robe sombre de la nonne s'échappa une éblouissante libellule. Lena Griffa prospéra vite. Selon la coutume des courtisanes de haute volée, elle se composa un pompeux arbre généalogique par lequel elle prouvait, ni plus ni moins, qu'elle était la fille naturelle du frère du duc de Milan, le cardinal Ascanio Sforza. En même temps, elle devenait la maîtresse d'un vieillard gâteux, incalculablement riche, et cardinal. C'est auprès de lui qu'elle se rendait à Fano, où le monsignor l'attendait à la cour de César Borgia.

L'aubergiste était perplexe : il n'osait refuser le logement à une personne aussi renommée que « Son Excellence Sérénissime », et pourtant il ne possédait pas de chambres disponibles. Enfin, il put s'entendre avec des marchands d'Ancône qui, pour une réduction, consentirent à céder une pièce assez grande pour la suite de la courtisane. Pour la courtisane elle-même, il exigea la chambre de messer Nicolo et de ses compagnons les chevaliers français, leur proposant de coucher avec les marchands dans la forge.

Nicolas se fâcha, demandant à l'hôtelier s'il possédait encore son bon sens, s'il comprenait à qui il avait affaire en se permettant des impertinences vis-à-vis de gens honorables, à cause de la première traînée venue.

Mais l'hôtelière, femme batailleuse, se mêla à la discussion et fit observer à messer Nicolo qu'avant d'injurier et de se révolter il fallait payer ses dettes, sa chambre, celle du valet et la nourriture de trois chevaux, de plus rendre à son mari les quatre ducats empruntés la semaine précédente. Et comme à part soi, mais assez fort pour que l'on puisse l'entendre, elle souhaita mauvaise Pâque aux traînards sans le sou, qui courent les grand-routes en se faisant passer pour des seigneurs, vivent à crédit, et de plus se dressent sur leurs ergots devant les honnêtes gens.

Il devait y avoir une part de vérité dans les paroles de l'hôtesse, car Nicolas se tut, baissa les yeux sous son regard accusateur et semblait combiner une retraite convenable.

Les domestiques sortaient déjà ses affaires de sa chambre, et la hideuse guenon favorite de madonna Leda, à moitié gelée pendant le voyage, grimaçait piteusement, assise sur la table encombrée de papiers et des livres de messer Nicolo, entre autres les *Décades* de Tite-Live et la *Vie des hommes illustres* de Plutarque.

— Messer, lui dit Léonard avec un aimable sourire en retirant son béret, s'il vous était agréable de partager ma chambre, je considérerais comme un honneur pour moi de rendre ce petit service à Votre Excellence.

Nicolas, surpris, se retourna, puis remercia dignement.

Ils passèrent dans la chambre de Léonard, où l'artiste offrit la meilleure place à son colocataire.

Plus il l'observait et plus cet homme lui paraissait attirant et curieux.

Celui-ci lui déclina ses noms et ses fonctions : Nicolas Machiavel, secrétaire du Conseil des Dix de la République florentine. Trois mois auparavant, la rusée et prudente Seigneurie avait dépêché Machiavel pour traiter avec César Borgia, qu'elle espérait tromper en répondant à toutes ses propositions d'alliance défensive contre les ennemis communs Oliverotto, Orsini et Vitelli, par de platoniques assurances de dévouement à double sens. En réalité, la république craignait le duc et ne désirait ni l'avoir pour ami, ni pour ennemi. À messer Nicolo Machiavelli, dépourvu de lettres de créance, avait été confiée la mission d'obtenir pour les marchands florentins un sauf-conduit qui les autorisait à traverser les possessions du duc sur les côtes de l'Adriatique, affaire très importante pour le commerce, « cette nourrice de la république », comme s'exprimait la charte de la Seigneurie. Léonard se nomma également et expliqua sa situation à la cour de Valentino. Ils causèrent avec la désinvolture et la confiance spéciales aux gens opposés, solitaires et observateurs.

— Messer, avoua de suite sincèrement Nicolas, je sais que vous êtes un grand maître. Mais je dois vous avouer que je ne comprends rien à la peinture et même que je ne l'aime pas, quoique cet art pourrait me répondre ce que Dante a dit à un railleur qui, dans la rue, lui montra une figue : « Je ne te donnerai pas une des miennes pour cent des tiennes. » Mais j'ai entendu dire que le duc de Valentino vous considère comme un connaisseur profond de la science militaire, et voilà de quoi j'aimerais causer avec Votre Excellence. Ce sujet m'a toujours paru d'autant plus sérieux et digne d'attention que la grandeur militaire est toujours basée sur la force militaire, la quantité et la qualité de son armée régulière, comme je le prouverai à Votre Excellence dans mon livre sur les monarchies et les républiques, où les lois naturelles et dirigeantes de la vie, de la croissance, de la chute et de la mort d'un empire seront déterminées avec une exactitude de mathématicien. Car je dois vous dire, jusqu'à présent, tous ceux qui ont écrit sur ce sujet...

Il s'interrompit avec un bon sourire :

— Excusez-moi, messer. Je crois que j'abuse de votre complaisance : vous vous intéressez peut-être aussi peu à la politique que moi à la peinture.

— Non, non, répliqua l'artiste, ou plutôt, je serai aussi sincère que vous, messer Nicolo. En effet, je n'aime pas les discussions habituelles des gens sur la guerre et les affaires d'État parce qu'elles sont menteuses et vides. Mais vos opinions sont si différentes de celles de la généralité, si nouvelles et peu ordinaires, que je vous écoute, croyez-moi, avec grand plaisir.

— Prenez garde, messer Leonardo, dit Nicolo, vous pourriez vous en repentir ; vous ne me connaissez pas encore ; c'est mon grand cheval de bataille : si je l'enfourche, je n'en descendrai que lorsque vous m'ordonnerez de me taire. Je préfère au morceau de pain une conversation sur la politique avec un homme intelligent ! Le malheur est qu'on n'en trouve guère ou fort peu. Nos superbes seigneurs ne veulent parler que des hausses ou des baisses sur la laine et la soie, et moi je suis né, d'après la volonté du destin, incapable de discuter sur les pertes et les bénéfices, sur la laine et la soie, et je dois choisir : ou me taire ou parler des affaires d'État.

L'artiste le rassura, et pour reprendre l'entretien qui lui semblait devoir être intéressant, demanda :

— Vous venez de dire, messer, que la politique devait être une science exacte, comme les sciences naturelles basées sur la mathématique, et qui puiserait ses certitudes dans l'expérience et l'observation de la nature. Vous ai-je bien compris ?

— Parfaitement ! répondit Machiavel, en fronçant les sourcils, clignant des yeux, regardant par-dessus la tête de Léonard, tout aux aguets et pareil à un oiseau.

— Peut-être ne saurai-je pas faire cela, continua le politicien, mais je voudrais dire aux gens ce que personne n'a encore dit des humanités. Platon dans sa *République*, Aristote dans sa *Politique*, saint Augustin dans *La Cité de Dieu*, tous ceux qui ont parlé de la souveraineté n'ont pas vu le principal – les lois naturelles, dirigeant l'existence de chaque peuple et se trouvant en dehors de la volonté humaine, du bien et du mal. Tout le monde a parlé de ce qui paraissait bon et mauvais, noble ou bas, imaginant des gouvernements tels qu'ils devraient être, mais qui n'existent pas et ne peuvent réellement exister. Moi, je ne veux pas de ce qui doit être ni ce qui pourrait être, mais seulement ce qui est. Je veux étudier la nature des grands corps appelés monarchies et républiques, sans amour et sans haine, sans flatteries et sans blâme, comme un mathématicien étudie ses chiffres, un anatomiste la structure du corps. Je sais que c'est difficile et dangereux, car dans la politique plus qu'en toute autre chose, les gens craignent la vérité et s'en vengent, mais je la dirai quand même, devraient-ils ensuite me brûler sur le bûcher, comme Savonarole !

Avec un involontaire sourire, Léonard suivait l'expression prophétique et en même temps étourdie, pareille à celle d'un écolier impertinent, qui se voyait sur le visage de Machiavel, dans ses yeux brillants d'un feu étrange, presque dément :

— Messer Nicolo, murmura l'artiste, si vous exécutez votre dessein, vos découvertes auront une aussi grande importance que la géométrie d'Euclide ou les principes d'Archimède.

Léonard, en effet, était étonné de la nouveauté des idées de messer Nicolo. Il se souvint comme, treize ans auparavant, ayant achevé un livre avec des dessins qui représentaient les organes internes du corps humain, il avait écrit en marge :

« Avril 2, 1489.

« Que le Seigneur Tout-Puissant m'aide à étudier la nature des hommes, leurs mœurs et leurs coutumes, comme j'étudie la structure interne de leurs corps. »

III

Ils causèrent longtemps. Léonard constata que, hardi jusqu'à l'impertinence en tout, Nicolas devenait superstitieux et timide comme un jeune pédant, dès qu'on touchait à l'Antiquité.

« Il a de grands projets, mais comment les réalisera-t-il ? » songea l'artiste, se remémorant l'histoire du jeu d'osselets, dont Machiavel, si ingénieusement, exposait les règles abstraites, et chaque fois perdait en les mettant en pratique.

— Savez-vous, messer ? s'écria Nicolas au milieu d'une discussion, avec un éclair joyeux dans les yeux. Plus je vous écoute, plus je m'étonne, moins j'en crois mes oreilles. Songez un peu quelle rare fusion d'étoiles il a fallu pour nous rencontrer ! On peut diviser les gens en trois catégories : la première, ceux qui voient et devinent eux-mêmes ; la seconde, ceux qui voient quand on leur montre ; la dernière, ceux qui ne voient et ne comprennent pas ce qu'on leur montre. Votre Excellence... eh bien ! et moi aussi, afin de ne pas jouer à la modestie, nous appartenons à la première. Pourquoi riez-vous ? Pensez ce que vous voulez, mais moi, je crois qu'une force supérieure a présidé à cette rencontre, et que de longtemps ne se renouvellera une semblable occasion, car je sais combien peu de gens intelligents il y a de par le monde. Et pour couronner notre entretien, permettez-moi de vous lire un merveilleux passage de Tite-Live et écoutez mon explication.

Il prit un livre sur la table, approcha la chandelle fumeuse, mit des lunettes de fer aux branches cassées emmaillotées de fil, donna à son visage une expression sévère, pieuse comme durant une prière ou un office religieux.

Mais à peine avait-il dressé les sourcils et levé l'index, s'apprêtant à chercher le chapitre qui traitait de la grandeur et de la décadence des empires, et prononcé d'une voix métallique les premières paroles solennelles de Tite-Live, que la porte s'entrouvrit, livrant passage à une petite vieille ridée et voûtée.

— Messeigneurs, mâchonna-t-elle en un profond salut, excusez le dérangement. Ma maîtresse, sérénissime madonna Lena Griffa, a perdu un petit animal auquel elle tient beaucoup, un petit lapin avec un ruban bleu autour du cou. Nous cherchons, nous avons fouillé toute la maison, sans pouvoir même nous figurer où il a pu se sauver...

— Il n'y a pas de lapin ici, interrompit coléreusement messer Nicolo : allez-vous-en !

Il se leva pour éconduire la vieille, mais l'ayant regardée attentivement, il leva les bras et s'écria :

— Monna Aldrigia ! Est-ce bien toi, vieille procureuse ? Moi qui pensais que depuis longtemps déjà les diables retournaient avec leurs fourches ta charogne...

La vieille cligna des yeux et répondit à ses injures par un aimable sourire qui la rendit plus hideuse encore :

— Messer Nicolo ! Que d'années, que d'hivers ! Jamais je n'aurais rêvé que je vous rencontrerais...

Machiavel s'excusa auprès de l'artiste et invita monna Aldrigia à se rendre à la cuisine où ils bavarderaient et se rappelleraient le bon vieux temps.

Mais Léonard l'assura qu'ils ne le gênaient aucunement et, ayant pris un livre, s'assit à l'écart. Nicolas appela un valet et ordonna d'apporter du vin, sur le ton du plus important seigneur de l'auberge.

Monna Aldrigia oublia le lapin, messer Nicolo, Tite-Live, et devant le pichet de vin ils se prirent à causer comme de vieux amis.

Finalement, monna Aldrigia parla de sa jeunesse : elle aussi avait été belle et courtisée ; on exauçait toutes ses fantaisies, et que n'avait-elle pas imaginé ! Une fois à Padoue, dans la sacristie, elle avait retiré la mitre de la tête d'un évêque pour la poser sur celle de sa sainte patronne. Mais, avec les ans, la beauté avait fui et avec elle les adorateurs ; elle fut forcée pour vivre de louer des chambres meublées et de s'établir blanchisseuse. Puis elle tomba malade et dans la misère au point d'aller mendier aux portes des églises pour s'acheter du poison. Mais la Sainte Vierge l'avait sauvée de la mort : par l'entremise d'un vieil abbé, amoureux de sa voisine, monna Aldrigia trouva son chemin de Damas en s'occupant d'un commerce plus lucratif que le blanchissage.

Le récit de la vieille fut interrompu par l'arrivée de la servante de madonna Lena, venue pour demander à l'intendante la pommade pour la guenon et le *Décaméron* de Boccace, que Sa Seigneurie courtisane lisait avant de s'endormir et cachait sous son oreiller avec son missel.

La vieille partie, Nicolas prit un papier, tailla une plume et commença son rapport à la Seigneurie de Florence, sur les projets et actions du duc de Valentino – rapport plein de profonde sagesse politique en dépit du ton badin.

— Messer, dit-il tout à coup, en regardant Léonard, avouez que vous avez été surpris de me voir passer si légèrement de notre conversation concernant des sujets sérieux à un bavardage louche avec cette vieille ? Mais ne me jugez pas trop sévèrement, et souvenez-vous que l'exemple de cette diversion nous est donné par la nature dans ses éternelles oppositions et transformations. Et le principal est de suivre sans crainte la nature en tout. Et pourquoi dissimuler ? Nous sommes tous des hommes. Vous connaissez cette fable sur Aristote, qui, en présence de son élève Alexandre le Grand, se rendant au désir d'une femme galante dont il était amoureux fou, se mit à quatre pattes, la prit sur son dos ; et l'impudique, nue, fit galoper le sage comme une mule. Certes, ce n'est qu'une fable, mais de sens profond. Car si Aristote a pu se décider à une stupidité pareille pour une fille de joie, comment pouvons-nous, pauvres, résister ?

Il était tard. Tout le monde dormait. Un grand calme régnait.

On n'entendait seulement qu'un grillon chantant dans un coin, et dans la chambre voisine le ronronnement de monna Aldrigia, frottant la patte gelée de la guenon.

Léonard se coucha, mais ne put s'endormir, et longtemps il regarda Machiavel attentivement penché sur son travail, une plume rongée entre les doigts. La flamme de la chandelle projetait sur le mur nu et blanc une ombre énorme de sa tête aux angles durs, à la lèvre inférieure proéminente, son cou mince et son nez en bec d'oiseau. Ayant terminé son rapport sur la politique de César Borgia, cacheté l'enveloppe à la cire et inscrit l'habituelle formule des lettres pressées : *Cito citissime, celerrime !* il ouvrit le livre de Tite-Live et se plongea dans son travail favori, les remarques explicatives des *Décades*.

Léonard observait comme, à la lueur mourante de la chandelle, l'étrange ombre noire sautait sur le mur blanc, dansait, faisait d'ignobles grimaces, tandis que le visage du secrétaire de la République florentine conservait un calme sévère et solennel qui semblait le reflet de l'ancienne grandeur de Rome. Seulement, tout au fond de ses yeux et dans les coins de ses lèvres sinueuses, glissait par moments une expression ambiguë, rusée et amèrement railleuse, presque aussi cynique que durant la conversation avec la vieille.

IV

Le lendemain matin la tempête se calma. Le soleil jouait dans les petites vitres gelées de l'auberge, les transformant en pâles émeraudes. Les champs et les collines brillaient, douces comme du duvet, aveuglantes de blancheur sous le ciel bleu.

Quand Léonard s'éveilla, son compagnon n'était plus dans la chambre. L'artiste descendit à la cuisine. Dans l'âtre flambait un grand feu et sur la nouvelle broche tournait un quartier de viande.

Léonard ordonna au guide de seller les mules et s'assit à table.

À côté, messer Nicolo, avec une extraordinaire agitation, causait avec deux nouveaux voyageurs. L'un était un courrier de Florence ; l'autre, un jeune homme de la meilleure prestance, messer Luccio, le neveu du gonfalonier Piero Soderini. Il était lié d'amitié avec Machiavel, et se rendant pour affaire de famille à Ancône s'était chargé de trouver Nicolas en Romagne et de lui remettre les lettres des amis.

— Vous avez tort de vous tourmenter, messer Nicolo, disait Luccio, mon oncle Francesco m'a assuré que l'argent vous sera vite envoyé. Jeudi dernier déjà la Seigneurie avait promis...

— J'ai, messer, interrompit coléreusement Machiavel, deux domestiques et trois chevaux qui ne peuvent se nourrir avec les belles promesses de ces seigneurs. À Imola j'ai reçu soixante ducats et j'ai dû en payer soixante-dix. Sans des gens compatissants, le secrétaire de la République florentine aurait dû mourir de faim. Il n'y a pas à dire, la Seigneurie a de drôles de façons de faire honneur à la ville, en forçant son délégué près d'une cour étrangère à solliciter trois ou quatre ducats comme un mendiant !

Il savait ses plaintes inutiles. Mais cela lui était indifférent, pourvu qu'il déversât sa bile. Il n'y avait personne dans la cuisine. Ils pouvaient causer librement.

— Notre compatriote, messer Leonardo da Vinci, – le gonfalonier doit le connaître –, continua Machiavel en désignant le peintre que Luccio salua, messer Leonardo a été hier témoin des vexations auxquelles je suis en butte... J'exige, vous entendez, je ne demande pas, j'exige ma démission ! conclut-il de plus en plus exalté et s'imaginant visiblement voir dans le jeune Florentin le représentant de toute la Seigneurie. Je suis un homme pauvre. Mes affaires sont en piteux état. Enfin, je suis malade. Si cela doit continuer ainsi, on me ramènera chez moi dans un cercueil ! De plus, tout ce qu'il était possible de faire pour ma mission, je l'ai fait. Traîner les pourparlers, tourner autour et alentour, un pas en avant, un pas en arrière, je vous tire ma révérence ! Je considère le duc comme un homme beaucoup trop intelligent pour une politique aussi enfantine. J'ai du reste écrit à votre oncle...

— Mon oncle, répliqua Luccio, fera certainement pour vous, messer, tout ce qui sera en son pouvoir, mais malheureusement le Conseil des Dix considère vos rapports si indispensables pour le bien de la République que personne ne voudra entendre parler de votre démission. Vous êtes irremplaçable. L'unique, l'homme d'or, l'oreille et l'œil de notre République. Je puis vous assurer, messer Nicolo, vos lettres ont un succès tel à Florence que vous n'en auriez jamais souhaité un pareil. Tout le monde admire l'élégance et la légèreté de votre style. Mon oncle me disait que dernièrement, dans la salle du Conseil, lorsqu'on a lu un de vos humoristiques envois, les seigneurs se roulaient de rire...

— Ah ! s'écria Machiavel, le visage convulsé. Je comprends maintenant. Mes lettres plaisent à ces Seigneuries. Dieu merci ! Messer Nicolo est utile à quelque chose ! Ils se roulent de rire là-bas, ils apprécient l'élégance de mon style ; et moi, ici, je vis comme un chien, je gèle, je jeûne, je tremble de fièvre, j'endure les affronts, je me débats comme un poisson contre la glace, tout cela pour le bien de la République. Eh ! que le diable l'emporte, la République... et son gonfalonier, cette vieille femme pleurarde. Que vous n'ayez ni linceul ni cercueil...

Il éclata en jurons populaires. Une indignation impuissante l'étouffait à l'idée de ces gouvernants qu'il méprisait et qu'il servait. Désirant changer de conversation. Luccio remit à Nicolas une lettre de sa jeune femme, monna Marietta.

Machiavel lut les quelques lignes griffonnées d'une écriture enfantine sur du papier gris.

« J'ai entendu dire, écrivait Marietta, que dans les endroits où vous séjournez règnent des fièvres. Vous pouvez vous figurer mon anxiété. Je pense à vous jour et nuit. Le petit, Dieu merci, se porte bien... il commence à vous ressembler étonnamment. Un visage blanc comme la neige et la tête couverte d'épais cheveux noirs, comme chez Votre Excellence. Il me paraît joli parce qu'il vous ressemble. Il est vif et gai comme s'il avait un an déjà. Ne nous oubliez pas, et je vous prie et vous supplie, revenez vite, car je ne puis attendre plus longtemps. Que le Seigneur, la Sainte Vierge et messer Antonio, que je prie pour votre santé, vous protègent ! »

Léonard remarqua que durant la lecture de cette lettre le visage de Machiavel s'éclaira d'un bon et tendre sourire, inattendu sur ses traits durs. Mais de suite ce sourire disparut. Haussant dédaigneusement les épaules, il froissa la lettre, la fourra dans sa poche et murmura bourru :

— Et quel est l'imbécile qui a été parler de ma maladie ?

— Il était impossible de dissimuler, répondit Luccio. Chaque jour monna Marietta se rend chez un de vos amis ou auprès d'un membre du Conseil, demande, questionne où vous êtes, comment vous vous portez...

— Je sais, je sais ! Ne m'en parlez pas !

Il fit un geste impatienté et ajouta :

— On devrait confier les affaires d'État à des célibataires. Car il faut choisir : ou sa femme ou la politique.

Et s'éloignant un peu, d'une voix rêche et criarde il continua :

— Avez-vous l'intention de vous marier, jeune homme ?

— Pas pour le moment, messer Nicolo, répondit Luccio.

— Jamais, entendez-vous, jamais ne faites cette sottise. Que Dieu vous en préserve. Se marier, messer, équivaut à chercher dans un sac une anguille parmi des vipères ! La vie conjugale est un fardeau possible pour les épaules d'Atlas et non pour celles des hommes. N'est-ce pas, messer Leonardo ?

Léonard le regardait et devinait que Machiavel aimait monna Marietta de profonde tendresse, mais, honteux de cet amour, le cachait sous un masque d'impudence.

Léonard se leva pour partir. Il invita Machiavel à faire route ensemble. Mais celui-ci tristement secoua la tête, répondant qu'il lui fallait attendre l'argent de Florence pour payer l'aubergiste et louer des chevaux. De sa désinvolture il ne restait plus rien. Il semblait affaissé, malheureux et malade.

L'ennui de l'immobilité, du trop long séjour à la même place était mortel pour lui. Ce n'était pas en vain que les membres du Conseil des Dix lui reprochaient ses trop fréquents et inattendus changements qui embrouillaient les affaires. Léonard le prit par la main, l'emmena dans un coin de la salle et lui proposa de lui prêter de l'argent. Nicolas refusa.

— Ne me peinez pas, mon ami, dit l'artiste. Rappelez-vous ce que vous avez dit hier vous-même : « Quel rare assemblage d'étoiles nous a fait nous rencontrer ! » Pourquoi me privez-vous et vous privez-vous d'un caprice de la fortune ? Et ne sentez-vous pas que ce n'est pas moi, mais vous, qui m'avez rendu un cordial service...

Le visage et la voix de Léonard exprimaient une telle bonté que Machiavel n'osa le peiner et accepta trente ducats, qu'il promit de lui rendre dès qu'il aurait reçu l'argent de Florence.

Il régla immédiatement son compte à l'hôtelier, avec une générosité toute seigneuriale.

V

Ils partirent. La matinée était calme, douce ; il y avait au soleil une tiédeur printanière, et à l'ombre une fraîcheur parfumée.

La neige épaisse aux reflets bleus craquait sous les fers des chevaux et des mules. Entre les collines brillait la mer hivernale, vert pâle, et les voiles jaunes, pareilles à des papillons d'or, la pointillaient de-ci, de-là.

Machiavel causait, plaisantait et riait. Un rien lui suggérait des réflexions originalement drôles ou tristes.

Vers le milieu du jour ils atteignirent Fano. Toutes les maisons étaient accaparées par les soldats, les officiers et les seigneurs de la cour de César. On avait réservé à Léonard, en sa qualité d'ingénieur ducal, deux chambres proches du palais. Il en proposa une à son compagnon, vu la difficulté de trouver un logement.

Machiavel se rendit au palais et en revint avec une importante nouvelle : le principal lieutenant du duc, don Ramiro di Lorqua, avait été exécuté. Le matin du jour de Noël, le peuple avait trouvé sur la Piazzetta, entre le palais et la Rocca Cesana, son corps décapité, baignant dans une mare de sang, à côté une hache et, sur la pique fichée en terre, la tête de don Ramiro.

— Personne ne sait la cause du supplice, expliqua Nicolas. Mais on ne parle que de cet événement dans toute la ville. Et les avis sont fort curieux. Je suis venu vous chercher exprès. Allons écouter sur la place. Vraiment, ce serait un péché de dédaigner une pareille occasion d'étudier sur le vif les lois naturelles de la politique.

Devant l'antique cathédrale de San Fortunato la foule attendait la sortie du duc, qui devait se rendre au camp pour une revue de troupes. On parlait de l'exécution du lieutenant. Léonard et Machiavel se mêlèrent au peuple.

— Expliquez-moi, je ne parviens pas à comprendre, demandait un jeune ouvrier au visage bonasse. On m'a dit que, de tous les seigneurs, il préférait et protégeait le lieutenant.

— C'est pour cela qu'il l'a châtié, répondit un marchand respectable, vêtu d'une pelisse en poil d'écureuil. Don Ramiro trompait le duc. En son nom, il opprimait le peuple, enfermait les gens dans les prisons et les soumettait à la torture. Et devant le duc, il jouait à l'agneau. Il croyait ainsi donner le change. Mais son heure est venue, la patience du seigneur était outrepassée, et il n'a pas hésité, pour le bien du peuple, sans jugement, sans tribunal, à trancher le cou à son premier lieutenant comme à un vulgaire bandit afin de donner un exemple aux autres. Maintenant, tous ceux qui ont le museau sale se tiennent tranquilles, car ils voient combien terrible est sa colère et juste son jugement. Il favorise les humbles et rabaisse les orgueilleux.

— *Regas eos in virga ferrea*, murmura un moine. Tu les conduiras avec un sceptre de fer.

— Oui, oui ! tous ces fils de chiens, martyriseurs du peuple !

— Il sait punir – il sait gracier.

— On ne peut avoir de meilleur roi !

— En vérité, affirma un paysan. Le bon Dieu a eu pitié enfin de la Romagne. Avant, on nous écorchait vifs, on nous tuait d'impôts. On n'avait déjà pas de quoi manger et pour le moindre retard de la dîme on emmenait le dernier bœuf ! On ne respire que depuis le duc de Valentino – que le Seigneur lui donne la santé !

— Dans le temps, les jugements traînaient des années, aujourd'hui ils sont rendus on ne peut plus vite.

— Il défend l'orphelin et console les veuves, ajouta le moine.

— Il plaint le peuple, voilà la vérité.

— Oh ! Seigneur, Seigneur ! pleurait d'attendrissement une petite vieille. Notre père, bienfaiteur, nourricier, que la Sainte Vierge te protège, notre beau soleil rayonnant !

— Vous entendez, murmura Machiavel à l'oreille de Léonard. La voix du peuple, voix de Dieu. J'ai toujours dit : il faut être dans la plaine pour voir les montagnes, il faut être avec le peuple pour connaître le roi. C'est ici que j'aimerais amener ceux qui considèrent le duc comme un monstre.

Une musique guerrière retentit. La foule s'agita.

— Lui... Lui... Le voilà... Regardez...

On se dressait sur la pointe des pieds, on allongeait les cous. Des têtes curieuses se montraient aux fenêtres. Les jeunes filles et les femmes, les yeux pleins d'amour, sortaient des loggias pour voir leur héros, « le blond et beau César », *Cesare biondo e bello*. C'était un rare bonheur, car le duc se montrait rarement au peuple.

En tête marchaient les musiciens avec un bruit assourdissant de timbales rythmant les pas lourds des soldats. Derrière eux, la garde romagnole du duc, tous jeunes hommes fort beaux, armés de hallebardes de trois coudées, coiffés de casques de fer, enserrés dans une cuirasse, vêtus de deux couleurs – jaune et rouge. Machiavel ne se lassait pas d'admirer la tenue vraiment romaine de cette armée formée par César. Derrière la garde marchaient les pages et les écuyers en pourpoints de drap d'or et mantelets de velours pourpre brodé de feuilles de fougère ; les ceintures et les gaines des épées étaient en peau de serpent avec des boucles qui représentaient sept têtes de vipères dressant leurs dards vers le ciel : le blason de Borgia. Sur la poitrine une bande de soie noire portait en lettres d'argent le nom de *Cæsar*. Ensuite venaient les gardes du corps du duc, les stradiotes albanais, coiffés du turban vert et armés de yatagans. Le maître de camp, Bartolomeo Capranica, portait, tenu haut, le glaive du porte-drapeau de l'Église romaine. Le suivant immédiatement, monté sur un poulain noir barbaresque au frontail orné d'un soleil en diamants, venait le maître de la Romagne, César Borgia, duc de Valentino, en manteau de soie bleu pâle, brodé de fleurs de lys en perles fines, le corps enserré dans une armure de bronze poli, la tête coiffée d'un casque représentant un dragon dont les plumes et les ailes de fines mailles produisaient au moindre mouvement un bruit métallique.

Le visage de Valentino – il avait vingt-six ans – avait maigri depuis que Léonard l'avait vu à la cour de Louis XII à Milan. Les traits s'étaient durcis. Les yeux noir-bleu à reflets d'acier étaient plus fermes et impénétrables. Les cheveux blonds encore épais et la barbiche avaient foncé. Le nez allongé rappelait le bec d'un oiseau de proie. Mais une parfaite sérénité se dégageait de ce visage impassible. Seulement maintenant il avait une expression de plus impétueuse hardiesse que jamais, une terrifiante finesse aiguë comme la lame aiguisée d'une épée nue.

L'artillerie, la meilleure de toute l'Italie, suivait le duc. Attelés de bœufs, les fines couleuvrines, les fauconneaux, les basilics, les gros mortiers en fonte roulaient, mêlant leur fracas aux sons des trompes et des timbales. Sous les rayons pourpres du soleil couchant, les canons, les cuirasses, les morions et les lances s'allumaient comme des éclairs, et il semblait que César marchait dans la pompe royale du soir d'hiver, comme un triomphateur, directement vers le soleil énorme et sanglant.

La foule contemplait le héros, silencieuse, recueillie, désireuse de l'acclamer et craignant de le faire, plongée en une dévotieuse terreur. Des larmes roulaient sur les joues de la vieille mendiante.

— Sainte Vierge et saints martyrs ! balbutiait-elle en se signant. Tout de même le Seigneur m'a permis de voir ton visage... Ô notre beau soleil !

Et le glaive scintillant confié par le pape à César pour la défense de l'Église lui apparaissait tel le glaive même de l'archange Michel.

Léonard sourit en remarquant chez Nicolas la même expression de naïf enthousiasme.

VI

Rentré chez lui, Léonard trouva un ordre signé du secrétaire du duc qui lui commandait de se présenter le lendemain devant Son Altesse.

Luccio qui, continuant sa route sur Ancône, s'était arrêté à Fano pour se reposer et devait partir le lendemain à l'aurore, vint faire ses adieux. Nicolas parla du supplice de don Ramiro di Lorqua. Luccio lui demanda à quelle cause il l'attribuait.

— Deviner le motif des actions d'un prince tel que César est difficile, presque impossible, répondit Machiavel. Mais si vous désirez savoir ce que je pense, je vous le dirai avec plaisir. Jusqu'à sa conquête par le duc, la Romagne gouvernée par plusieurs seigneurs tyranniques était en proie aux émeutes, aux pillages et à l'oppression. César, pour y mettre fin, nomma lieutenant son fidèle et intelligent ami don Ramiro di Lorqua. Par de cruels supplices qui inspiraient une peur salutaire, il ramena promptement le calme dans la contrée. Lorsque le duc constata que le but était atteint, il décida de briser l'arme qui lui avait servi, ordonna de se saisir du lieutenant sous prétexte d'exaction, de le décapiter et d'exposer son corps mutilé sur la place. Ce spectacle satisfit le peuple et en même temps l'aveugla. Et le duc a tiré trois profits de cette action pleine de profonde sagesse : premièrement, il a arraché avec la racine l'ivraie des discordes semées en Romagne par les premiers tyrans ; deuxièmement, ayant convaincu le peuple que toutes les cruautés avaient été commises à son insu, il s'est lavé les mains, a rejeté toute la responsabilité sur la tête de son lieutenant, et a profité des excellents fruits de son régime ; troisièmement, offrant en sacrifice au peuple son serviteur bien-aimé, il s'est posé comme le plus haut et le plus intègre justicier.

Nicolas parlait d'une voix calme, tranquille, conservant sur son visage une impassibilité impénétrable. Seulement au fond de ses yeux brillait, tantôt s'allumant et tantôt s'éteignant, une étincelle d'impertinente raillerie.

— Oh ! c'est une merveilleuse justice, il n'y a pas à dire ! s'écria Luccio. Mais d'après vos paroles, messer Nicolo, cette soi-disant justice n'est que la pire des abominations !

Le secrétaire de la République florentine baissa les yeux, afin d'y éteindre la flambée moqueuse.

— C'est fort possible, messer, dit-il froidement. Mais qu'importe ?

— Comment, qu'importe ! Alors pour vous une pareille abomination est digne du nom de « sagesse » ?

Machiavel haussa les épaules.

— Jeune homme, quand vous aurez acquis une certaine expérience en politique, vous verrez vous-même qu'entre la façon dont agissent les gens et celle dont ils devraient agir il y a une telle différence que l'oublier, c'est décréter sa perte, car, de par leur nature, les hommes sont méchants et dépravés, et seuls la peur ou l'intérêt les forcent à la vertu. Voilà pourquoi je dis qu'un souverain, pour éviter sa perte, doit avant tout apprendre à paraître vertueux, mais l'être ou ne pas l'être selon les besoins, sans craindre les remords de conscience pour les vices secrets sans lesquels il est impossible de conserver le pouvoir, car en étudiant la nature du mal et du bien on arrive à cette conclusion que beaucoup de choses qui semblent des vertus ruinent le pouvoir, tandis que d'autres qui semblent des vices le grandissent.

— Messer Nicolo ! dit Luccio indigné. À réfléchir ainsi tout est permis ; toutes les cruautés, toutes les infamies sont excusables...

— Oui, tout est permis, répartit encore plus froidement Nicolas en levant la main comme pour un serment. Tout est permis à celui qui veut et peut régner ! Et voilà pourquoi, tout en revenant au début de notre conversation, je conclus que le duc de Valentino, après avoir unifié la Romagne grâce à don Ramiro, est non seulement plus raisonnable, mais aussi plus charitable dans sa cruauté que, par exemple, les Florentins qui autorisent de continuelles révoltes, car mieux vaut la violence supprimant quelques-uns, que la clémence qui perd des nations.

— Permettez cependant, répliqua Luccio effaré. N'a-t-il pas existé de grands rois exempts de cruauté ? L'empereur Antonin, Marc Aurèle...

— N'oubliez pas, messer, répondit Nicolas, que je n'ai eu en vue jusqu'à présent que les royaumes conquis, et bien plus l'acquisition du pouvoir que sa conservation. Certes les empereurs Antonin et Marc Aurèle pouvaient être charitables sans nuire à leur empire ; avant leur règne, il avait été commis suffisamment de meurtres. Rappelez-vous seulement qu'à la fondation de Rome l'un des deux frères nourrissons de la louve assassina l'autre – action épouvantable – mais d'autre part qui sait si, sans ce meurtre nécessaire à l'unification du pouvoir, Rome aurait existé, n'aurait pas été abolie par les discordes du double pouvoirs ? Et qui osera décider laquelle des deux balances l'emportera sur l'autre en plaçant dans l'une le fratricide et dans l'autre les vertus et la sagesse de la Ville éternelle ? Certes, il vaudrait mieux préférer le sort le plus obscur à la grandeur des rois fondée sur de tels crimes. Mais celui qui a abandonné le chemin du bien doit, sans esprit de retour, s'il ne veut pas périr, suivre le sentier fatal. Ordinairement, les gens, choisissant la voie moyenne, n'osent être ni bons ni mauvais jusqu'au bout. Quand la scélératesse exige de la grandeur, ils reculent, et avec une facilité naturelle n'exécutent que des lâchetés ordinaires.

— À vous entendre, messer Nicolo, les cheveux se dressent sur la tête ! s'écria Luccio.

Et comme l'habitude mondaine lui suggérait de rompre sur une plaisanterie, il ajouta, essayant de sourire :

— Cependant, je ne puis me figurer que ce soit là vraiment le fond de votre pensée. Il me semble invraisemblable.

— La parfaite vérité paraît toujours invraisemblable, répondit sèchement Machiavel.

Léonard, qui écoutait attentivement, depuis longtemps déjà avait remarqué qu'en simulant l'indifférence Nicolas jetait de furtifs regards vers son interlocuteur, comme s'il désirait éprouver la force de l'impression produite par ses idées. Ces regards incertains luisaient de vanité. Léonard sentait que Machiavel n'était pas sûr de soi, que son esprit, en dépit de sa finesse et de son acuité, était dépourvu de la calme force dominante. À ne pas vouloir penser comme tout le monde, par mépris pour les lieux communs, il tombait dans l'excès contraire, dans l'exagération, dans l'expression de vérités stupéfiantes, quoique pas toujours justes.

Il jouait avec d'extraordinaires associations de mots, comme un prestidigitateur joue avec des épées nues qu'il manie insoucieusement. Il possédait tout un musée de ces demi-vérités, acérées, brillantes, attirantes, qu'il lançait, telles des flèches empoisonnées, vers ses ennemis pareils à messer Luccio – gens de la bourgeoisie bien pensante. Il se vengeait ainsi de leur triomphante trivialité, de son génie méconnu, piquait, harcelait, mais ne tuait pas, ne blessait même pas.

Et l'artiste se souvint de son monstre à lui, jadis figuré sur la *rotella* de ser Piero da Vinci, formé de différents reptiles. Messer Nicolo avait peut-être formé de même le type idéal de son Roi-Dieu, à la très grande crainte des foules ?

Mais en même temps il devinait, sous cette plaisante imagination, sous ce désintéressement d'artiste, une véritable et profonde souffrance, comme si le prestidigitateur qui jouait avec les glaives prenait plaisir à se blesser jusqu'au sang.

« N'est-il pas du nombre de ces pauvres malades, songeait Léonard, qui cherchent un apaisement à leur douleur en envenimant leurs plaies ? »

Et il ne parvenait pas à connaître le secret de ce cœur sombre, si proche et si étranger au sien.

Pendant qu'il regardait Machiavel avec une avide curiosité, messer Luccio se débattait comme en un cauchemar contre le fantôme évoqué par Nicolas.

— Soit. Je ne discuterai pas, disait-il dans une reculade. Peut-être y a-t-il une part de vérité dans votre opinion sur la cruauté nécessaire des rois, s'il faut s'en rapporter aux siècles disparus. Il leur sera beaucoup pardonné pour leurs actions d'éclat et leurs vertus. Mais que vient faire là le duc de la Romagne ? *Quod licet Jovi non licet bovi.* Ce qui est permis à Alexandre le Grand et à Jules César l'est-il également à Alexandre VI et à César Borgia, duquel on ne sait encore s'il est César ou rien ? Moi, du moins, je crois, et tout le monde sera de mon avis...

— Oh ! certes ! tout le monde sera de votre avis ! interrompit Nicolas perdant patience. Seulement, ceci n'est pas une preuve, messer Luccio. La vérité ne traîne pas sur les grandes routes où passe tout le monde. Pour terminer la discussion, voici mon dernier mot : en observant les actes de César, je les trouve parfaits, et je pense qu'à ceux qui acquièrent le pouvoir par les armes et la chance on ne peut donner meilleur exemple. Il a si bien réuni la cruauté et la vertu, il sait si bien caresser et détruire les gens, les assises de son pouvoir ont été si solidement établies en un temps très court, qu'il est dès maintenant un souverain autocrate, peut-être le seul en Italie... en Europe... et dans l'avenir...

Sa voix tremblait. Des grandes taches rouges couvrirent ses joues creuses ; ses yeux brillaient fiévreux. Il ressemblait à un halluciné. Le masque du cynique laissait entrevoir l'ancien disciple de Savonarole.

Mais dès que Luccio, fatigué de cette conversation, eut proposé de conclure la paix en vidant deux ou trois bouteilles dans la taverne voisine, le visionnaire s'évapora.

— Allons plutôt dans un autre endroit, proposa Nicolo. J'ai pour cela un flair de chien ! Il doit y avoir ici de jolies jeunesses...

— Croyez-vous ? fit Luccio avec un certain doute. Dans cette sale petite ville !

— Écoutez, jeune homme, dit en l'arrêtant dignement le secrétaire de la République florentine. Ne dédaignez jamais les petites villes. Dans ces sales petites banlieues à ruelles sombres, on trouve parfois de si bonnes choses qu'on s'en pourlèche les doigts.

Luccio, sans façon, secoua Machiavel et l'appela polisson.

— Il fait trop noir, se défendait-il ; et puis il fait froid, nous gèlerons en route...

— Nous prendrons des lanternes, insista Nicolas, nous mettrons nos pelisses, des capes pour cacher la figure. Comme cela personne ne nous reconnaîtra. Dans de pareilles aventures, plus il y a de mystère, plus c'est agréable, Messer Leonardo, vous venez ?

Léonard s'excusa.

Il n'aimait pas les grossières conversations habituelles aux hommes lorsqu'il s'agissait des femmes, il les évitait avec un insurmontable dégoût. Ce cinquantenaire, scrutateur obstiné des secrets de la nature, qui accompagnait jusqu'à la potence les condamnés à mort pour étudier l'expression de leur visage, se trouvait souvent tout interdit en entendant une plaisanterie légère, ne savait où fixer les yeux et rougissait comme un gamin. Nicolas entraîna messer Luccio.

VII

Le lendemain matin de bonne heure, un chambellan vint s'informer si l'ingénieur ducal était satisfait de son logement et lui remettre un cadeau de bienvenue, qui consistait, d'après l'usage du temps, en provisions de ménage, une mesure de farine, un barillet de vin, un quartier de mouton, huit paires de chapons et de poules, deux grandes torches, trois paquets de cierges et deux caisses de confiserie. En voyant toute l'attention qu'avait César pour Léonard, Nicolas pria ce dernier de lui obtenir une audience.

À onze heures du soir, heure habituelle des audiences de César, ils se rendirent au palais.

Le genre de vie du duc était vraiment étrange. Lorsque les ambassadeurs de Ferrare se plaignirent au pape de ne pouvoir être reçus par César, Sa Sainteté leur répondit qu'il était lui-même fort mécontent de la conduite de son fils, qui transformait le jour en nuit et durant deux et trois mois remettait les réceptions importantes.

En effet, été comme hiver, il se couchait à quatre ou cinq heures du matin ; à trois heures de l'après-midi pour lui venait l'aurore, à quatre le lever du soleil ; à cinq il se levait, s'habillait et dînait, parfois étendu sur son lit ; durant le dîner et après, il réglait les affaires d'État. Toute son existence était entourée de mystère, non seulement par dissimulation naturelle, mais encore par calcul. Il sortait rarement du palais et presque toujours masqué. Il ne se montrait au peuple que les jours de grande fête, à l'armée qu'au moment du combat ou à la menace d'un danger. Aussi chacune de ses apparitions était-elle foudroyante comme celles d'un demi-dieu. Il aimait et savait étonner. Sa générosité était légendaire. L'or, qui coulait constamment dans la caisse de Saint-Pierre, ne suffisait pas à l'entretien du principal capitaine de l'Église. Les ambassadeurs assuraient à leurs souverains qu'il ne dépensait pas moins de dix-huit cents ducats par jour. Quand César passait par les rues des villes, le peuple courait derrière lui, car il savait que le duc ferrait ses chevaux avec des fers spéciaux en argent qui tombaient facilement, et qu'il perdait sur la route en guise de cadeau à son peuple.

On racontait aussi des merveilles sur sa force physique. N'avait-il pas une fois, à Rome, pendant une course de taureaux et lorsqu'il n'était que cardinal de Valence, fendu la tête du taureau d'un seul coup de sabre ? Le « mal français » contracté par lui depuis quelques années n'avait pas eu raison de sa santé. De sa main fine comme une main de femme, il pliait des fers à cheval, tordait des câbles, brisait des cordages. Celui que ne parvenaient pas à approcher les seigneurs et les ambassadeurs, se rendait près de Cesena pour assister aux combats des bergers à demi sauvages de la Romagne et parfois pour y prendre part.

En même temps il était un parfait cavalier, mondain, roi de la mode. Le jour du mariage de sa sœur, madonna Lucrezia, il quitta le siège d'une place forte, directement de son camp, en pleine nuit, à cheval, et se rendit au palais du marié, Alphonse d'Este, duc de Ferrare. Reconnu de personne, vêtu de velours noir, masqué de noir, il traversa la foule des invités, salua, et lorsqu'on lui eut laissé place libre, seul au son de l'orchestre il dansa, fit plusieurs fois le tour de la salle, si élégant que de suite un murmure courut :

— *Cesare, Cesare ! L'unico Cesare !*

Sans prêter attention aux invités, ni au mari, il entraîna sa sœur à l'écart et lui chuchota quelques mots à l'oreille. Lucrezia baissa les yeux, rougit, puis pâlit et en devint plus belle encore, faible, infiniment soumise à la terrible volonté de son frère qui allait, comme on l'affirmait, jusqu'à l'inceste. Lui ne se préoccupait que d'une chose : qu'il n'y eût pas de preuves. La rumeur publique exagérait peut-être les méfaits du duc, mais la réalité pouvait être plus terrible que la rumeur. Dans tous les cas, il savait cacher son jeu et effacer ses traces.

VIII

Le vieil hôtel de ville de Fano servait de palais à César.

Après avoir traversé une grande et froide salle, espèce de salon d'attente pour des personnages de moyenne importance, Léonard et Machiavel entrèrent dans une petite pièce, une ancienne chapelle à vitraux de couleur, à grands sièges de chapitre, à hauts lambris dans lesquels étaient sculptés les douze apôtres. Dans la fresque déteinte du plafond, parmi les nuages et les anges, planait la colombe du Saint-Esprit. Là se tenaient les intimes. On parlait à mi-voix : la proximité du duc se faisait sentir à travers les murs.

Un vieillard chauve, le malchanceux ambassadeur de Rimini, qui attendait une audience depuis trois mois, visiblement fatigué par ses nombreuses nuits d'insomnie, dormait dans une chaire. Parfois la porte s'ouvrait, le secrétaire Agapito, avec une expression préoccupée, des lunettes sur le nez, la plume derrière l'oreille, passait la tête et faisait signe à l'un des assistants.

À chacune de ces apparitions l'ambassadeur de Rimini frissonnait douloureusement, se levait, mais voyant que ce n'était pas encore son tour, soupirait longuement et de nouveau se laissait aller au sommeil, bercé par le bruit régulier du pilon dans le mortier de cuivre.

Par suite du manque de pièces dans le vieux monument, la chapelle avait été transformée en pharmacie de campagne. Devant la fenêtre, à l'emplacement de l'autel, sur une table encombrée de fioles et de pots, l'évêque de Santa Justa, Gaspare Torella, médecin principal de Sa Sainteté le pape et de César, préparait le médicament à la mode, une infusion de « bois sacré », le gaïac, que l'on expédiait d'Amérique. Pétrissant dans ses jolies mains le cœur jaune odorant de la plante, qui formait des boules grasses, l'évêque docteur expliquait avec un sourire aimable la nature et les qualités de ce bois.

Et sur les murs les apôtres sculptés dans les lambris paraissaient étonnés de l'étrange conversation des nouveaux pasteurs de l'Église. Dans cette chapelle éclairée par la lueur blafarde d'une lampe officinale, dans l'atmosphère imprégnée de camphre et d'encens, les prélats romains réunis semblaient officier une messe mystérieuse.

Durant cette causerie, le secrétaire de la République florentine prenant tantôt l'un, tantôt l'autre à part, adroitement cherchait à prendre vent de la politique de César. S'approchant de Léonard, un doigt sur les lèvres, la tête inclinée, il lui dit plusieurs fois avec un air préoccupé :

— Je mangerai l'artichaut... Je mangerai l'artichaut.

— Quel artichaut ? demanda l'artiste étonné.

— Là gît le lièvre – quel artichaut ? Dernièrement le duc a posé ce rébus à l'ambassadeur de Ferrare, Pandolfo Colenuccio : « Je mangerai l'artichaut feuille par feuille. » Peut-être cela veut-il dire que, divisant ses ennemis, il les détruira un à un. Peut-être cela veut-il dire tout à fait autre chose. Depuis une heure je torture mon cerveau !...

Et il ajouta à l'oreille de Léonard :

— Ici tout n'est que rébus et attrapes ! On parle d'un tas de frivolités et, dès qu'on touche à une question sérieuse, ils deviennent muets comme des carpes sous l'eau ou des moines à table. Je flaire qu'ils préparent quelque chose, mais quoi ? Croyez-moi, messer, je donnerais mon âme au diable pour le savoir !

Les yeux de Nicolas s'allumèrent comme ceux d'un joueur.

Le secrétaire Agapito glissa la tête par l'entrebâillement de la porte et fit signe à Léonard.

Suivant un long couloir sombre où se tenaient les gardes du corps, les stradiotes albanais, Léonard pénétra dans la chambre du duc, pièce confortable tendue de tapis de soie sur lesquels était brodée une chasse à la licorne, avec un plafond moulé représentant les amours de Pasiphaé et du Taureau. Ce taureau, pourpre ou doré, bête héraldique de la maison Borgia, se répétait dans tous les décors de la chambre et alternait avec la tiare du pape et les clés de saint Pierre. Il faisait très chaud. Dans la cheminée de marbre flambait un tronc de genévrier, dans les lampes suspendues brûlait une huile parfumée : César adorait les parfums. Selon son habitude, il était étendu habillé sur un lit de repos très bas, placé au milieu de la pièce. Deux positions seulement lui étaient naturelles : à cheval ou couché. Immobile, impassible, accoudé sur les coussins, il suivait la partie d'échecs engagée entre deux de ses favoris et écoutait le rapport de son secrétaire ; César possédait la faculté de diviser son attention sur plusieurs sujets. Plongé dans la méditation, d'un mouvement lent et égal il roulait d'une main dans l'autre une petite boule d'or remplie d'aromates et qui, pas plus que son poignard, ne le quittait jamais.

IX

Il reçut Léonard avec la politesse charmeuse qui lui était coutumière, ne lui permit pas de s'agenouiller, lui serra amicalement la main et l'installa dans un fauteuil. Il avait convoqué l'artiste pour lui demander des conseils au sujet des plans de Bramante pour le nouveau monastère d'Imola, « la Valentine », comme on l'appelait, avec une riche chapelle, un hôpital et une maison de retraite. Le duc désirait faire, de ses œuvres de bienfaisance, un monument commémoratif de sa charité chrétienne.

Après les plans de Bramante, il montra à Léonard les nouveaux caractères d'imprimerie de Girolamo Soncino de Fano, que César protégeait, car il désirait voir fleurir les arts et les sciences en Romagne.

Agapito présenta à son maître les hymnes louangeux du poète de cour Francesco Uberti. Son Altesse les accepta avec bienveillance et donna l'ordre de récompenser généreusement l'auteur.

Puis, comme il exigeait qu'on lui présentât non seulement les éloges, mais aussi les satires, le secrétaire lui remit l'épigramme du poète napolitain Mancioni, saisi à Rome et enfermé dans la prison des Saints-Anges, un sonnet plein d'injures grossières dans lequel César était qualifié de castrat, de fils de fornicatrice, de cardinal défroqué, d'inceste, de fratricide et de sacrilège.

« Qu'attends-tu, ô Dieu trop clément ? disait le poète, ne vois-tu pas qu'il a transformé l'Église en étable à mulets et en maison de tolérance ? »

— Qu'ordonne de faire Son Altesse ? demanda Agapito.

— Laisse-le tranquille jusqu'à mon retour. Je réglerai ce compte moi-même.

Puis plus bas il ajouta :

— Je saurai apprendre la politesse aux écrivains.

On connaissait son procédé ; pour de moins graves méfaits, il leur faisait couper les mains et percer la langue avec un fer rouge.

Son rapport terminé, le secrétaire s'éloigna.

L'astrologue Valguglio le remplaça. Le duc l'écouta avec bienveillance, car il croyait au sort et en la puissance des étoiles. Valguglio lui expliqua que la dernière crise du duc dépendait de la mauvaise influence de la planète Mars entrée dans le signe du Scorpion ; mais dès que Mars s'unirait à Vénus à l'aurore du Taureau, la maladie passerait d'elle-même. Puis il conseilla pour une action importante de choisir le 31 décembre après-midi, cette date devant être extrêmement favorable à César.

Et levant l'index, penché à l'oreille du duc il murmura trois fois avec un air mystérieux :

— *Fatilo – Fatilo – Fatilo*. Fais ainsi. Fais ainsi. Fais ainsi.

César baissa les yeux et ne répondit pas. Mais Léonard crut voir une ombre assombrir son visage.

D'un geste le duc éloigna l'astrologue et de nouveau s'adressa à son ingénieur.

Léonard déplia devant lui ses croquis de guerre et ses cartes. Ce n'étaient pas seulement les recherches d'un savant expliquant la disposition du terrain, les cours d'eau, les obstacles formés par les chaînes de montagnes, l'étendue des vallées, mais aussi des œuvres de grand artiste, des tableaux de sites pris à vol d'oiseau. La mer était peinte en bleu, les montagnes en brun, les rivières en bleu pâle, les villes en rouge foncé, les champs en vert ; et avec une infinie perfection tous les détails étaient notés – les places, les rues, les tours, de telle façon qu'on les reconnaissait sans même lire les remarques écrites en marge. Il semblait qu'on planait au-dessus de la terre et qu'on découvrait l'infini. Avec une particulière attention César examinait la carte qui représentait la région sise entre le lac de Bolsena, Arezzo, Perugio et Sienne. C'était le cœur de l'Italie, la patrie de Léonard, Florence, que le duc rêvait de conquérir. Plongé dans la méditation, César se délectait à cette sensation de vol d'oiseau. Il n'aurait pu exprimer avec des mots la sensation qu'il éprouvait, mais il lui semblait que lui et Léonard se comprenaient, qu'ils étaient pour ainsi dire des collaborateurs. Il devinait vaguement quelle puissance nouvelle la science pouvait avoir sur le monde, et il voulait pour lui cette puissance, ces ailes de vol triomphal.

Il leva les yeux sur l'artiste et lui serra la main avec son plus charmeur sourire.

— Je te remercie, mon cher Léonard. Sers-moi toujours comme tu l'as fait jusqu'à présent et je saurai te récompenser.

Puis il ajouta avec sollicitude :

— Es-tu bien ici ? Es-tu satisfait de tes appointements ? Peut-être désires-tu quelque chose ? Tu sais que je serai toujours heureux d'exaucer toutes tes prières.

Léonard, profitant de l'occasion, parla de messer Nicolo, sollicita pour lui une audience.

César haussa les épaules en souriant.

— Quel homme étrange, ce messer Nicolo ! Il me demande audience sur audience, et quand je le reçois, nous n'avons rien à nous dire. Et pourquoi m'a-t-on envoyé cet original ?

Il demanda à Léonard son opinion sur Machiavel.

— Je crois, Altesse, que c'est un des hommes les plus intelligents et perspicaces de notre époque, tel que j'en ai rarement rencontré dans mon existence.

— Oui, il a de l'esprit, approuva le duc, il n'est pas bête. Mais on ne peut compter sur lui. C'est un rêveur, une girouette. Il n'a de mesure en rien. Cependant je lui ai toujours souhaité beaucoup de bien, et maintenant que je sais qu'il est de tes amis, je lui en souhaite encore davantage. C'est un homme très bon. Il n'y a en lui aucune malice, quoiqu'il s'imagine être le plus rusé des hommes et qu'il s'évertue à me tromper comme si j'étais l'ennemi de votre République. Cependant je ne lui en veux pas : je comprends qu'il agit ainsi parce qu'il aime sa patrie plus que son âme. Eh bien ! qu'il vienne, puisqu'il le désire aussi ardemment. Dis-lui que je serai content... À propos, ne m'a-t-on pas dit dernièrement que messer Nicolo avait l'intention d'écrire un livre sur la politique ou la science militaire ?

César eut encore une fois son sourire calme et clair, comme s'il venait de se souvenir de quelque chose de joyeux.

— T'a-t-il parlé de sa phalange macédonienne ? Non ? Alors, écoute. Un jour, se fondant précisément sur ce livre de science militaire, Nicolas expliquait à mon chef de camp Bartolomeo Capranica, et à d'autres officiers, les règles de la disposition d'une armée en ordre de bataille d'après la célèbre phalange, avec une éloquence telle que ses auditeurs voulurent l'expérimenter. On fit sortir les troupes devant le camp et on en donna le commandement à Nicolas. Durant trois heures, sous la pluie, le vent et le froid, il se débattit avec deux mille soldats, mais ne put réaliser son rêve. Enfin Bartolomeo, perdant patience, prit le front des troupes, et quoiqu'il n'eût jamais lu aucun livre de science militaire, en un clin d'œil, au son du tambourin, les disposa de merveilleuse façon, prouvant l'énorme différence qui existe entre la théorie et la pratique. Ne raconte pas cela à Nicolas, mon cher Léonard – il n'aime pas se souvenir de la phalange !

Il était tard, tout près de trois heures du matin.

On servit au duc un léger souper, une truite, un plat de légumes et du vin blanc. Véritable Espagnol, il se distinguait par la frugalité.

L'artiste prit congé. César une fois encore le remercia pour ses cartes et donna ordre à trois pages d'accompagner Léonard avec des torches, en signe d'honneur.

Léonard raconta son audience à Machiavel.

En apprenant que l'artiste avait, pour le compte de César, relevé les plans des environs de Florence, Nicolas se leva terrifié.

— Comment ? vous, un citoyen de la République, pour le pire ennemi de votre patrie !

— Je croyais, répliqua Léonard, que César était considéré comme notre allié...

— Considéré ! s'écria le secrétaire de la République florentine, un éclair de mépris dans les yeux. Mais savez-vous, messer, que si seulement ceci était su des Superbes Seigneuries, on pourrait vous accuser de haute trahison ?

— Vraiment ? s'étonna naïvement Léonard. Ne croyez pas, Nicolas... En réalité, je ne comprends rien à la politique... Je suis comme un aveugle...

Ils se regardèrent, silencieux, et tout à coup tous deux sentirent que sur cette question ils étaient, jusqu'au plus profond du cœur, étrangers, que jamais ils ne pourraient se comprendre. L'un n'avait pour ainsi dire pas de patrie ; l'autre l'aimait, selon l'expression de César, « plus que son âme ».

X

Cette nuit-là, Nicolas partit sans dire où, ni pourquoi.

Il ne revint que le lendemain après-midi, fatigué, transi, entra dans la chambre de Léonard, ferma les portes, déclara que depuis longtemps il désirait lui parler d'une affaire qui exigeait le secret le plus absolu et amena la conversation de loin.

Trois ans auparavant, dans un endroit désert de la Romagne, entre Cervia et Porto Cesenatico, une troupe de cavaliers masqués et armés attaqua un convoi qui accompagnait d'Urbino à Venise la femme de Battista Caraciolo, capitaine de la Sérénissime République, madonna Dorothea, et sa cousine Marie, jeune fille de quinze ans, novice au monastère d'Urbino. Se saisissant des deux femmes, on les avait entraînées, et depuis personne n'en avait eu des nouvelles. La République de Venise se considéra offensée, en la personne de son capitaine, et le Sénat et le Comité adressèrent leurs plaintes à Louis XII, au roi d'Espagne et au pape, accusant ouvertement de rapt le duc de Romagne. Mais les preuves manquaient, et César répondit qu'il avait trop de femmes désireuses de lui appartenir pour chercher à les racoler sur les grandes routes.

On disait que madonna Dorothea s'était vite consolée et suivait le duc dans toutes ses campagnes.

Marie avait un frère, messer Dionisio, jeune capitaine au service de Florence. Lorsqu'il eut constaté l'inutilité de toutes les démarches officielles, Dionisio résolut de tenter lui-même la chance, entra en Romagne sous un faux nom, se présenta au duc, gagna sa confiance, pénétra dans le fort de Cesena et s'enfuit avec Marie déguisée en homme. Mais à la frontière de Perugio ils furent rejoints par un détachement. On tua le frère, on ramena Marie à Cesena.

Machiavel, secrétaire de la République florentine, avait pris part à cette affaire. Dionisio, qui était devenu son ami, lui avait confié le secret de la conspiration, lui avait raconté tout ce qu'il avait pu savoir de sa sœur. Les geôliers la considéraient comme une sainte, assuraient qu'elle accomplissait des guérisons miraculeuses, qu'elle prophétisait, que ses mains et ses pieds portaient les stigmates de sainte Catherine de Sienne.

Lorsque César fut fatigué de Dorothée, il tourna ses yeux vers Marie. Le célèbre subjugueur de femmes, fort de son charme auquel les plus pures ne résistaient guère, était convaincu que tôt ou tard Marie serait aussi soumise que les autres à sa volonté. Mais il fut trompé dans son attente. Il rencontra en cette enfant une résistance inconnue pour lui. La rumeur affirmait que souvent il la visitait dans sa cellule, restant longtemps seul avec elle, mais personne ne savait ce qui se passait durant ces entretiens.

Comme conclusion, Nicolas déclara qu'il était résolu à délivrer Marie.

— Si vous vouliez, messer Leonardo, ajouta-t-il, consentir à m'aider, je conduirais l'affaire de façon à ce que personne ne puisse soupçonner votre collaboration. Du reste, je ne vous demanderais que quelques renseignements sur la disposition intérieure du fort San Michele où se trouve Marie. À titre d'ingénieur ducal, il vous sera facile d'y pénétrer et de tout savoir.

Léonard le regardait surpris, et sous ce regard inquisiteur Nicolas eut un rire sec, presque mauvais.

— J'ose espérer, s'écria-t-il, que vous n'allez pas me soupçonner de chevaleresque sensibilité. Que le duc séduise ou ne séduise pas cette fillette, cela m'est indifférent. La raison de mon entreprise, vous désirez la savoir ? Mais ne fût-ce que pour prouver à la Seigneurie que je suis bon à autre chose qu'à jouer au bouffon. Et puis, il faut bien se distraire. La vie humaine est ainsi faite que si l'on ne s'amuse à quelques bêtises, on crève d'ennui. Je suis las de causer, de jouer aux osselets, de traîner dans des maisons louches et d'écrire des rapports inutiles aux lainiers de Florence ! Alors, voilà, j'ai imaginé cette affaire-là. L'occasion est belle, mon plan est prêt avec des ruses superbes !

Il parlait vite, comme s'il se disculpait. Mais Léonard avait déjà compris que Nicolas avait honte de sa bonté, que selon son habitude il cachait sous un masque cynique.

— Messer, interrompit l'artiste, je vous prie, comptez sur moi comme sur vous-même dans cette affaire, mais à une condition : en cas de non-réussite, je répondrai au même titre que vous.

Nicolas, visiblement ému, lui serra la main et de suite lui expliqua son plan.

Léonard ne répliqua pas, quoique doutant au fond que ce plan si fin, si rusé, pût être aussi facilement réalisable qu'en paroles.

Ils décidèrent que la délivrance de Marie aurait lieu le 30 décembre, jour du départ du duc de Fano.

Deux jours avant, tard le soir, un des geôliers complices vint les prévenir qu'ils étaient menacés d'une dénonciation. Nicolas était absent. Léonard courut la ville à sa recherche. Il trouva enfin le secrétaire de Florence, dans un tripot où une bande de chenapans espagnols, à la solde de César, détroussait les joueurs inexpérimentés.

Au milieu d'un cercle de jeunes viveurs et de vieux débauchés, échansons de la cour ducale, Machiavel expliquait le célèbre sonnet de Pétrarque :

Ferito in mezzo di core di Laura,

découvrant un sens graveleux dans chaque mot, faisant rire ses auditeurs jusqu'à la congestion.

De la chambre voisine s'élevèrent des voix d'hommes courroucées, des cris de femmes, un bruit de chaises renversées, de bouteilles brisées, le choc des épées et le tintement de l'argent éparpillé à terre. On venait de découvrir un tricheur. Les amis de Nicolas se précipitèrent vers les combattants. Léonard lui glissa à l'oreille qu'il avait à lui communiquer une grave nouvelle au sujet de Marie. Ils sortirent.

La nuit était calme, étoilée. La neige, à peine tombée, craquait sous leurs pas. Après l'atmosphère lourde, surchauffée du tripot, Léonard aspirait avec satisfaction l'air glacé qui lui semblait parfumé. Ayant appris la menace de la dénonciation. Nicolas décida avec une insouciance inattendue qu'il n'y avait point de péril en la demeure.

— Vous avez été surpris de me trouver dans ce repaire ? dit-il à son compagnon. Le secrétaire de la République florentine faisant office de bouffon auprès de la canaillerie espagnole ! Que voulez-vous ? Le besoin saute, le besoin danse, le besoin chante des chansons ! Quoique ce soient vraiment des scélérats, ils sont tout de même plus généreux que nos splendides Seigneuries.

Il y avait un tel mépris pour lui-même dans les paroles de Nicolas que Léonard ne put se contenir et l'interrompit :

— Ce n'est pas vrai. Pourquoi parlez-vous ainsi, Nicolas ? Ne savez-vous pas que je suis votre ami et que je vous juge autrement que les autres...

Machiavel se détourna et, après un instant de silence, continua d'une voix changée :

— Je sais... ne vous fâchez pas, Léonard. Parfois quand j'ai le cœur trop gros, je plaisante et je ris pour ne pas pleurer.

Et baissant la tête, il ajouta plus bas et plus tristement encore :

— Telle est ma destinée ! Je suis né sous une mauvaise étoile. Tandis que mes égaux, gens de peu, réussissent en toute chose, vivent repus et heureux, acquièrent l'argent et la puissance, je reste derrière tous les autres, oublié et méprisé par tous ces imbéciles. Peut-être ont-ils raison. Oui, je ne crains pas les grands travaux, les privations et les dangers. Mais endurer les mesquines vexations de l'existence, joindre avec peine les deux bouts, trembler pour le moindre sou, non, je ne le puis. Eh ! n'en parlons pas !

Il eut un geste de la main et dans sa voix bruirent des pleurs.

— Maudite existence ! Si Dieu n'a pas pitié de moi, je quitterai tout bientôt, les affaires, monna Marietta, mon petit garçon : je ne suis pour eux qu'une charge ; qu'ils croient plutôt que je suis mort. J'irai n'importe où, je me cacherai dans un trou où personne ne me connaîtra, je me ferai écrivain public ou bien encore maître d'école pour ne pas crever de faim tant que je ne suis pas abruti ; car, mon ami, rien n'est plus terrible que de se sentir la force, de se dire qu'on est capable de faire quelque chose, qu'on ne fait rien et qu'on ne fait rien et qu'on se perd sans raison.

XI

À mesure qu'approchait le jour fixé pour la délivrance de Marie, Léonard remarquait que Nicolas, en dépit de son assurance, perdait sa présence d'esprit, faiblissait, s'attardait imprudemment ou se précipitait sans raison. Par expérience, l'artiste devinait ce qui se passait dans l'âme de Machiavel. Ce n'était ni la peur ni le manque de cœur, mais cette incompréhensible faiblesse, cette indécision de gens créés non pour l'action mais pour l'observation, cette trahison momentanée de la volonté à l'instant précis où il faut agir sans hésiter et sans douter : choses bien connues de Léonard.

La veille du jour fixé, Nicolas se rendit dans un village proche de la forteresse de San Michele, afin de tout préparer pour la fuite de Marie. Léonard devait l'y rejoindre le lendemain matin.

Resté seul, il attendait à tout moment de mauvaises nouvelles, ne doutant pas que l'affaire se terminât en farce d'écolier.

Une terne lumière filtrait à travers les vitres. On frappa à la porte. L'artiste ouvrit. Nicolas entra, pâle et décontenancé.

— C'est fini, dit-il en s'affalant sur un siège.

— Je m'y attendais, répondit Léonard sans surprise. Je vous disais, Nicolas, que nous nous ferions prendre.

Machiavel le regarda distraitement.

— Non, ce n'est pas cela. L'oiseau s'est envolé de sa cage, nous sommes arrivés trop tard...

— Comment, envolé ?

— Mais tout simplement. Ce matin au lever du jour on a trouvé Marie dans sa prison, la gorge tranchée...

— Qui est le meurtrier ?

— On l'ignore, mais l'examen des blessures ne permet pas de soupçonner le duc. Pour couper le cou à une enfant, César et ses bourreaux sont trop adroits. On dit qu'elle est morte vierge. Je crois qu'elle aura dû elle-même...

— Impossible, voyons ! On la considérait comme une sainte.

— Tout est possible, continua Nicolas ; vous ne les connaissez pas encore. Ce monstre...

Il s'arrêta, pâlit, mais acheva avec véhémence :

— Ce monstre est capable de tout ! Même d'amener une sainte à se suicider. Je l'ai vue jadis deux fois, quand elle n'était pas autant surveillée. Maigre, frêle, telle une vision. Un visage d'enfant. Des cheveux blonds comme du lin pareils à celle de la Madone de Filippino Lippi. Elle n'était même pas jolie. Je ne sais ce qui a pu attirer en elle le duc... Ô messer Leonardo, si vous saviez quelle charmante et pitoyable enfant c'était !

Nicolas se détourna, et l'artiste crut voir briller des larmes sur ses cils.

Mais bientôt, se ressaisissant, il acheva en criant d'une voix aiguë :

— J'ai toujours dit : un honnête homme à la cour est un poisson dans une poêle ! J'en ai assez ! Je ne suis pas fait pour servir les tyrans ! J'exigerai que la Seigneurie m'envoie dans une autre ambassade – n'importe où – mais je ne puis rester plus longtemps ici !

Léonard plaignait Marie et il lui semblait qu'il ne se serait arrêté devant aucun sacrifice pour la sauver, mais en même temps, au fond du cœur, il éprouvait un sentiment de soulagement, de délivrance, à l'idée qu'il ne fallait plus agir, et il devinait la même impression chez Nicolas.

XII

Le 30 décembre, à l'aube, le gros de l'armée de Valentino, environ dix mille hommes d'infanterie, deux mille cavaliers, sortit de Fano et disposa son camp sur la route de Sinigaglia, au bord de la petite rivière Metauro, en attendant le duc qui ne devait se mettre en campagne que le lendemain, 31 décembre, jour fixé par l'astrologue Valguglio.

Ayant signé la paix avec César, les princes conspirateurs devaient entreprendre avec lui le siège de Sinigaglia.

La ville se rendit, mais le héraut de la place déclara qu'il n'ouvrirait la porte qu'au duc lui-même. Ses anciens ennemis, maintenant ses alliés, à la dernière minute, présageant quelque chose de louche, se dérobaient à l'entrevue ; mais César les trompa une fois encore et les calma en les comblant d'amitiés : « Telle une sirène captivant sa victime par son chant langoureux », comme s'exprima plus tard Machiavel.

Possédé de curiosité, Nicolas ne voulut pas attendre Léonard et suivit le duc. Quelques heures après, l'artiste partit seul.

La route s'étendait vers le sud, et, de Pesaro, longeait le bord de la mer. À droite s'élevaient des montagnes qui laissaient à peine la largeur nécessaire au chemin. La journée était grise et calme. La mer également grise était unie comme le ciel. Les croassements des corbeaux annonçaient le dégel.

Bientôt apparurent les tours de brique rouge foncé de Sinigaglia.

La ville, encaissée entre la mer et les montagnes, se trouvait à un mille de la côte. Après avoir atteint la petite rivière Miza, la route tournait brusquement à gauche. Là s'élevait un pont et les portes de la ville lui faisaient face. Devant ces portes, une petite place avec des maisons basses, presque toutes des dépôts de marchands vénitiens.

À cette époque, Sinigaglia était un important marché à demi asiatique, où les commerçants italiens échangeaient leurs marchandises avec les Turcs, les Arméniens, les Grecs, les Perses et les Slaves de la mer Noire. Mais maintenant, les rues si animées d'ordinaire étaient désertes. Léonard n'y rencontra que des soldats. Les vitres brisées, les portes défoncées, attestaient partout le pillage. Une odeur de brûlé planait sur la ville. Des maisons achevaient de se consumer, aux anneaux d'attache se balançaient des pendus.

Le crépuscule tombait lorsque, sur la place principale, entre le palais ducal et la sombre « Rocca » de Sinigaglia, au milieu de ses troupes, à la lueur des torches, Léonard aperçut César.

Il faisait exécuter les soldats coupables de pillage. Messer Agapito lisait les condamnations. Sur un signe de César, on emmena les coupables vers la potence.

Au moment où Léonard cherchait un visage ami parmi les seigneurs de la cour afin de se renseigner sur ce qui s'était passé, il vit le secrétaire de Florence.

— Vous savez ?... On vous a dit ?... lui demanda Nicolas.

— Non, je ne sais rien et je suis content de vous voir. Racontez-moi.

Machiavel l'emmena dans une ruelle, puis dans un endroit désert près de la mer où dans une masure, chez la veuve d'un matelot, après de longues recherches, il avait pu enfin trouver deux chambres, une pour lui, l'autre pour Léonard.

Silencieusement et vite, Nicolas alluma une chandelle, sortit une bouteille de vin de l'armoire, ranima le feu dans l'âtre et s'assit devant son interlocuteur en fixant sur lui un regard fiévreux :

— Ainsi vous ne savez pas encore ? dit-il triomphalement. Écoutez. Le fait est extraordinaire et mémorable ! César s'est vengé de ses ennemis. Les conspirateurs sont arrêtés. Oliverotto, Orsini et Vitelli attendent leur arrêt de mort.

Il se renversa contre le dossier du siège et regarda Léonard, jouissant de sa surprise. Puis, faisant un effort pour paraître calme, impartial, comme un historien exposant des événements antiques, comme un savant décrivant les manifestations de la nature, il commença le récit du « piège de Sinigaglia ».

Arrivé de bonne heure au camp, César envoya comme avant-garde deux cents cavaliers, fit avancer l'infanterie et la suivit immédiatement avec le reste de la cavalerie. Il savait que les alliés viendraient au-devant de lui et que leurs troupes étaient dispersées dans les forts avoisinants, afin de laisser la place aux nouveaux régiments. En approchant des portes de Sinigaglia, là où la route tournait à gauche en longeant les berges de la Miza, il ordonna à la cavalerie de s'arrêter et la disposa sur deux rangées – l'une, dos à la rivière, l'autre dos au champ –, laissant entre elles un passage pour l'infanterie qui, sans arrêt, traversa le pont et pénétra dans Sinigaglia.

Les alliés, Vitelli, Gravina et Paolo Orsini, vinrent à la rencontre de César montés sur des mules et accompagnés de nombreux cavaliers.

Comme s'il pressentait sa perte, Vitelli était si triste que tous ceux qui connaissaient sa chance et sa bravoure s'en étonnaient. Plus tard on sut même qu'avant de partir pour Sinigaglia, il avait fait ses adieux à tous ses parents et à ses intimes, comme s'il avait prévu qu'il allait à la mort.

Les alliés mirent pied à terre, enlevèrent leurs bérets et présentèrent leurs hommages au duc. Celui-ci descendit également de son cheval, et tendit d'abord la main à chacun d'eux, puis il les embrassa en les nommant « chers frères ».

À ce moment les chefs d'armée de César, comme il en avait été convenu à l'avance, entourèrent Orsini et Vitelli, de façon telle que chacun d'eux se trouva entre deux familiers du duc. Celui-ci, remarquant l'absence d'Oliverotto, fit un signe à son capitaine, don Miguel Corello, qui partit à sa recherche et le trouva à Borgo.

Oliverotto se joignit au cortège, et tous ensemble, discutant amicalement de questions militaires, se dirigèrent vers le palais qui faisait face à la citadelle.

Dans le vestibule, les alliés voulurent prendre congé, mais le duc, toujours avec son amabilité séduisante, les retint et les invita à pénétrer avec lui.

À peine eurent-ils franchi le seuil de la salle que la porte se referma, huit hommes armés se précipitèrent sur les quatre conjurés, les désarmèrent et les ligotèrent. La consternation des malheureux fut telle qu'ils n'opposèrent même pas de résistance.

Le bruit courait que le duc avait l'intention de se débarrasser de ses ennemis la nuit même, en les faisant égorger dans les oubliettes du château.

— Ô messer Leonardo, conclut Machiavel, si vous aviez vu comme il les embrassait ! Un regard, un geste pouvaient le trahir. Mais il avait sur son visage et dans sa voix une telle sincérité que, croirez-vous ? jusqu'à la dernière minute je ne soupçonnai rien, j'aurais donné ma main à couper que ce n'était pas une feinte. Je considère que de toutes les trahisons qui se sont accomplies depuis que la politique existe, celle-là est la plus belle !

Léonard sourit.

— Certes, dit-il, on ne peut refuser au duc la bravoure et la ruse, mais j'avoue tout de même, Nicolas, je suis si peu versé dans la politique, que je ne comprends pas ce qui spécialement provoque votre admiration dans ce guet-apens ?

— Guet-apens ? l'arrêta Machiavel. Quand il s'agit, messer, de sauver la patrie, il ne peut être question de guet-apens, ni de fidélité, de bien et de mal, de charité et de cruauté ; tous les moyens sont bons, pourvu que le but soit atteint.

— Où voyez-vous qu'il s'agit de sauver la patrie. Nicolas ? Il me semble que le duc pensait uniquement à ses propres intérêts...

— Comment ? Et vous, vous ne comprenez pas ? Mais c'est clair comme le jour ! César est le futur unificateur et empereur de l'Italie. Ne le voyez-vous pas ? Il a fallu que l'Italie subisse toutes les misères que peut seulement endurer un peuple, pour que surgisse un nouveau héros, sauveur de la patrie. Et quoique parfois elle eût eu des lueurs d'espoir par des gens qui semblaient les élus de Dieu, chaque fois la destinée la trompait au moment décisif. Et à demi morte, presque sans souffle, elle attend celui qui pansera ses plaies, supprimera les violences en Lombardie, les pillages et les abus en Toscane et à Naples, guérira ses blessures gangrenées par le temps. Et jour et nuit, l'Italie supplie Dieu de lui envoyer le libérateur...

Sa voix se haussa comme une corde trop tendue et se brisa. Il était pâle, tremblant ; ses yeux brûlaient. Mais en même temps, dans cet élan inattendu se sentait quelque chose de convulsif, d'impuissant, semblable à un accès.

Léonard se souvint comme, quelques jours auparavant, sous l'impression de la mort de Marie, il avait traité César de « monstre ». Il ne lui signala pas cette contradiction, sachant qu'en ce moment il renierait sa pitié pour Marie, comme une faiblesse honteuse.

— Qui vivra verra, Nicolas, répondit Léonard. Mais voilà ce que je voulais vous demander : pourquoi précisément aujourd'hui, vous êtes-vous convaincu que César était l'élu de Dieu ? Le piège de Sinigaglia vous a-t-il plus clairement que toutes ses autres actions convaincu qu'il était un héros ?

— Oui, répliqua Nicolas, maître de lui-même et feignant l'impartialité. La perfection de cette tromperie, plus que tous les autres actes du duc, démontre qu'il possède à un rare degré les qualités les plus grandes et les plus opposées.

« Remarquez que je ne loue, ni ne blâme ; j'étudie simplement. Et voilà mon opinion : pour atteindre n'importe quel but, il existe deux façons : l'une légale, l'autre de violence. La première, humaine ; la seconde, bestiale. Celui qui veut gouverner doit posséder les deux façons : savoir selon les circonstances être un homme ou une brute. C'est le sens caché de la légende d'Achille et autres héros, nourris par le centaure Chiron, demi-dieu, demi-bête. Les rois, pupilles du centaure, comme lui réunissent les deux natures. Les hommes ordinaires ne supportent pas la liberté, ils la craignent plus que la mort et, lorsqu'ils ont commis un crime, plient sous le poids du remords. Un héros, choisi par la destinée, a seul la force de supporter la liberté, piétinant les lois sans crainte, sans remords, restant innocent dans le mal, comme les fauves et les dieux. Aujourd'hui, pour la première fois, j'ai vu chez César cet état d'esprit – le sceau des élus !

— Oui. Je vous comprends maintenant, Nicolas, murmura Léonard profondément pensif. Seulement, il me semble que ce n'est pas celui qui, à l'instar de César, ose tout parce qu'il ne sait rien et n'aime rien qui est libre, mais celui qui ose tout parce qu'il sait tout et aime tout. Par cette liberté seule, les hommes vaincront le mal et le bien, la terre et le ciel, tous les obstacles et tous les fardeaux, et ils deviendront semblables à des dieux et s'envoleront...

— Voleront ? s'écria Machiavel, étonné.

— Lorsqu'ils posséderont la science parfaite, expliqua Léonard, ils créeront les ailes, une machine qui leur permettra de voler. J'ai beaucoup pensé à cela. Peut-être n'en résultera-t-il rien – qu'importe, si ce n'est par moi, ce sera par un autre, mais les ailes seront.

— Mes compliments ! rit Nicolas. Nous voilà arrivés aux hommes ailés. Il sera joli le roi, demi-dieu, demi-bête, avec des ailes d'oiseau. Une vraie Chimère !

Mais, entendant sonner l'heure à la tour voisine, il se leva, pressé. Il devait se rendre au palais pour tâcher d'apprendre la décision prise au sujet du supplice des conspirateurs alliés.

XIII

Les souverains italiens félicitèrent César de « sa superbe tromperie », *bellissimo inganno*. Louis XII, ayant appris le piège de Sinigaglia, l'appela « un haut fait digne d'un antique Romain ». La marquise de Mantoue, Isabelle de Gonzague, envoya en cadeau à César, pour le carnaval qui approchait, cent masques de soie, différents.

Machiavel, en riant, affirmait qu'on ne pouvait se figurer un meilleur cadeau au maître de toutes les ruses et de toutes les dissimulations que cet envoi de cent masques, par le renard Gonzague, au renard Borgia.

XIV

Au début de mars 1503, César revint à Rome.

Le pape proposa aux cardinaux de récompenser son héroïsme par la distinction la plus haute que l'Église romaine donnât à ses défenseurs : la « Rose d'or ». Les cardinaux consentirent, et deux jours après devait avoir lieu l'ordination.

Dans la salle des cardinaux, dont les croisées donnaient sur la cour du Belvédère, s'assembla la Curie romaine et les ambassadeurs.

Coiffé de la triple tiare, scintillant de pierres précieuses dans son pluvial, éventé par les porteurs d'écran, lourd mais ferme, le pape Alexandre VI, septuagénaire au visage imposant et bienveillant en même temps, gravit les marches du trône.

Les hérauts sonnèrent de la trompe, et sur un signe du maître des cérémonies, l'Allemand Johann Burghardt, pénétrèrent dans la salle les gardes du corps, les pages, les coureurs et le chef de camp du duc, messer Bartolomeo Capranica, qui tenait le glaive du porte-drapeau de l'Église romaine.

Le tiers du glaive était doré et portait de fines ciselures : la déesse de la Fidélité sur son trône, avec cette inscription : « La Fidélité est plus forte que l'arme » ; Jules César sur son char triomphal, avec la légende : « Ou César – ou rien » ; le passage du Rubicon avec ces mots : « Le sort en est jeté » ; et enfin le sacrifice au bœuf Apis offert par de jeunes prêtresses nues, brûlant l'encens auprès de la victime humaine ; sur l'autel cette inscription : *Deo Optimo Maximo Hostia*, et au-dessous : *In nomine Cæsaris omen*. La victime humaine offerte au dieu animal prenait une signification terrible quand on songeait que ces ciselures et ces inscriptions avaient été commandées au moment où César projetait le meurtre de son frère Giovanni Borgia pour hériter de lui du glaive de capitaine porte-drapeau de l'Église romaine.

Derrière le chef de camp venait le héros, coiffé du haut béret ducal surmonté de la colombe du Saint-Esprit, en perles fines.

Il s'approcha du pape, ôta son béret, s'agenouilla et baisa la croix de rubis qui ornait la pantoufle du Saint-Père.

Le cardinal Monreale tendit à Sa Sainteté la Rose d'or, merveille de joaillerie, portant dans son cœur un petit calice laissant goutter le saint chrême, qui répandait un parfum de rose.

Le pape se leva et dit d'une voix émue :

— Reçois, mon enfant bien-aimé, cette Rose, qui symbolise la joie des deux Jérusalem, terrestre et céleste, l'Église combattante et triomphante, la béatitude des justes, la beauté des couronnes inflétries, afin que tes vertus fleurissent dans le Christ ainsi que cette Rose. *Amen.*

César prit des mains de son père la Rose mystérieuse.

Le pape ne put se contenir ; selon l'expression d'un témoin : « La chair cria en lui. » Interrompant l'ordre de la cérémonie d'investiture, à la grande indignation de Burghardt, il se pencha, tendit ses mains tremblantes vers son fils ; son visage se fripa, son gros corps se tassa. Avançant ses lèvres épaisses, il balbutia :

— Mon enfant !... César !... César !

Le duc dut remettre la Rose au cardinal de San Clemente.

Le pape embrassa frénétiquement son fils, pleurant et riant à la fois. De nouveau retentirent les trompes, le bourdon gronda, toutes les cloches de

Rome lui répondirent, et du fort des Saints-Anges éclata une salve d'artillerie.

— Vive César ! cria la garde romagnole massée dans la cour du Belvédère.

Le duc sortit sur le balcon.

Sous les cieux bleus, dans le rayonnement du soleil matinal et l'éclat des habits royaux, la colombe du Saint-Esprit planant au-dessus de sa tête, la Rose d'or dans les mains, il ne paraissait plus un homme, pour la foule, mais un dieu.

XV

La nuit un splendide défilé masqué fut organisé, d'après le dessin du glaive de Valentino, « Le Triomphe de Jules César ».

Sur un char qui portait l'inscription « Divin César » trônait le duc de Romagne, une branche de palmier dans les mains, la tête ceinte de lauriers. Des soldats entouraient le char, travestis en légionnaires romains. Tout était exécuté exactement d'après les livres, les monuments, les bas-reliefs et les médailles.

Devant le char marchait un homme vêtu de la longue robe blanche de l'hiérophante égyptien et portant une « rypide » sur laquelle était brodé l'héraldique taureau doré des Borgia, dieu protecteur du pape Alexandre VI. Des adolescents en tuniques de drap d'argent chantaient en s'accompagnant des tympanons :

> Vive diu Bos ! Vive diu Bos! Borgia vive !
> *Gloire au taureau, gloire au taureau, gloire à Borgia !*

Et haut, très haut, au-dessus de la foule se balançait l'effigie de la bête, éclairée par le reflet des torches et pareille sous le ciel étoilé au pourpre soleil levant.

Giovanni Beltraffio, l'élève de Léonard, venu le matin même de Florence à Rome, se trouvait là. Il regardait le taureau pourpre et se souvenait des paroles de l'Apocalypse :

« Et ils adorèrent le Fauve, disant : Qui est semblable à lui ? Qui peut se comparer à lui ?

« Et je vis la Femme, assise sur la bête pourpre à sept têtes et à dix cornes.

« Et sur son front était écrit : Mystère, Grande Babylone, mère des courtisanes et de toutes les horreurs terrestres ».

Et comme celui qui avait écrit ces paroles, Giovanni, en regardant la bête, « s'étonnait de suprême étonnement ».

13

LE FAUVE POURPRE

1503

« *Le Fauve sortant de l'Abîme.* »

APOCALYPSE DE SAINT JEAN,
XI, 7

I

Léonard possédait une vigne près de Florence, sur la colline de Fiesole. Son voisin, désireux de lui enlever quelques perches, sous un prétexte futile, lui avait intenté un procès. Mais comme il se trouvait en Romagne, Léonard confia la surveillance de cette affaire à Giovanni Beltraffio et, à la fin de mars 1503, le fit venir auprès de lui, à Rome.

En route, Giovanni s'arrêta à Orvieto pour voir, dans la Capella Nuova, les célèbres fresques de Luca Signorelli, à peine achevées. Une de ces fresques représentait la venue de l'Antéchrist.

Le visage surprit Giovanni. Tout d'abord il lui parut méchant, mais en le regardant longuement, il vit qu'il n'était qu'infiniment douloureux. Dans les yeux clairs au regard humble se reflétait le dernier désespoir de la Sagesse qui a renié Dieu. En dépit de ses disgracieuses oreilles pointues de satyre, de ses doigts déformés, pareils à des griffes de fauve, il était superbe. Et Giovanni, comme jadis dans son délire, était de nouveau étonné de la ressemblance, frappante jusqu'à la terreur, avec un visage divin, qu'il voulait ni n'osait reconnaître.

À gauche, dans ce même tableau, était représentée la chute de l'Antéchrist. Élevé jusqu'aux cieux par des ailes invisibles, l'ennemi du Sauveur, frappé par un ange, tombait dans un gouffre. Ce vol malheureux, ces ailes humaines, éveillèrent en Giovanni de terribles pensées sur Léonard.

En même temps que Beltraffio, deux hommes admiraient ces fresques : un grand et gras moine d'une cinquantaine d'années, et son camarade, homme d'un âge incertain, au visage affamé et joyeux, vêtu comme un clerc vagabond, un de ceux qu'on appelait des « errants » ou des « goliards ».

Ils firent connaissance et partirent ensemble. Le moine était un Allemand de Nuremberg, le savant bibliothécaire du couvent des Augustins, et se nommait Thomas Schweinitz. Il se rendait à Rome pour débattre la question des bénéfices et des privilèges.

Son compagnon, originaire de Salzbourg, Hans Plater, lui servait de secrétaire, de bouffon et d'écuyer. En chemin ils parlèrent des affaires de l'Église.

Calmement, avec une clarté scientifique, Schweinitz prouvait le non-sens du dogme de l'infaillibilité papale, assurant que, dans vingt ans tout au plus, toute la Germanie se soulèverait pour secouer le joug de l'Église romaine.

« Celui-là ne mourra pas pour la Foi, pensait Giovanni, en regardant le visage plein du moine, il n'ira pas dans le feu comme Savonarole ; mais qui sait ? il est peut-être plus dangereux pour l'Église. »

Un soir, peu après son arrivée à Rome, Giovanni rencontra sur la place de San Pietro le clerc Hans Plater. Ce dernier l'emmena dans l'impasse Sinibaldi, où se trouvaient quantité d'hôtelleries pour les étrangers, et particulièrement une taverne, *le Hérisson d'argent*, tenue par le Tchèque hussite Ian le Boiteux, qui accueillait et régalait de ses meilleurs vins ses partisans, les secrets ennemis du pape, les libres-penseurs, tous les jours plus nombreux, qui aspiraient au renversement de l'Église.

Derrière la première salle il y en avait une seconde où ne pénétraient que les élus. Là se trouvait réunie toute une société. Thomas Schweinitz présidait le haut bout de la table, le dos appuyé contre une barrique, ses grosses mains croisées sur son gros ventre. Son visage bouffi à double menton était impassible, ses petits yeux troubles se fermaient, il avait dû faire honneur à la cave de Ian. De temps à autre, il élevait son verre à la hauteur de la flamme de la chandelle, et admirait le pâle reflet doré du vin dans les facettes du cristal.

Un petit moine errant, fra Martino, exprimait son indignation contre les concussions de la Curie :

— Qu'ils volent une fois, deux fois, soit ; mais ainsi continuellement ! Mieux vaut tomber entre les mains des brigands qu'entre celle des prélats romains. C'est le pillage en plein jour ! La main à la poche pour le *peniten-*

siario, le protonotaire, le *cubiculari*, l'ostiari, le palefrenier, le cuisinier, le valet de Son Excellence, la maîtresse du cardinal !

Hans Plater se leva, prit un air solennel, et lorsque tout le monde se fut tu, les regards fixés sur lui, il dit d'une voix traînante, comme s'il récitait un psaume :

— S'approchèrent du pape ses disciples, les cardinaux, et lui demandèrent : « Que devons-nous faire pour sauver notre âme ? » et Alexandre répondit : « Pourquoi me le demandez-vous ? C'est écrit dans la loi et je vous le dis : Aime l'or et l'argent, de tout ton cœur et de toute ton âme, et aime le riche comme toi-même. Faites ainsi et vous vivrez. » Et s'assit le pape sur son trône et dit : « Heureux ceux qui possèdent, car ils verront mon visage ; heureux ceux qui donnent, car ils seront mes fils ; heureux ceux qui auront de l'or et de l'argent pour la Curie papale. Malheur aux pauvres qui viennent les mains vides, car mieux vaudrait pour eux couler au fond des mers, une pierre au cou. » Les cardinaux répondirent : « Il en sera fait ainsi. » Et le pape ajouta : « Car je vous donne l'exemple afin que vous voliez les vivants et les morts, comme je les ai volés moi-même. »

Tous éclatèrent de rire. Le maître organiste, Otto Marpurg, petit vieillard au sourire enfantin, qui n'avait pas prononcé une parole jusqu'alors, sortit de sa poche des feuillets soigneusement pliés et proposa de lire une satire sur Alexandre VI, qui circulait mystérieusement sous forme de lettre à Paolo Savelli, seigneur exilé de la cour de Rome. En une longue énumération, l'auteur racontait toutes les scélératesses et toutes les abominations qui s'accomplissaient dans la demeure du pape, commençant par la simonie et achevant par le fratricide de César et l'inceste du pape avec Lucrèce, sa fille. La lettre se terminait par un appel à tous les rois et gouvernants d'Europe, leur conseillant de s'unir pour anéantir « ces monstres, ces fauves à forme humaine ». « L'Antéchrist est venu, car, en vérité, jamais la Foi et l'Église de Dieu n'ont eu d'ennemis tels que le pape Alexandre VI et son fils César. »

Une discussion s'éleva pour déterminer si le pape était réellement l'Antéchrist. Les opinions étaient différentes. L'organiste Otto Marpurg avoua que depuis longtemps ces idées lui enlevaient tout repos et qu'il supposait que le véritable Antéchrist n'était pas le pape lui-même, mais son fils César qui, à la mort du père, s'emparerait du trône de saint Pierre. Fra Martino prouvait, en s'appuyant sur un passage du livre *L'Ascension d'Ezéchiel*, que l'Antéchrist, ayant l'image humaine, en réalité ne serait pas un homme mais seulement une vision immatérielle, car, d'après saint Cyrille d'Alexandrie, « le fils de la perdition, régnant dans les ténèbres et nommé Antéchrist, n'est pas autre que Satan lui-même, le grand Serpent, l'ange Veliard, le prince de ce monde ».

Thomas Schweinitz secoua la tête :

— Vous vous trompez, fra Martino. Jean Chrysostome dit très nettement : « Quel est celui-ci ? N'est-ce pas Satan ? Non. Mais un homme qui a pris toute sa puissance, car il porte en lui deux substances, l'une diabolique, l'autre humaine. » Cependant ni le pape ni César ne peuvent être l'Antéchrist : celui-ci doit être fils de vierge...

Et Schweinitz cita un passage du livre d'Hippolyte : *De la fin du monde*.

Et les paroles d'Ephraëm Syrus : « Le diable couvrira d'ombre la vierge et le serpent lubrique pénètrera en elle, et elle concevra et elle enfantera. »

— Mais qui donc le croira ? s'écria fra Martino. Je suppose, fra Thomas, qu'il ne trompera même pas les enfants à la mamelle.

Schweinitz secoua de nouveau la tête :

— Beaucoup le croiront, fra Martino, et se laisseront tenter par le masque de la sainteté, car il tuera son corps, observera la pureté, il ne se souillera pas avec les femmes, ne goûtera pas à la viande et sera plein de pitié et de miséricorde, non seulement pour les hommes, mais pour toutes les bêtes, pour tout ce qui vit. Et comme la perdrix des bois, il appellera la couvée étrangère avec une voix trompeuse : « Venez à moi, dira-t-il, vous tous qui peinez et qui souffrez, et je vous consolerai. »

— S'il en est ainsi, dit Giovanni, qui donc le reconnaîtra et le démasquera ?

Le moine fixa sur lui un regard profond, scrutateur, et répondit :

— Pour l'homme ce sera impossible, Dieu seul le pourra. Les saints même ne le reconnaîtront pas, car leur raison sera troublée et leurs pensées se dédoubleront, si bien qu'ils ne verront point où est la lumière et où sont les ténèbres. Et il régnera parmi les peuples une tristesse et une perplexité comme il n'en aura existé depuis la création du monde. Et les hommes diront aux montagnes : « Tombez et cachez-nous », et ils frémiront d'effroi dans l'attente des catastrophes, car les forces célestes seront ébranlées. Et alors celui qui trônera dans le temple de Dieu Très Haut dira : « Pourquoi vous troublez-vous et que désirez-vous ? Les agneaux n'ont donc pas reconnu la voix de leur pasteur ? Ô race infidèle et perfide ! Vous voulez un miracle – je vous le donnerai. Voyez, je monte parmi les nuages juger les vivants et les morts. » Et il prendra de grandes ailes de feu, préparées par la ruse démoniaque, et il s'élèvera au ciel parmi les éclairs et le tonnerre, entouré de ses disciples, transfigurés en anges – et il volera...

Giovanni écoutait, pâle, les yeux brillants et fixes, pleins de terreur : il revoyait les larges plis du vêtement de l'Antéchrist dans le tableau de Luca Signorelli, et luttant contre le vent, des plis pareils, qui ressemblaient aux ailes d'un monstrueux oiseau, derrière les épaules de Léonard de Vinci, debout au bord du précipice sur la cime déserte du mont Albano.

À ce moment, derrière la porte, dans la salle commune où s'était glissé le clerc qui n'aimait pas les longues discussions sérieuses, on entendit des cris, un rire de fille, un bruit de sièges renversés et de verres brisés : Hans Plater, un peu gris, s'amusait avec la gentille servante de l'auberge.

Puis un silence succéda, et tout à coup retentit la vieille chanson :

La belle fille de la taverne
Est une exquise rose.
Ave, Ave, je lui chante.
Virgo gloriosa !

La tavernier est un larron
À tête de renard rusé.
Mais pourtant j'aime mieux sa cave
Que l'Église de Dieu.
Verse-moi une coupe de vin !
Je suis un bon moine.
Je ne crains pas les saints Pères.
À Rome sous le poids de l'or
Les lois restent muettes :
Rome est un nid de brigands.
Le chemin de la géhenne :
Le pape, pilier de l'Église.
Est un pilori !
Eh bien ! belle fille, embrasse-moi.
Dum vinum potamus
Et chantons au dieu Bacchus :
Te deum laudamus !

Thomas Schweinitz écouta et son visage gras s'épanouit en un béat sourire. Il leva son verre dans lequel scintillait l'or pâle du vin du Rhin et, d'une voix fluette et chevrotante, il répondit à la vieille chanson des clercs errants, les premiers révoltés contre l'Église romaine :

Et chantons au dieu Bacchus :
Te deum laudamus !...

II

Léonard s'occupait d'anatomie à l'hôpital de San Spirito. Beltraffio l'aidait.

Comme il remarquait la continuelle tristesse de Giovanni et désirait le distraire, Léonard lui proposa de l'accompagner au palais du pape.

À ce moment, les Espagnols et les Portugais s'étaient adressés à Alexandre VI et sollicitaient son arbitrage pour trancher la question de possession des nouvelles terres découvertes par Christophe Colomb. Le pape devait définitivement bénir le méridien qui divisait le globe terrestre et qu'il avait tracé dix ans auparavant. Léonard était invité avec tous les autres savants dont le pape désirait connaître l'avis.

Giovanni tout d'abord refusa, mais la curiosité l'emporta : il voulut voir celui dont il entendait tant parler.

Le lendemain matin ils se rendirent au Vatican, et ayant traversé la grande salle des Prélats, celle où Alexandre VI avait remis la Rose d'or à son fils César, ils pénétrèrent dans les appartements privés : la salle de réception, dite salle du Christ et de la Vierge, puis dans le cabinet de travail du pape. La voûte et l'hémicycle, les rinceaux entre les arcs, étaient décorés de fresques de Pinturicchio, scènes du Nouveau Testament et de la vie des saints.

À côté, sur la même voûte, l'artiste avait représenté les mystères païens. Le fils de Jupiter, Osiris, dieu du soleil, descendait du ciel pour se fiancer avec la déesse de la terre, Isis, et apprendre aux hommes l'agriculture et l'horticulture. Les hommes le tuent ; il ressuscite et, sortant de terre, réapparaît sous la forme du taureau blanc Apis.

C'était une chose étrange de contempler, dans les appartements du pape, ce voisinage de tableaux saints et du taureau des Borgia, cette pénétrante joie de vivre qui réconciliait les deux mystères, le fils de Jéhovah et le fils de Jupiter. À côté de sainte Élisabeth embrassant la Vierge Marie en lui disant : « Le fruit de tes entrailles est béni », un petit page dressait un chien à se tenir debout ; et, dans *Les Fiançailles d'Osiris et d'Isis*, un gamin chevauchait, nu, un jars sacré. La même joie émanait de tout ; dans tous les décors des salles, entre les guirlandes de fleurs, les anges, les faunes dansants, apparaissait le mystérieux Taureau, le fauve pourpre ; et il semblait que de lui, comme d'un soleil, découlait l'immense joie de vivre.

— Qu'est-ce ? songeait Giovanni. Un sacrilège ou une foi naïve ? N'est-ce pas le même attendrissement saint sur le visage d'Élisabeth et sur celui d'Isis, pleurant devant le corps lapidé d'Osiris ? N'est-ce pas le même pieux enthousiasme sur le visage d'Alexandre VI agenouillé devant le Seigneur ressuscitant, et des sacrificateurs égyptiens recevant le dieu du soleil tué par les hommes et ressuscité sous les traits d'Apis ?

Et ce dieu devant lequel les hommes courbaient la tête, chantaient des louanges, brûlaient l'encens sur les autels, le taureau héraldique des Borgia, le veau d'or transformé, n'était autre que le premier prélat romain, déifié par les poètes :

> Cæsare magna fuit, nunc Roma est maxima: Sextus Regnat Alexander, ille vir, iste deus.
> *Rome était grande sous César, aujourd'hui elle est la plus grande : Alexandre Six y règne,*
> *le premier était un homme, celui-ci est un dieu.*

Et cette insouciante conciliation de Dieu et du Fauve semblait à Giovanni plus terrible que toutes les contradictions.

Examinant les peintures, il écoutait les conversations des seigneurs et des prélats qui attendaient le pape.

— D'où venez-vous, Beltrando ? demandait à l'ambassadeur de Ferrare le cardinal Arborea.

— De la cathédrale, monsignore.

— Eh bien ! comment va Sa Sainteté ? Ne s'est-elle pas fatiguée ?

— Aucunement. Elle a chanté la messe on ne peut mieux. Grandeur, sainteté, beauté angélique ! Il me semblait que je n'étais plus sur cette terre, mais au ciel, parmi les élus de Dieu. Et je n'ai pu retenir mes larmes, et je n'étais pas seul, lorsque le pape a élevé le saint ciboire...

— De quoi donc est mort le cardinal Michiele ? demanda le nouvel ambassadeur de France.

— D'avoir bu ou mangé des choses contraires à son estomac, répondit à mi-voix don Juan Lopes, Espagnol de naissance comme la plupart des familiers d'Alexandre VI.

— On assure, murmura Beltrando, que vendredi, le lendemain de la mort de Michiele, Sa Sainteté a refusé de recevoir l'ambassadeur d'Espagne qu'il attendait avec une vive impatience, donnant pour prétexte la peine que lui avait causée la mort du cardinal.

Les assistants échangèrent un rapide coup d'œil.

Dans cette conversation se cachait un sens secret : ainsi, la peine causée au pape par la mort du cardinal Michiele signifiait qu'il n'avait pu recevoir l'ambassadeur, étant trop occupé durant toute la journée à compter l'argent du défunt ; la nourriture contraire à l'estomac de Son Excellence n'était autre que le célèbre poison des Borgia, poudre blanche et sucrée, qui tuait lentement et à terme fixé d'avance, ou encore une décoction de cantharides finement pilées. Le pape avait inventé ce rapide et facile moyen de se procurer de l'argent. Il suivait avec attention les revenus des cardinaux et, en cas d'urgence, il se débarrassait du premier qui lui paraissait suffisamment enrichi et se déclarait son héritier. On disait qu'il les engraissait comme des porcs destinés à l'abattoir. L'Allemand Johann Burghardt, le maître de cérémonies, marquait constamment sur son cahier de notes, parmi les descriptions des services pompeux, la mort subite de l'un ou de l'autre prélat avec un laconisme imperturbable :

« *Il a bu la coupe*. Biberat calicem. »

— Est-il vrai, monsignori, demanda le chambellan Pedro Caranja, est-il vrai que le cardinal Monreale soit malade depuis cette nuit ?

— Vraiment ? s'écria Arborea terrifié. Qu'a-t-il ?

— On ne sait exactement. Des vomissements...

— Oh ! Seigneur, Seigneur ! soupira Arborea en comptant sur les doigts : Orsini, Ferrari, Michiele, Monreale...

— L'atmosphère ou les eaux du Tibre sont peut-être néfastes aux santés de Vos Excellences ? insinua malignement Beltrando.
— L'un après l'autre ! l'un après l'autre ! murmurait Arborea en pâlissant. Aujourd'hui vivant, et demain...
Un silence plana.
Une foule de seigneurs, de chevaliers, de gardes du corps sous le commandement du neveu du pape, Rodrigues Borgia, des membres de la Curie, des chambellans, envahit la salle.
Un murmure respectueux s'éleva :
— Le Saint-Père ! Le Saint-Père !
La foule s'agita, s'écarta, les portes s'ouvrirent et le pape Alexandre VI Borgia entra.

III

Il avait été fort beau dans sa jeunesse. On assurait qu'il lui suffisait de regarder une femme pour lui inspirer la plus folle passion, comme si dans ses yeux se trouvait concentrée une force qui attirait vers lui les femmes, comme l'aimant attire le fer. Jusqu'à présent ses traits, quoique envahis par la graisse, avaient gardé la pureté des lignes. Il avait le teint bronzé, le crâne chauve avec quelques touffes de cheveux gris, un grand nez aquilin, un menton rentré, des petits yeux pleins d'extraordinaire vivacité, des lèvres charnues, avançant avec une expression voluptueuse, rusée et, en même temps, presque naïve.

En vain, Giovanni cherchait dans l'aspect de cet homme quelque chose de terrible ou de cruel. Alexandre Borgia possédait au plus haut point la bienséance mondaine et l'élégance de race. Tout ce qu'il disait ou faisait semblait précisément être ce qu'il fallait dire ou faire. « Le pape a soixante-dix ans, écrivait un ambassadeur, mais il rajeunit chaque jour ; les plus lourds soucis ne lui pèsent pas plus de vingt-quatre heures ; il a une nature gaie ; tout ce qu'il entreprend sert ses intérêts ; il est vrai qu'il ne songe à rien qu'à la gloire et au bonheur de ses enfants. » Les Borgia descendaient des Maures de Castille, et réellement, à en juger d'après le teint bronzé, les lèvres épaisses et le regard de feu d'Alexandre VI, du sang africain coulait dans ses veines.

« On ne peut mieux se figurer, pensait Giovanni, une plus belle auréole pour lui que ces fresques de Pinturicchio, représentant la gloire de l'antique Apis égyptien, le Taureau né du soleil. »

Le vieux Borgia, en effet, en dépit de ses soixante-dix ans, plein de santé et de force, semblait le descendant de son fauve héraldique, le Taureau pourpre, dieu du soleil, de la gaieté, de la volupté et de la fécondité.

Alexandre VI entra dans la salle, en causant avec l'Israélite maître orfèvre Salomone da Sessa, celui-là même qui avait ciselé le triomphe de

Jules César sur le glaive du duc de Valentino. Il avait gagné les faveurs de Sa Sainteté en gravant, sur une grande émeraude plate, la Vénus Callipyge : elle plut tellement au pape que celui-ci ordonna de monter la pierre dans la croix avec laquelle il bénissait le peuple pendant les messes solennelles de Saint-Pierre ; de cette façon il put, en baisant le crucifix, embrasser en même temps la superbe déesse.

Il n'était pourtant pas impie. Non seulement il remplissait toutes les cérémonies extérieures du culte, mais au fond de son cœur il était dévot. Il adorait particulièrement la Vierge et la considérait comme sa défenderesse auprès de Dieu.

La lampe qu'il commandait en cet instant à Solomone était un don promis à Santa Maria del Popolo, en reconnaissance de la guérison de madonna Lucrezia.

Assis près d'une croisée, le pape examinait des pierres précieuses. Il les aimait à la passion. De ses doigts longs et fins il les touchait doucement, les remuait, en avançant ses lèvres voluptueuses.

Une grande chrysolithe, plus sombre que l'émeraude, avec des étincelles d'or et de pourpre, lui plut particulièrement. Il ordonna qu'on lui apportât, de son trésor particulier, sa cassette de perles fines.

Chaque fois qu'il l'ouvrait, il songeait à sa bien-aimée fille Lucrezia, si semblable à la pâle nacre. Cherchant des yeux, parmi les seigneurs, l'ambassadeur du duc de Ferrare, Alphonse d'Este, son gendre, le pape l'appela auprès de lui.

— Souviens-toi, Beltrando, n'oublie pas les friandises pour madonna Lucrezia. Tu ne dois pas rentrer auprès d'elle de chez son oncle les mains vides...

Il se nommait « oncle » parce que, dans les papiers d'État, madonna Lucrezia était notée comme sa nièce, le premier prélat de l'Église ne pouvant avoir d'enfants légitimes.

Il fouilla dans sa cassette, en retira une perle de la grosseur d'une noisette, rose et allongée, d'une valeur inestimable, la leva vers le jour et se pâma en admiration : il l'imaginait ornant le grand décolleté de la robe noire de madonna Lucrezia et il hésita, ne sachant à qui la donner : à la duchesse de Ferrare ou à la Vierge Marie ? Mais, songeant de suite que ce serait un péché d'enlever à la Vierge un don promis, il tendit la perle à Salomone et lui ordonna de l'incruster dans la lampe entre la chrysolithe et l'escarboucle, cadeau du sultan.

— Beltrando, s'adressa-t-il de nouveau à l'ambassadeur, quand tu verras la duchesse, dis-lui de ma part que je lui souhaite de bien se porter et prie pieusement la Vierge. Nous, par la sainte grâce de notre très haute Défenderesse, comme tu le vois, nous trouvons en parfaite santé et lui adressons notre apostolique bénédiction. Pour les friandises, je te les enverrai directement chez toi ce soir.

L'ambassadeur d'Espagne, s'approchant de la cassette, s'écria avec admiration :

— Jamais je n'ai vu tant de perles ! Il y en a là au moins sept boisseaux ?

— Huit et demi ! rectifia le pape fièrement. On peut s'en enorgueillir, les perles sont de bel orient et de premier choix. Voilà vingt ans que je les collectionne. J'ai une fille qui adore les perles...

Et, clignant l'œil gauche, il eut un rire sourd et étrange.

— Elle sait, la maligne, ce qui lui sied. Je veux, ajouta-t-il solennellement, qu'après ma mort, ma Lucrezia ait les plus belles perles de l'Italie !

Et, plongeant les deux mains dans le coffret, il remua les perles, admirant les cascades crémeuses des grains précieux.

— Tout, tout pour elle, pour notre fille bien-aimée ! répétait-il presque balbutiant.

Et tout à coup, dans ses yeux s'alluma une lueur qui glaça d'effroi le cœur de Giovanni, lui rappelant les monstrueuses orgies du vieux Borgia avec sa propre fille.

IV

On annonça César à Sa Sainteté.

Le pape l'avait fait mander pour affaire importante : le roi de France exprimait, par l'entremise de son ambassadeur auprès du Vatican, son mécontentement des projets hostiles du duc de Valentino contre la République florentine placée sous le protectorat de la France, et accusait Alexandre VI de soutenir son fils.

Lorsqu'on lui eut annoncé l'arrivée de César, le pape jeta un regard furtif sur l'ambassadeur français, s'approcha de lui, le prit sous le bras, murmurant de vagues paroles à son oreille et, comme par hasard, l'amena ainsi auprès de la porte de la salle où l'attendait César ; puis il entra, laissant, toujours comme par hasard, cette porte entrouverte de façon que ceux qui se trouvaient auprès, l'ambassadeur de France particulièrement, pussent entendre la conversation.

Bientôt retentirent de violents jurons du pape.

César commença à répliquer avec calme et respect, mais le vieillard frappa des pieds et cria, furieux :

— Va-t'en loin de mes yeux ! Que tu crèves, fils de chien, fils de courtisane...

— Ah ! mon Dieu ! Vous entendez ? murmura l'ambassadeur de France à son voisin, à l'oratore vénitien Antonio Giustiniani. Ils vont se battre, il le tuera !

Giustiniani haussa simplement les épaules. Il savait que ce serait plutôt le fils qui tuerait le père, que le père le fils. Depuis le meurtre du frère de César, le duc de Candie, le pape tremblait devant César qu'il aimait encore davantage maintenant, d'une tendresse doublée d'orgueil et de terreur. Tout le monde se souvenait du jeune camérier Perotto qui, s'étant caché sous les vêtements du pape, pour échapper à la colère du duc, fut tué par César sur la poitrine même d'Alexandre VI.

Giustiniani se doutait également que la dispute présente n'était qu'une tromperie, que le père aussi bien que le fils cherchaient à égarer l'ambassadeur français en lui prouvant que, même si le duc avait de secrets projets contre la République florentine, le pape n'y participait pas. Giustiniani disait qu'ils s'entraidaient toujours : le père ne faisant jamais ce qu'il disait, le fils ne disant jamais ce qu'il faisait.

Après avoir menacé le duc, qui sortait, de sa malédiction paternelle et de l'excommunication, le pape revint dans la salle d'audience, tremblant de rage, haletant, ruisselant de sueur. Seulement, tout au fond de ses yeux brillait une étincelle de fine et gaie astuce.

S'approchant de l'ambassadeur de France, de nouveau il le prit à part dans une embrasure de porte donnant sur la cour du Belvédère.

— Votre Sainteté, commença à s'excuser le galant Français, je ne voudrais pas être la cause d'une colère...

— Vous avez donc entendu ? s'étonna naïvement le pape.

Et sans lui laisser le temps de réfléchir, d'un geste amical il lui prit le menton entre deux doigts – signe de particulière faveur – et commença à protester impétueusement de son dévouement au roi, de la pureté des intentions du duc.

L'ambassadeur écoutait ahuri, étourdi, et bien qu'il eût presque des preuves irréfutables d'une trahison, il était prêt plutôt à ne plus y croire, s'il en jugeait d'après l'expression des yeux, du visage et de la voix du pape.

Le vieux Borgia mentait naturellement et d'inspiration. Jamais un mensonge n'était combiné à l'avance, il se formait sur ses lèvres aussi innocemment et inconsciemment qu'un mensonge d'amour sur des lèvres de femme. Toute sa vie il avait entretenu et développé cette faculté, et enfin avait atteint un tel degré de perfection que, bien que tout le monde sût qu'il mentait – que, d'après l'expression de Machiavel, « moins le pape a le désir d'exécuter quelque chose, plus il multiplie ses serments » –, tout le monde le croyait, car le secret de la puissance de ce mensonge résidait en ce que lui-même y ajoutait foi et, comme un artiste, se laissait entraîner par son imagination.

V

Le cubiculaire secret s'approcha du pape et lui murmura quelques mots à l'oreille. Borgia, le visage préoccupé, passa dans la pièce voisine, puis, par une porte cachée par d'épaisses tentures, dans un couloir étroit éclairé par une lanterne et où l'attendait le cuisinier du cardinal Monreale.

Alexandre VI avait appris que la quantité de poison n'était pas suffisante et que le malade revenait à la santé.

Interrogeant minutieusement le cuisinier, le pape acquit la certitude qu'en dépit du mieux constaté, Monreale mourrait dans deux ou trois mois. C'était encore plus avantageux puisque cela éloignait les soupçons.

« Cela ne fait rien, songea-t-il, je regrette le vieux. Il était gai, aimable et bon catholique. »

Le pape eut un soupir contrit, baissa la tête et avança ses lèvres épaisses. Il ne mentait pas : réellement il plaignait le cardinal, et s'il avait pu s'emparer de son argent sans attenter à sa vie, il eût été heureux.

Revenant dans la salle de réception, il vit, dans la salle des Arts libres, le couvert mis et sentit la faim.

La séance du méridien fut remise à l'après-midi. Sa Sainteté invita ses hôtes à déjeuner.

La table était ornée de lis blancs dans des urnes de cristal, le pape ayant une préférence marquée pour la fleur de l'Annonciation, parce que sa pureté lui rappelait madonna Lucrezia.

Les plats n'étaient pas nombreux : Alexandre VI était sobre de nourriture et de boisson.

Se tenant dans la foule des camériers, Giovanni écoutait leurs propos.

Don Juan Lopes amena la conversation sur la dispute de Sa Sainteté avec César et, comme s'il ne soupçonnait pas qu'elle était feinte, commença à défendre le duc avec ardeur.

Chacun le suivit, chantant les louanges de César.

— Ah ! non, non, ne dites pas cela ! murmura le pape avec une grondeuse tendresse. Vous ne savez pas, mes amis, ce qu'est cet homme. Chaque jour j'attends de lui un affront. Rappelez-vous ce que je vous dis, il nous mènera tous au malheur et se cassera lui-même le cou.

Ses yeux eurent un éclair d'orgueil.

— Et de qui tient-il ? Vous me connaissez, je suis un homme simple, incapable de ruse. Tout ce que mon cerveau pense, ma langue le dit. Tandis que César se tait et se cache toujours. Croyez-moi, messieurs, parfois je crie après lui, je m'emporte, je l'injurie et j'ai peur, oui, oui, j'ai peur de mon fils, parce qu'il est poli, trop poli, et quand subitement il vous regarde, on sent le poignard dans le cœur...

Les invités accentuèrent davantage encore leurs louanges.

— Oui, je sais, je sais, dit le pape avec un sourire malin, vous l'aimez comme un proche et ne le laisserez pas injurier.

L'atmosphère de la salle devenait étouffante. Le pape sentait la tête lui tourner, non tant de boisson que de l'avenir glorieux qu'il rêvait pour son fils.

On sortit sur le balcon, la *ringhiera* donnant sur la cour du Belvédère où les écuyers du pape faisaient saillir de belles juments par d'ardents poulains.

Entouré de ses cardinaux et de ses chambellans, longtemps Alexandre VI se réjouit à ce spectacle. Mais peu à peu son visage se rembrunit : il songeait à madonna Lucrezia. L'image de sa fille se dressait vivante devant ses yeux. Il la revoyait blonde, aux yeux bleus, les lèvres un peu fortes, toute fraîche et belle comme une perle, infiniment soumise et calme, ne connaissant pas le mal dans le mal, dans la plus forte horreur du péché restant chaste et impassible. Il se souvint également avec indignation et haine de son mari, le duc de Ferrare, Alphonse d'Este. Pourquoi l'avait-il donnée, pourquoi avait-il consenti à cette union ?

Soupirant péniblement, la tête penchée comme s'il avait senti subitement le poids de sa vieillesse, il rentra dans la salle.

VI

Les sphères, les cartes, les compas étaient déjà préparés pour la démarcation du grand méridien qui devait passer à trois cent soixante-dix milles portugais au sud des îles Açores et du Cap-Vert. Cet endroit avait été spécialement choisi parce que Colomb avait affirmé que là se trouvait « le nombril de la Terre », une excroissance en forme de poire pareille à un mamelon de femme, une montagne atteignant la sphère lunaire et dont il avait constaté la présence par la déclinaison de l'aiguille aimantée, lors de son premier voyage.

Le pape récita une prière, bénit la sphère terrestre avec cette même croix dans laquelle était incrustée l'émeraude à la Vénus Callipyge, et, trempant un fin pinceau dans de l'encre rouge, traça sur l'océan Atlantique, du pôle Nord au pôle Sud, la grande ligne pacificatrice. Toutes les îles et toutes les terres découvertes et à découvrir à l'est de cette ligne appartenaient à l'Espagne ; à l'ouest, au Portugal. Ainsi, d'un seul geste de sa main, il avait divisé le globe de la Terre comme une pomme.

À ce moment, Alexandre VI parut à Giovanni solennel et magnifique, plein de la conscience de sa puissance, ressemblant au César-Pape prédit par lui, unificateur des deux mondes – terrestre et céleste.

Ce même jour, le soir, dans ses appartements du Vatican, César Borgia offrait à Sa Sainteté et aux cardinaux un festin auquel étaient conviées cinquante des plus belles « nobles courtisanes » romaines, *meretrices honestæ nuncupatæ*.

Ainsi fut fêtée au Vatican cette journée mémorable pour l'Église romaine, illustrée par deux grands événements : la division du globe terrestre et l'institution de la censure ecclésiastique.

Léonard assista à ce souper et rien n'échappa à son regard. Rentré chez lui, il écrivit dans son journal :

« Sénèque dit avec raison que tout homme porte en soi un dieu et un animal liés ensemble. »

Et plus loin, à côté d'un dessin anatomique :

« Il me semble que les gens à âme basse, à passions méprisables, ne sont pas dignes d'une aussi belle structure du corps que les gens de grande raison et de profonde observation : il suffirait aux premiers d'un sac avec deux ouvertures, l'une pour recevoir, l'autre pour rejeter la nourriture, car en vérité ils ne sont pas autre chose que les couloirs de la nourriture, les remplisseurs de fosses à ordures. Ils ne ressemblent aux hommes que par le visage et la voix – pour le reste, ils sont au-dessous des brutes. »

Le matin, Giovanni trouva son maître à l'atelier, travaillant à son tableau de saint Jérôme.

Dans la caverne, l'anachorète à genoux, les yeux fixés sur le crucifix, se frappait, à l'aide d'une pierre, la poitrine avec une telle force que le lion apprivoisé couché à ses pieds le contemplait, la gueule ouverte, comme s'il plaignait l'homme en un long rugissement. Beltraffio se souvint d'un autre tableau de Léonard, la *Léda au cygne*, si voluptueuse jusque dans les flammes du bûcher de Savonarole. Et de nouveau, pour la millième fois, Giovanni se demanda lequel de ces deux infinis était le plus proche du cœur du maître, ou bien tous les deux également ?

VII

L'été vint. Dans la ville régnait la fièvre putride des marais Pontins, la *malaria*. Pas un jour ne se passait sans que mourût un des familiers du pape.

Au début d'août, Alexandre VI parut inquiet et triste. Ce n'était pas la crainte de la mort qui le rendait ainsi, mais un ennui ancien qui le rongeait, l'ennui de madonna Lucrezia. Déjà auparavant, il éprouvait des accès semblables de désirs violents, aveugles et sourds, touchant à la folie et dont il avait peur lui-même : il lui semblait que s'il ne les satisfaisait pas sur-le-champ, ils l'étoufferaient.

Il écrivit à Lucrezia, la suppliant de venir, ne fût-ce que pour quelques jours, espérant ensuite la retenir de force. Elle répondit que son mari s'y opposait. Le vieux Borgia n'aurait reculé devant aucune scélératesse pour anéantir ce détesté gendre, comme il l'avait déjà fait pour les autres époux de Lucrezia. Mais on ne pouvait impunément plaisanter avec le duc de Ferrare ; il possédait la meilleure artillerie d'Italie.

Le 5 août, le pape se rendit à la villa du cardinal Adrieni. Au souper, en dépit des avertissements des médecins, il mangea ses plats favoris, très épicés, but du lourd vin de Sicile, et longuement se promena à la fraîcheur traîtresse des soirs romains.

Le lendemain matin il se sentit indisposé. Plus tard, on raconta que, s'étant approché de la croisée ouverte, il avait vu à la fois deux enterrements : celui d'un de ses camériers et celui de messer Guglielmo Raymondo. Les deux morts étaient de forte corpulence.

— Les temps sont dangereux pour nous autres obèses, aurait murmuré le pape.

Et au même instant une tourterelle entra dans la fenêtre, se buta contre le mur et tomba étourdie aux pieds de Sa Sainteté.

— Mauvais augure ! Mauvais augure ! murmura Alexandre pâlissant.

Et tout de suite s'éloignant, il se coucha.

La nuit il fut pris de vomissements.

Les médecins étaient d'avis différents : les uns parlaient de fièvre tertiaire, les autres d'épanchement de bile, les troisièmes de congestion. Dans la ville on disait ouvertement que le pape avait été empoisonné.

D'heure en heure, le pape perdait des forces. Le 16 août, on décida en dernier ressort d'essayer le remède de pierres précieuses pilées. Le malade s'en trouva plus mal. Une nuit, sortant de son assoupissement, il fouilla sous la chemise sur sa poitrine. Depuis de longues années, Alexandre VI portait sur soi un médaillon d'or contenant des parcelles du sang et du corps du Christ. Les astrologues lui avaient prédit qu'il ne mourrait pas tant qu'il porterait ce médaillon. L'avait-il perdu lui-même ou quelqu'un de ses familiers, désirant sa mort, le lui avait-il volé ? On ne le sut jamais.

Apprenant qu'on ne retrouvait pas cette précieuse relique, il ferma les yeux avec résignation et dit :

— C'est fini. Cela veut dire que je mourrai.

Le 17 août, sentant sa faiblesse augmenter encore, il ordonna qu'on le laissât seul avec son médecin favori, l'évêque de Vanosa, et lui rappela le remède imaginé par un Israélite, médecin d'Innocent VIII – la transfusion du sang de trois enfants, dans les veines du pape moribond.

— Votre Sainteté, répondit l'évêque, sait quel a été le résultat de l'expérience ?

— Oui... oui... Mais elle n'a pas réussi peut-être parce que les enfants avaient de sept à huit ans, tandis qu'il faut des enfants à la mamelle...

L'évêque ne répondit pas. Le regard du malade s'éteignait. Il délirait déjà :

— Oui, oui... les plus petits... très blancs... Leur sang est pur et rouge... J'aime les enfants. Ne les tourmentez pas. *Sinite parvulos ad me venire.* Ne défendez pas aux petits de venir à moi...

L'imperturbable évêque de Vanosa frissonna en entendant ce délire s'échapper des lèvres du représentant du Christ. D'un mouvement uniforme, éperdu, comme un noyé qui se débat, le pape tâtonnait, fouillait, espérant retrouver sur sa poitrine le précieux médaillon. Durant sa maladie, pas une fois il ne parla de ses enfants. Apprenant que César était mourant aussi, il resta indifférent. Lorsqu'on lui demanda s'il désirait exprimer ses dernières volontés à son fils ou à sa fille, il se détourna sans répondre, comme si pour lui déjà n'existaient plus ceux que toute sa vie il avait aimés d'un amour exclusif.

Le vendredi 18 août, il se confessa à l'évêque de Carinola, Piero Gamboa, et communia.

À la tombée du jour on lui lut la prière des agonisants. À plusieurs reprises le moribond voulut dire quelque chose, fit un geste de la main. Le cardinal Ilerda se pencha au-dessus de lui et devina plus qu'il n'entendit :

— Plus vite... Plus vite... Une prière à ma Défenderesse !

Bien que ce ne fût pas selon les rites de l'Église de dire cette prière près d'un agonisant, Ilerda exécuta la dernière volonté de son ami et récita le *Stabat Mater dolorosa*.

Un inexprimable sentiment brilla dans les yeux d'Alexandre VI. On eût dit qu'il voyait devant soi sa protectrice. En un dernier effort il tendit les bras, se redressa en murmurant :

— Ne m'abandonne pas, ô Très Sainte Vierge !

Puis il retomba sur ses oreillers. Il était mort.

VIII

Cependant, César aussi se trouvait en danger. Son médecin, l'évêque Gaspare Torella, l'avait soumis à un traitement extraordinaire : ayant fait éventrer un mulet, il avait plongé le malade grelottant de fièvre dans le sang et les entrailles encore chaudes, puis dans de l'eau glacée. Non tant par les soins que par une incroyable énergie, César put vaincre le mal. Durant ces terribles journées, il conserva tout son calme et sa présence d'esprit, suivant le cours des événements, écoutant les rapports, dictant des lettres, donnant des ordres. Quand lui parvint la nouvelle de la mort du pape, il se fit transporter par un chemin secret, de ses appartements du Vatican au fort Saint-Ange.

Dans la ville circulaient les plus étranges légendes sur la mort d'Alexandre VI. L'ambassadeur vénitien Marino Sanuto écrivait que le pape avait vu, avant de mourir, un singe qui le taquinait et sautait dans la chambre, et que lorsqu'un des cardinaux avait voulu se saisir de la bête, le moribond aurait crié effrayé : « Laisse-le, laisse-le, c'est le diable ! *Lasolo, lasolo, chè il diavolo.* » D'autres rapportaient qu'il aurait répété à plusieurs reprises : « Je viens, je viens, mais attends encore un peu », et ils expliquaient ces paroles en disant qu'au conclave chargé de nommer le successeur d'Innocent VIII, Rodrigo Borgia, le futur Alexandre VI, aurait conclu un pacte avec le diable, et vendu son âme pour vingt ans de toute-puissance. On assurait également qu'au moment de la mort du pape, à la tête de son lit apparurent sept démons, et dès qu'il fut mort, son corps commença à se décomposer, à bouillir, rejetant de l'écume par la bouche comme une marmite sur le feu, et que perdant l'aspect humain, le visage était devenu noir comme du charbon.

D'après la coutume, durant neuf jours le corps du pape devait rester exposé dans la cathédrale Saint-Pierre. Mais telle était la terreur inspirée par la dépouille d'Alexandre VI qu'on ne put même décider un seul prêtre à réciter les prières. Longtemps on ne put trouver d'ensevelisseurs, et l'on dut s'adresser à six chenapans prêts à tout pour un verre de vin. Le cercueil ayant été commandé trop court, on enleva la tiare et on tassa tant bien que mal le cadavre, recouvert d'un vieux tapis. On affirmait même que, sans lui accorder l'honneur d'une bière, on l'avait traîné par les jambes à l'aide d'une corde jusqu'à la fosse, comme on avait coutume de le faire pour les pestiférés.

Mais même après qu'il eut été enterré, une peur superstitieuse s'emparait du peuple. Il semblait que dans l'atmosphère même de Rome, déjà imbue des microbes de la malaria, se mêlait un souffle de putréfaction. Dans la cathédrale Saint-Pierre, régulièrement apparut à la messe un chien noir qui courait en décrivant des cercles. Les habitants du Borgo n'osaient plus sortir de leur maison dès la tombée du crépuscule. En général, le bruit circulait qu'Alexandre VI n'était pas mort de vraie mort, qu'il allait ressusciter, remonter sur le trône, et qu'alors commencerait le règne de l'Antéchrist.

Tout cela, Giovanni l'apprenait en détail dans la taverne de Ian le Boiteux, le Tchèque hussite de l'impasse Sinibaldi.

IX

Pendant que se déroulaient ces événements, Léonard, loin de tous, travaillait insoucieusement au tableau que lui avaient commandé les moines de Santa Maria del Annunciata, à Florence, et qu'il exécutait avec sa lenteur habituelle. Ce tableau représentait *Sainte Anne et la Vierge Marie*. Sainte Anne ressemblait à une jeune sibylle. Le sourire de ses yeux baissés, de lèvres fines et sinueuses, insaisissablement fuyant, plein de mystère et de tentation comme une onde profonde et transparente, rappelait à Giovanni le sourire de Léonard. À côté, le pur visage de Marie respirait la naïveté de la colombe. Marie était l'amour parfait, Anne la parfaite science. Marie sait parce qu'elle aime. Anne aime parce qu'elle sait. Et il semblait à Giovanni qu'en regardant ce tableau il comprenait pour la première fois les paroles du maître : « Le parfait amour est fils de la science parfaite. »

En même temps Léonard exécutait les dessins de diverses machines, grues gigantesques, pompes élévatoires, scies pour les marbres les plus durs, métiers de tissage, fours pour poteries.

Et Giovanni s'étonnait de voir le maître unir des travaux si différents. Ce n'était point là une rencontre fortuite.

« J'affirme, écrivait Léonard dans la préface de son livre sur la Mécanique, que la Force est inspirée par l'âme, et invisible ; inspirée par l'âme parce que sa vie est immatérielle, invisible parce que le corps dans lequel naît la force ne change ni de poids ni d'aspect. »

La destinée de Léonard se décidait en même temps que celle de César.

En dépit de son calme et de sa bravoure qu'il conservait énergiquement, le duc sentait la chance le fuir.

Apprenant et la maladie et la mort du pape, ses ennemis s'unirent pour s'emparer des terres de la Campagne de Rome.

Prospero Colonna était aux portes de la ville ; Vitelli s'avançait sur Città di Castello : Jean Paolo Ballioni sur Perugia ; Urbino se révoltait ; Camerino, Calli, Piombino reprenaient leur indépendance ; le conclave, réuni pour l'élection du nouveau pape, exigeait le départ du duc de Rome. Tout changeait, tout le trahissait.

Ceux qui jadis tremblaient devant lui, maintenant le raillaient, acclamaient sa chute, donnaient des coups de pied d'âne au lion agonisant. Les poètes composaient des épigrammes :

> *Ou César ou rien ! Peut-être l'un et l'autre ?*
> *César, tu l'as déjà été ; rien, tu le seras bientôt.*

Une fois, au Vatican, tout en causant avec l'ambassadeur vénitien Antonio Giustiniani, celui-là même qui, aux jours de gloire du duc, lui prédisait qu'il « brûlerait tel un feu de paille », Léonard amena la conversation sur messer Nicolo Machiavelli.

— Vous a-t-il parlé de son livre sur la science de gouverner ?

— Certes, plus d'une fois. Messer Nicolo veut plaisanter. Jamais il ne publiera cet ouvrage. Est-ce qu'on écrit sur de pareils sujets ? Donner des conseils aux gouvernants, dévoiler devant le peuple les secrets du pouvoir, prouver que tout gouvernement n'est qu'un abus de force caché sous le masque de la justice, mais cela équivaut à apprendre aux foules les ruses du renard, mettre aux agneaux des dents de loup ; que Dieu nous préserve d'une pareille politique !

— Vous supposez, dit l'artiste, que messer Nicolo s'égare et changera d'opinion ?

— Pas le moins du monde. Je suis de son avis. Il faut faire ce qu'il dit, mais ne pas le dire. Cependant, s'il publie son ouvrage, il sera seul à en souffrir. Les poules et les agneaux seront aussi confiants qu'ils l'ont été jusqu'à présent dans les lois des gouvernants, renards et loups, qui accuseront, eux, Nicolas de ruse et de fourberie. Et tout restera invariable… au moins durant notre siècle, et pour le mieux dans le meilleur des mondes.

X

L'automne de 1503, l'inamovible gonfalonier de la République florentine, Piero Soderini, demanda à Léonard d'entrer à son service, ayant l'intention de l'envoyer en qualité d'ingénieur militaire au camp de Pise pour y construire le matériel de défense.

L'artiste passait à Rome ses derniers jours.

Un soir il monta sur la colline Palatine. Là où jadis s'élevaient les palais d'Auguste, de Caligula, de Septime Sévère, le vent régnait parmi les ruines, et dans les champs d'oliviers on entendait seulement les bêlements des agneaux et le chant des grillons. Les arcatures et les voûtes des ponts de brique, éclairés par le soleil, semblaient de feu sous le ciel bleu. Et plus majestueux que la pourpre et l'or qui jadis ornaient les demeures impériales, s'étalaient la pourpre et l'or des feuilles d'automne.

Non loin des jardins de Capranica, Léonard, agenouillé, écartait des herbes et examinait attentivement un éclat de marbre orné d'une fine sculpture. Des buissons bordant l'étroit sentier, un homme sortit. Léonard le regarda, se leva, le regarda à nouveau et s'écria :

— Est-ce bien vous, messer Nicolo ?

Et sans attendre sa réponse il l'embrassa comme un parent.

Les vêtements du secrétaire de Florence semblaient plus vieux et plus râpés encore qu'en Romagne ; il était évident que les seigneurs de la République continuaient à ne le point gâter. Il avait maigri ; ses joues rasées s'étaient ravalées ; le cou s'était allongé, le nez avançait plus pointu encore, et les yeux brillaient de plus en plus fiévreux.

Léonard lui demanda s'il resterait encore longtemps à Rome et quelle mission l'y avait conduit. Lorsque l'artiste parla de César, Nicolas se détourna, puis évitant son regard et haussant les épaules, il répondit froidement avec une indifférence feinte :

— De par la volonté de la destinée, j'ai été dans ma vie témoin de tant d'événements que depuis longtemps je ne m'étonne plus de rien...

Et, visiblement, désirant changer de conversation, il questionna Léonard sur ses travaux.

Apprenant que l'artiste avait accepté d'entrer au service de la République florentine, Machiavel secoua la tête :

— Vous ne vous en réjouirez pas ! Dieu sait ce qui est meilleur, les crimes d'un héros tel que César Borgia ou les vertus d'une fourmilière comme notre république. Cependant l'un vaut l'autre. Demandez-le-moi ; je connais tant soit peu les beautés du gouvernement populaire ! railla-t-il avec son sourire amer de sceptique.

Léonard lui répéta les paroles d'Antonio Giustiniani au sujet des ruses du renard que Machiavel s'apprêtait à apprendre aux poules et des dents de loup qu'il voulait placer aux agneaux.

— Ce qui est vrai, est vrai, dit débonnairement Nicolas. Les oies rendues enragées, les honnêtes gens seront prêts à me brûler sur le bûcher, parce que le premier j'aurai parlé de ce que font tous les autres. Les tyrans me déclareront émeutier du peuple ; le peuple, soudoyé des tyrans ; les bigots, impie ; les bons, mauvais ; et les mauvais me détesteront parce que je leur paraîtrai plus mauvais qu'eux-mêmes.

Et il ajouta avec une calme tristesse :

— Rappelez-vous nos causeries en Romagne, messer Leonardo. J'y pense souvent, et il me semble parfois que nous avons une destinée commune. La découverte de nouvelles pensées sera toujours aussi dangereuse que la découverte de nouvelles terres. Chez les tyrans et dans la foule, chez les grands et chez les humbles, nous sommes toujours des étrangers, des vagabonds sans abri, des éternels exilés. Celui qui ne ressemble pas à tout le monde est seul contre tous, car le monde est créé pour la médiocrité et il n'y a de place au monde que pour elle. Oui, mon ami, il est même triste de vivre, et peut-être le pire dans une existence n'est-ce pas le souci, la maladie, la pauvreté, la douleur, mais l'ennui.

Silencieux, ils descendirent au pied du Capitole, près des ruines du temple de Saturne où jadis s'élevait le Forum.

Des deux côtés de l'antique Voie sacrée, depuis l'arc de Septime Sévère jusqu'à l'amphithéâtre des Flavius, s'alignaient de pauvres masures en ruines. On assurait que beaucoup d'entre elles étaient bâties avec des débris de précieuses sculptures reproduisant les dieux olympiens. Timidement, des églises chrétiennes s'abritaient dans ces temples païens. Les amas d'ordures, de poussière et de fumier avaient surélevé le terrain de dix coudées. Mais malgré tout, de place en place se dressaient de vieilles colonnes couronnées d'architraves menaçant de s'abattre. Nicolas désigna à son ami l'emplacement du Sénat romain, la Curie, maintenant dénommé le « Champ des Vaches ». Là se tenait le marché aux bestiaux. Les colonnes de marbre, les bas-reliefs tombés, recouverts de fiente, se noyaient dans une boue noirâtre. Près de l'arc de Titus Vespasien s'adossait une vieille tour qui, à un moment donné, servait de repaire aux écumeurs de grande route, les barons Frangipani. Vis-à-vis se trouvait une auberge borgne pour les paysans du marché aux bestiaux. Par les croisées ouvertes s'échappaient des jurons de femmes et une insupportable odeur de friture. Sur une corde séchaient des linges équivoques. Un vieux mendiant au visage ravagé par la fièvre, assis sur une pierre, enveloppait dans des chiffons son pied ulcéré et enflé.

À l'intérieur de l'arc de triomphe se trouvaient deux bas-reliefs : l'un représentant Titus Vespasien conduisant un quadrige ; l'autre, les prisonniers israélites portant des pains et le chandelier à sept branches du temple de Salomon ; en haut, dans la voûte, un grand aigle élevant sur ses ailes le César divinisé. Au fronton, Nicolas lut l'inscription restée intacte : *Senatus populusque Romanus divo Tito divi Vespasiani filio Vespasiano Augusto.*

Le soleil pénétrant sous l'arc du côté du Capitole illumina le triomphe de l'empereur de ses derniers rayons pourpres.

Et le cœur de Nicolas se serra douloureusement lorsque, jetant un dernier regard sur le Forum, il vit le reflet rose sur les trois colonnes solitaires de l'église Marie Libératrice. Le ton morne chevrotant des cloches sonnant l'Ave *Maria* semblait le glas plaintif du Forum romain.

Ils entrèrent dans le Colisée.

— Oui, dit Nicolas en contemplant les titanesques murs de pierre de l'amphithéâtre, ceux qui savaient construire de pareils monuments ne sont pas nos pairs. Seulement ici, à Rome, on sent la différence qui existe entre les Antiques et nous. Nous ne pouvons rivaliser avec eux ! Nous ne pouvons même pas nous figurer quels hommes c'étaient...

— Il me semble, répliqua Léonard, il me semble, Nicolo, que vous avez tort. Les hommes d'à présent possèdent une force égale, mais différente...

— L'humilité chrétienne, peut-être ?

— Peut-être...

— C'est possible, dit froidement Machiavel.

Ils s'assirent sur la dernière marche de l'amphithéâtre.

— Seulement, continua Nicolas avec un subit élan, je suppose que les gens devraient ou accepter ou repousser l'enseignement du Christ. Nous ne l'avons fait ni l'un ni l'autre. Nous ne sommes ni des chrétiens ni des païens. Nous avons abandonné l'un, nous n'avons pas adopté l'autre. Nous n'avons pas la force d'être bons et nous avons peur d'être méchants. Nous ne sommes pas noirs, ni blancs, mais gris, froids, à peine tièdes. Nous avons tellement menti et hésité entre le Christ et le diable que maintenant nous ne savons plus ce que nous voulons, ni où nous allons. Les Anciens, au moins, savaient et exécutaient tout jusqu'à la fin, ils n'étaient pas hypocrites et ne tendaient pas la joue droite à celui qui avait soufflété la gauche. Mais depuis que les gens ont cru que pour mériter le paradis il fallait souffrir sur cette terre tous les mensonges et toutes les violences, les scélérats ont trouvé une grandiose et sûre carrière. Et, réellement, n'est-ce pas ce nouvel enseignement qui a affaibli le monde et l'a livré aux misérables ?

Sa voix tremblait, dans ses yeux brillait une haine démente, son visage était contracté comme par une insupportable douleur.

Léonard se taisait. Dans son âme passaient des pensées si pures, si simples, si enfantines, qu'il n'aurait su les exprimer par des mots. Il contemplait le ciel bleu à travers les crevasses des murs du Colisée, et il songeait que nulle part la teinte du ciel ne paraissait aussi éternellement jeune et gaie, comme dans les fissures des vieux monuments à demi démantelés.

Jadis les conquérants de Rome, les barbares du Nord, avaient enlevé les crampons de fer qui liaient les pierres du Colisée pour en forger de nouveaux glaives ; et les oiseaux avaient bâti leurs nids dans ces blessures. Léonard suivait des yeux la rentrée des corneilles au nid, et songeait que les puissants Césars qui avaient élevé le monument, les Barbares qui l'avaient détruit, n'avaient pas soupçonné un instant qu'ils travaillaient pour ceux desquels il est dit : « Ils ne sèment pas, ils ne moissonnent pas, et le Père céleste les nourrit. »

Il ne répliquait pas à Machiavel, sentant que celui-ci ne le comprendrait pas, car tout ce qui pour lui, Léonard, était une joie, pour Nicolas était une peine ; le miel de Léonard se transformait en bile chez Nicolas, la profonde haine, chez lui, était fille de la science parfaite.

— Savez-vous, messer Leonardo, dit Machiavel, désirant selon son habitude terminer la conversation sur une plaisanterie, je m'aperçois seulement maintenant de la grossière erreur de ceux qui vous considèrent comme un hérétique et un impie. Souvenez-vous de ce que je vous dis : le jour du Jugement dernier, quand on nous classera brebis et boucs, vous serez parmi les agneaux du Christ et les saints !

— Et avec vous, messer Nicolo ! ajouta l'artiste en riant. Si j'entre au paradis, vous m'y accompagnerez.

— Ah ! non !... Serviteur ! Je cède à l'avance ma place aux amateurs. La tristesse terrestre me suffit.

Et tout à coup son visage s'éclaira de gaieté.

— Écoutez, mon ami, voici un rêve que j'eus un jour. On m'avait amené dans une réunion d'affamés et de dépenaillés, de moines, de courtisans, d'esclaves, d'infirmes et de faibles d'esprit, et on me déclara que là étaient ceux de qui il est dit : « Heureux les pauvres d'esprit, le royaume des cieux leur est ouvert. » Puis on m'emmena dans un autre endroit où je vis une foule de grands hommes assemblés en Sénat : des chefs d'armée, des empereurs, des papes, des législateurs, des philosophes – Homère, Alexandre le Grand, Platon, Marc Aurèle. Ils causaient de sciences, d'arts, d'affaires d'État. Et l'on me dit que c'était l'enfer et les âmes repoussées par Dieu parce qu'elles avaient aimé la sagesse de ce siècle qui est une folie devant le Seigneur. Et on me demanda où je désirais aller : au paradis ou en enfer ? « En enfer, me suis-je écrié, en enfer de suite, avec les sages et les héros ! »

— Si réellement tout se passe comme dans votre rêve, répondit Léonard, j'avoue que moi aussi...

— Non, il est trop tard ! Maintenant vous ne pouvez y échapper. On vous entraînera de force. On récompensera vos vertus chrétiennes par le paradis chrétien.

Lorsqu'ils sortirent du Colisée, la nuit était tombée. L'énorme disque jaune de la lune monta de derrière les voûtes noires de la basilique de Constantin, coupant les nuages transparents comme de la nacre.

Dans l'obscurité vague, embrumée, qui s'étendait de l'Arc de Titus Vespasien jusqu'au Capitole, les trois colonnes solitaires et pâles de Sainte-Marie Libératrice, pareilles à des apparitions, semblaient plus belles encore baisées par le clair de lune. Et la cloche balbutiant et chevrotant l'angélus nocturne, résonnait plus mélancoliquement encore, comme un glas sanglotant sur le Forum romain.

14

MONNA LISA DEL GIOCONDA

1503-1506

« *Les ténèbres souterraines étaient trop profondes, et quand j'y eus séjourné quelque temps, s'éveillèrent en moi et luttèrent deux sentiments : la peur et la curiosité – la peur d'explorer la sombre caverne et la curiosité de savoir si elle ne recélait pas un mystère merveilleux.* »

— LEONARD DE VINCI

I

Léonard écrivait dans son *Traité de la peinture* : « Pour les portraits, aie un atelier spécial, une cour rectangulaire, large de dix et longue de vingt coudées, avec des murs peints en noir et un plafond de toile arrangé de façon telle que, en l'étendant ou le ramassant selon les besoins, il puisse garantir du soleil. Si tu ne tends pas la toile, ne peins qu'au crépuscule ou par un temps nuageux ou brumeux. C'est le jour parfait. »

Il avait installé une cour semblable dans la maison de son propriétaire, le commissaire de la Seigneurie, ser Piero di Barto Martelli, amateur de mathématique, homme savant qui éprouvait pour Léonard une profonde sympathie.

C'était par un beau jour, calme, doux, un peu brumeux, de la fin de printemps 1505. Le soleil était tamisé par les nuages et ses rayons tombaient en ombres tendres, fondantes, vaporeuses comme la fumée, l'éclairage favori de Léonard, qui assurait qu'il donnait un charme particulier aux visages des femmes.

« Ne viendrait-elle pas ? se disait-il mentalement, en songeant à celle dont il peignait le portrait depuis trois ans, avec une constance qui ne lui était pas coutumière. »

Il préparait l'atelier pour la recevoir. Giovanni Beltraffio l'observait à la dérobée et s'étonnait de l'émoi impatient du maître, si calme d'habitude.

Léonard rangea ses pinceaux, ses palettes, ses pots à couleur ; enleva la couverture du portrait ; ouvrit le jet d'eau installé au milieu de la cour pour la distraire ; autour de cette fontaine poussaient ses fleurs favorites, des iris, que Léonard soignait lui-même. Il prépara également de petits carrés de pain pour la biche apprivoisée qui se promenait en liberté et qu'elle aimait nourrir de sa main ; déplia l'épais tapis posé devant le fauteuil de chêne ciré. Sur ce tapis s'était déjà étendu en ronronnant, apporté d'Asie et acheté aussi pour la distraire, un chat blanc de race rare, aux yeux de teintes différentes, le droit jaune comme une topaze, le gauche bleu comme un saphir.

Andrea Salaino apporta des notes et accorda sa viole. Il était accompagné d'un autre musicien, Atalante, que Léonard avait connu à la cour de Sforza et qui jouait particulièrement bien du luth.

Du reste, l'artiste invitait les meilleurs chanteurs, les poètes renommés, les gens d'esprit réputés, les jours de ses séances, afin d'éviter l'ennui d'une longue pose. Il étudiait sur son visage le reflet de ses pensées et des sentiments provoqués par les conversations, les vers et la musique. Par la suite, ces réunions devinrent plus rares. Il savait qu'elles n'étaient plus nécessaires, qu'elle ne s'ennuierait plus.

Tout était prêt et elle ne venait pas.

« Aujourd'hui, songeait l'artiste, la lumière et les ombres sont tout à fait les siennes. Si je l'envoyais chercher ? Mais elle sait combien ardemment je l'attends. Elle doit venir... »

Et Giovanni voyait d'instant en instant croître son impatience.

Tout à coup une légère brise fit vaciller le jet d'eau, les iris frémirent, la biche dressa les oreilles. Léonard écouta. Et bien que Giovanni n'entendît encore rien, à l'expression de son visage il comprit que c'était *elle*.

D'abord, avec un humble salut, entra la sœur converse Camilla, qui vivait dans sa maison et chaque fois l'accompagnait à l'atelier de l'artiste, ayant l'instinct de se rendre presque invisible, restant à lire dans un coin son livre d'heures, sans lever les yeux, sans prononcer une parole, de telle sorte qu'au bout de trois ans Léonard n'avait pour ainsi dire pas entendu le son de sa voix.

Suivant Camilla, entra celle que tous attendaient, une femme d'une trentaine d'années, vêtue d'une robe sombre très simple, la tête enveloppée dans une gaze transparente qui lui descendait à mi-front, monna Lisa del Gioconda.

Beltraffio savait qu'elle était napolitaine et de très ancienne famille, la fille d'un seigneur très riche, ruiné au moment de l'invasion française en 1495, Antonio Gherardini, et la femme du citoyen florentin Francesco del Giocondo. En 1491, messer Francesco avait épousé la fille de Mariano Ruccellai et la perdit l'année suivante. Il épousa alors Thomasa Villani, et après la mort de celle-ci il prit femme pour la troisième fois, et se maria avec monna Lisa. Lorsque Léonard commença son portrait, l'artiste avait déjà passé la cinquantaine et messer Giocondo avait quarante-cinq ans. C'était un homme ordinaire comme on en rencontre beaucoup et partout, ni trop beau ni trop laid, préoccupé de ses affaires, économe et tout entier adonné à la culture.

L'élégante jeune femme était pour lui l'ornement de sa maison. Mais il comprenait moins le charme de monna Lisa que les qualités d'une nouvelle race de bœufs, ou le bénéfice de l'octroi sur les peaux non tannées. On disait qu'elle ne s'était pas mariée par amour, mais simplement par obéissance filiale, et que son premier fiancé avait trouvé une mort volontaire sur un champ de bataille. On affirmait également qu'elle avait une foule d'adorateurs passionnés et obstinés, et désespérés. Cependant, les méchantes gens – et Florence n'en manquait pas – ne pouvaient rien insinuer de malveillant contre la Gioconda. Calme, modeste, pieuse, charitable aux pauvres, elle était bonne ménagère, épouse fidèle et très tendre pour sa belle-fille Dianora.

C'était tout ce que savait d'elle Giovanni. Mais monna Lisa, celle qui venait à l'atelier de Léonard, lui semblait une tout autre femme.

Durant ces trois années le temps n'avait pas transformé, mais au contraire ancré ce sentiment ; à chaque nouvelle visite, il éprouvait un étonnement côtoyant la peur, comme devant quelque chose de surnaturel, d'illusoire. Parfois il expliquait cette sensation par l'habitude qu'il avait de voir son visage sur le portrait, et si sublime était le talent du maître que la véritable monna Lisa lui semblait moins naturelle que celle reproduite sur la toile. Mais il y avait, en outre, quelque chose de plus mystérieux.

Il savait que Léonard n'avait l'occasion de la voir que durant ses séances, en présence de nombreux étrangers, parfois seulement avec la sœur Camilla, et jamais seul à seule ; et cependant, Giovanni sentait qu'il existait entre eux un secret qui les rapprochait et les séparait du reste du monde. Il savait également que ce n'était pas un secret d'amour, du moins l'amour tel qu'on le comprend ordinairement.

Il avait entendu dire par Léonard que tous les artistes étaient entraînés à transporter leurs propres traits et leur propre forme dans les portraits qu'ils peignaient. Le maître attribuait cet effet à ce que l'âme humaine étant la créatrice du corps, chaque fois qu'elle imagine un autre corps, elle tend à répéter ce qui a déjà été créé par elle, et telle est la puissance de cette inclination que parfois même dans des portraits, en dépit des traits différents, transparaît l'âme de l'artiste.

Ce qui se passait sous les yeux de Giovanni maintenant était plus surprenant encore : il lui semblait que non seulement le portrait, mais même monna Lisa elle-même devenait de plus en plus ressemblante à Léonard – comme cela arrive aux gens vivant continuellement et longtemps ensemble. Cependant, la ressemblance n'existait pas dans les traits, mais spécialement dans les yeux et dans le sourire... Il se rappelait, non sans étonnement, qu'il avait vu ce même sourire chez saint Thomas sondant les plaies du Christ, statue de Verrocchio, auquel Léonard jeune avait servi de modèle ; chez *Ève devant l'arbre de la science*, le premier tableau du maître ; chez l'Ange dans *la Vierge aux Rochers* ; chez la *Léda* et cent autres dessins du Vinci lorsqu'il ne connaissait pas encore monna Lisa, comme si durant toute son existence, dans toutes ses œuvres, il eût cherché à refléter sa beauté et son charme, trouvés enfin dans le visage de la Gioconda.

Par instants, quand Giovanni observait longtemps ce sourire commun, il en éprouvait un sentiment pénible, comme devant un miracle – la réalité lui paraissait un rêve et le rêve une réalité –, comme si monna Lisa n'était pas un être vivant, ni la femme de messer Giocondo, le plus ordinaire des hommes, mais un être imaginaire, évoqué par la volonté du maître, le sosie féminin de Léonard.

La Gioconda caressait son favori, le chat blanc qui avait sauté sur ses genoux, et d'invisibles étincelles pétillaient dans le poil de la bête sous la caresse des mains blanches et fines.

Léonard commença son travail. Mais tout à coup il déposa son pinceau et fixa un regard scrutateur sur son modèle : pas une ombre, pas le plus petit changement n'échappaient à son observation.

— Madonna, dit-il, vous êtes préoccupée de quelque chose aujourd'hui ?

Giovanni remarqua également qu'elle ressemblait moins à son portrait que de coutume.

Monna Lisa leva sur Léonard ses yeux calmes.

— Oui, peut-être, répondit-elle. Dianora n'est pas très bien portante. J'ai veillé toute la nuit.

— Peut-être êtes-vous fatiguée et cela vous ennuie de poser ? murmura Vinci. Ne vaudrait-il pas mieux remettre à une autre fois ?

— Non. Ne regretteriez-vous pas cette lumière ? Regardez quelles ombres tendres, quel soleil moite : c'est *mon* jour ! Je savais, continua-t-elle, que vous m'attendiez. Je serais venue plus tôt, mais j'ai été retenue par madonna Safonizba...

— Ah ! oui ! je sais !... Une voix de poissarde, et parfumée comme une boutique de cosmétiques...

Gioconda sourit.

— Madonna Safonizba désirait vivement me raconter la fête du Palazzo Vecchio donnée par la signora Argentina, la femme du gonfalonier ; ce qu'on avait mangé au souper, qui portait la plus jolie toilette et quel homme courtisait telle femme...

— Je le pensais bien ! Ce n'est pas la maladie de Dianora, mais le bavardage de cette crécelle qui vous a indisposée. Comme c'est étrange ! Avez-vous remarqué, madonna, que parfois une absurdité quelconque que nous entendons de gens qui nous sont indifférents et qui ne nous intéressent guère – la bêtise ou la trivialité ordinaires – suffit pour assombrir subitement notre âme et nous impressionner plus qu'une peine personnelle ?

Elle inclina silencieusement la tête : il était visible que depuis longtemps ils étaient habitués à se comprendre presque sans mots, par une allusion, par un regard.

Il essaya de reprendre son travail.

— Racontez-moi quelque chose, dit monna Lisa.

— Quoi ?

Après un instant de réflexion, elle répondit :

— Le *Royaume de Vénus*.

Léonard savait ainsi plusieurs récits favoris de Gioconda, dont il empruntait le sujet à ses souvenirs, aux voyages, aux observations de la nature, à ses projets de tableaux. Il employait presque toujours les mêmes mots simples, demi enfantins, dans ces récits qu'il faisait accompagner par une douce musique.

Léonard fit un signe, et lorsqu'Andrea Salaino et Atalante eurent exécuté le motif qui servait invariablement de prélude au *Royaume de Vénus*, il commença de sa voix féminine son récit, telle une vieille fable ou une berceuse :

— Les bateliers qui vivent sur les côtes de Cilicie assurent qu'à ceux qui sont destinés à périr dans les flots apparaît, au moment des terribles tempêtes, la vision de l'île de Chypre, royaume de la déesse d'amour. Tout autour bouillonnent les vagues, les tourbillons et les typhons. De nombreux navigateurs, attirés par la splendeur de cette île, ont brisé leurs navires contre les rocs cachés par les remous. Là-bas, sur la côte, on aperçoit encore leurs pitoyables carcasses à demi enlisées sous le sable et enguirlandées de plantes marines ; les uns présentent leur quille, les autres leur poupe, les troisièmes la proue. Et ils sont si nombreux que cela ressemble au Jugement dernier, lorsque la mer rendra tous les navires engloutis. Au-dessus de l'île, le ciel est éternellement bleu, le soleil dore les collines couvertes de fleurs, et l'air est si calme que la longue flamme des trépieds placés sur les marches du temple s'étire vers le ciel, droite et immobile comme les colonnes de marbre blanc et les géants cyprès noirs qui se reflètent dans le lac uni comme un miroir. Seuls les jets d'eau, coulant d'une vasque de porphyre dans l'autre, troublent la solitude par leur douce chanson. Et plus terrible est la tempête, plus profond est le calme du royaume de Chypre.

Il se tut ; les sons de la viole et du luth expirèrent, et le silence qui suivit était plus doux que tous les sons. Comme bercée par la musique, séparée de la réalité pure, étrangère à tout, sauf à la volonté de Léonard, monna Lisa plongeait ses yeux dans les siens avec un sourire plein de mystère, pareil à l'onde calme et pure, mais si profond qu'on ne pouvait en s'y plongeant en voir le fond – le sourire même de Léonard.

Et il semblait à Giovanni que maintenant Léonard et monna Lisa étaient deux miroirs qui, se reflètant l'un dans l'autre, s'absorbaient à l'infini.

II

Le lendemain matin, l'artiste travailla au Palazzo Vecchio à son tableau la *Bataille d'Anghiari*.

En 1503, lors de son arrivée de Rome à Florence, il avait reçu la commande du gonfalonier perpétuel gouverneur de la République, Piero Soderini, de représenter une bataille mémorable sur le mur de la nouvelle salle du Conseil, dans le palais de la Seigneurie, le Palazzo Vecchio. L'artiste avait choisi la célèbre victoire des Florentins à Anghiari, en 1440, sur Nicolo Piccinino, commandant les troupes du duc de Lombardie Filippino Maria Visconti.

Une partie du tableau était déjà peinte sur le mur : quatre cavaliers se sont empoignés et se battent pour un étendard ; la hampe est cassée et va voler en éclats ; l'étoffe est déchirée en plusieurs morceaux. Cinq mains ont saisi la hampe et avec ardeur la tirent de côtés différents. Des sabres luisent, levés. À la façon dont les bouches sont ouvertes, on voit qu'un cri surnaturel s'en échappe. Les visages convulsés des hommes ne sont pas moins terribles que les gueules de fauves qui ornent les cimiers. Les chevaux eux-mêmes subissent la contagion de cette rage : dressés sur leurs pieds de derrière, ils ont enchevêtré leurs pieds de devant et, les oreilles rabattues, l'œil féroce, la lèvre retroussée, tels de vrais fauves, ils se mordent. Par terre, dans une boue sanglante, sous les sabots des chevaux, un homme en tue un autre en le tenant par les cheveux et, heurtant sa tête contre le sol, ne s'aperçoit pas dans sa fureur que tous deux seront à l'instant écrasés.

« C'est la guerre dans toute son horreur, de vrais hommes livrés à toutes les passions de la bête déchaînée ; c'est, selon l'expression de Léonard, la *pazzia bestialissima* qui, dans les endroits plats, ne laisse pas une empreinte de pas qui ne soit pleine de sang. »

En acceptant la commande, Léonard fut forcé de signer un traité avec dédit en cas de retard dans l'exécution.

La Superbe Seigneurie défendait ses intérêts comme un boutiquier. Grand amateur d'écrivasserie, le gonfalonier Soderini ennuyait Léonard par ses continuels règlements de comptes pour les moindres sous versés par le Trésor pour les échafaudages, l'achat du vernis, des couleurs, d'huile de lin et autres vétilles.

Jamais au service des « tyrans », comme les dénommait avec mépris le gonfalonier – à la cour de Ludovic le More et de César Borgia –, Léonard n'avait éprouvé un tel esclavage qu'au service du peuple, de la libre république, royaume de l'égalité bourgeoise.

En sortant du Palazzo Vecchio, Léonard s'arrêta sur la place devant le *David* de Michel-Ange.

Il semblait monter la garde à la porte de l'hôtel de ville de Florence, ce géant de marbre blanc qui se détachait sur le fond sombre des vieilles pierres.

Ce corps d'adolescent nu était maigre. Le bras droit qui tenait la fronde était tendu au point qu'on en voyait les veines ; le gauche tenant la pierre était replié devant la poitrine. Les sourcils froncés et le regard fixé dans le lointain donnaient bien l'impression de l'homme qui vise un but. Au-dessus du front très bas, les cheveux s'emmêlaient comme une couronne.

Sur la place où avait été brûlé Savonarole, le *David* de Michel-Ange semblait être le Prophète qu'attendit vainement Savonarole, le Héros qu'espérait Machiavel. Dans cette œuvre de son rival, Léonard sentait une âme, peut-être égale à la sienne mais éternellement opposée, comme l'action l'est à la contemplation, la passion à l'impassibilité, la tempête au calme. Et cette force étrangère l'attirait, éveillait sa curiosité, le désir de se rapprocher d'elle pour la connaître à fond.

Et Léonard se souvint du *Livre des Rois*.

Dans les chantiers de construction de Santa Maria del Fiore se trouvait un énorme quartier de marbre abîmé par un sculpteur inhabile. Les meilleurs artistes l'avaient refusé alléguant qu'on ne pourrait s'en servir. Lorsque Léonard arriva de Rome, on lui proposa le bloc. Mais, tandis qu'avec sa lenteur habituelle il réfléchissait, mesurait, calculait, toujours indécis, un autre artiste de vingt-trois ans plus jeune que lui, Michel Angelo Buonarotti, enlevait la commande et avec une extraordinaire rapidité, travaillant non seulement le jour mais même la nuit, achevait son géant en vingt-cinq mois. Léonard avait travaillé durant seize ans au monument de Sforza, « le Colosse », et n'osait songer au temps que lui prendrait un marbre de la grandeur du *David*. Les Florentins déclarèrent Michel-Ange le rival en sculpture de Léonard. Et Buonarotti sans hésiter releva le défi.

Maintenant, abordant le genre des tableaux de bataille dans la salle du Conseil, bien qu'il n'eût presque pas tenu le pinceau, avec une crânerie qui pouvait paraître une folle témérité, il déclarait rivaliser avec Léonard en peinture. Plus il découvrait de modestie et de bienveillance chez le vieux maître et plus sa haine devenait implacable. Le calme de Léonard lui semblait du mépris. Avec une imagination maladive, il écoutait les bavardages, cherchait des prétextes à disputes, profitait de toutes les occasions pour blesser son ennemi.

Lorsque le *David* fut achevé, la Seigneurie invita les meilleurs peintres et sculpteurs à donner leur avis pour l'emplacement. Léonard se rangea à l'opinion de l'architecte Juliano da San Gallo qui conseillait de placer le Géant sur la place de la Seigneurie dans l'enfoncement de la loggia Orcagni, sous l'arche principale. Lorsque Michel-Ange le sut, il déclara que Léonard par jalousie voulait cacher le David dans le coin le plus sombre et de façon que jamais le soleil ne puisse l'éclairer, ni personne le voir. Cependant un jour, à l'une des réunions qui se tenaient dans l'atelier de Léonard en présence de nombreux artistes, entre autres des frères Pollajuolo, du vieux Sandro Botticelli, de Filippino Lippi, Lorenzo di Credi, élèves du Pérugin, une discussion s'éleva pour savoir lequel des deux arts, la peinture ou la sculpture, était au-dessus de l'autre – sujet favori alors de dispute scolastique.

Léonard écoutait, silencieux. Lorsqu'on le questionna, il répondit :

— Je crois que l'Art est d'autant plus parfait qu'il s'éloigne du métier.

Et avec son sourire équivoque, si bien qu'on ne pouvait deviner s'il parlait sincèrement ou s'il raillait, il ajouta :

— La principale différence entre ces deux arts consiste en ce que la peinture exige une grande énergie cérébrale, et la sculpture une énergie physique. Le sculpteur délivre lentement l'image enfermée dans le marbre, il la taille à grands coups de maillet et de ciseau, avec la tension de toute sa force physique, avec une grande fatigue corporelle, comme un journalier inondé de sueur et de poussière. Son visage est blanchi comme celui d'un mitron, ses vêtements sont tachés par les éclats de marbre, sa maison est pleine de pierres et de plâtras. Tandis que le peintre, dans un silence exquis, vêtu d'habits élégants, assis dans son atelier, promène un pinceau léger trempé dans d'agréables couleurs. Sa maison est claire, propre, remplie de ravissants tableaux ; le calme y règne en souverain, et son travail est agrémenté par la musique, la conversation ou la lecture que ne troublent ni les coups de maillet ni autres bruits désagréables.

Michel-Ange, auquel on avait répété ces paroles, les prit à son compte, mais étouffant sa colère, il haussa seulement les épaules et répondit avec un sourire fielleux :

— Messer da Vinci, fils bâtard d'une servante d'auberge, peut poser à l'efféminé et au dégoûté. Moi, rejeton d'une vieille famille honnête, je n'ai pas honte de mon travail et, comme un simple journalier, je ne dédaigne ni ma sueur ni ma saleté. En ce qui concerne la prérogative entre la peinture et la sculpture, la discussion est stupide ; tous les arts sont égaux, découlant d'une même source et tendant au même but. Et si celui qui affirme que la peinture est plus noble que la sculpture est aussi érudit dans les autres branches qu'il se permet de juger, je crains fort qu'il ne s'y connaisse autant que ma cuisinière.

Avec une hâte fébrile, Michel-Ange entreprit son tableau de la salle du Conseil, désirant surpasser son rival.

Il choisit un épisode de la guerre contre Pise : par une journée chaude, les soldats florentins se baignent dans l'Arno ; les tambours battent la générale – l'ennemi est signalé ; les soldats se hâtent de rejoindre la rive, sortent de l'eau où leurs corps fatigués se délectaient et, soumis à la discipline, ils remettent leurs vêtements poussiéreux, leurs cuirasses et leurs casques chauffés par le soleil.

Ainsi, répondant au tableau de Léonard, Michel-Ange représenta la guerre, non pas comme « la plus féroce des sottises », mais comme une mâle action héroïque, l'accomplissement de l'éternel devoir : la lutte des héros pour la gloire et la grandeur de la patrie.

Les Florentins suivaient avec curiosité les phases de ce duel. Et comme tout ce qui était étranger à la politique leur semblait insipide, tel un plat sans poivre ni sel, ils s'empressèrent de déclarer que Michel-Ange soutenait la République contre les Médicis et Léonard les Médicis contre la République. Le duel artistique, devenu compréhensible pour tous, se ralluma avec une force nouvelle, fut transporté des maisons dans la rue, servant les passions des partis absolument étrangers à l'art. Les œuvres de Léonard et de Michel-Ange devinrent l'étendard de deux camps ennemis.

L'effervescence s'emparait des esprits ; la nuit, des inconnus lançaient des pierres au *David*. Les citoyens considérables en accusèrent le peuple ; les tribuns du peuple, les citoyens considérables ; les artistes, les élèves du Pérugin qui avaient fondé nouvellement un atelier à Florence ; et Buonarotti, en présence du gonfalonier, déclara que les misérables qui criblaient de pierres le *David* étaient achetés par son rival Léonard.

Beaucoup crurent cette calomnie, ou tout au moins laissèrent supposer qu'ils y ajoutaient foi.

Une fois, durant une séance de la Gioconda, il ne se trouvait dans l'atelier que Giovanni et Salaino – lorsque la conversation vint à tomber sur Michel-Ange, Léonard dit à monna Lisa :

— Il me semble parfois que si je lui parlais face à face, tout s'expliquerait et qu'il ne resterait rien de cette stupide rivalité : il aurait compris que je ne suis pas son ennemi et qu'il n'y a pas d'homme capable de l'aimer comme je l'aurais aimé.

Monna Lisa eut un geste de doute :

— Croyez-vous, messer Leonardo ? Vous aurait-il compris ?

— Oui, répliqua l'artiste. Un homme comme lui ne peut pas ne pas comprendre ! Tout son malheur réside dans sa timidité et son manque de confiance : il se martyrise, il jalouse, il a peur, parce qu'il ignore encore sa force. C'est un délire, une folie ! Je lui aurais tout dit et il se serait calmé. Est-ce à lui de me craindre ? Savez-vous, madonna… ces jours-ci, lorsque j'ai vu son dessin : ses soldats se baignant dans l'Arno, je n'en croyais pas mes yeux. Personne ne peut même se figurer ce qu'il est et ce qu'il sera.

Moi, je sais que même maintenant, non seulement il m'égale, mais il est plus fort que moi ; oui, oui, je le sens : plus fort que moi !

Elle fixa sur lui ce regard dans lequel, il semblait à Giovanni, se reflétait le regard même de Léonard et sourit d'une façon étrange et douce.

Un jour, dans la chapelle Brancacci, dépendante de la vieille église Santa Maria del Carmine. Léonard rencontra un jeune homme, presque un enfant, qui copiait les célèbres fresques de Tomaso Masaccio. Il portait une casaque noire tachée de couleurs, du linge propre mais de toile grossière évidemment confectionnée au village. Il était élancé, souple : son cou mince était blanc et tendre comme celui des jeunes filles anémiées ; son visage, ovale comme un œuf et pâle jusqu'à la transparence, avait un charme minaudier, avec de grands yeux noirs pareils à ceux des paysannes de l'Ombrie qui avaient servi de modèles aux madones du Pérugin, des yeux vides de pensée, profonds et limpides comme le ciel.

Peu de temps après, Léonard de nouveau rencontra l'adolescent au couvent de Santa Maria Novella, dans la salle du Pape, où était exposé le carton de la bataille d'Anghiari. Le jeune homme étudiait et copiait ce carton avec autant de zèle que les fresques de Masaccio. Probablement connaissait-il déjà Léonard, car il le buvait du regard, visiblement désireux de lui adresser la parole et apeuré de le faire.

Le maître s'approcha de lui en souriant. Se hâtant, ému et rougissant avec une enfantine insinuation, le jeune homme lui déclara qu'il le considérait comme son maître, le plus grand artiste de l'Italie, et que Michel-Ange n'était pas digne de dénouer les cordons des souliers de Léonard.

Plusieurs fois encore Vinci revit ce jeune homme, causa longuement avec lui, examina ses dessins ; et plus il l'étudiait, plus il se convainquait qu'il avait devant lui un futur grand artiste. Attentif et sensible à tous les échos, condescendant à toutes les influences comme une femme, il imitait le Pérugin, Pinturicchio et particulièrement Léonard. Mais sous ce manque de maturité, le maître devinait en lui une fraîcheur de sentiment telle qu'il ne l'avait encore rencontrée chez personne. Ce qui le surprenait le plus, c'était que cet enfant pénétrait les plus grands mystères de l'art et de la vie, comme par hasard, sans le désirer, et parvenait à vaincre les plus hautes difficultés avec légèreté, comme en un jeu. Tout lui venait sans effort, comme si n'existaient point pour lui dans l'art ni les infinies recherches, ni les indécisions, ni les perplexités qui avaient été le tourment et la malédiction de toute la vie de Léonard.

Et lorsque le maître lui parlait de l'indispensable étude lente et patiente de la nature, des règles de mathématique, des lois de la peinture, le jeune homme fixait sur lui ses grands yeux étonnés et, visiblement ennuyé, n'écoutait attentivement que par déférence pour le maître.

Un jour il lui échappa une parole qui surprit, effraya presque Léonard par sa profondeur :

— J'ai remarqué que lorsqu'on peint, on ne doit penser à rien, tout alors se présente mieux.

Il disait, l'adolescent, avec tout son être, que l'unité, la parfaite harmonie du sentiment et de la raison, de la connaissance et de l'amour que le maître recherchait n'existaient pas et ne pouvaient exister.

Et devant sa modeste et insouciante candeur, Léonard éprouvait des doutes plus grands, une crainte plus intense pour l'avenir de l'art, pour l'œuvre de toute sa vie, que devant l'indignation et la haine de Buonarotti.

— D'où es-tu, mon fils ? avait-il demandé à l'adolescent. Qui est ton père et comment t'appelles-tu ?

— Je suis né à Urbino, répondit le jeune homme avec son caressant sourire. Mon père est le peintre Sanzio. Mon nom, Raphaël.

III

Léonard devait se rendre à Pise pour diriger les travaux du détournement de l'Arno dans le port de Livourne.

La veille de son départ, revenant de chez Machiavel, il traversait le pont Santa Trinità et s'engageait dans la rue Tornabuoni.

Il était tard. Les passants étaient rares. Le silence n'était troublé que par le bruit de l'eau battue par la roue du moulin de Ponte alla Caraia. La journée avait été oppressante. Mais sur le soir, la pluie avait rafraîchi l'air. De l'Arno montait une odeur d'eau chaude. De derrière la colline San Miniato, la lune se levait. À droite, le long de la berge de Ponte Vecchio, s'alignaient de vieilles masures reflétées dans le fleuve à demi stagnant. À gauche, au-dessus des contreforts du mont Albano, tendrement mauves, tremblait une étoile solitaire.

La silhouette de Florence se découpait sur le ciel pur, comme le frontispice sur le fond or terni des vieux livres, silhouette unique au monde, vivante tel un visage humain. Au nord, l'antique clocher de Santa Croce, puis la tour droite et sévère du Palazzo Vecchio, le campanile de marbre blanc de Giotto, la coupole en tuiles rouges de Santa Maria del Fiore, pareille à l'antique fleur géante encore non ouverte, le Lys rouge, et toute Florence, dans la double lumière du crépuscule et de la lune, paraissait une énorme fleur sombre, argentée.

Léonard remarqua que chaque ville, ainsi que chaque être, a son odeur particulière. Il lui semblait que celle de Florence rappelait la poussière moite, comme les iris, mêlée au parfum du vernis et des couleurs des très vieux tableaux.

Sa pensée alla vers Gioconda. Il la connaissait presque aussi peu que Giovanni. L'idée qu'elle avait un mari, messer Francesco, maigre, grand, avec une verrue sur la joue gauche et d'épais sourcils, un homme positif aimant à discuter les privilèges de la race des bœufs siciliens et les droits sur les peaux de mouton, cette idée ne l'offusquait ni ne l'étonnait. Il y avait des moments où Léonard se réjouissait du charme immatériel de la Gioconda, charme étrange, lointain, irréel et plus réel en même temps que tout ce qui existait. Mais il y avait d'autres instants où il sentait vivement sa vivante beauté.

Monna Lisa n'était pas une de ces femmes qu'à cette époque on appelait *dotte eroine*, savantes héroïnes. Jamais elle ne faisait parade de ses connaissances. Le hasard seul apprit à Léonard qu'elle lisait le grec et le latin. Elle parlait et se tenait si simplement que beaucoup la considéraient comme inintelligente. En réalité, lui semblait-il, elle possédait ce qui est plus profond que l'esprit, particulièrement l'esprit féminin – la sagesse instinctive. Elle avait des mots qui, subitement, l'apparentaient à lui, la rendaient toute proche, unique et éternelle compagne et sœur. À ces moments, il aurait voulu franchir le cercle fatidique qui séparait la contemplation de la vie réelle.

Ce qui les unissait, était-ce de l'amour ?

Les absurdités platoniques d'alors n'éveillaient en lui que l'ennui ou le rire, il ne pouvait s'empêcher de railler les soupirs langoureux des amoureux célestes et les sonnets sirupeux dans le goût de Pétrarque. Non moins étranger était pour lui ce que la généralité appelait l'amour. Ne mangeant pas de viande parce qu'elle le dégoûtait, il s'abstenait des femmes également, toute possession matérielle – dans ou en dehors du mariage – lui paraissant grossière. Et il s'en éloignait comme du combat sanglant, sans s'indigner, sans blâmer, sans justifier, reconnaissant la loi naturelle de la lutte pour l'amour et pour la faim, mais ne voulant pas y prendre part, se soumettant à une autre loi d'amour et de pudeur.

Mais, même s'il l'aimait, aurait-il pu désirer une plus parfaite union avec son amante que dans ces profondes et mystérieuses caresses – dans la contemplation de cette vision immortelle, de cet être nouveau, conçu et né d'eux, comme l'enfant du père et de la mère, et qui était lui et elle en même temps ?

Et cependant il sentait que même dans cette union pure se cachait un danger, plus grand peut-être que dans l'ordinaire union d'amour charnel. Tous deux marchaient sur le bord d'un abîme, là où personne encore n'avait marqué ses pas, vainquant la tentation et l'attirance de l'infini. Entre eux existaient des mots glissants et transparents, à travers lesquels luisait le secret comme le soleil brille à travers le brouillard. Et par instants il songeait :

« Si lui ou elle transgressait la limite et transformait la contemplation en vie réelle ? Ne se révolterait-elle pas, ne le repousserait-elle pas avec haine et mépris comme le ferait toute autre femme ? »

Et il lui semblait qu'il imposait à la Gioconda un tourment terrible et lent. Et il s'effrayait de sa soumission, illimitée, comme de sa tendre et implacable curiosité, à lui. Seulement les derniers temps il sentit en soi-même cet obstacle et comprit que tôt ou tard il devrait décider si elle était pour lui un être vivant ou une vision, le reflet de sa propre âme dans le miroir de la beauté féminine. Il gardait l'espoir que la séparation éloignerait la solution de ce problème et il se réjouissait presque de quitter Florence. Mais à mesure que l'heure de la séparation approchait, il comprenait qu'il s'était trompé, que non seulement la séparation n'éloignerait pas la solution mais encore qu'elle la brusquerait.

Absorbé par ces pensées, il ne s'aperçut pas qu'il s'était engagé dans une impasse déserte, et lorsqu'il s'orienta il ne sut de prime abord où il se trouvait. Le campanile de Giotto surgissant au-dessus des toits des maisons lui apprit qu'il n'était pas loin de la cathédrale. Un côté de la ruelle était plongé dans l'obscurité, l'autre, tout baigné par la blanche lumière de la lune.

Devant un balcon, des hommes drapés dans des mantes noires, le visage caché par des masques, chantaient une sérénade. Il écouta. C'était la vieille chanson d'amour de Laurent de Médicis, infiniment heureuse et mélancolique, que Léonard aimait particulièrement pour l'avoir entendue dans sa jeunesse :

> *Oh ! que la jeunesse est belle*
> *Et éphémère ! Chante et ris*
> *Et sois heureux si tu le veux.*
> *Et ne compte pas sur demain.*

Le dernier vers se répercuta dans son cœur en un sombre pressentiment. La destinée ne lui envoyait-elle pas, au seuil de la vieillesse, éclairant sa solitude, l'âme vivante, l'âme sœur ? La repousserait-il, la renierait-il, comme il l'avait déjà fait tant de fois pour son existence en faveur de la contemplation ? Sacrifierait-il de nouveau le proche pour le lointain, le réel pour l'irréel ? Qui choisirait-il, la Gioconda vivante ou l'immortelle ? Il savait que préférant l'une, il perdrait l'autre, et elles lui étaient également chères ; il savait aussi qu'il lui fallait prendre un parti. Mais sa volonté était impuissante. Il voulait et ne pouvait décider ce qui vaudrait mieux : tuer la vivante pour l'immortelle ou l'immortelle pour la vivante – celle qui était ou celle qui serait toujours ?

Il se trouva devant sa maison. Les portes étaient fermées ; les lumières éteintes. Il leva le heurtoir pendu à une chaîne et frappa. Le gardien ne répondit pas ; il était sorti ou dormait. Les coups répétés par l'écho de l'escalier de pierre s'affaiblirent. Le silence régna. Le clair de lune semblait le rendre plus profond encore. Et tout à coup retentirent des sons lourds, lents et métalliques, les sons de l'horloge de la tour voisine. Leur voix disait le silencieux et menaçant vol du temps, la sombre vieillesse solitaire, l'irrémédiable fuite du passé.

Et longtemps le dernier son trembla et se balança dans l'atmosphère lunaire, s'épandant en ondes harmonieuses répétant :

Di doman non c'è certezza.
Et ne compte pas sur demain.

IV

Le lendemain, monna Lisa vint à l'atelier à l'heure habituelle et, pour la première fois, seule. Gioconda savait que c'était leur dernière entrevue.

La journée était ensoleillée, la lumière aveuglante. Léonard tendit le plafond de toile, et dans la cour aux murs noirs régna la lumière tendre, crépusculaire, transparente, qui donnait au visage de Gioconda un charme pénétrant.

Ils étaient seuls.

Il travaillait silencieux, concentré, parfaitement calme, oublieux de ses pensées de la veille, comme si pour lui n'existaient ni passé ni avenir, comme si Gioconda était restée et resterait toujours assise ainsi devant lui, avec son doux et étrange sourire. Et ce qu'il ne pouvait faire dans la vie, il le faisait dans la contemplation, unissait la réalité et son reflet, la vivante et l'immortelle. Et cela lui procurait la joie d'une grande délivrance. Maintenant il ne la plaignait ni ne la craignait. Il savait qu'elle lui serait soumise jusqu'à la fin, qu'elle accepterait tout, qu'elle endurerait tout, qu'elle mourrait et ne se révolterait pas. Et par instants il la regardait avec la même curiosité que celle qu'éveillaient en lui les condamnés qu'il accompagnait jusqu'à la potence pour étudier les derniers frémissements de leur visage.

Tout à coup, il lui sembla que l'ombre d'une pensée étrangère, qu'il ne lui avait pas suggérée, avait glissé sur son visage comme la buée de l'haleine sur la surface d'un miroir. Pour l'en préserver, la ramener de nouveau au type de sa vision, chasser loin d'elle cette ombre humaine, il commença à lui raconter de sa voix chantante et autoritaire, comme un sorcier une incantation, un de ces récits mystérieux, pareils à un rébus, qu'il inscrivait dans son journal.

— Incapable de résister à mon désir de voir des images inconnues des hommes, conçues par l'art de la nature, durant longtemps je suivis ma route entre des rochers nus et sombres ; j'ai enfin atteint une caverne et m'arrêtai indécis sur le seuil. Puis, décidé, baissant la tête, courbant le dos, la main gauche appuyée sur mon genou droit, de la droite cachant mes yeux pour m'habituer à l'obscurité, j'entrai et fis quelques pas. Les sourcils froncés, les yeux à demi fermés, la vue en éveil, souvent je changeai mon chemin, errant à tâtons dans l'obscurité, essayant de voir quelque chose. Mais l'obscurité était trop profonde. Et lorsque j'y eus séjourné quelque temps, deux sentiments s'éveillèrent en moi et commencèrent à lutter : la peur et la curiosité ; la peur d'explorer la caverne noire et la curiosité de savoir si elle ne recelait point un mystérieux mystère.

Il se tut. L'ombre n'avait pas quitté le visage de Gioconda.

— Quel sentiment a vaincu ? murmura-t-elle.

— La curiosité.
— Et vous avez surpris le mystère de la caverne ?
— Ce qui en était possible.
— Et vous le révélerez aux hommes ?
— On ne peut tout dire et je ne le saurais. Mais je voudrais leur insuffler une dose de curiosité qui puisse toujours vaincre leur peur.
— Et si la curiosité ne suffisait pas, messer Leonardo ? dit Gioconda avec une lueur inattendue dans le regard. S'il fallait autre chose, un sentiment plus profond pour pénétrer les derniers et peut-être les plus merveilleux mystères de la caverne ?
Et elle le fixa avec un sourire qu'il ne lui avait jamais vu.
— Que faut-il encore ? demanda-t-il.
Elle se taisait.
À ce moment un mince et aveuglant rayon de soleil glissa entre deux bandes du velum. Et sur son visage, le charme des ombres claires, tendres comme une musique lointaine fut rompu.
— Vous partez demain ? demanda Gioconda.
— Non, ce soir.
— Je partirai bientôt aussi, répondit-elle.
L'artiste la regarda attentivement, voulut dire quelque chose et resta silencieux. Il devinait qu'elle partait pour ne pas rester sans lui à Florence.
— Messer Francesco, continua monna Lisa, part pour affaires en Calabre pour trois mois, jusqu'à l'automne. Je lui ai demandé de l'accompagner.
Il se retourna et, avec dépit, renfrogné, regarda le rayon de soleil méchamment aigu. Les multiples gouttes du jet d'eau, jusqu'à présent pâles et sans vie, sous le vivant rayon s'allumèrent de toutes les couleurs de l'arc-en-ciel – les couleurs de la vie. Et Léonard, subitement, sentit qu'il revenait à la vie – timide, faible, pitoyable.
— Cela ne fait rien, dit monna Lisa, tendez le velum. Il n'est pas tard. Je ne suis pas fatiguée.
— Non, cela suffit, répondit Léonard en jetant le pinceau.
— Vous ne finirez jamais le portrait ?
— Pourquoi ? demanda-t-il précipitamment, comme effrayé. Ne viendrez-vous plus chez moi quand vous serez de retour ?
— Si. Mais peut-être que dans trois mois je serai tout à fait autre et vous ne me reconnaîtrez plus. N'avez-vous pas dit vous-même que le visage des gens et particulièrement des femmes changeait rapidement ?
— Je voudrais le finir, dit-il lentement, comme à lui-même. Mais, je ne sais... Il me semble parfois que ce que je veux est impossible.
— Impossible ? s'étonna Gioconda. En effet, j'ai entendu dire que c'est parce que vous cherchez l'impossible que vous n'achevez jamais vos œuvres.
Dans ces paroles, Léonard sentit un reproche.

Gioconda se leva, et simple comme d'habitude dit :

— Il est temps. Au revoir, messer Leonardo. Bon voyage !

Il leva les yeux vers elle et de nouveau crut lire sur son visage un reproche suppliant, sans espoir. Il savait que cet instant était pour tous deux irrévocable et solennel comme la mort. Il savait qu'il ne pouvait se taire. Mais plus il forçait sa volonté pour trouver une solution et le mot juste, plus il sentait son impuissance et l'abîme qui se creusait entre eux. Et monna Lisa lui souriait de son sourire calme et radieux. Mais maintenant il lui semblait que ce calme et cette clarté étaient semblables au sourire des morts.

Une pitié intolérable lui serra le cœur, le rendit plus faible encore.

Monna Lisa lui tendit la main et, silencieux, il la baisa pour la première fois depuis qu'ils se connaissaient et, en même temps, il sentit que, se baissant rapidement, Gioconda avait baisé ses cheveux.

— Que Dieu vous garde, dit-elle simplement.

Lorsqu'il revint à soi, elle n'était plus là. Autour de lui régnait le silence mort d'un après-midi d'été, beaucoup plus menaçant que le silence d'une nuit profonde.

Et, comme la nuit précédente, plus solennels, plus effrayants, retentirent les sons métalliques de l'horloge voisine. Ils disaient, ces sons, le silencieux et menaçant vol du temps, la sombre vieillesse solitaire, l'irrémédiable fuite du passé.

Et longtemps le dernier son trembla, répétant comme une voix humaine :

> Di doman non c'è certezza.
> *Et ne compte pas sur demain.*

V

Ayant appris par hasard que messer Giocondo devait rentrer de Calabre dans les premiers jours d'octobre, Léonard décida de n'arriver à Florence que dix jours après, afin d'y rencontrer sûrement monna Lisa.

Il comptait les jours, maintenant. À l'idée que la séparation pouvait se prolonger, une telle crainte superstitieuse et un tel ennui lui serraient le cœur qu'il tâchait de n'y pas penser, de n'en parler avec personne, de ne rien demander, pour ne pas apprendre une nouvelle fâcheuse.

Il était arrivé le matin de bonne heure à Florence. La ville en sa vision d'automne, terne et humide, lui semblait ravissante, elle lui rappelait Gioconda. La lumière était « sa » lumière faite d'ombres claires et tendres.

Il ne se demandait pas comment ils se rencontreraient, ce qu'il lui dirait, ce qu'il ferait, pour ne jamais plus se séparer d'elle, pour que la femme de messer Giocondo restât sa seule, son unique amie. Il savait que tout s'arrangerait, que le difficile deviendrait facile et possible l'impossible : il suffirait pour cela de se voir.

« Le principal est de ne pas penser, alors tout vient bien, pensait-il en se remémorant le mot de Raphaël. Je lui demanderai, et elle me dira, car elle n'a pas eu le temps de me le dire, ce qu'il faut en plus de la curiosité pour pénétrer les plus merveilleux mystères de la caverne ? »

Et une telle joie emplissait son âme qu'il semblait avoir non pas cinquante-quatre ans, mais seize ans et tout l'avenir devant lui. Seulement, tout au fond de son cœur où ne pénétrait aucun rayon, sous cette joie s'éveillait un terrible pressentiment.

Il passa chez Machiavel pour lui remettre des papiers d'affaires, comptant rendre visite le lendemain à messer Giocondo. Mais il ne put patienter et décida de demander le soir même des nouvelles au portier du Lungarno delle Grazie.

Léonard descendait la rue Tornabuoni vers le pont Santa Trinità. Le temps – comme cela arrive souvent en automne à Florence – avait brusquement changé. Du Munione soufflait un vent du nord, pénétrant, et les cimes du Mugello blanchirent d'un seul coup. Une pluie fine tombait. Tout à coup, déchirant l'épais rideau de nuages, le soleil éclaboussa les rues sales et humides, les toits des maisons et les visages des gens, de sa lumière jaune, métallique et froide. La pluie devint pareille à une poussière de cuivre. Et, de loin en loin, des vitres se teintèrent de pourpre. En face de l'église Santa Trinità, près du pont, s'élevait le Palazzo Spini. Sous son porche se tenaient plusieurs hommes, les uns assis, les autres debout, et causant avec une animation telle qu'ils ne sentaient pas les morsures du vent du nord.

— Messer, messer Leonardo ! l'appela-t-on. Venez, je vous prie, juger notre discussion.

Il s'arrêta.

Il s'agissait de quelques vers ambigus du chapitre trente-quatre de l'Enfer de la *Divine Comédie*, dans lequel le poète parle du géant Dite, enfoncé dans la glace à mi-corps, tout au fond du puits maudit.

Tandis que le vieux et riche lainier expliquait à l'artiste le sujet de la dispute, Léonard, clignant des yeux, regardait au loin dans la direction du quai Acciaioli d'où s'avançait d'un pas lourd et gauche un homme négligemment et pauvrement vêtu, voûté, osseux, avec une tête énorme couverte de durs cheveux noirs bouclés, une barbiche de bouc, des oreilles écartées, un visage plat à larges mâchoires. C'était Michel-Ange Buonarotti.

Ce qui accentuait sa laideur presque repoussante, c'était son nez, cassé et aplati par un coup de poing reçu dans sa jeunesse au cours d'une bataille avec un sculpteur rival, que les méchantes plaisanteries de Michel-Ange avaient exaspéré. Les prunelles jaunes de ses yeux avaient d'étranges reflets pourpres. Les paupières étaient enflammées, presque dépourvues de chair, et rouges par suite du travail de nuit durant lequel Buonarotti attachait une lanterne ronde à son front – ce qui le faisait ressembler à un cyclope.

— Eh bien ! messer, quel est votre avis ? demanda-t-on à Léonard.

Léonard espérait toujours que sa brouille avec Buonarotti se terminerait par la paix. Il n'avait plus pensé à celui-ci durant son absence de Florence et l'avait presque oublié.

Un tel calme et une telle clarté régnaient dans son cœur en cet instant, il était prêt à adresser de si conciliantes paroles à son rival, qu'il lui semblait impossible que Michel-Ange ne les comprît pas.

— J'ai entendu dire que messer Buonarotti était un grand connaisseur de Dante, répondit Léonard avec un sourire tranquille et poli, en désignant Michel-Ange. Il vous expliquera mieux que moi ce passage.

Michel-Ange, selon son habitude, marchait la tête baissée, sans regarder ni à droite ni à gauche, et ne s'aperçut de la réunion qu'en y arrivant tout proche. Entendant son nom prononcé par Léonard, il s'arrêta et leva les yeux.

Timide et craintif jusqu'à la sauvagerie, les regards des gens le troublaient, parce qu'il n'oubliait pas sa laideur et en souffrait beaucoup, croyant être la risée de tout le monde.

Pris au dépourvu, il se décontenança au premier instant, clignant de ses yeux effarés, grimaçant douloureusement sous les rayons du soleil et le regard des hommes. Mais lorsqu'il vit le clair sourire de son rival qui, involontairement, le toisait de haut en bas (Léonard étant beaucoup plus grand que Michel-Ange), sa timidité, comme cela lui arrivait souvent, se transforma en rage. Il ne put tout d'abord prononcer une seule parole. Son visage tantôt s'empourprait et tantôt blêmissait. Enfin, avec effort, il balbutia d'une voix étranglée :

— Explique toi-même ! L'honneur t'en revient, à toi le plus intelligent des hommes, vendu aux Lombards castrats, toi qui durant seize ans as couvé ton Colosse, n'as pas su le couler en bronze, et as dû renoncer à tout, à ta courte honte.

Il sentait qu'il disait ce qu'il ne devait pas dire, qu'il cherchait et ne trouvait pas de mots assez blessants pour humilier son rival.

Tous les regards étaient fixés sur eux.

Léonard se taisait. Et, durant quelques instants, silencieux tous deux, ils se dévisagèrent, l'un avec son sourire bienveillant teinté de tristesse, l'autre avec un rictus railleur qui rendait plus laide encore sa figure ingrate. Devant la vigueur rageuse de Buonarotti, le charme presque féminin de Léonard semblait de la faiblesse.

Vinci se souvint des paroles de monna Lisa disant que jamais son rival ne lui pardonnerait son « calme plus fort que la tempête ».

Michel-Ange ne trouvant plus quoi dire, dépité, eut un geste navré de la main et, se détournant vivement, s'éloigna de son pas lourd en marmonnant d'incompréhensibles paroles, la tête baissée et le dos voûté comme s'il portait sur ses épaules un énorme fardeau. Bientôt il disparut, pour ainsi dire fondu dans la poussière de la pluie rougie par le soleil.

Léonard continua son chemin.

Sur le pont, il fut rejoint par l'un des spectateurs de la scène, un petit homme vilain et remuant. L'artiste ne se souvenait ni de son nom ni de son état, mais il le savait être malveillant.

Le vent sur le pont avait redoublé, sifflait dans les oreilles, et piquait, glacial, le visage. Léonard suivait l'étroit passage sec, sans prêter attention à ce compagnon improvisé qui marchait près de lui dans la boue, ou frétillait comme un chien devant lui en lui parlant de Michel-Ange. Il était évident qu'il désirait saisir un mot de Léonard pour pouvoir le redire à son rival ou le colporter par la ville. Mais Léonard se taisait.

— Dites-moi, messer, insistait l'insupportable personnage, vous n'avez pas encore terminé le portrait de la Gioconda ?

— Non, pas encore, répondit l'artiste, fronçant les sourcils. Cela vous intéresse ?

— Non... seulement... quand on songe que depuis trois ans vous travaillez à ce tableau et que vous ne l'avez pas achevé... À nous autres, profanes, il nous semble déjà si parfait que nous ne pouvons nous figurer une œuvre plus finie !

Il sourit servilement.

Léonard le contempla avec dégoût. Cet homme malingre lui devint subitement tellement antipathique que s'il n'avait obéi qu'à son impulsion, il l'aurait saisi au collet et précipité dans la rivière.

— Que va-t-il advenir de ce portrait ? continuait l'agaçant personnage. Car, peut-être, ne savez-vous pas encore, messer Leonardo ?

Visiblement, il cherchait à traîner la conversation en longueur.

Et tout à coup l'artiste sentit, à travers son dégoût, s'infiltrer en soi une crainte terrible. L'autre également flaira quelque chose, car il devint encore plus souple, plus fuyant : ses mains tremblèrent, ses yeux se prirent à clignoter.

— Ah ! Seigneur Dieu ! En effet, vous n'êtes de retour à Florence que de ce matin. Figurez-vous quel malheur ! Pauvre messer Giocondo !... Il est veuf pour la troisième fois. Voici bientôt un mois que monna Lisa, de par la volonté de Dieu, a comparu...

Un voile noir glissa devant les yeux de Léonard. Un instant il crut qu'il allait tomber. Le petit homme le dévorait du regard.

Mais l'artiste fit sur lui-même un effort surhumain ; son visage à peine pâli resta impénétrable pour son interlocuteur qui, désillusionné et englué dans la boue, dut s'arrêter à la place Frescobaldi.

La première pensée de Léonard lorsqu'il reprit ses esprits fut que son compagnon l'avait trompé, qu'il avait exprès inventé cette nouvelle pour se rendre compte de l'impression et raconter par toute la ville, ensuite, des détails sensationnels sur la liaison amoureuse de Léonard et de la Gioconda.

La réalité de la mort, comme cela se produit toujours à la première minute, lui paraissait invraisemblable.

Mais le soir même il apprit tout. Revenant de Calabre, où messer Francesco avait très avantageusement traité ses affaires, dans la petite ville de Lagonero, monna Lisa était morte de la fièvre putride, disaient les uns, d'une contagieuse maladie de la gorge, disaient les autres.

VI

La malchance poursuivit Léonard. Le canal conduisant l'Arno vers Pise aboutit à une déconvenue. Les ingénieurs de Ferrare en rejetèrent toute la responsabilité sur Léonard. Puis ser Piero étant venu à mourir, Léonard, étant à court d'argent, vendit ses droits d'héritage à un usurier. Ses frères lui intentèrent un procès, amassant contre lui toutes les vieilles accusations de magie, d'impiété, de sodomie, de haute trahison, de vol de cadavres dans les cimetières. À tous ces ennuis vint s'ajouter l'insuccès du tableau de la salle du Conseil.

Sa lenteur d'exécution et son dégoût pour la promptitude exigée par la peinture à fresque étaient si fortement ancrés chez lui qu'en dépit de l'avertissement donné par la *Sainte Cène* Léonard décida de peindre quand même avec des couleurs à l'huile la bataille d'Anghiari. Le travail, à moitié achevé, il chercha à sécher les couleurs à l'aide de brasiers perfectionnés ; mais il dut bientôt se rendre compte que la chaleur n'influait que sur le bas du tableau et que le vernis de la partie supérieure gardait toujours sa moiteur. Après de nombreux et vains efforts, il dut se convaincre enfin que son second essai de peinture murale subirait le même sort que la *Sainte Cène*, et que de nouveau, comme l'avait dit Buonarotti, « il serait forcé de tout abandonner à sa courte honte ».

Son tableau de la salle du Conseil lui causa un dégoût plus grand que l'affaire du canal de Pise et son procès contre ses frères.

Soderini le tourmentait par ses comptes minutieux en le menaçant du dédit convenu, et, voyant l'inutilité de ses menaces, accusa ouvertement Léonard de détournement d'argent du Trésor.

Mais lorsque, ayant emprunté à tous ses amis, l'artiste voulut lui rendre toutes les sommes touchées, messer Piero refusa de les recevoir, et cependant circulait à Florence, dans toutes les mains, colportée par les amis de Buonarotti, la lettre du gonfalonier au chancelier de la République florentine à Milan, qui sollicitait les services de Léonard pour le compte du lieutenant du roi de France en Lombardie, le seigneur Charles d'Amboise.

« Les actes de Léonard ne sont pas honnêtes, disait la lettre. Ayant exigé à l'avance une forte somme, et ayant à peine commencé le travail, il a tout abandonné, agissant dans cette affaire comme un traître vis-à-vis de la République. »

Une nuit d'hiver, Léonard était assis seul dans sa chambre de travail. Après la journée écoulée en préoccupations de toutes sortes, il se sentait fatigué et brisé comme après une nuit de fièvre et de délire. Il tenta de s'occuper ; commença des calculs ; puis une caricature ; essaya de lire ; mais rien ne l'intéressait, l'insomnie persistait. Il écoutait les hurlements du vent et se souvenait des paroles de Machiavel : « Le plus terrible dans l'existence, ce ne sont ni les préoccupations, ni la pauvreté, ni le chagrin, ni la maladie, ni même la mort, mais l'ennui ! » Il se leva, prit une lumière, ouvrit la porte de la chambre voisine, entra, s'approcha du tableau posé sur le chevalet et recouvert d'une étoffe à plis lourds qu'il rejeta.

C'était le portrait de monna Lisa Gioconda.

Il ne l'avait pas regardé depuis la dernière séance et il lui semblait qu'il le voyait pour la première fois. Et il découvrit une telle puissance de vie dans ce visage qu'il en éprouva un malaise devant son œuvre. Il se souvint de la croyance superstitieuse concernant certains portraits envoûtés qui, percés à l'aide d'une aiguille, occasionnaient la mort du modèle. Pour lui, il avait agi en sens contraire, enlevant la vie à une vivante pour la donner à une morte.

Tout en elle était lumineux et exact. Il semblait qu'en la fixant attentivement on eût vu la poitrine se soulever, le sang battre sous les artères et l'expression du visage se transformer. Et en même temps elle était chimérique, lointaine et étrangère, plus antique dans son immortelle jeunesse que la base des rochers basaltiques qui formait le fond du portrait.

Seulement à ce moment, comme si la mort lui eût dessillé les yeux, il comprit que le charme de monna Lisa était ce qu'il avait cherché avec une si infatigable curiosité dans toute la nature. Et c'était elle, maintenant, qui l'éprouvait. Que voulait dire le regard de ces yeux, reflétant son âme à lui, à l'infini, comme un miroir un autre miroir ?

Répétait-elle ce qu'elle n'avait pas achevé de dire lors de leur dernière entrevue : « Il faut autre chose que la curiosité pour pénétrer les plus profonds et peut-être les plus merveilleux mystères de la caverne » ?

Ou bien était-ce l'indifférent sourire avec lequel les morts contemplent les vivants ?

Il savait que, s'il l'avait voulu, elle ne serait pas morte. Mais jamais il n'avait considéré la mort d'aussi près.

Sous le regard caressant et froid de Gioconda, une insupportable terreur glaçait son cœur.

Et pour la première fois dans sa vie, il recula devant l'infini, sans oser le scruter, sans vouloir savoir.

D'un mouvement rapide, il abaissa l'étoffe sur le portrait, comme on rejette un suaire.

Au début du printemps, sur les instances du seigneur d'Amboise, Léonard obtint un congé de trois mois et partit pour Milan.

Il était aussi heureux de quitter sa patrie, exilé éternel, que vingt-cinq ans auparavant lorsqu'il avait aperçu pour la première fois les Alpes neigeuses, au-dessus de la plaine lombarde.

15

LA SAINTE INQUISITION

1506-1513

« *Connaissez tout le monde, mais vous, que personne ne vous connaisse.* »

— BASILEUS LE GNOSTIQUE

I

Sur la demande pressante du seigneur Charles d'Amboise, l'artiste reçut de Sa Seigneurie florentine un congé illimité, et l'année suivante 1507, étant définitivement entré au service du roi de France, il s'installa à Milan, ne faisant plus que de rares voyages d'affaires à Florence.

Quatre ans s'écoulèrent.

Giovanni Beltraffio qui, à cette époque, était déjà considéré comme un maître habile, travaillait aux fresques de la nouvelle église de Saint-Maurice, appartenant au couvent de femmes, le Monasterio Maggiore, construit sur les ruines d'un ancien cirque romain et d'un temple de Jupiter. À côté, cachés par un mur très haut, se trouvaient le parc abandonné et le palais, jadis superbe, des seigneurs de Carmagnola.

Les nonnes louaient cette terre et cette maison à l'alchimiste Galeotto Sacrobosco et à sa nièce Cassandra, revenus depuis peu à Milan.

Peu après la première invasion française, et le pillage de la masure de monna Sidonia, ils avaient quitté la Lombardie et, durant neuf ans, avaient erré en Grèce, dans les îles de l'archipel, l'Asie Mineure, la Palestine et la Syrie. Des opinions étranges circulaient à leur sujet : les uns assuraient que l'alchimiste avait trouvé la pierre philosophale qui permettait de transformer l'étain en or ; d'autres, qu'il avait soutiré de très fortes sommes au *devâtdâr* de Syrie et, se les étant appropriées, s'était enfui ; d'autres encore, que monna Cassandra avait vendu son âme au diable pour découvrir un trésor caché dans le temple d'Astarté, en Phénicie ; d'autres enfin, qu'elle avait dévalisé à Constantinople un vieux marchand de Smyrne, prodigieusement riche, qu'elle avait charmé et enivré à l'aide de plantes maléfiques. Toujours était-il que, partis pauvres de Milan, ils y étaient revenus colossalement riches.

L'ancienne sorcière Cassandra, l'élève de Demetrius Chalcondylas, l'émule de monna Sidonia, s'était transformée, ou plutôt, feignait d'être une des plus respectueuses filles de l'Église. Elle observait sévèrement les offices et les jeûnes, et, par de généreux dons, avait acquis non seulement la protection des sœurs du Monasterio Maggiore, mais encore celle de l'archevêque.

Messer Galeotto vénérait toujours Léonard comme un maître et comme le dépositaire de la divine sagesse d'Hermès trismégiste.

L'alchimiste avait rapporté de ses voyages un grand nombre de livres rares datant du règne des Ptolémées et traitant de mathématiques. L'artiste lui empruntait ces livres qu'il envoyait prendre par Giovanni. Reprenant ses anciennes habitudes, Beltraffio, de plus en plus souvent, fréquenta chez les voisins de l'église Saint-Maurice, sous un prétexte ou sous un autre, en réalité uniquement pour voir Cassandra.

La jeune fille, aux premières entrevues, avait observé une certaine retenue, jouant à la païenne repentie, parlant de son désir de prendre le voile ; puis, peu à peu, convaincue qu'elle n'avait rien à craindre, elle redevint confiante. Maintenant elle vivait en ermite ; était ou semblait malade presque de façon continue ; passait son temps, en dehors des offices, dans une chambre retirée où elle ne laissait pénétrer personne : une grande salle sombre, à fenêtres ogivales, donnant sur le jardin abandonné et défendue des regards indiscrets par une muraille de cyprès. L'installation de ce refuge tenait du musée et de la bibliothèque. On y voyait des antiqués orientales, des tronçons de statues grecques, des divinités égyptiennes taillées dans le granit noir, les pierres sculptées des gnostiques portant l'inscription « *Abraxas* », des parchemins byzantins durs comme de l'ivoire, des tuiles d'argile couvertes d'inscriptions assyriennes, des livres de mages persans, reliés de fer, et des papyrus de Memphis, transparents et tendres comme des pétales de fleur. Elle racontait à Giovanni ses voyages, les merveilles qu'elle avait vues, la solennité des temples de marbre blanc abandonnés des fidèles et érigés sur des rocs noirs rongés par la mer sous des cieux éternellement bleus ; elle lui disait toutes les peines qu'elle avait endurées et les dangers qu'elle avait courus. Et, lorsqu'une fois il lui demanda ce qu'elle avait cherché dans ces voyages, pourquoi elle avait, endurant tant de tourments, amassé toutes ces antiquités, elle répondit par les mots de son père, Lugi Sacrobosco :

« Pour ressusciter les morts. »

Et dans ses yeux s'alluma une flamme qui rappela à Giovanni l'ancienne sorcière Cassandra.

Elle avait peu changé. Son visage était toujours étranger à la joie et à la douleur, impassible, comme celui des antiques statues. Et plus inéluctablement que dix ans auparavant, le charme de la jeune fille attachait à elle Giovanni, éveillant en lui la curiosité, la peur et la pitié.

Durant son voyage en Grèce, Cassandra avait visité le village natal de sa mère, Mistra, perdu près des ruines de Lacédémone, parmi les collines brûlées du Péloponnèse, et où, depuis un demi-siècle à peine, s'était éteint le dernier maître de la sagesse hellénique, Hémistos Pleuton. Là, elle réunit les fragments de ses œuvres inédites, ses lettres, les traditions redites par ses disciples fidèles. Elle raconta à Giovanni son séjour à Mistra, et elle lui répéta à nouveau la prophétie de Pleuton :

« Peu d'années après ma mort, au-dessus de toutes les nations et de toutes les tribus, resplendira une religion unique, et tous les hommes s'uniront en une même foi. » Et quand on lui demandait : « Laquelle ? » il répondait : « La foi de l'antique paganisme. »

— Plus d'un demi-siècle s'est écoulé depuis la mort de Pleuton, répliqua Giovanni. Et la prophétie ne s'est pas accomplie. Y croyez-vous véritablement encore, monna Cassandra ?

— Pleuton ne possédait pas la connaissance exacte, dit-elle avec calme. Il se trompait souvent, parce qu'il ignorait beaucoup de choses.

— Quelles choses ? interrogea Giovanni.

Et, subitement, sous le regard profond, scrutateur de Cassandra, il sentit son cœur défaillir.

En guise de réponse, elle prit sur une planche un vieux parchemin, la tragédie d'Eschyle, *Prométhée enchaîné*, et lut quelques strophes. Giovanni comprenait quelque peu le grec, et ce qu'il ne comprenait pas, elle le lui expliquait.

— Giovanni, ajouta-t-elle après un silence, as-tu entendu parler de l'homme qui, il y a dix siècles, ainsi que le philosophe Pleuton, rêvait de ressusciter les dieux morts, l'empereur Flavius Claudius Julien ?

— Julien l'Apostat ?

— Oui, celui qui, à ses ennemis galiléens et à soi-même, semblait un apostat, mais n'a pas osé l'être...

Elle s'arrêta, hésitant à achever sa pensée, puis ajouta tout bas :

— Si tu savais, Giovanni, si je pouvais tout te dire ! Mais non, il est trop tôt encore. Je ne te dirai que ceci : il existe un dieu, parmi les dieux olympiens, plus proche que tous les autres de ses frères ténébreux ; un dieu lumineux et sombre comme le crépuscule matinal, impitoyable et bienfaisant comme la mort, descendu sur la Terre et ayant donné aux mortels l'oubli mortel – feu nouveau du feu de Prométhée – dans son propre sang, dans l'enivrement du suc des vignes. Qui parmi les hommes, ô mon frère, comprendra et dira à l'univers que la sagesse du couronné de pampres est égale à celle du couronné d'épines ? As-tu compris de qui je parle, Giovanni ? Sinon, tais-toi, n'interroge pas, car en cela réside un mystère dont on ne peut encore parler.

Les derniers temps, Giovanni avait senti naître en lui une hardiesse de pensée qui lui était inconnue. Il ne craignait rien, parce qu'il n'avait rien à perdre. Il sentait que ni la foi de fra Benedetto ni la science de Léonard ne calmeraient ses tourments, ne résoudraient les doutes dont son âme se mourait. Seulement, dans les sombres prophéties de Cassandra, il croyait distinguer vaguement la plus terrible et l'unique voie de conciliation, et il l'y suivait avec une bravoure désespérée.

Ils devenaient chaque jour plus intimes.

Une fois, il lui demanda pourquoi elle ne dévoilait pas aux gens ce qui lui semblait la vérité.

— Tout n'est pas pour tous, répondit Cassandra. La confession des martyrs, comme le miracle, sont nécessaires aux foules, car seuls ceux qui ne croient pas meurent pour la Foi, pour la prouver aux autres et à eux-mêmes. Crois-tu que la mort de Pythagore aurait affirmé les vérités géométriques découvertes par lui ? La Foi complète est muette et son mystère est au-dessus de la confession, comme l'a dit le Maître : « Connaissez tout le monde, mais vous, que personne ne vous connaisse. »

— Quel maître ? demanda Giovanni.

Et il songea :

« Léonard pourrait le dire ; lui aussi connaît tout le monde et personne ne le connaît. »

— Le gnostique égyptien Basileus, répliqua Cassandra, en expliquant que le nom de gnostique, « initié », était donné aux grands maîtres des premiers siècles du christianisme pour lesquels la foi complète et la science complète ne formaient qu'un tout homogène.

La tristesse de Giovanni augmentait à ces récits et, en même temps, se calmait à l'idée que dix siècles avant lui des gens avaient souffert comme lui, s'étaient débattus contre *la dualité*, sombraient dans les mêmes contradictions et les mêmes tentations. Il y avait des moment où il s'éveillait de ces pensées, comme d'un long enivrement ou d'un délire. Et alors il lui semblait que monna Cassandra se vantait, qu'en réalité elle ne savait rien. La peur s'emparait de lui, il voulait fuir. Mais il était trop tard. La curiosité l'entraînait vers elle, et il sentait qu'il ne s'en irait pas avant d'avoir tout appris, qu'elle le sauverait ou qu'il se damnerait avec elle. À ce moment arriva à Milan le célèbre docteur en théologie, l'inquisiteur fra Giorgio da Cazale. Le pape Jules II, inquiet des rapports qui lui parvenaient sur l'extraordinaire propagation de la sorcellerie dans la province lombarde, l'y envoyait nanti de pleins pouvoirs. Les nonnes du couvent Maggiore et ses protecteurs au palais épiscopal avertirent monna Cassandra du danger qu'elle courait. Ils savaient bien qu'une fois entre les mains de l'inquisiteur aucune protection ne la sauverait, et ils décidèrent de la cacher en France, en Angleterre ou en Hollande.

Un matin, deux jours avant le départ de Cassandra, Giovanni causait avec elle dans la salle retirée du Palazzo Carmagnola.

Le soleil pénétrant dans la pièce, à travers les branches noires veloutées des cyprès, semblait pâle comme un clair de lune ; le visage de la jeune fille était particulièrement beau et impénétrable. À cet instant de la séparation, Giovanni sentit seulement combien elle lui était chère. Il lui demanda :

— Nous reverrons-nous encore ? Me révélerez-vous le suprême mystère dont vous m'avez parlé ?

Cassandra le regarda, muette, puis prit dans une cassette une pierre carrée d'un vert transparent. C'était la célèbre *Tabula Smaragdina*, la table d'émeraude, trouvée soi-disant dans une grotte près de Memphis entre les mains d'une momie d'hiérophante, dans lequel, selon la tradition, s'était incarné Hermès trismégiste, le dieu égyptien Osiris. L'émeraude portait gravé sur une des faces en lettres coptes et sur l'autre en vieux caractères grecs :

> *Le ciel en haut, le ciel en bas.*
> *Les étoiles en haut, les étoiles en bas.*
> *Tout ce qui est en haut est en bas.*
> *Si tu comprends gloire à toi !*

— Qu'est-ce que cela veut dire ? demanda Giovanni.

— Viens chez moi cette nuit, répondit Cassandra solennellement. Je te dirai tout ce que je sais moi-même, entends-tu, absolument tout. Et maintenant, selon la coutume, avant de nous séparer, vidons la dernière coupe fraternelle.

Elle prit un petit vase de grès bouché avec de la cire, en versa le contenu – un vin épais comme de l'huile, doré et rosé, répandant un étrange parfum – dans une antique coupe de chrysolithe portant ciselés sur les bords le dieu Dionysos et les bacchantes. Puis, s'approchant de la croisée, elle éleva la coupe comme pour une offrande. Sous les rayons pâles du soleil, dans la transparence des parois, les corps nus des bacchantes se rosirent de sang.

— Il était un temps, Giovanni, dit Cassandra encore plus bas, où je croyais que ton maître Léonard possédait la dernière, la plus haute sagesse, car son visage est si beau qu'il semble incarner le dieu olympien et le Titan des ténèbres. Mais maintenant je vois que lui aussi aspire et n'atteint pas, cherche et ne trouve pas, sait mais ne discerne pas. Il est le précurseur de celui qui le suit et qui est au-dessus de lui. Buvons ensemble, mon frère, cette coupe d'adieu en l'honneur de l'Inconnu que nous appelons tous deux : au dernier Réconciliateur.

Respectueusement, dévotieusement, comme si elle accomplissait un superbe mystère, Cassandra but la moitié de la coupe et la tendit à Giovanni.

— Ne crains rien, observa-t-elle, elle ne contient pas de charmes défendus. C'est un vin pur et sacré, fait des grappes de la vigne de Nazareth. C'est le sang le plus pur de Dionysos le Galiléen.

Lorsqu'il eut bu, elle lui posa tendrement ses deux mains sur les épaules et murmura très vite, insinuante :

— Viens ce soir si tu veux tout savoir, viens ; je te conterai un secret que je n'ai confié à personne, je te dévoilerai le dernier tourment et la dernière joie dans lesquels nous serons unis pour l'éternité, pareils au frère et à la sœur, à deux fiancés.

Et dans le rayon de soleil, pénétrant à travers les branches épaisses des cyprès, elle approcha de Giovanni son visage sévère, blanc comme le marbre, impassible sous l'auréole de ses cheveux noirs, vivants tels les serpents de Médée, ses lèvres rouges comme du sang, ses yeux jaunes comme de l'ambre.

Une terreur connue glaça le cœur de Beltraffio et il songea :
« La diablesse blanche ! »

À l'heure convenue, il se trouva devant la grille du Palazzo Carmagnola. La porte était fermée. Longtemps il frappa sans qu'on vînt lui ouvrir. Enfin, effrayé, il heurta à la porte du Monasterio Maggiore et apprit l'affreuse nouvelle : l'inquisiteur du pape Jules II, fra Giorgio da Cazale, était arrivé inopinément à Milan et de suite avait ordonné de se saisir de l'alchimiste Galeotto Sacrobosco et de sa nièce monna Cassandra.

Galeotto avait eu le temps de s'enfuir. Monna Cassandra se trouvait déjà dans les geôles de la Sainte Inquisition.

II

Zoroastro da Peretola ne mourut pas, mais ne se guérit pas non plus des suites de sa chute survenue lorsqu'il essayait ses ailes. Pour toute son existence il resta infirme. Il avait désappris de parler, marmonnait des mots bizarres que seul le maître savait comprendre. Ou bien il rôdait par la maison, balancé sur ses béquilles, énorme, difforme, hérissé, pareil à un oiseau malade. Il écoutait les conversations, cherchant à deviner ; ou bien, assis dans un coin, ne prêtant attention à personne, il enroulait du fil sur des bobines, rabotait des planches, ou encore, durant des heures entières, avec un sourire béat, agitant ses bras ainsi que des ailes, il ronronnait une chanson – toujours la même ; puis contemplant le maître, se prenait à pleurer. À ces moments, il semblait si pitoyable que Léonard se détournait et sortait. Mais il n'avait pas le courage de se séparer d'Astro. Jamais il ne l'abandonnait, il s'inquiétait de lui, lui envoyait de l'argent et, à peine installé quelque part, le prenait dans sa maison.

Les années se suivaient et cet infirme était comme le vivant reproche, l'éternelle raillerie des efforts de Léonard pour doter d'ailes l'humanité.

Il ne plaignait pas moins un autre de ses élèves, celui peut-être qui était le plus proche de son cœur, Cesare da Sesto.

Ne se contentant pas d'imiter, Cesare voulait être lui-même. Mais le maître l'anéantissait, l'absorbait. Pas assez faible pour se soumettre, pas assez fort pour triompher, Cesare se tourmentait, s'envenimait, et ne parvenait jusqu'à la fin ni à se sauver ni à se perdre. Ainsi que Giovanni et Astro, il était infirme, ni vivant ni mort, simplement un de ceux que Léonard avait gâtés en leur « jetant un sort ».

Andrea Salaino prévint Léonard de la correspondance secrète de Cesare avec les élèves de Raphaël Sanzio qui travaillait aux fresques du Vatican, auprès du pape Jules II. Parfois il semblait au Vinci que Cesare préparait une trahison.

Mais plus dangereuse que les trahisons était la fidélité zélée de ses amis.

Sous le nom d'Accademia *di Leonardo*, se fonda à Milan une école de jeunes peintres lombards, en partie élèves du Vinci, s'imaginant qu'ils suivaient les traces du grand maître. De temps à autre il observait l'éclosion de ces multiples disciples, et parfois un sentiment de dégoût s'élevait en lui en voyant tout ce qui était sacré pour lui devenir la proie de la foule : le visage du Christ de la *Sainte Cène* trahi, le sourire de la Gioconda impudiquement dévoilé.

Une nuit d'hiver, assis dans sa chambre, il écoutait les sifflements et les râles du vent, tout comme le jour où il avait appris la fin de Gioconda. Il pensait à la mort.

Tout à coup on frappa à la porte. Il se leva et ouvrit. Devant lui apparut un jeune homme de dix-huit ans, aux yeux bons et gais, les joues rosies par le froid, des étoiles de neige fondant dans ses cheveux roux.

— Messer Leonardo ! s'écria l'adolescent. Me reconnaissez-vous ?

Léonard le contempla et subitement se souvint de son petit ami de Vaprio : Francesco Melzi.

Il l'embrassa paternellement.

Francesco lui conta qu'il venait de Bologne où son père s'était réfugié lors de l'invasion française de 1500. Malade depuis de longues années, il s'était éteint dernièrement, et Francesco était parti à la recherche de Léonard, se souvenant de sa promesse.

— Quelle promesse ?

— Comment ? Vous avez oublié ? Et moi, pauvre, qui espérais le contraire. Remémorez-vous, maître : c'était à la veille de notre séparation, au village de Mandello, près du lac Locco, au pied du mont Campione. Nous descendions dans une mine abandonnée.

— Oui, oui ! je me souviens ! s'écria joyeusement Léonard.

— Je sais, messer Leonardo, que je ne vous suis pas utile. Mais je ne vous gênerai pas. Ne me chassez pas. Au fond qu'importe ! je ne partirai pas. Faites de moi ce que vous voudrez – je ne vous quitterai jamais.

— Mon enfant chéri ! murmura Léonard.

Et sa voix trembla.

De nouveau il l'embrassa, et Francesco se blottit contre sa poitrine avec la même tendre confiance que lorsque Léonard le portait sur ses bras, tout petit garçon, en descendant l'escalier rapide de la mine abandonnée.

III

Depuis que l'artiste avait quitté Florence, en 1507, il avait été nommé peintre de la cour du roi de France, Louis XII. Mais ne recevant pas d'appointements, il était forcé de compter sur les faveurs du hasard. Souvent on l'oubliait, et il ne savait pas attirer l'attention sur lui, car il travaillait toujours plus lentement à mesure qu'il avançait en âge. Comme auparavant, toujours nécessiteux et toujours embrouillé dans les questions d'argent, il empruntait à tout le monde, même à ses élèves, et sans payer ses anciennes dettes, s'en créait des nouvelles. Il écrivait au seigneur d'Amboise et au trésorier Florimond Robertet des lettres aussi humbles que jadis à Ludovic le More. Dans les antichambres, parmi une foule de solliciteurs, il attendait patiemment son tour, quoique avec la vieillesse les escaliers d'autrui lui parussent de plus en plus raides, le pain d'autrui plus amer. Il se sentait aussi inutile au service des rois qu'à celui du peuple – partout et toujours étranger. Tandis que Raphaël, profitant de la générosité du pape, de malheureux était devenu riche patricien romain, que Michel-Ange amassait une fortune, Léonard restait l'errant sans abri, ne sachant où poser sa tête pour mourir.

Ces dernières années, il ressentait une grande fatigue des variations continuelles de la politique. Élever des arcs triomphaux ou arranger les ailes mécaniques des anges en bois l'ennuyait. Il lui semblait que l'heure du repos était venue.

Il prit la résolution de quitter Milan et de s'engager au service des Médicis.

Quelques jours avant son départ de Milan, la nuit même où furent brûlés cent trente sorciers et sorcières, les moines de l'abbaye de San Francesco trouvèrent dans la cellule de fra Benedetto l'élève de Léonard, Giovanni Beltraffio, étendu sur le sol sans connaissance. Évidemment, c'était un accès semblable à celui qui l'avait atteint quinze ans auparavant, lors de la mort de Savonarole. Mais cette fois Giovanni guérit vite ; seulement, parfois, dans ses yeux indifférents, sur son visage étrangement impassible, presque mort, se lisait une expression qui inspirait plus de crainte à Léonard que son ancienne maladie.

Conservant toujours l'espoir de le sauver en l'éloignant de sa personne, de son « mauvais œil », le maître lui conseillait de rester à Milan près de fra Benedetto, jusqu'à son complet rétablissement. Mais Giovanni le supplia de ne pas l'abandonner, de le prendre avec lui à Rome, avec une telle insistance, un tel désespoir doux que Léonard ne sut pas lui refuser.

Les troupes françaises approchaient de Milan. La populace se révoltait. Il n'y avait pas de temps à perdre.

Comme jadis lorsqu'il quittait Laurent de Médicis pour aller chez le More, le More pour César, César pour Soderini, Soderini pour Louis XII, Léonard maintenant se rendait auprès de son nouveau protecteur, Julien de Médicis, avec une résignation ennuyée, continuant, éternel errant, ses voyages sans espoir.

« Le 23 septembre 1513 – inscrivait-il méticuleusement dans son journal – j'ai quitté Milan pour Rome, avec Francesco Melzi, Salaino, Cesare, Astro et Giovanni. »

16

LÉONARD DE VINCI, MICHEL-ANGE ET RAPHAËL

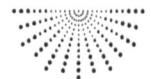

1513-1515

« *La patience pour les outragés est comme le vêtement de ceux qui grelottent ; à mesure que le froid augmente, habille-toi plus chaudement et tu ne sentiras pas le froid. Ainsi, au moment des grands outrages, augmente ta patience et l'offense n'atteindra pas ton âme ("ingiurie offendere non ti potranno la tua mento").* »

— LEONARD DE VINCI

I

$\mathcal{L}$E pape Léon X, fidèle aux traditions des Médicis, avait su se poser en grand protecteur des sciences et des lettres. Après avoir appris sa nomination, il dit à son frère Julien : « Jouissons du pouvoir auguste, puisque Dieu nous l'a accordé. »

Et son bouffon favori, le moine fra Mariano, avec une dignité philosophique, ajouta :

— Vivons pour notre bon plaisir, Saint-Père, car tout le reste ne compte pas !

Et le pape s'entoura de poètes, de musiciens, de peintres et de savants.

Lorsque François Ier, après sa victoire sur le pape, exigea de lui en cadeau la statue nouvellement découverte de Laocoon, Léon X déclara qu'il se séparerait plutôt d'une relique que de ce chef-d'œuvre.

Le pape aimait ses savants et ses artistes, mais il aimait davantage encore ses bouffons. Il dépensait des sommes fantastiques pour des festins, mais se distinguait par une grande sobriété, étant atteint d'une affection stomacale. Cet épicurien souffrait d'une maladie incurable, une fistule purulente. Son âme, ainsi que son corps, était dévorée par une plaie secrète : l'ennui, un ennui dont rien ne pouvait le distraire.

En politique seulement, il retrouvait son véritable tempérament : il était aussi froidement cruel et aussi parjure qu'Alexandre Borgia.

Quelques jours après son arrivée à Rome, Léonard attendait son tour d'audience au Vatican en écoutant le récit des prouesses du nain Baraballo, nouvellement envoyé des Indes à Sa Sainteté.

— Savez-vous, messer, murmura à l'oreille du peintre son voisin de banquette qui, depuis deux mois, n'avait pu encore obtenir d'audience, savez-vous qu'il existe un moyen de se faire recevoir incontinent par Sa Sainteté ? Il n'y a qu'à se déclarer bouffon.

Léonard ne suivit pas ce bon conseil et de nouveau, sans avoir été reçu, se retira.

Depuis quelque temps, l'artiste était assailli par d'étranges pressentiments, qui lui semblaient inexplicables. Les préoccupations matérielles, son insuccès à la cour de Léon X et de Julien de Médicis ne le tourmentaient pas, il y était dès longtemps habitué. Et cependant une inquiétude angoissante s'emparait de lui. Particulièrement en cette soirée ensoleillée d'automne, en revenant du Vatican, son cœur se serrait comme à l'approche d'une grande douleur.

En rentrant chez lui, il trouva Astro occupé à raboter des planchettes, et, selon son habitude, il se balançait en psalmodiant sa chanson triste.

Le cœur de Léonard se crispa davantage.

— Qu'as-tu, Astro ? demanda-t-il tendrement en posant sa main sur la tête de l'infirme.

— Rien, répondit le mécanicien en fixant sur le maître un regard scrutateur, presque raisonnable et même malin. Moi, je n'ai rien. Mais voilà, Giovanni... Après tout, il est mieux ainsi. Il s'est envolé...

— Que dis-tu, Astro ? Où est Giovanni ? murmura Léonard.

Sans prêter attention au maître, l'infirme se remit à l'ouvrage.

— Astro, insista Léonard en lui prenant la main. Je te prie, mon ami, souviens-toi : que voulais-tu dire ? Où est Giovanni ? J'ai besoin de le voir de suite. Où est-il ?

— Mais ne le savez-vous donc pas ? Il est là-haut. Il s'est envolé... éloigné...

Astro cherchait le mot, mais le son n'existait plus dans sa mémoire. Cela lui arrivait souvent. Il mélangeait des sons différents, même des mots entiers, employant l'un pour l'autre.

— Vous ne savez pas ? répéta-t-il tranquillement. Eh bien ! Allons. Je vous le montrerai. Seulement ne vous effrayez pas. Il est mieux ainsi.

Il se leva et, se balançant disgracieusement sur ses béquilles, il précéda Léonard.

Ils montèrent au grenier.

La chaleur y était étouffante par suite de l'échauffement des tuiles par le soleil. À travers la lucarne filtrait un rayon de soleil rouge et poussiéreux. Lorsqu'ils entrèrent, une bande de pigeons effarés s'envola à grand bruit d'ailes.

— Voilà, dit toujours tranquillement Astro en désignant le fond sombre du grenier.

Et Léonard aperçut, sous l'une des solives, Giovanni debout, raidi en une pose de statue, étrangement grandi et fixant sur lui des yeux démesurément ouverts.

— Giovanni ! cria le maître.

Puis il pâlit et sa voix se brisa.

Il se précipita vers lui, et voyant son visage convulsé lui prit la main. Elle était glacée. Le corps se balança, il était pendu à une forte corde de soie – telle qu'en employait le maître pour sa machine volante – attachée à un crochet de fer nouvellement vissé dans la poutre.

Astro s'approcha de la lucarne et regarda.

La maison se trouvait sur une hauteur et dominait les toits, les tours et les clochers de Rome, la campagne pareille à une mer d'un vert trouble sous les rayons du soleil couchant, avec de-ci de-là la ligne brisée des aqueducs romains, les monts Albano, Frascati, Rocca di Papa, et le ciel où se poursuivaient les hirondelles.

Astro regardait en clignant des yeux et un sourire béat sur les lèvres, il se balançait, agitait les bras comme des ailes et chantait sa chanson triste.

Léonard voulut fuir, appeler au secours, mais il ne put, pétrifié par l'horreur entre ses deux élèves – le mort et le dément.

Quelques jours plus tard, en examinant les papiers de Beltraffio, Léonard trouva son journal et le lut attentivement :

« La Diablesse blanche – toujours et partout. Qu'elle soit maudite ! Le dernier mystère – le Christ et l'Antéchrist ne font qu'un. Le ciel en haut, le ciel en bas. Non, cela ne peut être ; mieux vaut la mort. Je remets mon âme entre tes mains, Seigneur, afin que tu me juges. »

Le journal de Giovanni se terminait sur ces mots, et Léonard comprit qu'ils avaient dû être écrits le jour même du suicide de Giovanni.

II

Après la mort de Giovanni, le séjour à Rome devint pénible à Léonard. L'incertitude, l'attente, l'inaction forcée l'énervaient. Ses livres, ses machines, ses essais, sa peinture le dégoûtaient.

Léon X, pour se défaire de Léonard qu'il n'avait pu encore recevoir, lui demanda de perfectionner la frappe de la monnaie papale. Ne dédaignant aucun ouvrage, fût-il le plus modeste, l'artiste exécuta cette commande dans la perfection, inventant une machine telle que les pièces de monnaie, inégales avant, sortaient irréprochablement rondes.

À ce moment, par suite de ses anciennes dettes, l'état de ses affaires était tellement piteux que la plus grande partie de ses appointements servait à payer les intérêts. Sans l'aide de Francesco Melzi, qui avait hérité de son père, Léonard aurait été réduit à la misère.

Durant l'été de 1514, il fut atteint de la malaria. C'était la première maladie sérieuse de son existence. Mais il n'admit pas de docteur auprès de lui et refusa tout médicament. Seul Francesco le soignait, et chaque jour davantage Léonard s'attachait à lui ; il estimait son amour simple et sincère qui faisait voir en lui au maître l'ange gardien de sa vieillesse.

L'artiste sentait qu'on l'oubliait et faisait parfois de vains efforts pour attirer l'attention.

Enfin, cédant aux prières de son frère Julien de Médicis, Léon X commanda à Léonard un petit tableau. Selon son habitude, remettant de jour en jour l'ouvrage, l'artiste s'occupa d'essais préparatoires de perfectionnement de couleurs, d'inventions de nouveaux vernis.

En apprenant ces tâtonnements, Léon X s'écria avec un feint désespoir :

— Hélas ! cet original ne fera jamais rien, car il songe à la fin avant d'entreprendre le commencement.

Les courtisans colportèrent la réflexion. L'arrêt de Léonard était prononcé. Léon X, grand connaisseur en matière d'art, avait exprimé sa condamnation. Pietro Bembo, Raphaël, le nain Baraballo et Michel-Ange pouvaient reposer en toute quiétude sur leurs lauriers : leur redoutable adversaire était anéanti.

Comme se donnant le mot, tout le monde se détourna de lui, l'oublia, comme on oublie les morts.

Léonard apprit impassiblement la réflexion du pape : il l'avait prévue et ne s'attendait à rien d'autre. Le soir même il écrivit dans son journal :

« La patience pour les outragés est comme le vêtement de ceux qui grelottent ; à mesure que le froid augmente, habille-toi plus chaudement et tu ne sentiras pas le froid. Ainsi, au moment des grands outrages, augmente ta patience et l'offense n'atteindra pas ton âme. »

III

Le premier jour de janvier 1515, le roi de France Louis XII mourut. Ne laissant pas d'enfants du sexe masculin, la couronne échut à son plus proche parent, le mari de sa fille Claude de France, le fils de Louise de Savoie, le duc d'Angoulême, François de Valois, qui prit le nom de François Ier.

Dès son avènement au trône, le jeune roi entreprit la campagne qui avait pour but la conquête de la Lombardie. Avec une rapidité étonnante, il traversa les Alpes, franchit le col d'Argentières, et inopinément se trouva en Italie ; gagnant la bataille de Marignan, déposant Moretto, il se présenta en triomphateur à Milan.

À ce moment, Julien de Médicis se réfugiait en Savoie.

Voyant qu'il ne pourrait rien faire à Rome, Léonard se décida à tenter la chance auprès du nouveau roi et se rendit à Pavie, où se tenait la cour de François Ier.

Là, les vaincus organisaient des fêtes en l'honneur des vainqueurs. En sa qualité d'ancien mécanicien ducal, on pria Léonard d'y participer. Il construisit un lion automatique qui, traversant la salle, se dressa devant le roi sur ses pattes de derrière et, ouvrant sa poitrine, en laissa tomber, aux pieds de Sa Majesté, des lis blancs de France.

Ce jouet servit plus la gloire de Léonard que toutes ses œuvres et ses autres inventions.

François Ier conviait à son service les artistes et les savants italiens. Le pape ne voulant céder ni Raphaël ni Michel-Ange, François Ier s'adressa à Léonard, lui proposant sept cents écus de traitement et le petit château du Cloux, en Touraine, près de la ville d'Amboise, entre Tours et Blois.

Léonard consentit et, à soixante-quatre ans, éternel exilé, sans regretter son ingrate patrie, suivi de son vieux serviteur Villanis, de sa servante Mathurine, de Francesco Melzi et de Zoroastro da Peretola, au début de l'année 1516 il quitta Milan pour la France.

IV

La route, à cette époque, était pénible ; à travers le Piémont, jusqu'à Turin, elle longeait la vallée de Doria Riparia, affluent du Pô, puis coupait le chemin du col de Fréjus, le mont Thabor et le mont Cenis. Les mules, secouant leurs grelots, grimpaient un étroit sentier. En bas, dans la vallée, le printemps s'annonçait ; en haut l'hiver régnait encore. Dans le pâle ciel matinal, la masse neigeuse des Alpes brillait comme éclairée par un feu intérieur.

À un tournant de la route, Léonard mit pied à terre. Il voulait voir les montagnes de plus près. Les guides lui indiquèrent un chemin de traverse plus ardu encore que celui des mules, et, aidé de Francesco, il en résolut l'ascension.

Lorsque le bruit des grelots eut cessé, un calme imposant les environna : ils n'entendaient plus que les battements de leur cœur et, de temps à autre, le grondement sourd des avalanches, pareil au grondement du tonnerre, répété par l'écho.

Ils grimpaient toujours plus haut et plus haut. Léonard s'appuyait sur le bras de Francesco.

— Regardez, regardez, messer Leonardo, s'écria le jeune homme en désignant le précipice sous leurs pieds. Voici de nouveau la vallée de Doria

Riparia ! C'est probablement pour la dernière fois. Nous ne la verrons plus. Là-bas, voilà la Lombardie – l'Italie, ajouta-t-il plus bas.

Ses yeux brillèrent, joyeux et tristes à la fois.

Il répéta plus bas encore :

— Pour la dernière fois...

Le maître regarda l'endroit que lui désignait Francesco, là où se trouvait la patrie, et son visage resta impassible. Silencieux, il se détourna et, de nouveau, se reprit à monter vers les cimes des neiges éternelles, les glaciers du mont Thabor, du mont Cenis et du Rocchio Melone.

Sans se soucier de la fatigue, il marchait maintenant si vite que Francesco, qui s'était arrêté, ne parvenait pas à le rejoindre.

— Où allez-vous, maître ? criait-il. Ne voyez-vous pas ? Il n'existe plus de sentier. On ne peut monter plus haut. Il y a un précipice. Prenez garde !

Mais Léonard, sans l'écouter, montait toujours, se riant des vertigineux abîmes.

Et, devant ses yeux, les masses glacées s'élevaient, tel un mur géant dressé par Dieu entre les deux mondes. Elles l'appelaient à elles, l'attiraient, comme si derrière elles se cachait le dernier mystère, l'unique, que désirait ardemment sa curiosité. Chères et désirées, quoique séparées de lui par des abîmes infranchissables, elles lui semblaient proches au point de les atteindre avec la main et le considéraient comme les morts doivent considérer les vivants – avec un éternel sourire semblable à celui de la Joconde.

Le visage pâle de Léonard s'illuminait de la pâleur des glaciers. Il leur souriait. Et, en regardant ces énormes blocs de glace debout dans le ciel froid, il songeait à la Joconde et à la mort, comme un tout indivisible.

17

LA MORT. — LE PRÉCURSEUR AILÉ

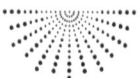

1516-1519

« *Pareil aux anges, tu as des ailes.* »

— INSCRIPTION SUR L'ICÔNE DE SAINT JEAN-
BAPTISTE

I

Au cœur même de la France, dominant la Loire, se trouvait le château royal d'Amboise. Le soir, au crépuscule, se reflétant dans le fleuve désert, blanc crème et vert pâle, il paraissait léger comme une apparition, vaporeux comme un nuage. De la tour, la vue s'étendait sur un bois de chênes, sur des prés, sur les rives de la Loire, transformées au printemps en de vastes champs de pavots rouges et de lin bleu. Cette vallée embrumée rappelait la Lombardie, comme l'eau verte de la Loire rappelait l'Adda, avec cette différence que l'une était impétueuse et jeune, et l'autre, calme, lente, fatiguée et vieille.

Au pied du château se pressaient les chaumières d'Amboise, toits pointus couverts d'ardoise noire, scintillante au soleil, et parmi eux des hautes cheminées de briques.

Dans les rues tortueuses tout respirait l'Antiquité.

Au-dessous des corniches et des linteaux, dans les encoignures des croisées, se voyaient, taillés dans la pierre blanche, de gros moines réjouis ramassés sur leurs jambes, de jeunes clercs, de graves docteurs à épaulières à l'expression préoccupée et concentrée. Les mêmes visages se rencontraient dans les rues de la ville : tout respirait le bourgeois cossu, soigneux, parcimonieux, froid et dévot.

Lorsque le roi arrivait à Amboise pour chasser, la ville s'animait : les rues s'emplissaient d'aboiements, de sons de cors ; les vêtements des seigneurs de la cour y mettaient un scintillement inaccoutumé ; la nuit, du château parvenaient des airs de danses et les murs se pourpraient à la lueur des torches.

Mais le roi parti de nouveau, la petite ville se replongeait dans son silence ; durant la semaine elle semblait morte, et ne s'éveillait que le dimanche à l'heure de la grand'messe ou les soirs d'été durant lesquels les enfants organisaient des rondes. Et lorsque la chanson se taisait, régnait un silence profond, troublé seulement par le son métallique de l'horloge sonnant les heures, au-dessus de la tour de l'Horloge, et les cris des cygnes sauvages sur les bancs de sable de la Loire qui reflétait, unie tel un miroir, le ciel d'un bleu vert.

À dix minutes du château, sur le chemin du moulin Saint-Thomas, se trouvait un tout petit castel, le Cloux, ayant appartenu jadis à l'armurier du roi Louis XII.

Une haute haie l'entourait d'un côté, de l'autre une petite rivière. Droit devant la maison s'étendait une pelouse ; un pigeonnier émergeait entre les ifs et les noisetiers, dont l'ombre faisait paraître l'eau immobile comme l'eau d'un étang. Le sombre feuillage des marronniers et des ormes formait un fond propice au château de brique rose et de pierre blanche encadrant les croisées et les portes ogivales. Ce petit bâtiment à toit pointu et à tour octogonale tenait de la villa campagnarde et de la maison de ville. Reconstruit quarante ans auparavant, il semblait encore neuf, gai et hospitalier.

Tel était ce petit castel dans lequel François Ier installa Léonard de Vinci.

II

Le roi reçut affablement l'artiste, causa longuement avec lui de ses travaux passés et de ses projets futurs, l'appelant respectueusement « Mon père » et « Maître ».

Léonard proposa de reconstruire le château d'Amboise et d'établir un énorme canal qui devait transformer les marais de Sologne en un florissant jardin, réunir la Loire à la Saône près de Mâcon et, traversant Lyon – le cœur de la France –, rattacher la Touraine à l'Italie, ouvrant ainsi une nouvelle voie de l'Europe septentrionale à la mer Méditerranée.

Le roi approuva fort le projet de ce canal, et dès son arrivée à Amboise l'artiste explora le pays.

Tandis que François Ier chassait, Léonard étudiait le terrain de la Sologne près de Romorantin, le courant des affluents de la Loire et du Cher, calculait le niveau des eaux, composait des dessins et des cartes.

Errant dans la région, il s'arrêta un jour à Loches. Là se trouvait un vieux château dans le donjon duquel pendant huit ans avait été incarcéré l'infortuné duc de Lombardie, Ludovic le More.

Le vieux geôlier raconta à Léonard comment, caché dans une charrette sous un tas de paille, Ludovic avait tenté de fuir ; mais, ignorant les chemins, il s'était égaré dans le bois et, le lendemain matin, rejoint par les traqueurs, il avait été découvert par les chiens de chasse dans un buisson.

Le duc de Milan avait passé ses dernières années en des réflexions morales, alternées de prières et de lectures, particulièrement de la *Divine Comédie* du Dante. À cinquante ans, il paraissait déjà un vieillard. Seulement, lorsque parvenaient jusqu'à lui les nouvelles des changements politiques, dans ses yeux s'allumait l'ancienne flamme.

Le 17 mai 1508, après une courte maladie, il s'était doucement éteint.

Quelques mois avant sa mort, Ludovic s'était découvert une distraction : il avait sollicité des couleurs et des pinceaux et entrepris de peindre les murs et les plafonds de sa prison.

Sur les murs écaillés par l'humidité, Léonard retrouva quelques traces de ces peintures : des ornements compliqués, des étoiles, des rosaces, et une tête de guerrier romain avec cette inscription en langue française estropiée : *Je porte en prison pour ma devise que je m'arme de pacience par force de peines que l'on me fait porter.*

Une autre inscription en lettres de trois coudées s'étalait sur le plafond, plus incorrecte encore : *Celui qui – net pas contan.*

En lisant ces pitoyables inscriptions, en examinant ces dessins maladroits, l'artiste se souvenait de Ludovic le More admirant avec un bon sourire les cygnes qui voguaient dans les fossés du palais de Milan.

« Qui sait ? songea Léonard, cet homme portait peut-être en soi l'amour de la beauté qui l'excusera au jugement suprême ? »

Méditant sur le sort malheureux du duc, il se souvint des récits rapportés par un voyageur espagnol au sujet de la mort de son autre protecteur, César Borgia. Le successeur d'Alexandre VI, Jules II, avait traîtreusement livré César à ses ennemis. Emmené en Castille et incarcéré dans la tour Medina del Campo, César s'était enfui avec une adresse et un courage incroyables, descendant à l'aide d'une corde d'une hauteur vertigineuse. Les geôliers eurent le temps de couper la corde. Il tomba, se blessa sérieusement, mais conserva assez de présence d'esprit pour, revenu à lui, ramper jusqu'aux chevaux préparés par ses complices et s'enfuir au galop. Puis, ayant gagné Pampelune, il s'était présenté à la cour de son beau-frère, le roi de Navarre, et avait pris du service comme condottiere.

À la nouvelle de la fuite de César, la terreur se répandit en Italie. Le pape tremblait. On mit la tête du duc au prix de dix mille ducats.

Durant l'hiver 1507, dans une rencontre avec les mercenaires du comte de Beaumont, après avoir pénétré dans les rangs de l'ennemi, César, abandonné de ses hommes, fut traqué comme un fauve dans un ravin, et là, se défendant avec une vaillance désespérée, il était tombé, frappé de plus de vingt coups. Les mercenaires, tentés par ses armes et ses vêtements, après l'en avoir dépouillé, le laissèrent entièrement nu et expirant. La nuit, sortant du fort, les Navarrais l'avaient trouvé, mais sans pouvoir vraiment le reconnaître. Enfin, le petit page Juanito, retrouvant son seigneur, se jeta sur son cadavre, l'embrassant et sanglotant – il aimait César.

Le visage du mort, tourné vers le ciel, était superbe : il semblait qu'il avait dû expirer comme il avait vécu – sans peur et sans remords.

La duchesse de Ferrare, madonna Lucrezia, pleura jusqu'à la fin de ses jours son frère bien-aimé.

Les sujets du duc de Romagne, les bergers à demi sauvages et les agriculteurs des Apennins conservèrent également de lui un tendre souvenir. Longtemps, ils se refusèrent à croire qu'il était mort et l'attendaient comme un libérateur, un dieu, espérant que tôt ou tard ils le reverraient, renversant les tyrans et défendant le peuple.

Comparant la vie de ces deux hommes, Ludovic et César, à la sienne propre. Léonard la trouvait plus salutaire et ne maudissait pas sa destinée.

III

Comme presque tous les projets de Léonard, le projet de la reconstruction du château d'Amboise et celui du canal de Sologne n'aboutirent pas.

Convaincu par des conseillers raisonnables de l'irréalisation des projets trop hardis de Léonard, le roi peu à peu s'en désintéressa et bientôt les oublia. L'artiste comprit qu'en dépit de toute son affabilité il ne devait attendre de François Ier rien de plus que de Ludovic, de César, de Soderini, de Léon X et de Médicis. Son dernier espoir d'être compris, de donner aux gens une petite partie de sa science, de ce qu'il avait amassé durant sa vie, ce dernier espoir le trahissait. Il décida de se renfermer en lui-même et de renoncer à toute action.

Au début du printemps 1517, Léonard revint au château de Cloux, malade, miné par la fièvre des marais. En été un mieux sensible se produisit, mais c'en était fait de sa santé.

L'artiste commença un étrange tableau.

À l'ombre de hauts rochers, parmi des plantes fleuries, un dieu couronné de raisin, les cheveux longs, efféminé, le visage pâle et langoureux, drapé dans une peau de daim, tenant un thyrse dans ses mains, les jambes croisées, écoutait, la tête inclinée, un sourire énigmatique sur les lèvres.

Dans la cassette de Beltraffio, Léonard avait trouvé une améthyste sculptée – probablement un cadeau de monna Cassandra – représentant Dionysos. À cette pierre étaient joints les vers d'Euripide : *Les Bacchantes*, traduits du grec et copiés par Giovanni. À plusieurs reprises Léonard relut ces fragments.

« Ô étranger, disait ironiquement Penthée au dieu méconnu, tu es superbe et possèdes tout ce qu'il faut pour fasciner les femmes : tes cheveux longs encadrent ton visage langoureux ; tu te caches du soleil comme une vierge et gardes dans l'ombre la fraîcheur de ta peau, afin de séduire Aphrodite. »

Le chœur des Bacchantes, en opposition au roi irrespectueux, louait Bacchus « le plus terrible et le plus miséricordieux entre les dieux, donnant aux mortels l'ivresse de la joie parfaite ».

Sur les mêmes feuillets, à côté des vers d'Euripide, Giovanni avait inscrit des passages du Cantique des Cantiques : « Buvez et enivrons-nous, bien-aimés. »

Laissant Bacchus inachevé, Léonard commença un tableau plus étrange encore : saint Jean-Baptiste. Il y travaillait avec un tel acharnement et une telle rapidité qu'on aurait pu croire que ses jours étaient comptés, que chaque jour diminuait ses forces et qu'il avait hâte de dévoiler son plus secret mystère, celui que, durant toute sa vie, non seulement il n'avait confié à personne, mais qu'il n'avait même pas osé s'avouer.

En quelques mois le travail était assez avancé pour permettre de deviner la pensée de l'artiste. Le tableau représentait cette grotte obscure excitant la peur et la curiosité, et dont il avait souvent entretenu monna Lisa. Mais cette obscurité qui, tout d'abord, paraissait impénétrable, au fur et à mesure qu'on la contemplait devenait plus transparente, et les ombres les plus noires conservant leur mystère se fondaient avec le jour le plus clair, glissaient et s'anéantissaient en lui, comme une fumée, ou bien comme le son d'une lointaine musique. Et semblable au miracle, mais plus réel que tout ce qui puisse en approcher, plus vivant que la vie même, ressortaient de cette obscurité le visage et le corps d'un adolescent nu, féminin, étrangement et séduisamment beau, rappelant les paroles de Penthée :

« Tes longs cheveux encadrent ton visage plein de langueur : tu te caches du soleil comme une vierge et tu conserves dans l'ombre ta pâleur pour séduire Aphrodite. »

IV

Un jour d'ennui, François Ier se souvint de son désir de visiter l'atelier de Léonard et, en compagnie de quelques intimes, il se rendit au château de Cloux.

Sans se soucier ni de sa faiblesse ni de sa fatigue, l'artiste travaillait avec acharnement à son *Saint Jean-Baptiste*.

Les rayons du soleil entraient de biais par les croisées de l'atelier, grande pièce froide à parquet carrelé et à plafond à poutrelles. Profitant de la dernière lumière, Léonard se hâtait d'achever la main droite du Précurseur désignant la croix.

Sous les fenêtres retentirent des pas et des voix.

— Personne, cria le maître à Melzi, entends-tu, je ne reçois personne. Dis que je suis malade ou sorti.

L'élève alla dans le vestibule pour congédier les importuns, mais reconnaissant le roi, il s'inclina respectueusement et ouvrit la porte.

Léonard eut à peine le temps d'abaisser la draperie sur le portrait de la Joconde – ce qu'il faisait toujours, n'aimant pas la laisser voir.

Le roi entra dans l'atelier.

Il était vêtu luxueusement, mais avec un goût plutôt criard, une trop grande profusion d'or, de broderies et de pierres précieuses. Il se parfumait à l'excès.

Il avait vingt-quatre ans. Ses courtisans assuraient que François Ier portait dans son physique une majesté telle qu'il suffisait de le regarder pour deviner le roi.

Léonard, selon la coutume, voulut plier le genou devant lui, mais François le retint et, s'inclinant lui-même, l'embrassa respectueusement.

— Il y a longtemps que je ne t'ai vu, maître Léonard, dit-il aimablement. Comment vas-tu ? Que fais-tu ? As-tu de nouveaux tableaux ?

— Je suis continuellement malade, Sire, répondit l'artiste en éloignant le portrait de la Joconde.

— Qu'est-ce ? demanda le roi.

— Un vieux portrait, Sire. Votre Majesté l'a déjà vu.

— Qu'importe ! montre. Tes tableaux sont tels que plus on les regarde et plus ils plaisent.

Voyant l'hésitation de l'artiste, un des seigneurs s'approcha du portrait et souleva la draperie.

Léonard fronça les sourcils. Le roi s'assit dans un fauteuil et longtemps regarda, silencieux.

— C'est étonnant, murmura-t-il enfin comme sortant d'un rêve. Voilà la plus ravissante femme que j'aie jamais vue ! Qui est-ce ?

— Madonna Lisa, la femme du citoyen florentin Giocondo, répondit Léonard.

— Quand l'as-tu peint ?

— Il y a dix ans.

— Elle est toujours aussi jolie ?

— Elle est morte, Sire.

— Maître Léonard de Vinci, dit le poète Saint-Gelais, a travaillé cinq ans à ce portrait et ne l'a pas achevé – du moins, il l'affirme.

— Pas achevé ? s'étonna le roi. Que faut-il de plus ? Elle est vivante, il ne lui manque que la parole… J'avoue, s'adressa-t-il à l'artiste, que l'on peut t'envier, maître Léonard. Cinq ans avec une pareille femme ! Tu ne peux te plaindre de ta destinée : tu as été heureux, vieillard. Et que faisait donc le mari ? Il vous contemplait ! Si elle n'était pas morte, ma foi, je parie que tu la peindrais encore !

Il rit, plissant les yeux ; la pensée que monna Lisa avait pu rester une épouse fidèle ne pouvait même pas effleurer son cerveau.

— Mon ami, continua François en souriant, tu es grand connaisseur en femmes. Quelles épaules, quelle poitrine ! Et ce qu'on ne voit pas doit être encore plus beau...

Il posait sur la Joconde un regard scrutateur, un de ces regards qui déshabillent et possèdent, comme une impudique caresse.

Léonard se taisait, pâle, les yeux baissés.

— Pour peindre un tel portrait, continua le roi, il ne suffit pas d'être artiste, il faut avoir pénétré tous les mystères du cœur féminin – labyrinthe de Dédale, pelote de fil que le diable lui-même ne démêlerait pas ! On la croirait sage, humble, timide, avec ses mains croisées – mais va voir au fond de son âme !

> *Souvent femme varie.*
> *Bien fol est qui s'y fie !*

Léonard s'éloigna dans un coin de l'atelier, feignant d'approcher un tableau vers le jour.

— Je ne sais, Sire, murmura Saint-Gelais de façon à n'être entendu que du roi, mais on m'a assuré que non seulement il n'a pas aimé la Joconde, mais encore aucune femme... qu'il est presque vierge...

Et encore plus bas, avec un sourire équivoque, il ajouta quelque chose de très indécent concernant l'amour socratique et l'extraordinaire beauté des élèves de Léonard.

François Ier s'étonna, puis haussa les épaules avec le sourire indulgent d'un homme du monde privé de préjugés, qui sait vivre et n'empêche pas les autres d'agir comme bon leur semble, comprenant que dans ce genre d'affaires on ne doit discuter ni des goûts ni des couleurs.

Le tableau inachevé attira son attention.

— Et cela, qu'est-ce ?

— D'après la couronne de raisin et le thyrse, ce doit être Bacchus.

— Et cela ? demanda le roi en désignant le tableau voisin.

— Un autre Bacchus ? dit Saint-Gelais en hésitant.

— C'est étrange. Il a les cheveux, la poitrine et le visage d'une femme. Il ressemble à la Joconde. Il a le même sourire.

— Peut-être un androgyne ? observa le poète, en expliquant la fable de Platon.

— Aplanis nos doutes, Maître, dit François Ier en s'adressant à Léonard. Est-ce Bacchus ou un androgyne ?

— Ni l'un ni l'autre, Sire, murmura Léonard en rougissant comme un coupable, c'est saint Jean-Baptiste.

— Saint Jean ? Ce n'est pas possible. Que dis-tu !

Mais en regardant attentivement, le roi remarqua, dans le fond de la toile, la fine croix de roseau. Il secoua la tête. Ce mélange de sacré et de profane lui semblait une profanation et lui plaisait en même temps. Il décida de n'y pas attacher d'importance.

— Maître Léonard, je t'achète les deux tableaux. Combien m'en demandes-tu ?

— Votre Majesté, commença timidement l'artiste, ces tableaux ne sont pas terminés. Je songeais...

— Des bêtises, interrompit le roi. Tu peux achever le *Saint Jean*, j'attendrai. Mais ne touche pas à la *Joconde*. Tu ne peux faire mieux. Je veux l'avoir de suite chez moi, entends-tu ? Dis-moi ton prix, ne crains rien, je ne marchanderai pas.

Léonard sentait qu'il fallait trouver une excuse, un prétexte de refus. Mais que pouvait-il dire à un homme qui transformait tout en plaisanterie ou en indécence ? Comment lui expliquer ce qu'était pour lui le portrait de la Joconde et pourquoi il ne consentirait à s'en séparer à aucun prix ?

Le roi pensait que Léonard se taisait par peur de céder la toile à trop bon compte.

— Allons, soit, je fixerai le prix moi-même.

Il contempla le portrait et dit :

— Trois mille écus. Trop peu ? Trois mille cinq cents.

— Sire, commença l'artiste d'une voix tremblante, je puis assurer à Votre Majesté...

Il s'arrêta et pâlit.

— Alors, quatre mille, maître Léonard. Je pense que c'est suffisant.

Un murmure d'étonnement s'éleva parmi les courtisans.

Léonard leva les yeux sur François Ier avec une expression d'une émotion infinie. Il était prêt à tomber à ses pieds, à le supplier, comme lorsqu'on demande grâce, afin qu'il ne lui enlevât pas la *Joconde*. François Ier prit cet émoi pour un élan de reconnaissance, se leva et, en adieu, embrassa le vieillard.

— C'est entendu ? Quatre mille. Tu peux toucher la somme quand tu voudras. Demain j'enverrai prendre la *Joconde*. Sois tranquille, je lui choisirai une place digne d'elle. Je sais sa valeur et je saurai la conserver à la postérité.

Lorsque le roi fut sorti, Léonard s'affala dans un fauteuil. Il considérait la *Joconde* avec des yeux affolés. Des plans enfantins germaient dans son cerveau : il voulait cacher le portrait de façon que le roi ne pût le trouver, et ne le livrer même sous peine de mort ; ou bien encore l'envoyer en Italie avec Francesco Melzi et fuir lui-même pour la suivre.

La nuit tomba. À plusieurs reprises Francesco avait entrouvert la porte de l'atelier, sans oser parler. Léonard restait toujours assis devant le portrait ; son visage, dans l'obscurité, paraissait pâle et immobile comme celui d'un mort.

La nuit, il entra dans la chambre de Francesco.

— Lève-toi, lui dit-il. Allons au palais. Je dois voir le roi.

— Il est tard, maître. Vous êtes fatigué. Vous tomberez malade. Vraiment, remettez à demain.

— Non, de suite. Allume la lanterne et conduis-moi. Si tu ne veux pas, j'irai tout seul.

Sans répliquer, Francesco se leva, se vêtit à la hâte, et tous deux s'acheminèrent vers le palais.

V

Le château se trouvait à dix minutes de marche ; mais la route était mauvaise et pénible. Léonard marchait lentement en s'appuyant sur le bras de Francesco.

Entre les branches secouées par la bourrasque, se voyaient les croisées illuminées du palais.

Le roi soupait en petit comité, s'amusant d'un passe-temps qui lui plaisait particulièrement. On forçait des jeunes filles à boire dans une coupe en argent sur laquelle se trouvaient gravés des sujets obscènes. Les unes riaient, les autres rougissaient et pleuraient de honte, ou se fâchaient, ou fermaient les yeux, ou encore feignaient de voir et de ne pas comprendre.

Parmi les dames se trouvait la sœur du roi, la princesse Marguerite, « la perle des perles ». Elle avait une réputation de beauté et d'érudition. L'art de plaire était pour elle plus important que « le pain quotidien ». Mais charmant tout le monde, tout le monde lui était indifférent ; elle n'aimait que son frère, d'un amour excessif, considérait ses défauts comme des qualités, ses vices comme des bravoures et son visage de faune comme celui d'Apollon. Elle était prête non seulement à lui sacrifier sa vie, mais encore son âme. On murmurait qu'elle l'aimait d'un amour plus que fraternel. Dans tous les cas François abusait de cet amour, profitant de ses services autant dans les affaires difficiles que dans les maladies, les dangers et les aventures amoureuses.

Ce soir-là, le roi était fort gai. Lorsqu'on annonça Léonard, François ordonna de le recevoir et, avec Marguerite, s'avança au-devant de lui.

Quand l'artiste intimidé traversa, la tête baissée, les salles brillamment éclairées, des regards étonnés et ironiques l'accompagnèrent : ce grand vieillard à longs cheveux blancs, aux yeux presque sauvages, produisait une impression réfrigérante, même sur les plus insouciants.

— Ah ! maître Léonard ! l'accueillit le roi. Quel hôte rare ! Que puis-je t'offrir ? Tu ne manges pas de viande. Veux-tu des légumes ou des fruits ?

— Mille grâces, Majesté... excusez-moi... je voulais vous dire deux mots...

Le roi fixa sur lui un regard inquiet.

— Qu'as-tu, mon ami ? Serais-tu malade ?

Il l'emmena dans un coin écarté et lui demanda en désignant sa sœur :

— Elle ne nous gênera pas ?

— Oh ! non ! répliqua l'artiste en s'inclinant. J'ose même espérer que Son Altesse voudra bien me protéger.

— Parle. Tu sais que je serai toujours heureux de te faire plaisir.

— Sire, c'est toujours au sujet du tableau que vous avez désiré m'acheter.

— Comment ? Encore ? Pourquoi ne me l'as-tu pas dit de suite ? Je pensais que nous étions d'accord.

— Ce n'est pas pour l'argent. Majesté.

— Alors ?

Et Léonard sentit de nouveau qu'il lui serait impossible de parler de monna Lisa.

— Seigneur, prononça-t-il avec effort, soyez miséricordieux, ne m'enlevez pas ce portrait ! Il est vôtre et je ne veux pas de votre argent. Mais laissez-le-moi – jusqu'à ma mort...

Il n'acheva pas et adressa à Marguerite un regard suppliant.

Le roi, haussant les épaules, fronça les sourcils.

— Sire, intervint la princesse, exaucez la prière de maître Léonard. Il le mérite... Soyez bon.

— Vous prenez son parti, madame Marguerite ? Mais c'est un complot !

La princesse posa une main sur l'épaule de son frère et lui murmura à l'oreille :

— Comment ne le voyez-vous pas ? Il l'aime encore maintenant.

— Mais elle est morte !

— Qu'importe ! N'aime-t-on pas les morts ? Vous avez dit vous-même qu'elle était vivante sur ce portrait. Soyez bon, frérot, laissez-lui ce souvenir, ne peinez pas ce vieillard !

Quelque chose d'à demi oublié s'éveilla dans le cerveau de François Ier. Il voulut être magnanime.

— Allons, soit ! maître Léonard, dit-il avec un sourire. Je vois que je ne te dominerai pas. Tu as su choisir ta défenderesse. Sois tranquille, j'accomplirai ton désir. Seulement, souviens-toi, le tableau m'appartient et tu peux en toucher l'argent immédiatement.

Quelque chose brilla dans les yeux de Léonard, de si enfantin et de si malheureux que le roi sourit avec plus de bienveillance encore et lui frappa amicalement l'épaule.

— Ne crains rien, mon ami : je te donne ma parole, personne ne te séparera d'avec ta Joconde.

Une larme perla sur les cils de Marguerite ; elle tendit la main à l'artiste, qui la baisa silencieusement.

La musique retentit, le bal commença. Et personne ne songea plus à l'étrange vieillard qui avait passé, telle une ombre, et disparaissait de nouveau dans la nuit profonde.

VI

Dès le départ du roi, le calme se rétablit à Amboise. Léonard continuait travailler à son *Saint Jean*, toujours plus difficilement et plus lentement. Parfois il semblait à Francesco que le maître désirait l'impossible. Souvent, au crépuscule, relevant la draperie du portrait de la Joconde, il la contemplait longuement, la comparait avec le Précurseur. Et alors il semblait à son élève Melzi, peut-être à cause du jeu incertain du jour et de l'ombre, que l'expression des deux visages se transformait, qu'ils ressortaient de la toile comme des apparitions sous le regard fixe de l'artiste, s'animant d'une vie surnaturelle, et maître Jean ressemblait à monna Lisa et à Léonard comme un fils au père et à la mère.

La santé du maître faiblissait. En vain Melzi le suppliait d'interrompre son travail, de se reposer ; Léonard ne voulait rien entendre et s'obstinait davantage. Un jour cependant il quitta son travail de meilleure heure et pria Francesco de le conduire à sa chambre située à l'étage supérieur : l'escalier tournant était raide et, par suite de fréquents étourdissements, il n'osait s'y risquer seul. Soutenu par Francesco, Léonard montait péniblement, s'arrêtant à toutes les marches. Tout à coup il chancela, s'effondrant de tout son poids sur son élève. Celui-ci, comprenant qu'il s'évanouissait et craignant de ne pouvoir le soutenir, appela à l'aide son vieux serviteur Baptiste Villanis.

Refusant comme d'habitude toute espèce de soins, Léonard garda le lit deux semaines. Tout le côté droit était paralysé, la main droite refusait tout service. Au début de l'hiver, il se sentit mieux, cependant, bien qu'il se rétablit difficilement.

Durant toute sa vie, Léonard s'était servi indifféremment des deux mains et toutes deux lui étaient nécessaires pour travailler : de la gauche, il dessinait ; de la droite, il peignait ; ce que faisait l'une, l'autre n'aurait pu le faire ; il affirmait que dans l'opposition de ces deux forces résidait sa supériorité sur les autres artistes. Mais maintenant que les doigts de la main droite étaient morts, Léonard craignait que la peinture lui fût désormais impossible. Dans les premiers jours de décembre, il se leva, commença à marcher, puis à descendre à l'atelier, mais sans oser toucher à son tableau.

Un après-midi pourtant, tandis que tout le monde dans la maison s'adonnait à la sieste, Francesco désirant demander quelque chose au maître et ne le trouvant pas dans sa chambre descendit à l'atelier dont il entrouvrit doucement la porte. Les derniers temps, Léonard, plus morne et plus sauvage que jamais, aimait à rester seul durant de longues heures et ne permettait pas qu'on entrât chez lui sans le demander, comme s'il craignait qu'on le surveillât.

Par la porte entrebâillée, Francesco vit qu'il se tenait devant le *Saint Jean*, essayant de peindre avec la main malade : son visage était convulsé par l'effort désespéré ; les coins des lèvres fortement serrées tombaient ; les sourcils étaient sévèrement froncés ; quelques mèches de cheveux blancs étaient collées au front par la sueur. Les doigts engourdis n'obéissaient pas : le pinceau tremblait dans la main du maître. Terrifié, Francesco regardait cette lutte dernière de l'âme vivante contre la matière morte.

VII

Cette année-là, l'hiver fut dur ; le passage des glaçons avait brisé les ponts de la Loire ; des gens mouraient gelés sur les routes ; les loups venaient rôder jusque sous les fenêtres du château du Cloux : on ne pouvait sortir le soir sans armes ; les oiseaux tombaient engourdis par le froid.

Un matin, Francesco trouva sur le perron, dans la neige, une hirondelle à demi gelée ; il l'apporta au maître, qui la ranima de son souffle et lui installa un nid derrière la haute cheminée, pour lui rendre la liberté au printemps.

Il n'essayait plus de travailler et avait caché dans un coin de l'atelier le *Saint Jean* inachevé, les dessins, les pinceaux et les couleurs. Les journées s'écoulaient vides. Parfois, le notaire, maître Guillaume, venait rendre visite à Léonard, parlait des récoltes, de la cherté du sel, ou expliquait à la cuisinière Mathurine à quoi on distinguait un lapereau d'un vieux lapin. De même venait souvent un moine franciscain, le frère Guillielmo, originaire d'Italie, mais depuis de longues années établi à Amboise – vieillard simple, gai et aimable ; il avait le don de conter admirablement les nouvelles florentines les plus lestes. Léonard riait à ces récits d'aussi bon cœur que le narrateur.

Durant les interminables soirées d'hiver, ils jouaient aux échecs, aux cartes et aux jonchets.

— Lorsque les hôtes avaient regagné leur logis, Léonard pendant des heures marchait de long en large, jetant de temps à autre un regard sur le mécanicien Zoroastro da Peretola. Maintenant, plus que jamais, cet infirme représentait pour lui le remords vivant, l'ironie de l'effort de toute sa vie : les ailes humaines. Assis dans un coin, les jambes repliées, il rabotait des planchettes ou taillait des toupies ; ou encore, les yeux mi-clos, avec un sourire béat, agitait ses bras comme des ailes et marmonnait sa triste chanson.

Enfin, la nuit tombait tout à fait. Un grand silence régnait dans la maison ; la tempête hurlait dehors, les hurlements des loups y répondaient. Francesco allumait un grand feu et Léonard s'asseyait devant.

Melzi jouait fort bien du luth et possédait une jolie voix. Pour dissiper les idées sombres du maître, il faisait parfois de la musique. Un jour il chanta la vieille romance de Laurent de Médicis, infiniment heureuse et triste mélodie que Léonard aimait parce qu'elle lui rappelait sa jeunesse :

> Quant'è bella giovanezza !
> Ma si fugge tuttavia.
> Chi vuol esser lieto, sia :
> Di doman non c'è certezza.

Le maître écoutait, la tête inclinée : il se souvenait de la nuit d'été, des ombres noires, du clair de lune dans la rue déserte, du son des mandolines devant la loggia de marbre, qui accompagnaient cette même romance – et ses méditations au sujet de la Joconde.

Le dernier son se mourait tremblant. Francesco, assis aux pieds du maître, leva sur lui les yeux et vit que des larmes roulaient le long des joues ridées de Léonard. Souvent, en relisant son journal, Léonard y notait ses nouvelles pensées sur le sujet qui l'intéressait – la mort.

« Maintenant, tu vois que tes espoirs et tes désirs vont retourner à leur patrie ; l'homme attend toujours un nouveau printemps, un nouvel été, croyant que ce qu'il désire arrivera. Mais ce désir n'est autre chose qu'une manifestation de la nature ; l'âme des éléments, prisonnière dans l'âme humaine, n'aspire qu'à s'échapper du corps pour retourner à Celui qui l'y a enfermée.

« Dans la nature il n'y a rien d'autre que la force et le mouvement ; la force est la volonté du bonheur.

« Une partie souhaite toujours s'unir à l'entier pour échapper à l'imperfection ; l'âme désire toujours être dans un corps, parce que sans les organes elle ne peut agir, ni sentir.

« Comme une journée bien employée procure un bon sommeil, une vie bien vécue donne une douce mort.

« Quand je croyais que j'apprenais à vivre, j'apprenais seulement à mourir. »

VIII

Au début de février, la température s'adoucit, la neige commença à fondre sur les toits, les bourgeons éclatèrent. Le matin, lorsque le soleil glissait ses rayons dans l'atelier, Francesco installait dans un fauteuil son vieux maître, et celui-ci se chauffait immobile, la tête inclinée, les mains posées sur les genoux ; dans ces mains et sur ce visage se lisait une expression de fatigue infinie.

L'hirondelle qui avait hiverné derrière la cheminée et que Léonard avait apprivoisée tournoyait dans la pièce, se posait sur l'épaule de l'artiste ou sur ses mains, puis s'enlevait d'un coup d'aile comme impatiente du printemps qui s'annonçait. D'un regard attentif, Léonard suivait tous les mouvements de l'oiseau et la pensée des ailes humaines de nouveau fermentait en son cerveau.

Les dernières années, il ne s'en était guère occupé, tout en y songeant toujours. Observant le vol de l'hirondelle et sentant définitivement un nouveau projet mûr dans son cerveau, il résolut d'entreprendre un dernier essai avec le dernier espoir que la création de ces ailes justifierait tout l'effort de sa vie.

Il entreprit ce nouveau travail avec la même obstination, avec la même hâte fiévreuse que celles qu'il avait mises à peindre Jean le Précurseur. Ne songeant pas à la mort, vainquant sa faiblesse et la maladie, oubliant le sommeil et la nourriture, il restait penché des journées entières au-dessus de ses dessins et de ses calculs. Par moments, il semblait à Francesco que ce travail était le délire d'un fou. Une semaine s'écoula ainsi, Melzi ne quittait pas le maître, passait des nuits à veiller près de lui. Cependant la fatigue l'emporta, et le troisième jour Francesco s'assoupit dans le fauteuil auprès du feu éteint.

L'aube blanchissait les vitres. L'hirondelle éveillée piaillait. Léonard, assis devant un petit bureau, la plume dans la main, la tête inclinée sur le papier, alignait des chiffres.

Subitement, il eut un balancement étrange et très doux ; la plume tomba de ses doigts ; la tête s'inclina sur la poitrine. Il fit un effort pour se lever, appeler Francesco ; mais un faible cri s'échappa de ses lèvres et, s'effondrant de tout son corps sur la table, il la renversa.

Melzi, réveillé par ce bruit, sursauta. Dans la lumière douteuse de l'aube, il aperçut la table renversée, la chandelle éteinte, les feuillets épars, et Léonard étendu sans connaissance sur le parquet. L'hirondelle effrayée battait le plafond de ses ailes. Francesco comprit que c'était une seconde attaque. Plusieurs jours le malade resta sans recouvrer sa connaissance, continuant les calculs dans son délire. Revenu à lui, il exigea de suite les croquis de la machine volante.

— Non, maître ! s'écria Francesco. Je mourrai plutôt que de vous permettre de reprendre le travail avant votre complet rétablissement.

— Où les as-tu mis ? demandait Léonard furieux.

— Ne craignez rien, ils sont en sûreté. Je vous les rendrai...

— Où les as-tu mis ?

— Au grenier que j'ai fermé à clef.

— Où est la clef ?

— Chez moi.

— Donne.

— Mais pourquoi, messer...

— Donne, de suite.

Francesco hésitait. Les yeux du malade brillèrent de colère. Afin de ne pas l'exaspérer, Melzi donna la clef. Léonard la cacha sous son oreiller et se calma.

Il se rétablit plus vite que ne l'eût pensé Francesco. Au commencement d'avril, après une journée calme, Melzi exténué s'endormit au pied du lit du maître. Un choc l'éveilla. Il prêta l'oreille. La veilleuse était éteinte. Il la ralluma et aperçut le lit vide. Alors, il parcourut les logements supérieurs, descendit à l'atelier sans trouver personne. Baptiste Villanis, réveillé, n'avait pas vu le maître. Et tout à coup, Francesco songea aux dessins cachés dans le grenier. Il y courut, ouvrit la porte et aperçut Léonard à demi vêtu, assis à terre devant une caisse qui lui servait de table. À la lueur d'une chandelle il écrivait, calculait en murmurant des mots inintelligibles. Puis il saisit un crayon, barra la page d'un trait, se retourna, vit son élève et se leva en chancelant. Francesco le soutint.

— Je te le disais, murmura Léonard avec un triste sourire – je te disais que je terminerai bientôt. Voilà, j'ai terminé. Maintenant, c'est fini. Assez. Je suis trop vieux, trop bête, plus bête qu'Astro. Je ne sais rien et j'ai oublié ce que je savais. Au diable, tout ; au diable !

Et s'emparant des feuilles, il les chiffonna et les déchira furieusement.

De ce jour, son état empira. Melzi avait le pressentiment qu'il ne se relèverait plus.

Francesco était dévot. Il croyait, avec une foi sincère et naïve, tout ce que l'Église enseignait. Seul il n'avait pas subi l'influence du « mauvais œil » de Léonard. Francesco devinait instinctivement que Léonard, bien que ne remplissant pas les devoirs du culte, n'était pas un impie. Cependant, à l'idée qu'il pouvait mourir sans confession, Francesco souffrait. Il aurait donné son âme pour sauver le maître, mais il était incapable d'aborder avec lui un pareil sujet.

Un soir, assis au pied du lit, il songeait à la terrible éventualité.

— À quoi penses-tu ? demanda Léonard.

— Fra Guillielmo est venu ce matin prendre de vos nouvelles. Il désirait vous voir. J'ai dit que c'était impossible.

Léonard le fixa attentivement.

— Tu ne pensais pas à cela, Francesco. Pourquoi ne veux-tu pas me le dire ?

L'élève se taisait. Et Léonard comprit tout. Il aurait voulu mourir comme il avait vécu, en pleine liberté. Mais il eut pitié de Melzi et, posant sa main sur celle du jeune homme, il murmura avec un doux sourire :

— Mon fils, envoie chercher fra Guillielmo et prie-le de venir demain. Je veux me confesser et communier. Demande aussi à maître Guillaume de venir ici.

Francesco ne répondit pas – il embrassa avec un respectueux amour la main de Léonard.

IX

Le lendemain matin, 23 d'avril, Léonard exprima au notaire ses dernières volontés : il donnait quatre cents écus à ses frères en signe de pardon ; à son élève Melzi, tous ses livres, ses appareils scientifiques, ses machines, ses manuscrits, et le reste de son traitement ; à son serviteur Baptiste Villanis, les meubles et la moitié de son vignoble près de Milan à Porta Vercellina ; l'autre moitié à son élève Salaino ; à sa vieille servante Mathurine, une robe de drap, une coiffure et deux ducats.

Puis il se confessa au moine et reçut le saint sacrement avec une humilité toute chrétienne.

Le 24 avril, jour de Pâques, un mieux sensible se produisit. Enfin, le 2 mai, après plusieurs jours passés sans connaissance, Francesco et fra Guillielmo s'aperçurent que sa respiration faiblissait. Le moine lut la prière des agonisants.

Peu de temps après, l'élève ayant posé la main sur le cœur du maître, sentit qu'il ne battait plus.

Il ferma les yeux de Léonard.

Le visage du mort gardait l'expression d'une profonde et calme contemplation. Il fut enterré au monastère de Saint-Florentin, de façon que chacun fût convaincu qu'il avait expiré en fils fidèle de l'Église catholique.

Écrivant aux frères du maître, à Florence, Francesco disait :

« Je ne puis vous exprimer la douleur que m'a causée la mort de celui qui était pour moi plus qu'un père. Tant que je vivrai, je le pleurerai, parce qu'il m'a aimé de tendre et profond amour. Du reste, tout le monde, je pense, regrettera la perte d'un homme tel que lui, et que la Nature ne saura plus créer. Que le Dieu Tout-Puissant lui donne paix éternelle. »

Copyright © 2019 / Alicia Éditions
Photographies et graphismes : CANVA - autoportrait de Léonard de Vinci
Tous Droits Réservés

www.ingramcontent.com/pod-product-compliance
Lightning Source LLC
LaVergne TN
LVHW092012090526
838202LV00002B/106